ENTDECKE

DEUTSCHLAND

Stelbs Hof

32 · 30 · 28

## 100 TOUREN
### ZU NATUR, KULTUR UND GESCHICHTE

# ENTDECKE
# DEUTSCHLAND

DUMONT

# INHALT

Das ausführliche Tourenverzeichnis mit Karte
finden Sie auf den nächsten beiden Seiten

# ALLE TOUREN AUF EINEN BLICK

# ZU FUSS UNTERWEGS
## DIE SCHÖNSTEN WANDERWEGE

SYLT

Föhr

AMRUM

# 01

## INSEL-HOPPING IM WATTENMEER
## DER STRANDVOGT-TÖRN IN SCHLESWIG-HOLSTEIN

Das gibt es wohl nur an der Nordsee: eine Wanderung auf dem Meeresboden! Der größte Sandstrand Nordeuropas lädt zum Baden ein und mit etwas Glück kann man – neben zahllosen anderen Vögeln – Seeadler und Silberreiher beobachten.

Der Strandvogt-Törn von Amrum nach Föhr an bzw. in der Nordsee ist der nördlichste Fernwanderweg Deutschlands. Eine Paradeetappe ist die geführte Wattwanderung von Insel zu Insel: Dieser Wattenmeer-Klassiker bildet für viele Aktivurlauber den Höhepunkt der Inselferien im schönen Nationalpark Schleswig-Holsteinisches Wattenmeer.

DER WANDERWEG hat keinen festen Verlauf. Da die Nordsee während der Winterstürme Markierungen an den Stränden und im Watt fortreißen würde, kann es keine Ausschilderung geben – Verirren ist dennoch unmöglich, die im Wechsel der Gezeiten vor- und zurückweichende Wasserlinie gibt die zweifelsfrei erkennbare Route vor und bildet die natürliche Markierung.

DIE SCHÖNSTE WANDERZEIT liegt vor und nach der Badehauptsaison, im Frühjahr, wenn die Blumen und Sträucher blühen und Hunderttausende Zugvögel zu den Inseln zurückkehren, oder im Spätsommer, wenn die Heide auf Amrum in einem violetten Blütentraum erstrahlt. Der Fernwanderweg kann auf Amrum und Föhr in verschiedenen Varianten durchwandert werden, weshalb seine Länge unterschiedlich angegeben wird. Unsere 40 Kilometer lange Route folgt fast durchgehend den Nordseeküsten der Inseln und eignet sich auch als Wochenendtour. Wer den Strandvogt-Törn auf die von Salzwiesenanlandungen geprägten Wattenmeerseiten der Inseln

ausdehnt, also Amrum und Föhr umrundet, ist etwa doppelt so lang unterwegs.

IM SEEBAD WITTDÜN, dem Tor zur Insel Amrum, beginnt der Strandvogt-Törn. An drei Anlegern wird hier der Fährverkehr zum Festland, zu den Nachbarinseln Föhr und Sylt sowie zu den Halligen und nach Helgoland abgewickelt. Wittdün entstand zu Kaisers Zeiten ab 1890, als an der bis dahin unbesiedelten »weißen Düne« (»witt dün«) an der Südspitze der Insel ein Schiffsanleger und ein Hotel für die Seebadtouristen das Leben auf Amrum völlig veränderten. Bis heute steht die nur übers Wasser erreichbare Insel für Ruhe und Entspannung: Kein Flugplatz, kein Golfplatz, kein Szenerestaurant lenkt ab von der einzigartigen Natur. Die erste Etappe führt von Wittdün zum Wriakhörnsee, über den Kniepsand und über die höchste Aussichtsdüne Amrums ins Seebad Norddorf im Norden der Insel. Amrum ist die waldreichste Nordfriesische Insel und besitzt den größten Sandstrand an der deutschen Nordsee: Der dem Geestrücken vorgelagerte Kniepsand ist mit 10 km² zugleich einer der größten Badestrände Nordeuropas.

DAS HERZSTÜCK des Strandvogt-Törns bildet die Wattwanderung zwischen der Amrumer Odde beim Seebad Norddorf und dem Dunsumer Deich auf Föhr. Diese spannende, gut drei Stunden dauernde Wanderung auf dem Boden des Meeres ist gezeitenabhängig und erfolgt ausschließlich im Rahmen einer Führung: Die Wattwanderungen beginnen etwa

IM WATT zu wandern, das macht auch Kindern Spaß. Auf der Strecke zwischen Amrum und Föhr muss man sich jedoch Führern anvertrauen, die die nicht ungefährlichen Priele und Strömungen genau kennen.

## IN KÜRZE

**LAGE**
Schleswig-Holstein, Nordfriesland

**LÄNGE** 40 km

**BESONDERHEIT**
Kniepsand auf Amrum, der größte Sandstrand an der deutschen Nordsee

**INFO**
Amrum Touristik
Inselstraße 14 b
25946 Amrum
Tel. 04682 940 30
www.amrum.de

Tourist-Info Föhr
Am Fähranleger 1
Hafenstr. 23
25938 Wyk auf Föhr
Tel. 04681 300
www.foehr.de

Die UNESCO hat das Wattenmeer, den flachen Küstensaum der Nordsee vor den Niederlanden, Deutschland und vor Dänemark, zum Weltnaturerbe erklärt: Wanderungen auf den Nordfriesischen Inseln sowie an der Festlandsküste führen durch eine der reizvollsten Landschaften der Erde. Der Nationalpark Schleswig-Holsteinisches Wattenmeer erstreckt sich auf 4410 km² bis zur Ellenbogenspitze auf Sylt, Deutschlands nördlichstem Punkt.

zwei Stunden vor Niedrigwasser, der Kalender mit den Terminen ist bei den Kurverwaltungen erhältlich. Die Wanderung ist leicht, da sie überwiegend durch gut begehbare Sand- und Mischwatten zwischen den Geestpartien der Inseln führt – Geest bezeichnet dabei einen Landschaftstyp, der durch eiszeitliche Sandablagerungen entstanden ist. An einigen Stellen müssen Priele durchwatet werden und nur der Wattführer kennt die Stellen, an denen Wanderer sie gefahrlos durchqueren können.

AUF FÖHR, der Nachbarinsel Amrums, folgt der Strandvogt-Törn der Geestküste bis zum Fährhafen von Wyk, dem ältesten Seebad Nordfrieslands. Riesige Vogelschwärme bevölkern hier die Feuchtgebiete nahe der Küste. Föhr liegt auf der ruhigen Wattenmeerseite: Amrum und Sylt schützen Föhr vor der offenen Nordsee. Föhr ist eine Geest- und Marschinsel, ihre Geestkerne liegen überwiegend im Süden und Südwesten. Hier befinden sich die berühmten Klippen und Sandstrände von Föhr, während sich nach Norden durch Deiche geschützte Marsch erstreckt.

VOM UTERSUMER STRAND im Südwesten Föhrs folgt der Strandvogt-Törn der Wasserlinie südwärts, bis die Küstenlinie nach Osten schwingt zum Naturstrand von Hedehusum am Fuß eines bis zu drei Meter hohen Kliffs. Der Strand endet vorübergehend an der Godelniederung an der Mündung des einzigen »Flusses« auf Föhr; in den Quellerwatten und Strandaster-Salzwiesen der Niederung finden Tausende von Seevögeln ein Rückzugsgebiet. An die Godelniederung schließen die Strände vor dem Goting-Kliff an, auf dem eine Aussichtsplattform und das Gartenrestaurant »Kliff Café« zur Rast einladen. Der einstige Geröllstrand verwandelt sich immer mehr zu feinem Sand und dieser leitet weiter zum Nieblumer Strand vor dem Friesendorf Nieblum. Reetgedeckte Friesenhäuser, Kopfsteinpflasterstraßen und alte Laubbäume prägen den Ort, dessen Wahrzeichen der im 13. Jh. errichtete »Friesendom« ist. Am Ende des Teerdeichs beginnt die Strandpromenade von Wyk, an der durchbrochene Steinskulpturen den Blick zum Amrumer Leuchtturm und zu den Halligen lenken. Am Leuchtturm Olhörn an der Südostspitze der Insel beginnt das Finale des Strandvogt-Törns. Der Strandpromenade vorgelagert sind hölzerne Seebrücken. Der Sandwall ist Wyks Prachtstraße mit Restaurants, Boutiquen und Kureinrichtungen. Nördlich davon ist das Ziel erreicht, der Fährhafen Wyk. ∎

DIE WINDMÜHLE VENTI AMICA, die »Freundin des Windes«, ist auf dem letzten Wegabschnitt hinter den Häusern Wyks immer wieder zu sehen. Sie wurde 1879 errichtet, es handelt sich um eine Galerieholländermühle, ein Bautyp, bei dem die Kappe mit den Windflügeln von einer Galerie aus drehbar ist, also immer optimal ausgerichtet werden kann. Wegen ihrer hohen Bauform verfügt die Wyker Mühle über eine Galerie. Bewohnt wurde sie von 1879 bis 1896 von der Föhrer Heimatdichterin Stine Andresen und ihrem Mann. Den Park um die Mühle kann man besuchen, die Mühle selbst ist in Privatbesitz.

Wittdün (Amrum) — 1 km — Wriakhörnsee — 2 km — Kniepsand — 13 km — Norddorf — 2,5 km — Amrumer Odde — 11 km — Dunsumer Deich (Föhr) — 3 km — Hedehusum — 1,5 km — Witsum — 2,5 km — Goting Kliff — 1 km — Nieblum Strand — 3,5 km — Wyk auf Föhr

LINKS Das reetgedeckte Öömrang-Hüs in Nebel auf Amrum beherbergt ein Heimatmuseum.

RECHTS Die ungewöhnlich helle romanische Kirche St.-Johannis in Nieblum, der »Friesendom«, wurde im 13. Jh. erbaut.

RECHTS An den Küsten ist es oft windig, Strandkörbe bieten Schutz – hier auf einem Strandabschnitt der Insel Föhr. Am Rand säumen wilde Rosenbüsche mit ihren roten Blüten und Hagebutten den feinen Sandstrand.

UNTEN Vom Meer her bläst über die flachen Küstenstriche an der Nordsee immer ein frischer Wind, ideal für das Trocknen von Wäsche – die aber gut angeklammert sein muss, damit es sie nicht fortweht.

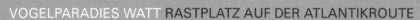

## VOGELPARADIES WATT RASTPLATZ AUF DER ATLANTIKROUTE

Das Watt ist in weiten Teilen Naturschutzgebiet und idealer Rastplatz für zahlreiche Vogelarten, die dort brüten oder Rast machen auf ihrem Zug über den Atlantik. Über 10 Millionen Vögel bevölkern das nährstoffreiche Gebiet, darunter zahlreiche gefährdete Arten. Mehr als ein Viertel der Heringsmöwen weltweit, etwa 50 000, leben im Watt. Zu den häufig anzutreffenden Vogelarten zählen die schwarzgefiederte Trauerente, die Brandseeschwalbe und verschiedene im Watt brütende Möwenarten wie die Lach-, Silber- und Sturmmöwe. Brandgänse, Eider- und Pfeifenten gehören zu den zeitweiligen Gästen. Mit etwas Glück kann man sogar wieder Seeadler und Silberreiher (links im Bild) entdecken – Vogelfreunde sollten unbedingt ein gutes Fernglas mit sich führen.

# 02

## DAS »WUNDERLAND« VOR BERLIN
## DER 66-SEEN-WEG IN DER MARK BRANDENBURG

Der umtriebigen Bundeshauptstadt so nah und ihr doch so fern – der Wanderweg umschließt den Großraum Berlins, bietet zahllose Möglichkeiten zu baden, zu entspannen und Natur und Kultur zu erleben, Langeweile ausgeschlossen.

Von der Potsdamer Weltkulturerbe-Landschaft führt der 66-Seen-Weg als Rundwanderweg durch die Naturparks Barnim, Dahme-Heideseen und Nuthe-Nieplitz sowie durch mehrere brandenburgische Regionalparks rund um Berlin – vorbei an weitaus mehr als 66 Seen und Teichen, durch Feuchtgebiete, verschwiegene Bachtäler und Wälder. Dank der guten Anbindung an den öffentlichen Nahverkehr eignet sich der mit dem Zeichen ›Blaupunkt‹ markierte Weg auch hervorragend für Streckenwanderungen.

DER 66-SEEN-WEG beginnt in Potsdam. Startpunkt ist der Luisenplatz am Potsdamer Brandenburger Tor, das 1770 als römischer Triumphbogen am westlichen Stadtausgang nach Sanssouci errichtet wurde. Von hier führt der Weg zu den friderizianischen Park- und Schlossanlagen von Sanssouci, über den Ruinenberg und durch die Russische Kolonie Alexandrowka zum Belvedere auf dem Pfingstberg, der einen schönen Panoramablick über die Potsdamer Schlösser-, Park- und Seenlandschaft gewährt.

ZIEL DER ERSTEN ETAPPE ist Schloss Marquardt am Schlänitzsee. 2009 bildete es die Kulisse für eine Verfilmung von Theodor Fontanes Roman »Effi Briest«. Die Blaue Grotte im Schlosspark wurde im ausgehenden 18. Jh. für Sitzungen der Rosenkreuzer – einem mystisch-antiaufklärerischen Geheimbund – angelegt, an denen auch König Friedrich Wilhelm III. teilnahm. Ab 1823 gestalte-

te Joseph Peter Lenné den Garten zum Landschaftspark um. Der Herrensitz (1791) erhielt sein heutiges Aussehen ab 1893, als der neue Besitzer Louis Ravené ihn aufstocken und zu einer L-förmigen Anlage mit Tanzsaal (1913) im Ostflügel erweitern ließ.

SCHLOSS, PARK UND DORF PARETZ westlich von Marquardt lohnen einen Abstecher. Sie wurden 1797–1804 von David Gilly als Sommersitz des preußischen Königs Friedrich Wilhelm III. und seiner Frau Luise angelegt und strahlten als Beispiel klassizistischer Landbaukunst überregional aus. Besonders eindrucksvoll sind die ehemaligen königlichen Wohnräume mit ihren wertvollen handgemalten und gedruckten Papiertapeten, auf denen paradiesische Gartenlandschaften dargestellt sind, sowie den Möbeln, Gemälden, Grafiken und Porzellanen aus der Originalausstattung. 2015 wurde die Ausstellung »Paretz – ein königlicher Landsitz um 1800« umfangreich überarbeitet und neu gestaltet. Zu den Exponaten gehören neben Bildnisbüsten der Königin Luise auch luxuriöse Einrichtungsgegenstände aus dem ehemaligen Königlichen Palais in Berlin.

DER NATURPARK BARNIM, eine wald- und seenreiche Hochfläche im Städtedreieck Berlin-Oranienburg-Eberswalde nördlich von Berlin, ist eine Perle am 66-Seen-Weg. Als länderübergreifendes Großschutzgebiet umfasst der Park eine Fläche von 750 km²; in Berlin er-

SCHILFROHR und ein altes Ruderboot – Romantik im Barnimer Land im Norden von Berlin, an einem der vielen Seen im Naturpark.

IN KÜRZE

LAGE Brandenburg

LÄNGE
ca. 400 km, in 17 Etappen zwischen 20–30 km

START UND ZIEL
Potsdam

BESONDERHEIT
Die meisten Etappen sind auch einzeln möglich, da gute Nahverkehrsanbindung an Berlin

INFO
TMB
Tourismus-Marketing Brandenburg GmbH
Am Neuen Markt 1
14467 Potsdam
Tel. 0331 200 47 47
www.66-seen-weg.de

Der 66-Seen-Weg führt durch alle acht Regionalparks rund um Berlin. Der größte See auf der Route ist der Scharmützelsee, der – nach Fontane – auch ›Märkisches Meer‹ genannt wird. Der etwa 10 km lange See mit den Etappenorten Bad Saarow und Wendisch Rietz befindet sich 60 km südöstlich von Berlin. Scharmützel ist übrigens die eingedeutschte Ableitung eines altslawischen Worts und hat mit ›Handgemenge‹ nichts zu tun.

streckt er sich bis in die Bezirke Pankow und Reinickendorf. Mit rund 40 m hohen Steilstufen, die im Naturschutzgebiet Nonnenfließ-Schwärzetal bei Eberswalde Mittelgebirgscharakter aufweisen, überragt die Barnimhochfläche das Berliner Urstromtal im Süden, die Havelniederung im Westen, das Eberswalder Urstromtal im Norden und das Odertal im Osten. Diesen Landblock zerfurchen eiszeitliche Schmelzwasserrinnen mit zahllosen Seen sowie artenreicher Flora und Fauna. Nonnenfließ, Schwärzetal, Gamengrund und Briesetal gehören zu den schönsten dieser oft schluchtartig eingegrabenen Rinnen. Anders als auf der Hochfläche, auf der neben Acker- und Grünfluren die preußische Kiefer dominiert, entwickelten sich in den Rinnen und an mehreren Seen naturnahe Wälder, so die Erlenbruchwälder im Briese- und im Finowtal, Eichenmischwälder im Kreuzbruch sowie Buchenwälder am Liepnitzsee und in der Barnimer Heide. Station auf dem Weg ist hier Melchow.

SÜDLICH VON BERLIN erschließt der 66-Seen-Weg ein Wandergebiet mit weiten Eichen- und Buchenwäldern, mit romantischen Parks und Schlössern. Im Biosphärenreservat Spreewald führt der Weg durch das Dorf Leibsch, heute ein Ortsteil der Gemeinde Unterspreewald.

Halbe, die nächste Station, liegt im Naturpark Dahme-Heideseen, der sich südöstlich von Berlin auf 594 km² der seen- und waldreichen Grundmoränenlandschaft erstreckt. Namensgeberin ist die im Fläming entspringende Dahme, die den Naturpark von Süd nach Nord durchfließt.

MIT TREBBIN UND SEDDIN erreichen wir den Naturpark Nuthe-Nieplitz. Der südwestlich von Berlin gelegene Park umfasst die Flussniederungen, Seen und bewaldeten Höhenzüge im dünn besiedelten märkischen Zweistromland zwischen Fläming, Zauche und Teltow. Namensgeberinnen sind die im Fläming entspringende Nuthe, die in Potsdam in die Havel mündet, und ihr Zufluss Nieplitz. Feuchtwiesen und breite Schilfgürtel an den flachen Seen des 623 km² großen Naturparks bilden ein Rückzugsgebiet für seltene Pflanzen und Tiere sowie Rast- und Brutplätze für Kraniche und andere Vögel. Der Kranich ist das Wappentier des Naturparks, die Ungeheuerwiesen bei Blankensee sowie der Zauchwitzer Busch bei Stangenhagen sind die bekanntesten Vogelbeobachtungsstätten, die auf dem Weg liegen. Auf Seddin folgt die letzte Etappe der 66-Seen-Tour, die wieder nach Potsdam führt, zum Ausgangspunkt der großen Rundwanderung um die Hauptstadt. ∎

DER SCHRIFTSTELLER, DER BRANDENBURG ERWANDERT HAT Der 1819 in Neuruppin geborene Theodor Fontane zählt zu den herausragenden Vertretern des Realismus. Der gelernte Apotheker begann seine schriftstellerische Karriere erst spät. 1859 war er nach Berlin gezogen und erkundete von dort aus in den folgenden Jahren auf zahlreichen Wanderungen Brandenburg. In den dabei verfassten Reisefeuilletons unterstreicht er immer wieder das Märchenhafte der Landschaft.

Potsdam — Marquardt — Brieselang — Hennigsdorf — Wensickendorf — Melchow — Leuenberg — Strausberg — Rüdersdorf — Hangelsberg — Bad Saarow — Wendisch Rietz — Leibsch — Halbe — Neuendorf am See — Wünsdorf — Trebbin — Seddin — Potsdam

20 km ● 20 km ● 24 km ● 24 km ● 28 km ● 29 km ● 25 km ● 21 km ● 22 km ● 24 km ● 26 km ● 25 km ● 23 km ● 24 km ● 24 km ● 27 km ● 24 km ● 23 km

LINKS Der Wesensee im Biosphärenreservat Schorfheide-Chorin.

RECHTS Einer der Salons im Schloss Paretz bei Potsdam mit altem Mobiliar und historischen Bordüren an den Wänden.

RECHTS Schlosspark und Schloss Wiesenburg spiegeln sich im Schlossteich. Das Schloss befindet sich im Naturpark Hoher Fläming westlich von Potsdam in einem Landschaftsschutzgebiet.

RECHTS Ein Großtrappenhahn auf Brautschau.

UNTEN Dieser Baum mit eindrucksvollem Wurzelgeflecht befindet sich in der Nähe des Liepnitzsees.

## GROSSTRAPPEN
### FLUGFÄHIGES SCHWERGEWICHT

Etwa 40 km westlich von Brieselang befindet sich im Landkreis Havelland Buckow. Vogelliebhaber aus aller Welt finden sich hier ein, liegt der kleine Ort doch in einem Vogelschutzgebiet der besonderen Art: dem Trappenschongebiet. Die dort heimische Großtrappe zählt mit ihren bis zu 17 kg zu den schwersten flugfähigen Vögeln der Welt. Der ›märkische Strauß‹ gehört zu den Kranichvögeln und ist in Mitteleuropa inzwischen sehr selten – in den Schutzgebieten leben heute nur etwa 100 Tiere. In der Balzzeit zwischen März und Mai plustert sich der Hahn zu einem Federball auf und sein Herzschlag erhöht sich auf bis zu 900 Schläge pro Minute. Doch die Partnerwahl selbst geht von den Hennen aus.

NORDRHEIN-
WESTFALEN

Brilon ▪

▪ DÜSSELDORF

▪ Dillenburg
HESSEN

▪ WIESBADEN

# 03

## AUF DEM DACH WESTFALENS
## DER ROTHAARSTEIG IM ROTHAARGEBIRGE

Spätestens, wenn man die schwankende Hängebrücke und die monumentalen Skulpturen mitten im Wald zwischen den Bäumen erlebt hat, versteht man, weshalb der Rothaarsteig den Beinamen ›Weg der Sinne‹ völlig zu Recht trägt.

Mit der Farbe Rot oder gar mit Haaren hat ›Rothaar‹ im Namen des Gebirges nichts zu tun. Vielmehr bedeutet er ›Gerodetes Wald-Gebirge‹, was angesichts der großen Waldgebiete allerdings in die Irre führt. Der Rothaarsteig verbindet als Höhenweg des Rothaargebirges die Panoramaberge und landschaftlich schönsten Bergheiden Nordrhein-Westfalens im ›Land der 1000 Berge‹ sowie die Quellen von Möhne, Ruhr, Netphen, Sieg, Lahn, Eder und Dill. Von Brilon, dem Luft- und Kneippkurort im östlichen Sauerland, führt er über den Kahlen Asten und durch die Wälder des Rothaarkamms in die Oranierstadt Dillenburg im hessischen Dilltal.

IM JAHR 2001 wurde der Rothaarsteig als erster moderner Wanderweg dieser Länge in Deutschland eröffnet. Der Wanderweg rückte unter dem Slogan ›Weg der Sinne‹ Naturnähe in den Vordergrund. Erlebnisstationen machen Naturschutz, Forstwirtschaft und Tourismus erfahrbar, darunter Kunst-Erlebnisstationen wie der Waldskulpturenweg mit monumentalen Plastiken mitten im Wald. Als Erlebnisstationen wurden dort selbst die Sitzmöbel gestaltet: Sie haben die Form eines liegenden geschwungenen Rothaarsteig-›R‹ und sind so bequem, dass so mancher Wanderer darauf friedlich, begleitet vom Rauschen des Waldes, eingeschlafen ist. Innerhalb kürzester Zeit avancierte der Rothaarsteig im Übrigen zum beliebtesten Fernwanderweg Deutschlands.

DER ROTHAARSTEIG beginnt in Brilon. Der hervorragende Blick auf das Tal der jungen Ruhr vom archäologischen Gelände Borbergs Kirchhof, dem ›Friedensberg‹ des Sauerlands, sowie die wechselnden Ausblicke auf die Bruchhauser Steine, deren natürlicher Festungscharakter sich am eindrucksvollsten aus der Perspektive im Hang des Ginsterkopfs zeigt, zählen zu den Höhepunkten der ersten Etappe. Wer trittsicher ist, wählt bei klarer Sicht die steile ›Klettervariante‹ über den Ginsterkopfkamm; sie besticht durch die Urtümlichkeit des Kammpfads ebenso wie durch einmalige Ausblicke.

VOM DORF BRUCHHAUSEN schwingt sich der Rothaarsteig in die höchste Gebirgsregion Westfalens hoch: Der Langenberg (843 m) auf der westfälisch-hessischen Grenze ist die höchste Erhebung Nordrhein-Westfalens und des Sauerlandes. Er überragt den Hegekopf (843 m) auf der hessischen Seite des Rothaargebirges um 18 cm. Eine improvisierte ›Gipfelpyramide‹ markiert diesen höchsten Punkt am Rothaarsteig. Weiter geht es zum Neuen Hagen, der größten Bergheide Westdeutschlands. Das 74 ha große Naturschutzgebiet liegt auf rund 800 m Höhe weitab von Siedlungen auf einem Südausläufer des Langenbergmassivs. Der größte Heidekomplex Nordrhein-Westfalens ist ein Biotopverbund aus flachwelligen Heideflächen, Hangquellmooren, Kleinseggenriedern, Quellen und Borstgrasrasen. Die Vegetation besteht überwiegend aus Bergheidepflanzen, Krüppelkiefern, Birken,

IM SCHATTEN von Bäumen, inmitten ursprünglicher Natur, wandert man auf dem Rothaarsteig, dem ›Weg der Sinne‹, durch eine der schönsten Waldgebirgslandschaften Deutschlands.

## IN KÜRZE

**LAGE** Nordrhein-Westfalen, Hessen

**LÄNGE** 154 km, verteilt auf bis zu 12 Etappen

**START** Brilon (412 m) in Nordrhein-Westfalen

**ZIEL** Dillenburg (232 m) in Hessen

**HÖCHSTER PUNKT** Langenberg (843 m), höchster Berg Nordrhein-Westfalens

**INFO** Rothaarsteigverein e. V. Johannes-Hummel-Weg 2 57392 Schmallenberg Tel. 02974 499 41 63 www.rothaarsteig.de

**LITERATUR** Wanderführer Sauerland mit Rothaarsteig, KOMPASS Verlag 2019

Die 53 km lange
Westerwaldvariante
ergänzt den Rot-
haarsteig um eine
Panoramatour über
die Fuchskaute, den
höchsten Berg des
Westerwalds im
Dreiländereck von
Nordrhein-West-
falen, Rheinland-
Pfalz und Hessen.
Sie wartet mit Fern-
blicken bis hin zum
Taunus und zum
Siebengebirge auf
und kann in Kom-
bination mit dem
südlichen Rothaar-
steig-Hauptweg als
eigene Rundtour
durchwandert
werden.

Ebereschen und Zitterpappeln, im Osten wachsen niedrige Buchen mit halbkugel- bis kegelförmiger Krone.

**DER KAHLE ASTEN (842 m)** ist der Panorama-, Ausflugs- und Wintersportberg des Sauerlandes. Vom Astenturm, der als Aussichtsturm, Restaurant und höchstgelegene Wetterstation Nordrhein-Westfalens fungiert, und dem Berghotel »Kahler Asten« am Rothaarsteig strahlen Wanderwege in alle Himmelsrichtungen aus. Der Rothaarsteig führt durch die Bergheide auf dem Gipfelplateau mit Panoramablick über das Hochsauerland. Am Rand dieser Heide entspringt die Lenne, ein Nebenfluss der Ruhr und die Hauptwasserader des Hochsauerlandes. Der Lenne verdankt der Astenberg seinen Namen: ›a-sten‹ bedeutet ›Wasser-Stein‹. Ab dem Mittelalter trieben die Bergbauern ihre Kühe, Ziegen und Schafe auf den damals mit Rotbuchen bewachsenen Astenberg. Der Verbiss der jungen Bäume durch das Vieh stoppte die natürliche Waldverjüngung, der Asten wurde ›kahl‹. Seit 1965 steht die Astenheide unter Naturschutz– ein Pflanzen- und Aussichtsparadies vom Feinsten. Auch heute noch wird die Hochheide mindestens einmal jährlich von einer Heidschnuckenherde beweidet: Die Schafe verbeißen angeflogene Bäume und halten die Heide offen.

**DER ROTHAARKAMM** gibt die weitere Route des Rothaarsteigs vor. Der fast durchgehend bewaldete und weitgehend siedlungsfreie, beidseits steil abfallende Kamm gipfelt im 756 m hohen Härdler und bildet seit Beginn der geschichtlichen Überlieferung eine wichtige Grenze: Dialekt, Architektur der Bauernhöfe, Kreisgrenzen, historische Schnadesteine (Grenzsteine) und Reste von Demarkationslinien wie das Kölsche Heck, katholische Gotteshäuser nördlich und evangelische südlich des Kamms zeugen bis heute davon.

**EIN GUTER EINSTIEGSPUNKT** zum Rothaarsteig für Familien ist der Weiler Kühhude auf dem Rothaarkamm: Nur wenige Gehminuten entfernt befindet sich die Hängebrücke, die berühmteste Erlebnisstation des Rothaarsteigs. Am Westerberg beim Rhein-Weser-Turm schwingt der Rothaarkamm nach Süden; dort markiert der Dreiherrenstein ein Dreiländereck, an dem die Territorien der Herren von Kurköln, Nassau-Siegen und Wittgenstein aneinanderstießen. Der Rhein-Weser-Turm bietet einen Panoramablick über die Südsauerland- und Siegerlandberge. Weiter geht es zur Ginsburg, zur Lahnquelle und hinter Wilgersdorf dann entweder direkt oder auf der westlichen Variante über die Fuchkaute (656 m) nach Dillenburg. ∎

**NERVENKITZEL IN LUFTIGER HÖHE** Für Familien mit Kindern ist der Einstieg über den Parkplatz (mit Gastronomie) am Weiler Kühhude ideal (erreichbar von Bad Berleburg). Auf dem dort beginnenden Erlebnispfad verdeutlichen Schaukästen, was in den verschiedenen Schichten des Waldbodens lebt. Den Höhepunkt bildet die 40 m lange, schwingende Hängebrücke über einen Taleinschnitt, auf der man sich vorkommt wie in einem südamerikanischen Urwald.

Brilon — 17 km — Bruchhausen — 18 km — Küstelberg — 14 km — Kahler Asten — 12 km — Kühhude — 12 km — Schmallenberg-Jagdhaus — 25 km — Hilchenbach-Ginsburger Heide — 18 km — Netphen-Lahnquellen — 19 km — Wilgersdorf — 19 km — Dillenburg

LINKS Skulpturen wie dieser mächtige Krummstab aus Stahl säumen den Waldskulpturenweg, der bei Kühhude den Rothaarsteig kreuzt.

RECHTS Markierungssteine mit dem liegenden R stellen sicher, dass der Wanderer nicht vom Weg abkommt.

GANZ UNTEN Der 1872–75 errichtete Wilhelmsturm ist das Wahrzeichen der Stadt Dillenburg. Er ist ein Denkmal für Wilhelm I. von Oranien, der als Gründer der Niederlande gilt und in Dillenburg 1533 zur Welt kam.

## ARCHAISCHE FESTUNG
### DIE BRUCHHAUSER STEINE

Die Bruchhauser Steine am Rothaarsteig (Bild oben) sind das bedeutendste Felsensemble und die gewaltigste vorgeschichtliche Festungsanlage im Rothaargebirge. Wie die Türme einer gigantischen Burg ragen die vier höchsten dieser bis zu 92 m über einem Tal aufragenden Felsen aus Vulkangestein aus den Wäldern des Istenbergs. Zu Füßen der Felsen fand man Reste einer Fluchtburg aus der mittleren Eisenzeit (6. bis 3. Jh. v. Chr.).

# 04

## GESCHICHTSTRÄCHTIGER HÖHENWEG
### DER RENNSTEIG IN THÜRINGEN

Der einstige Kurierpfad bildete die Grenzlinie zwischen den Thüringer Klein-
staaten. Auf fast 170 Kilometern durchquert er gleich drei Mittelgebirge: den
Thüringer Wald, das Thüringer Schiefergebirge und den Frankenwald.

Der Rennsteig ist einer der traditi-
onsreichsten Fernwanderwege
Deutschlands: Als ›Rynnestig‹
wird er im Jahr 1330 erstmals
schriftlich erwähnt, das Wort ›rynne‹ bedeutete im Mittelalter ›sich rasch bewegen‹, das Wort ›stig‹ bezeichnete einen
ansteigenden Bergpfad. Von Hörschel
bei der Wartburgstadt Eisenach führt
der Weg über den Kamm des Thüringer
Waldes und die Hochfläche des Thüringer Schiefergebirges sowie durch den
Frankenwald und endet schließlich in
Blankenstein an der Saale.

DIE STILLE DER WÄLDER, die ins Unendliche reichenden Aussichten von Bergen und Felsinseln hoch über den Nie-
derungen, der reiche Blumenschmuck
der unter Naturschutz stehenden Wiesen und Hochweiden, fachwerkverzierte
Häuser, das Röhren der Hirsche in den
Herbstnächten, Einkehr und Übernachtung auf einer Hütte oder im Gasthaus
in einem Dorf haben den Ruf des Rennsteigs als Top-Wanderweg in den deutschen Mittelgebirgen begründet.

DA VIELE STÄTTEN am Rennsteig
Brennpunkte deutscher Sagen und
Kultur sind, ist er zugleich ein Weg voller Geschichte und Geschichten: von
Räubern, Rittern und Wegelagerern,
von Zwergen, weißen Jungfrauen und
Hexen, von Bonifatius und Luther, der
in der Wartburg dem Teufel ein Tin-
tenfass an den Kopf warf, von Napoleon und Goethe. Zuhauf begegnen
einem sagenumwobene Felsen, Quellen und Grotten, Gustav Freytag lässt
in seinem thüringischen Romanzyklus
»Die Ahnen« (geschrieben zwischen
1873–1881) den Altar des ›Donnerers‹
Donar auf dem Gipfel des Donnershauk
(893 m) beim heutigen Wintersportort
Oberhof stehen. Mythos, Geschichte,
Sage: Auf dem Rennsteig vermischen
sich Naturschönheit und Kultur zu einem Ganzen, das selbst zum Mythos
geworden ist – zum Mythos Rennsteig.

DEN THÜRINGER WALD prägen einerseits Burgen, Schlösser, Parks und
Alleen sowie das Heilklima und Glanz-
orte deutscher Kultur und Geistesge-
schichte und andererseits natürliche
Felsszenerien, Schluchten, Hochwiesen
und romantische Talgründe, sagenumwobene Höhlen, Quellen und Moore.

KEILFÖRMIG ZUGESPITZT steigt der
Thüringer Wald im Mündungswinkel von
Hörsel und Werra zu einem fast durchgehend bewaldeten, in den Hochlagen
kaum besiedelten Kammgebirge auf,
das auf einer Länge von rund 80 km
nach Südosten streicht und am Langen
Berg in das Thüringer Schiefergebirge übergeht. Steil hoben Erdkräfte vor
Jahrmillionen ein Schollenstück über die
Umgebung hinaus, die von Bruchkanten
begleiteten Steilabfälle prägen das Landschaftsbild, Wildbäche und Flüsse haben
die Scholle fast vollständig in Schluchten
und Täler zerteilt, als First ist der Hauptkamm übrig geblieben: Hier finden sich
mit den Vulkangesteinshärtlingen Inselsberg (916 m), Beerberg (982 m) und

SAGEN umranken
die gurgelnden,
naturbelassenen
Quellen, Bäche und
Grotten am Renn-
steig, dem einstigen
Kurierweg zwischen
den Thüringer Klein-
staaten.

## IN KÜRZE

**LAGE** Thüringen,
Naturparks Thüringer
Wald und Thüringer
Schiefergebirge

**LÄNGE** 168 km
verteilt auf 8 Etappen

**START** Hörschel
bei Eisenach

**ZIEL** Blankenstein
an der Saale

**BESONDERHEIT**
Rennsteiggarten
bei Oberhof mit über
4000 Pflanzenarten
aus den alpinen
Regionen aller Welt
(geöffnet Ende
April–Oktober)

**INFO**
Rennsteigverein
Gartenstr. 13
96199 Zapfendorf
www.rennsteigverein.de

**LITERATUR** DuMont
Wanderführer Rennsteig,
KOMPASS Verlag 2020

IN DIE PEDALE
Auf dem Rennsteig-
Radwanderweg
werden allzu steile
Abschnitte umfahren,
deshalb ist er etwa
30 km länger als der
Wanderweg.

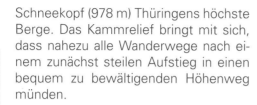

An einem Abend im September 1780 kritzelte Johann Wolfgang von Goethe eines seiner später berühmtesten Gedichte mit Bleistift an die Holzwand seiner Wanderunterkunft, der Jagdaufseherhütte auf dem Kickelhahn bei Ilmenau: »Über allen Gipfeln Ist Ruh, In allen Wipfeln Spürest du Kaum einen Hauch; Die Vögelein schweigen im Walde. Warte nur, balde Ruhest du auch.«

Schneekopf (978 m) Thüringens höchste Berge. Das Kammrelief bringt mit sich, dass nahezu alle Wanderwege nach einem zunächst steilen Aufstieg in einen bequem zu bewältigenden Höhenweg münden.

DER RENNSTEIG leitet im Wechsel aus bequemen Waldwegen und naturnahen Gras- und Wurzelpfaden auf dem Kamm des Thüringer Waldes über die höchsten Höhen Thüringens, erreicht beim Wintersportort Masserberg den Naturpark Thüringer Schiefergebirge Obere Saale und durchquert ab der Schildwiese den bayerischen Naturpark Frankenwald, ehe er nach insgesamt 168 km in Blankenstein an der Saale endet.

EIN HOLZSCHILD neben zwei Linden markiert den Beginn des Rennsteigs an seinem nördlichsten und tiefsten Punkt (196 m über Meereshöhe) an der Mündung der Hörsel in die Werra. Für viele Wanderer besteht das Startritual darin, den Wander- oder Trekkingstab hier ins Wasser zu tauchen, einen Stein vom Ufer mitzunehmen, ihn einzustecken und die Geister des Waldgebirges um gutes Gelingen zu bitten. Wer den Rennsteig schließlich in voller Länge durchwandert hat, wirft den Stein aus der Werra am Ende des Rennsteigs in Blankenstein in die Saale.

WER IN HÖRSCHEL BEI EISENACH startet und den Rennsteig von West nach Ost durchwandert, hat mehrere Etappen vor sich, bei denen der Kammweg geblieben ist, was das Rennsteiglied Victor von Scheffels ihm bescheinigt: »Ein deutscher Bergpfad ist's! Die Städte flieht er und keucht zum Kamm des Waldgebirgs hinauf...« Die westlichen Etappen von Hörschel über den Großen Inselsberg zur Ebertswiese und über den Großen Beerberg zur Schmücke gelten als die attraktivsten. Sie führen überwiegend durch Wald, während sich das Schiefergebirge als Kulturland präsentiert und sich die östlichen Etappen wegen der vergleichsweise geringen Anstiege und der zahlreichen Straßen hervorragend für Radwanderungen eignen.

DIE MARKIERUNG des Rennsteigs ist ein weißes ›R‹, ›Mareile‹ genannt (nach der Tochter eines Försters im Gast- und Forsthaus »Weidmannsheil«, in dem der Rennsteigverein gegründet wurde). Die mit einem blauen ›R‹ markierten Alternativrouten weichen auf etwa 23 km Länge immer dort vom Original-Rennsteig ab, wo dieser viel befahrenen Straßen folgt: Wo beispielsweise der Original-Rennsteig straßennah am Großen Finsterberg vorbeiführt, überquert die Alternativroute den Berg mit freier Sicht auf Suhl und Ilmenau. ■

RENNSTEIGLAUF Seit 1973 wird alljährlich im Mai der GutsMuths-Rennsteiglauf mit über 14 000 Teilnehmern ausgetragen. Es gibt drei Varianten: In Eisenach beginnt der Supermarathon (72,7 km), in Neuhaus am Rennweg der Marathon (43,5 km) und in Oberhof der Halbmarathon (21,1 km). Ziel ist für alle drei Läufe Schmiedefeld am Rennsteig. Wanderer und Nordic Walker können zwischen fünf Strecken von zehn bis 50 km Länge wählen.

Hörschel — 15 km — Hohe Sonne — 19 km — Grenzwiese — 27 km — Grenzadler — 20 km — Allzunah — 24 km — Friedrichshöhe — 23 km — Spechtsbrunn — 19 km — Brennersgrün — 21 km — Blankenstein

LINKS Südlich der kleinen Gemeinde Oberhof im Landkreis Schmalkalden-Meiningen verläuft der Rennsteig. Die im Bild zu sehende alternative Höhenroute verläuft jenseits des Hauptwegs.

RECHTS In einem ausgehöhlten Baumstamm sammelt sich das klare Wasser einer Quelle – Erfrischung für die Wanderer.

UNTEN Historischer Wegweiser nach Altenstein.

RECHTS Blühende Sterndolde im Rennsteiggarten bei Oberhof, dem größten Alpingarten Deutschlands.

UNTEN Der Trusetaler Wasserfall bei Bad Liebenstein.

## HISTORISCHE MARKEN
### GRENZSTEINE

Am Rennsteig findet man über 1000 Grenzsteine, Dreiherrensteine und andere Wegmarken mit eingravierten Jahreszahlen und den Kürzeln verschwundener Länder. Einst teilten sich acht Staaten den Thüringer Wald. Als am Ende des Ersten Weltkriegs die thüringischen Landesfürsten abdankten, wurden 1920 die Herzog- und Fürstentümer zum Freistaat Thüringen vereinigt. Der Kreuzstein »Wilde Sau« bei Eisenach trägt die Jahreszahl 1483 (Luthers Geburtsjahr), er ist der älteste mit Jahreszahl markierte Grenzstein am Rennsteig. Der Grenzadler in Oberhof ist der größte Stein, und der Große Dreiherrenstein am Weißenberg ist der berühmteste Dreiländergrenzstein am Rennsteig — hier grenzten Kurhessen, Sachsen-Gotha und Sachsen-Meiningen aneinander.

SACHSEN

DRESDEN
Liebe-
thal
Pirna
Königstein

# 05

## AUF DEN SPUREN DER ROMANTIKER
## DER MALERWEG IN DER SÄCHSISCHEN SCHWEIZ

Schon Caspar David Friedrich war vom Elbsandsteingebirge begeistert. Sein »Wanderer über dem Nebelmeer« blickt auf eine Szenerie aus Schluchten, Felszacken und auf stattliche Berge, die hier oft nur als ›Steine‹ bezeichnet werden.

Der Malerweg führt auf den Spuren von Künstlern der Romantik durch die Felsenwelten der Sächsischen Schweiz. Der Hauptwanderweg des Elbsandsteingebirges bildete sich ab dem ausgehenden 18. Jh. heraus, er leitet durch Schluchten zu Felsenburgen und Höhlen, über Tafelberge und Aussichtskanzeln, die Caspar David Friedrich, Johan Christian Dahl, Carl Gustav Carus und andere Künstler vor 200 Jahren in Gemälden, Stichen und Aquarellen festgehalten und wie Hans Christian Andersen oder Mary Shelley in Reiseberichten verewigt haben. Sie begründeten den Ruhm des Elbsandsteingebirges als ›Sächsische Schweiz‹ und als romantisches Wandergebiet. Die Wolfsschlucht am Hockstein etwa soll Carl Maria von Weber zur Wolfsschluchtszene im »Freischütz« inspiriert haben – die bedeutendste deutsche Oper der Romantik steht auf dem Spielplan der Felsenbühne Rathen. Die Informationsstelle »Schweizerhaus« auf der Bastei vermittelt einen umfassenden Einblick in die Vielfalt der künstlerischen Darstellungen der Sächsischen Schweiz.

VON DER SCHLUCHT Liebethaler Grund mit dem Richard-Wagner-Denkmal bei Pirna, dem Tor zur Sächsischen Schweiz, führt der mit dem Buchstaben ›M‹ markierte Malerweg 68 km weit durch den Nationalpark rechts der Elbe, überquert im Grenzort Schmilka den Fluss und leitet über die Tafelberge links der Elbe nach Pirna, wo er am Canaletto-Haus am Marktplatz nach

112 km endet. Hauptleitlinie der großartigen Sandstein-Erosionslandschaft ist die Elbe, die das Gebirge in zwei Flügel teilt. In einem steilwandigen Tal hat sich der Fluss in den Sandstein eingegraben, zwischen Pirna und der tschechischen Grenze gibt es in dem von Felsflanken überragten Urtal nur eine einzige Straßenbrücke bei Bad Schandau. Wie vor 200 Jahren besorgen Fähren das Übersetzen der Wanderer von einem Ufer zum andern. Auf beiden Seiten münden in das Urtal schlucht- und klammartige ›Gründe‹ und Täler, flankiert von bis zu mehr als 100 m hohen Felswänden. Wie Inseln ragen zwischen den tief eingeschnittenen Schluchten land- oder forstwirtschaftlich genutzte ›Ebenheiten‹ (Verebnungsflächen) sowie die als ›Steine‹ bezeichneten Tafelberge auf.

DER RECHTSELBISCHE STRANG durch den Nationalpark ist der ältere Teil des Malerwegs. Dieser Kern der ›klassischen‹ Sächsischen Schweiz steht als Nationalpark unter Schutz. Die Vordere Sächsische Schweiz zwischen Wehlen und Hohnstein mit Bastei, Felsenburg Neurathen und Amselgrund ist die meistbesuchte Felsregion des Gebirges und hat mit dem Lilienstein den mächtigsten Tafelberg. Zu den Höhepunkten der weiter elbaufwärts gelegenen Hinteren Sächsischen Schweiz gehören das Kirnitzschtal, die Schrammsteinkette, die Affensteine, die Zschand-Schluchten sowie der Große Winterberg. Ein Abstecher zur nördlich gelegenen Burg Stolpen

BLICK VOM BASTEIFELSEN
bei Rathen in den Wehlgrund, ein rechtes Seitental des Amselgrundes. Vom Wehlgrund aus führt eine Treppe mit 487 Stufen zur Bastei hinauf.

## IN KÜRZE

**LAGE** Sachsen, Landkreis Sächsische Schweiz-Osterzgebirge, Nationalpark Sächsische Schweiz

**LÄNGE** 112 km in acht Tagesetappen

**HÖCHSTER PUNKT** Großer Winterberg (556 m)

**START** Liebethaler Grund (164 m), Stadtbushaltestelle und Parkplatz am unteren Ortseingang von Liebethal (Pirna)

**ZIEL** Canaletto-Haus, Am Markt 7 in Pirna (110 m); Bahnhof an der S-Bahn-Linie Dresden–Pirna–Bad Schandau–Schöna

**BESONDERHEIT** Felsenbühne Rathen www.kurort-rathen.de

**INFO** Tourismusverband Sächsische Schweiz Bahnhofstr. 21 01796 Pirna Tel. 03501 47 01 47 www.malerweg.de

**LITERATUR** Wanderführer Sächsische Schweiz, Böhmische Schweiz, Elbsandsteingebirge, KOMPASS Verlag 2019

Das von drei
ineinander verkeil-
ten Felsblöcken
gebildete Felsen-
tor im Uttewalder
Grund wurde von
vielen Malern und
Schriftstellern
beschrieben. Der
dänische Dichter
Hans Christian
Andersen erinnert
sich in seinen 1831
veröffentlichten
»Schattenbildern«:
»... drei ungeheure
Felsblöcke waren
von oben herabge-
stürzt und bildeten
ein natürliches
Gewölbe, unter dem
wir durchgehen
mussten«.

lohnt sich (Museum und Theateraufführungen, www.burg-stolpen.org).

DER LINKSELBISCHE STRANG des
Malerwegs entwickelte sich im späten
19. Jh., als der heutige Kurort Gohrisch
zur ersten ›Sommerfrische‹ der Sächsischen Schweiz avancierte: Bis dahin
ging es mit dem Schiff zurück nach
Dresden mit einer Fahrtunterbrechung
in Königstein, um den Lilienstein zu erwandern. Besondere Höhepunkte des
Malerwegs links der Elbe sind die Tafelberge Kaiserkrone, Königstein und Rau-
enstein sowie der Pfaffenstein mit der
Felsnadel Barbarine.

DIE ETAPPE VOM Lichtenhainer Wasserfall im Kirnitzschtal durch die Felsenwelten der Hinteren Sächsischen Schweiz
auf den Großen Winterberg und hinab
nach Schmilka im Elbtal ist der beliebteste Abschnitt des Malerwegs. Die
Wanderung führt zur malerischen Durch-
gangshöhle Kuhstall und zum Gasthaus
Zeughaus im Zschand-Canyon. Der Teich-
stein, die Goldsteinaussicht und das Kipp-
horn am Winterberg zählen zu den spektakulärsten Panoramapunkten.

DER GROSSE WINTERBERG (556 m)
ist der höchste rechtselbische Berg der
Sächsischen Schweiz. Ein vulkanischer
Basaltgang durchzieht hier den Sand-

stein auf einer Länge von einem Kilometer und 100 Meter Breite. Seit den
Anfängen des Tourismus in der Sächsischen Schweiz ist der Winterberg eines
der beliebtesten Wanderziele.

ZWISCHEN WEHLEN UND RATHEN
verläuft beidseits der Elbe der Malerweg so dicht über dem Fluss, dass sich
die beiden Stränge zu einer Rundwanderung verbinden lassen. Von Wehlen führt
der Weg durch die Wälder auf die Bastei,
den berühmtesten Aussichtsfelsen der
Sächsischen Schweiz, und senkt sich neben der Felsenburg Neurathen, Deutschlands größter Felsenburg, ins autofreie
Niederrathen, wo man mit der Fähre
ans linke Elbufer übersetzt. Dort folgt
der Weg dem Rauenstein-Kammweg
mit Blick ins Dorf Pötzscha, wo vor dem
S-Bahnhof eine Fähre die Wanderer zurück in die Burgstadt Wehlen bringt. Mit
der S-Bahn und den Linienschiffen der
Sächsischen Dampfschifffahrt lässt sich
die Rundwanderung in zwei Einzelwan-
derungen von etwa 14 km Länge teilen.

DER LUFTKURORT RATHEN am Fuß der
Bastei ist der bedeutendste Fremden-
verkehrsort der Sächsischen Schweiz.
Die Felsenbühne Rathen am Fuß der
Basteihochfläche ist ein Naturtheater für
bis zu 1800 Zuschauer; bespielt wird sie
von Mitte Mai bis September.  ■

»DER WANDERER ÜBER DEM NEBELMEER« Caspar David Friedrich schuf 1818
mit dem Rückenansicht-Selbstbildnis das berühmteste deutsche Wanderergemäl-
de: Gekleidet in die wetterfeste Outdoor-Tracht seiner Zeit blickt der Wanderer von
einem Felszacken des linkselbischen Tafelbergs Kaiserkrone (bei Schöna) auf das
Nebelmeer. Im Mittelgrund die Felsspitzen des Gamrig aus dem Nebel, im Hintergrund rechts erhebt sich der Zirkelstein.

Liebethal — 12 km — Wehlen — 12 km — Hohnstein — 15 km — Altendorf — 18 km — Lichtenhainer Wasserfall — 18 km — Schmilka — 19 km — Gohrisch — 14 km — Weißig — 13 km — Pirna

OBEN Die wild-roman-
tische Kirnitzschklamm
bei Hinterhermsdorf im
Nationalpark Sächsische
Schweiz.

LINKS 240 m über der
Elbe erhebt sich die
gewaltige Bergfestung
Königstein, einer der
Höhepunkte der Tour.

## KÖNIG DER STEINE
### DER LILIENSTEIN

Der 415 m hohe Lilien-
stein, der markanteste
unter den ›Steine‹
genannten Tafelbergen
der Sächsischen Schweiz,
bildet zusammen mit
dem blauen Band der
Elbe das Wappenlogo des
Nationalparks Sächsische
Schweiz. Der 300 m aus
dem Elbtal aufragende
Sandsteinhärtling zwingt
den Fluss zu einer
Südschleife und bietet
einen faszinierenden
Panoramablick über das
Elbsandsteingebirge, der
bereits die Künstler vor
200 Jahren begeisterte:
Auf der Schifffahrt zurück
nach Dresden legten
sie in Königstein einen
letzten Übernachtungstag
ein, um von dort aus den
Lilienstein zu erwandern.
Seine Form erinnert aus
der Nord- und Südpers-
pektive an ein Schiff,
wobei das vom bewalde-
ten Gipfelplateau durch
eine Kluft abgetrennte
Westhorn den Bug bildet.

OBEN Szene aus
Shakespeares »Romeo
und Julia« auf der
Felsenbühne. Stets im
Programm sind Stücke
nach Karl May und
Webers »Freischütz«.

UNTEN Vom Wasser
ausgehölte Felsen im
Kirnitzschtal.

RECHTS Ein Anblick,
den Touristen in der
Natur leider kaum selbst
erleben werden: ein
Steinmarder, der bei Bad
Schandau auf einem
Felsen sitzend vom Foto-
grafen erwischt wurde.

# 06

## VOM RENNSTEIG BIS ZUR SCHWÄBISCHEN ALB
## DER FRANKENWEG IN BAYERN

Auf dieser Wanderung erkundet man die Höhlen und Felsentürme der Fränkischen Schweiz, das weite Fränkische Burgen- und Seenland sowie das Juraterrain des Altmühltals – und sogar Richard Wagner hat einst hier eine Rolle gespielt.

### IN KÜRZE

**LAGE** Bayern

**LÄNGE** 530 km

**HÖCHSTER PUNKT**
Döbraberg (795 m)

**START**
Untereichenstein
(433 m)

**ZIEL**
Harburg (440 m)

**INFO** Tourismus-
verband Franken
Pretzfelder Str. 15
90425 Nürnberg
Tel. 0911 94 15 10
www.frankenweg.de

Vom wildromantischen Höllental im Naturpark Frankenwald führt der 527 km lange Frankenweg südwärts über die Fränkische Alb bis ins schwäbische Harburg am Durchbruchstal der Wörnitz. Die Wörnitz, überragt von Schloss Harburg, verbindet das Donautal mit dem fruchtbaren Ries, einer der Kornkammern Bayerns; das Ries wiederum trennt die Fränkische von der Schwäbischen Alb.

DER FRANKENWEG beginnt unweit der Stelle, wo der Rennsteig endet: in Untereichenstein im romantischen Tal der Selbitz – nur einen Steinwurf entfernt von Blankenstein am Endpunkt des Rennsteigs. Zwischen Untereichenstein im Norden und Harburg im Süden verknüpft er sechs fränkische Urlaubslandschaften. Von der Waldwildnis des Frankenwaldes führt er durch das Obere Maintal, das reich ist an architektonischen Schätzen wie der Basilika Vierzehnheiligen bei Bad Staffelstein.

Daran schließen sich die Höhlenlandschaft der Fränkischen Schweiz und die Burgenwelt der Frankenalb an, ehe er an der Wasserlandschaft des Fränkischen Seenlandes vorbei und durch den Naturpark Altmühltal führt und sein Ziel am Rand der Schwäbischen Alb ansteuert. Der Weg erschließt die Vielfalt Frankens von der Selbitz bis zum Nördlinger Ries: Beeindruckende Natur und herausragende städtische und ländliche Kultur, wehrhafte Burgen, prunkvolle Schlösser, Kirchen und Klöster sowie historische Stätten liegen an der Strecke. Die fränkische Gastlichkeit trägt ein Übriges bei zur Beliebtheit des Wegs, der über eine ausgezeichnete Infrastruktur verfügt.

DER ERSTE HÖHEPUNKT am Frankenweg beginnt gleich nach dem Start: Das Höllental mit Auenwäldern und wild zerklüfteten Felsgruppen ist das faszinierendste Schluchttal im Naturpark Frankenwald. Mehr als 170 m tief hat sich

LINKS Die imposante Einsturzhöhle Riesenburg im Tal der Wisent.

RECHTS Fachwerkhaus im Felsendorf Tüchersfeld in Oberfranken.

GANZ RECHTS Luftkurort Gößweinstein.

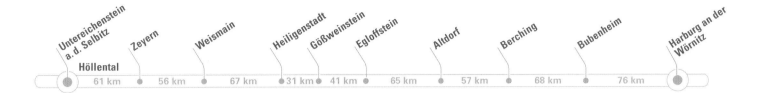

**LOKLAND**
Für Kinder und für Junggebliebene gibt es in Selbitz eine der größten Modelleisenbahnanlagen.
(www.lokland.de)

die Selbitz in ihrem Durchbruchstal in das Lavagestein eingeschnitten, 1 km unterhalb der Schlucht mündet sie im thüringischen Blankenstein in die Sächsische Saale, die hier die Grenze zwischen Bayern und Thüringen bildet. Wahrzeichen des Höllentals ist der Hirschsprung unterhalb des Aussichtspunkts ›König David‹ rund 170 m über dem Tal. 1997 wurde der Schluchttalabschnitt zwischen Naila-Hölle und dem Alten Bahnhof Lichtenberg, der als Informationszentrum dient, unter Naturschutz gestellt, um dort die Vielfalt von Pflanzen und Tieren sowie die landschaftliche Schönheit zu bewahren.

DER LUFTKURORT Gößweinstein liegt auf einer Jurahöhe über dem Wisenttal im Herzen der Fränkischen Schweiz zwischen Heiligenstadt und Egloffstein. Die von Balthasar Neumann 1730–39 errichtete barocke Wallfahrtsbasilika ist der aufwendigste Kirchenbau in der Fränkischen Schweiz. Der Ort wird überragt von einer auf einem Dolomitfelsen thro-

nenden Burg, die einem Bilderbuch entsprungen zu sein scheint: Zinnenkranz, Turmgeschoss, Staffelgiebel – alles wie im Mittelalter. Sie soll Richard Wagner als Vorbild für die Gralsburg in seinem letzten Werk, dem Bühnenweihfestspiel »Parsifal«, gedient haben. Nach 1890 erhielt sie ihr neugotisches Gepräge als ›Neuschwanstein der Fränkischen Schweiz‹.

HINTER EGLOFFSTEIN führt der Weg über Hersbruck (sehenswert die mittelalterliche Innenstadt) nach Altdorf, wo es bis 1809 sogar eine Universität gab. Bei Berching gelangt man in den Naturpark Altmühltal. Im weiteren Verlauf sollte ein Abstecher nach Weißenburg i. Bay. eingeplant werden, dort verläuft das UNESCO-Weltkulturerbe Limes mit eindrucksvollen Ausgrabungen und Rekonstruktionen. Zum Abschluss der Tour begrüßt den Wanderer dann das mächtige mittelalterliche Schloss Harburg über der Wörnitz. ■

Das Felsendorf Tüchersfeld am Frankenweg unterhalb von Gößweinstein ist ein Wahrzeichen der Fränkischen Schweiz, die Fachwerkhäuser kleben geradezu auf und an hohen Dolomitnadeln. Im ehemaligen Judenhof befindet sich das Fränkische-Schweiz-Museum; es dokumentiert Archäologie, Geologie, Geschichte, bäuerliches Wohnen, Handwerk, Zunftwesen, jüdisches Leben und weitere Aspekte der Fränkischen Schweiz.

**UNESCO-WELTERBE DER LIMES**
In Weißenburg i. Bay. verläuft der Limes. In der Römerstadt kann man ein in Teilen rekonstruiertes Kastell und den größten Schatzfund in Deutschland bewundern.

# 07

## FELSEN UND HÖHLEN IM TIEFEN WALD
## DER RODALBER FELSENWEG IM PFÄLZERWALD

Im größten zusammenhängenden Waldgebiet Deutschlands schlängelt sich dieser ausgezeichnete Rundwanderweg vorbei an Tropfsteinhöhlen und bizarr geformten rund 200 Millionen Jahre alten Buntsandsteinfelsen.

### IN KÜRZE

**LAGE** Rheinland-Pfalz, Naturpark Pfälzerwald

**LÄNGE** 45 km

**START/ZIEL** Bahnhof Rodalben (256 m)

**INFO** Tourist-Information Gräfensteiner Land Am Rathaus 9 66976 Rodalben Tel. 06331 23 41 80 www.felsenwan derweg.de

Der Rodalber Felsenwanderweg im Gräfensteiner Land verbindet die Felstürme, Aussichtskanzeln, Wasserfälle und Höhlen rund um Rodalben im Naturpark Pfälzerwald. Der 45 km lange Rundkurs ist auch für Familien mit Kindern geeignet, die Anstiege summieren sich auf moderate 700 Höhenmeter, die sich auf der Strecke gut verteilen. 2011 kürten ihn die Hörer eines großen Rundfunksenders zum beliebtesten Wanderweg in Rheinland-Pfalz.

DIE BESONDERHEIT des Rodalber Felsenwanderwegs sind die zahlreichen Felsen direkt am Weg und der gleichzeitige Bezug zur Stadt: Oben in den Wäldern finden sich mehr als 130 bis zu 18 m hohe Felsformationen, unten im Tal liegt die kleine Stadt Rodalben, die von der Industrialisierung verschont geblieben ist. Aus ihrer harmonischen Bebauung grüßen der romanische Westturm der alten Kirche und die Zwiebelhaube der in barockisierenden

Formen errichteten neuen Kirche herauf – Felsen, Wanderweg und Stadt verbinden sich zu einer Idylle, die einen immer wieder stehen bleiben und staunen lässt.

DIE FELSEN bestehen aus Sedimenten, die zu Beginn des Erdmittelalters abgelagert wurden. Die dieser Zeit entsprechende geologische Formation wird ›Trias‹ genannt, weil sie aus drei Abteilungen besteht; ihre unterste und älteste ist der Buntsandstein. Die Felsen, die sich alle etwa auf gleicher Höhe (300 m) um Rodalben befinden, sind etwa 200 Millionen Jahre alt. Wahrzeichen Rodalbens ist der Bruderfelsen: Zwei sich berührende Steinsäulen, die sich wie Brüder gleichen, sind die Namensgeber. Im Bärenfelsen öffnet sich die Bärenhöhle, die größte Buntsandsteinhöhle der Pfalz. Am Zigeunerfelsen lagerte früher oft fahrendes Volk, zugleich erinnert der Felsen daran, dass die Erosion stetig fortschreitet. Die Alte Burg ist ein steil auf drei Seiten abstürzender Felssporn, der den

VON LINKS Die Bärenhöhle, einer der Höhepunkte des Felsenwegs. Sandsteinfelsen im Abendlicht. Teufelstisch bei Hinterweidenthal. Pfälzer Rotweintraube. Der Saufelsen war einst Futterplatz von Wildschweinen.

DUNKLE HÖHLEN
Wer mit Kindern wandert, sollte eine Taschenlampe mitnehmen, da es einige Höhlen – darunter die Bärenhöhle – zu erkunden gibt.

| Rodalben Bahnhof | | Alte Burg | | Apostelmühle | | Hilschberghaus | | Neuhof | | Geißbühlkopf | | Rodalben Bahnhof |
|---|---|---|---|---|---|---|---|---|---|---|---|---|
| | 6,6 km | | 4,7 km | | 10,3 km | | 9,5 km | | 6,2 km | | 7,9 km | |

Kelten samt Vieh als Fluchtburg diente. Alljährlich im Herbst findet der Rodalber Wandermarathon statt. In einem Volkslauf nehmen die Marathon-Wanderer 42,195 Kilometer des Felsenwanderwegs oder – wer sich etwas weniger zutraut – den Halbmarathon auf sich. Die Strecke ist angenehm zu laufen, sie besteht durchgehend aus Waldboden.

DIE FELSENBURG GRÄFENSTEIN auf einem zwölf Meter hohen Buntsandsteinriff bei Rodalben ist die Namensgeberin des Gräfensteiner Landes. Ihr siebeneckiger Bergfried ist auf einer Wendeltreppe zu ersteigen und bietet eine erstklassige Aussicht auf das Gräfensteiner Land, das Kuppenmeer des Pfälzerwaldes und auf den Westrich. Erbaut wurde die auch ›Merzalber Schloss‹ genannte Burg im 12. Jh. durch den Grafen von Saarbrücken am Schnittpunkt der Diözesen Worms, Speyer und Metz. Im Dreißigjährigen Krieg brannte sie 1635 aus, seither blickt sie als mächtige Ruine ins Land. Ungewöhnlich an ihr ist der siebeneckige Bergfried, in seiner Art einmalig in Deutschland.

DER NATURPARK PFÄLZERWALD, eine waldreiche Mittelgebirgslandschaft, ist geprägt von harmonisch gewachsenen Dörfern, von zahllosen Teichen und Wiesentälern, bizarren Felsformationen und imposanten Burgruinen. In den sonnigen Tallagen zu Füßen des Waldmeers erstrecken sich die Weinberge – nach Rheinhessen befindet sich in der Pfalz das zweitgrößte Weinbaugebiet Deutschlands. Immer wieder durchbrechen Buntsandsteinfelsen als natürliche Aussichtsbastionen das Waldkleid und gewähren traumhafte Ausblicke auf das Felsen-, Burgen- und Waldreich zwischen Vogesen, Weinstraße, Westrich und Donnersberg. Ein Wahrzeichen für die Vielfalt der monumentalen Felsen ist der Teufelstisch bei Hinterweidenthal, zu den schönsten Burgen zählt das ›Burgendreigestirn‹ Trifels, Anebos und Münz. ■

Im Osten grenzt der Pfälzerwald an die Deutsche Weinstraße in der sonnenreichen Oberrheinebene, Deutschlands größtem zusammenhängenden Weinanbaugebiet. Im Süden schließt der Pfälzerwald übergangslos an den elsässischen Naturpark Nordvogesen an. 1998 wurden Pfälzerwald und Nordvogesen als erstes grenzüberschreitendes Biosphärenreservat in Europa von der Weltkulturorganisation UNESCO anerkannt.

SANDSTEINBANK
DER TEUFELSTISCH
Das bekannteste Naturdenkmal des Pfälzerwaldes ist der Teufelstisch bei Hinterweidenthal. Die bizarre Form beruht auf erodierten Gesteinen unterschiedlicher Härte.

# 08

## KULT-WANDERWEG IM LÄNDLE
## DER WESTWEG IN BADEN-WÜRTTEMBERG

Inmitten von unberührter Natur – durch Wälder, Moorgebiete, über Höhenzüge und vorbei an Seen – verläuft dieser bereits 1900 angelegte Fernwanderweg von Nord nach Süd durch den Schwarzwald. Unterwegs passiert man nur zwölf Ortschaften.

Der 280 km lange Höhenweg durch den Schwarzwald ist einer der attraktivsten Fernwanderwege Deutschlands. Von Pforzheim aus führt er in südlicher Richtung über bewaldete Kämme und Berge mit Panoramaaussicht, durch vereinzelte Fachwerkdörfer und durch Almwiesen mit einsamen Schwarzwaldhöfen zum Titisee, wo er sich in eine West- und eine Ostroute gabelt. Beide Varianten enden am Badischen Bahnhof in Kleinbasel, dem rechtsrheinischen Teil der Münsterstadt Basel im Dreiländereck. Der Weg ist anspruchsvoll und – bis auf einige Teiltouren – für kleine Kinder nicht geeignet. Auf den Etappen überwindet man bergauf in der Summe über 8000 m und ebenso viele wieder bergab.

VON PFORZHEIM, der Hauptstadt des Nordschwarzwalds, führt der Westweg im Gleichlauf mit dem Europäischen Fernwanderweg 1 südwärts durch den felsenreichen Buntsandstein-Schwarzwald. Vom Westwegportal ›Goldene Pforte‹ am Kupferhammer an der Mündung der Würm in die Nagold schwingt er sich auf die Hochflächen zwischen Enz und Alb und durchquert am Wildsee bei Bad Wildbad die größte Moorregion des Schwarzwalds.

DAS WILDSEEMOOR auf der Hochfläche zwischen Bad Wildbad und Gernsbach ist das größte Hochmoor im Schwarzwald. Der Westweg quert es auf der Etappe zwischen Dobel und Forbach. Urwüchsige Bannwälder mit bizar-

ren Baumgestalten umgeben das Moor, in dem zur Mittsommerzeit das Wollgras seinen weißen Haarbausch auswachsen lässt und im Herbst Moorpflanzen in leuchtendem Rot erstrahlen. Die zwei größten von mehreren Moorseen sind der Hornsee und der namengebende Wildsee. Auf der von Hochmooren und Wald bedeckten Buntsandsteinhochfläche, auf der jährlich bis zu 1800 mm Niederschlag fällt, leben Pflanzengemeinschaften und Insekten, die nach der Eiszeit sonst nur in Skandinavien überlebt haben. Zwischen Legföhren und Birken führt der hölzerne Begangsteig durch das Moor und gibt den Blick frei auf den von Schwingrasen umgebenen Wildsee. Mitten durch das Moor, dessen Torfschicht bis zu 7,50 m dick ist, verläuft die Grenze zwischen Baden und Württemberg. Die Schutzwürdigkeit dieses Naturparadieses wurde schon früh auf beiden Seiten erkannt: Bereits 1911 wurde auf württembergischer Seite ein ›Bannwald‹ (ein geschütztes Waldgebiet) ausgewiesen, 1914 erklärte man den badischen und 1928 den württembergischen Teil zum Naturschutzgebiet.

AUF DEN ABSTIEG ins ›steinreiche‹ Murgtal folgt die Aussichtspassage auf dem Grindenschwarzwald, wo die Hornisgrinde am sagenumwobenen Mummelsee auf der Etappe zwischen Unterstmatt und Alexanderschanze die höchste Erhebung des Nordschwarzwalds markiert. Nach dem Durchqueren der Naturschutzgebiete Schliffkopf und Kniebis-Alexanderschanze beginnt der

ERSTES HERBST-LAUB schmückt die Bäume am Ufer, die sich im Feldsee am Fuße des Feldbergs spiegeln.

## IN KÜRZE

**LAGE**
Baden-Württemberg, Schwarzwald

**LÄNGE** 280 km

**HÖCHSTER PUNKT**
Feldberg (1493 m)

**START**
Westwegportal bei der Gaststätte »Kupferhammer« (265 m) in Pforzheim

**ZIEL** Badischer Bahnhof in Basel (254 m), Schweiz, an der Grenze zu Deutschland

**INFO**
Schwarzwaldverein
Schlossbergring 15
79098 Freiburg i. Br.
Tel. 0761 38 05 30
www.westweg.de

Auf der Adler-
schanze im Höhen-
luftkurort Hinter-
zarten am Nordrand
des Feldberggebiets
wird neben den
Wettbewerben im
Winter seit 1980
alljährlich auch
das berühmte
internationale
Sommerskispringen
ausgetragen. Die
Anlaufspur aus
Keramikkacheln
wird dann mit
reichlich Wasser ge-
sprenkelt, und der
Aufsprungbereich
unten ist mit Plas-
tikmatten ausgelegt,
die ebenfalls bewäs-
sert werden.

Abstieg ins Kinzigtal, wo ein Besuch des Freilichtmuseums Vogtsbauernhof nicht versäumt werden sollte.

ZWISCHEN HAUSACH und Wilhelms-höhe verläuft der Westweg über Far-renkopf (789 m) und Karlstein (964 m) auf dem einsamen Kamm über dem Gutachtal. Er strebt der Martinskapelle an der Bregquelle, der höchsten Quelle der Donau, zu und wechselt dann in den Naturpark Südschwarzwald. Vom Thur-ner-Wirtshaus beim Wallfahrtsort Sankt Märgen senkt er sich hinab zu schönen Wiesen mit Schwarzwaldhöfen bis zum Kurort Titisee am größten natürlichen Schwarzwaldsee.

IN TITISEE im Naturpark Südschwarz-wald gabelt sich der Westweg in eine West- und eine Ostroute. Beide Routen enden am Badischen Bahnhof im rechts-rheinischen Teil der Münsterstadt Basel, in der Schweiz, sodass sich Ost- und Westroute auch als mehrtägige Rund-tour durchwandern lassen.

DIE WESTROUTE des Westwegs ist in unten stehender Streckenleiste abgebil-det (ab Kalte Herberge). Sie führt vom Titisee an der Hinterzartener Adlerschan-ze vorbei auf den Feldberg (1493 m), den höchsten Berg aller deutschen Mittel-gebirge. Weiter geht es dann über die Stübenwasen-Bergwiesen zur Passhöhe Notschrei und auf den Gipfel des Bel-chen (1414 m), des ›Königs des Schwarz-walds‹. Der Hochblauen (1165 m) über dem Markgräflerland ist der letzte hohe Schwarzwald-Berg am Westweg, der sich nun zur Sausenburg und in die Töpferstadt Kandern hinabsenkt, wo der Schlussspurt zum Röttelner Schloss und über die Tüllin-ger Höhe nach Basel beginnt.

DIE OSTROUTE verläuft vom Titisee aus zum höchstgelegenen Bahnhof Baden-Württembergs in Bärental und zum Zwei-seenblick mit Aussicht auf den Titisee und den Schluchsee. Von der Passhöhe mit der Wiesequelle führt der Ostweg aufs Herzogenhorn (1415 m), den zweit-höchsten Berg des Schwarzwalds, und folgt dann stets dem Kamm zwischen Wiese-, Alb- und später Wehratal. An der Wehra verlässt der Ostweg das aus Gra-nit und Gneis bestehende Grundgebirge des Südschwarzwalds und führt im Mu-schelkalk mit vielfältigen Karsterschei-nungen wie der Erdmannshöhle bei Ha-sel am periodisch auftretenden Eichener See vorbei zum Aussichtsturm auf der Hohen Flum (536 m), der höchsten Erhe-bung des Dinkelbergmassivs. Hier bietet sich noch einmal ein wunderbarer Pan-oramablick über den Südschwarzwald, dann senkt sich der Ostweg nach Klein-basel im Dreiländereck am Rheinknie. ◼

**FREILICHTMUSEUM VOGTSBAUERNHOF IM KINZIGTAL** Von Hausach nach Gutach und von dort zum Vogtsbauernhof sind es 3 1/2 Stunden. Das Freilichtmuseum lohnt einen Besuch. Es vermittelt einen guten Eindruck vom bäuerlichen Leben vergangener Zeiten in den verschiedenen Regionen des Schwarzwalds. Ob Milchwirtschaft, Sägerei, Öl- und Kornmühle, Hammerschmiede, Wagnerwerkstatt oder Backhaus – die alten Traditionen von Landwirtschaft und Handwerk werden hier anschaulich und lebendig.

Pforzheim — Dobel — Forbach — Unterstmatt — Alexander-schanze — Auf der Hark — Hausach — Wilhelmshöhe bei Schonach — Kalte Herberge — Hinterzarten — Wiedener Eck — Hochblauen — Wollbach — Basel

24 km — 26 km — 19 km — 28 km — 17 km — 16 km — 21 km — 27 km — 21 km — 17 km — 19 km

## GEISTER UND ZWERGE
### DER MUMMELSEE

Der Mummelsee in der Südflanke der Hornisgrinde (1163 m) ist mit knapp 18 m der tiefste Karsee des Schwarzwalds. Im See sollen den Sagen zufolge Nixen, Zwerge und ein König hausen. Bei den Brüdern Grimm findet sich die Geschichte vom Bauern, der mit seinem Ochsenkarren heil über den gefrorenen See gefahren war – dessen nachgelaufener Hund im Eis einbrach und ertrank. Das Motiv des Totenzugs übernahm Eduard Mörike für seine Ballade »Die Geister am Mummelsee« (1829).

OBEN LINKS Frisch gebackene, duftende Brotlaibe – direkt aus dem Holzofen.

OBEN RECHTS Der sagenhafte Mummelseegeist in voller Montur ist über 2 m groß – je nachdem, wer die Stiefel mit den 50 cm Absätzen trägt.

MITTE RECHTS Der Mummelsee (1036 m) im Norden des Schwarzwalds ist ein beliebtes Ausflugsziel.

LINKS Blick vom Belchen (1414 m), dem vierthöchsten Berg des Schwarzwalds, nach Süden ins Tal.

# 09

## FELSEN, CANYONS, WASSERFÄLLE
# DER SCHLUCHTENSTEIG IM SÜDSCHWARZWALD

Er führt durch die tiefsten und größten Canyons Deutschlands, vorbei an brausenden Wasserfällen, durch wilde Wälder und auf Höhen, die den Blick bis zu den Alpen öffnen – und ist zugleich ein Parcours durch 200 Millionen Jahre Erdgeschichte.

Unbestritten zählt der 119 km lange Schluchtensteig im Südschwarzwald zu den beliebtesten und attraktivsten Fernwanderwegen Deutschlands. Er ist an Vielseitigkeit kaum zu übertreffen und bietet eine ideale Mischung von anspruchsvollen und familienfreundlichen Abschnitten. Wer die ganze Tour machen möchte, sollte sechs Tage einplanen.

VOM LUFTKURORT STÜHLINGEN an der Grenze zur Schweiz führt der Weg an den Bahnhöfen, Tunnels und Viadukten der nostalgischen ›Sauschwänzlebahn‹ vorbei durch die steilen Wutachflühen. Nach Blumberg im Tal der Urdonau wendet sich der Weg nach Westen weiter in die Wutachschlucht, die größte Schlucht Deutschlands. Die Wasserwucht hat sich hier über Jahrtausende tief in Granit, Gneis, Buntsandstein und Muschelkalk eingegraben, sodass Fluss und Pfad über weite Strecken von senkrechten Felswänden flankiert werden. Geländer und andere Schutzvorrichtungen sichern daher immer wieder den Steig in seinem steten Auf und Ab durch die Talflanke. Flüsse werden auf hohen Stegen überquert und gesicherte Felsbänder sorgen für zusätzliche Abwechslung und streckenweise auch für etwas Nervenkitzel. Wer rechts und links die Augen offenhält, der entdeckt die reichhaltige Flora und Fauna der stark bewaldeten Wildflusslandschaft: Orchideen, Felsennelken und Türkenbund blühen hier um die Wette, es finden sich geschützte Tierarten wie der Apollofalter und die seltene Aspisviper, neben der Kreuzotter Deutschlands einzige Giftschlange (die man allerdings kaum je zu Gesicht bekommen wird).

FLUSSAUFWÄRTS DER WUTACH entlang wandern wir wie durch ein geologisches Lehrbuch. Der Fluss durchschneidet hier die Gesteinsschichten des aus Gneis und Granit aufgebauten vulkanischen Grundgebirges. Der Weg führt nun an der Gauchachschlucht vorbei bis zum Gasthof Schattenmühle (ein lohnender Abstecher führt hinter der Mühle zur Lotenbachklamm). Bis hierher durchfließt die Wutach die geologische Form des Trias, der Muschelkalk ist hier vorherrschend – mit etwas Glück findet man Versteinerungen. Zu den Höhepunkten zählen hier die Wutachversickerungen und die Wutachaustritte, wo der Fluss aus dem klüftigen Gestein gischtet. Die quarzhaltigen Klippen des etwa 80 Meter senkrecht aus der Schlucht aufragenden Räuberschlössle-Felsens bilden den markantesten Aussichtspunkt im Granitabschnitt. Ab etwa der Mündung des Rötenbachs sind in den Felsformationen dieser Teilstrecke immer wieder bis zu 30 m mächtige, weißgelbe bis blauviolette Buntsandsteinüberlagerungen zu beobachten.

ÜBER STOCK UND STEIN geht es in der oberen Wutach- und der Haslachschlucht weiter bis zum Luftkurort Lenzkirch, wo sich eine Höhenwanderung über den Bildstein (1134 m) – der höchste Punkt der gesamten Wanderung – zum

LINKS Die Lotenbachklamm befindet sich unmittelbar neben der Schattenmühle, der Klammeingang ist nur wenige Meter entfernt.

## IN KÜRZE

**LAGE**
Baden-Württemberg, Südschwarzwald

**LÄNGE** 119 km,
6 Tagesetappen

**HÖCHSTER PUNKT**
Bildstein (1134 m),
Aussichtsfelsen über
dem Schluchsee

**EINKEHR**
Schattenmühle
(mit Übernachtung)

Unterkrummenhof am
Schluchsee (rustikale
Küche, nur zu Fuß
erreichbar)

**INFO**
Projektstelle
Schluchtensteig
Gartenstr. 7
79761 Waldshut-Tiengen
Tel. 07751 86 26 06
www.schluchtensteig.de

**LITERATUR**
Wanderführer
Schluchtensteig,
KOMPASS Verlag 2017

Der Naturpark
Südschwarzwald ist
mit einer Fläche von
3940 km² der größte
Naturpark in Deutsch-
land und erstreckt
sich von Triberg im
Norden bis nach
Waldshut-Tiengen im
Süden. Im Westen
schließt er die Vor-
bergzone bis Freiburg
und Emmendingen
ein, nach Osten dehnt
er sich bis Donau-
eschingen und Bad
Dürrheim aus.
Die höchste Erhe-
bung ist der Feldberg
(1493 m), der höchste
Berg des Schwarz-
walds.

Schluchsee anschließt. Der Bildstein ist ein verwitterter Granitfelsen auf dem Gipfel eines steil aufragenden Bergrückens und bietet eine traumhafte Aussicht auf den Schluchsee, zum Feldberg und zum Herzogenhorn. Der 1932 aufgestaute See ist der größte Schwarzwaldsee und ein bedeutendes Wassersportparadies.

VOM WASSERSPORTORT Aha aus folgt der Schluchtensteig der Seeuferpromenade. Rustikale Einkehr bietet die Vesperstube »Unterkrummenhof« auf einer Landzunge. Hier stärken sich die Wanderer für den Aufstieg vom Schluchsee durch die stillen Muchenland-Wälder. In den Blumenwiesen von Blasiwald angekommen, schweift der Blick über die durchwanderten Höhen und Täler zu den Spitzen der Alpen. Der Weg führt nun steil hinab und bald darauf ertönt wieder das vertraute Geräusch von herabstürzendem Wasser. Wenig später erreicht man den Windbergwasserfall, während die Glocken des Doms von Sankt Blasien das Etappenziel im Albtal verkünden.

NACH DEM AUFSTIEG vom Dom in Sankt Blasien zum hölzernen Aussichtsturm auf dem Lehenkopf durchquert der Schluchtensteig das Höhenparadies von Dachsberg und Ibach im Hotzenwald mit Mooren, Weiden, Wiesen und einem Alpenblick. Der Hotzenwald ist eine dünn besiedelte Hochfläche, in der Alb, Murg, Wehra, Steina, Schlücht und andere Bäche und Flüsse vielfältige Schluchtlandschaften geschaffen haben. Einige Moore wie die als Naturschutzgebiet ausgewiesene Rüttewies bei Urberg am Lehenkopf sind mit ihrem Wechsel aus Moor- und Weideflächen Refugien seltener Arten wie Katzenpfötchen und Heidenelke. Die im arktisch-alpinen Raum verbreitete Astflechte hat hier ihren einzigen bekannten Wuchsort im deutschen Südwesten.

VOM BERGKREUZ auf der Anhöhe ›Lampenschweine‹ bei Ibach, einer alten Rodung für Schafe, senkt sich der Schluchtensteig zur Wehraquelle und führt durch die Hohwehraschlucht in die Talweitung, in der die Wintersportgemeinde Todtmoos zu Füßen der barocken Wallfahrtskirche liegt. Das Wehratal bildet das glanzvolle Finale des Schluchtensteigs: Anfangs in Wiesenhängen, dann in Felsflanken und dem urwaldartigen Bannwald der Wehrahalden erreicht er sein Ziel, die Schlösser- und Burgenstadt Wehra mit ihren Burgruinen Bärenfels und Werrach, dem Alten und dem Neuen Schloss Wehr – sowie einer sehenswerten Altstadt. ∎

WANDERN UND LAUSCHEN Den Dom im Luft- und Kneippkurort St. Blasien im Landkreis Waldshut sieht man schon von Weitem. Kein Wunder: Der 1783 vollendete Kuppelbau ist mit einer Höhe von 62 m und einer Spannweite von 36 m der drittgrößte in ganz Europa – nach dem Pariser Panthéon und der Peterskirche in Rom. Die kuppelüberspannte Rotunde bildet im Übrigen einen idealen Rahmen für die Konzerte, die v. a. im Juli und August stattfinden (Programm siehe www.domkonzerte-stblasien.de).

Stühlingen — 10 km — Wutachflühen — 15 km — Wutach-schlucht — 13 km — Schattenmühle Lotenbachklamm — 3 km — Räuberschlössle-Felsen — 11 km — Lenzkirch — 7 km — Bildstein — 3 km — Schluchsee — 13 km — Windbergwasserfall — 3 km — Sankt Blasien — 3 km — Lehenkopf — 9 km — Ibach — 7 km — Todtmoos — 8 km — Wehraschlucht — 14 km — Wehr

UNTEN Der Schluch-
see, auf 930 m über
NN die höchstgelegene
Talsperre Deutschlands,
ist der größte See des
Schwarzwalds. Das
Wasser des Stausees
betreibt die Turbinen
eines Pumpspeicher-
kraftwerks.

RECHTS Typisch für
das Schwarzwaldhaus,
eine Kombination aus
Wohnhaus und Stall,
ist das weit vorgezoge-
ne Walmdach. Häufig
in Hanglagen gebaut,
kann es so auch großen
Schneemassen und
Stürmen standhalten.

## SAUSCHWÄNZLE-BAHN VOLLDAMPF VORAUS!

Das Pfeifen
der Dampfloks ist bis
weit in die Ferne zu
hören – es ist jedes Jahr
ein großes Ereignis, wenn
die Sauschwänzlebahn
durch das Mühlbachtal
und die Wutachflühen
ab Ende April wieder in
Betrieb genommen wird.
Ihren Namen verdankt
die Museumsbahn dem
spiralförmigen Routen-
verlauf, der an den ge-
ringelten Schwanz eines
Schweins erinnert. Für
9 km Luftlinie zwischen
den Bahnhöfen Blum-
berg-Zollhaus (702 m)
und Stühlingen-Weizen
(471 m) benötigt sie über
zwei Stunden und legt da-
bei 25 Schienenkilometer
zurück. Ab 1876 wurde
sie im Auftrag kaiserzeit-
licher Militärs errichtet
und 1890 unter dem
Namen »Wutachtalbahn«
eröffnet. Heute sorgt ein
engagierter Verein für den
Betrieb der nostalgischen
Bahn.

OBEN Der Apollofalter
steht unter Naturschutz.
Er ist auch im Schwarz-
wald inzwischen nur
noch äußerst selten.

UNTEN Wilde Wälder,
steile Pfade und rau-
schende Wasserfälle
– die Wutachschlucht
begeistert Wanderer.

**09** EIN VORHANG aus
herabstürzendem
Wasser ergießt sich
über einen von dich-
ten Moospolstern
überwucherten
Felsen in der Wutach-
schlucht – als wäre
man in einem wilden
Regenwald.

BAYERN

MÜNCHEN

Berchtesgaden

Lindau

# 10

## AUF DEN SPUREN DES BERGSTEIGERKÖNIGS
## DER MAXIMILIANSWEG IN BAYERN

Sie ist eines Königs würdig, die Tour am Nordrand der Alpen. Es ist leicht nachzu-empfinden, wie der Monarch einst voller Stolz auf das bayerische Alpenvorland mit seinen Wiesen, Wäldern, Seen und mächtigen Bergen geblickt haben mag.

Der Maximiliansweg von Lindau am Bodensee bis nach Berchtesgaden am Königssee ist der ›Königsweg‹ der Allgäuer und Bayerischen Voralpen. Benannt ist er nach dem bayerischen ›Bergsteiger-könig‹ Maximilian II. (1811–1864), der diese Route vom 20. Juni bis 27. Juli 1858 mit großem Gefolge aus Freun-den, Wissenschaftlern, Pferdeknechten, Malern, Dichtern und Köchen absolvier-te – in der Kutsche, zu Pferd, wandernd und bergsteigend –, um die attraktivsten Plätze in ›seinen‹ Bergen aufzusuchen.

WIE AN EINER PERLENKETTE erschließt der 1991 vom Deutschen Alpenverein er-öffnete Fernwanderweg Aussichtsgipfel, Seen und Schlösser in der imposanten Landschaft der Allgäuer und Bayerischen Alpen. Der ›Balkonweg‹ am Nordrand der Nördlichen Kalkalpen bietet herrliche Tief-blicke auf die Täler sowie bergwärts Auf-blicke in die vergletscherte Gipfelwelt. Hochstaufen, Hochgern, Kampenwand und Wendelstein sind einige der Panora-maberge am ›Maxweg‹, dazwischen lie-gen Walchensee, Kochelsee und Tegern-see, die Schlösser Neuschwanstein und Linderhof sowie sehenswerte Tal- und Kurorte wie Sonthofen, Füssen, Fisch-bachau, Ruhpolding und Bad Reichenhall.

ZU EINEM GROSSEN TEIL folgt der 370 km lange Maximiliansweg dem Euro-päischen Fernwanderweg 4, doch trennen sich die beiden Wege bei schwierigeren Passagen: Wanderer mit Bergerfahrung und guter Kondition können dann der Bergvariante des Fernwanderwegs fol-gen, während die einfachere Variante generell bei schlechtem Wetter zu emp-fehlen ist. Die wasserfalldurchbrauste Pöllatschlucht und der glasklare Alpsee sowie die Schlösser Hohenschwangau und Neuschwanstein sind hier die kultu-rellen und natürlichen Höhepunkte am Maximiliansweg. Der smaragdgrüne Alp-see mit Blick auf Hohenschwangau und Neuschwanstein versteckt sich zwischen Felswänden und bewaldeten Hängen hinter den beiden Schlössern, von denen aus sich ebenfalls grandiose Ausblicke auf diesen Moränenstausee bieten. Kein Wunder, dass der Alpsee der Lieblings-badesee des ›Märchenkönigs‹ Ludwig II. (1845–1886) war. Auch heute laden Strand und eine Freibadeanlage zum er-frischenden Bad im 62 m tiefen See ein.

DER TEGELBERG (1881 m) bei Schwan-gau hinter Füssen ist dank Kabinenseil-bahn, Gastronomie und großartiger Aus-sicht der meistbesuchte Ausflugsberg im Ammergebirge, Bayerns größtem Naturschutzgebiet. Wegen der relativen Weitläufigkeit bildet das aus zahlreichen Zacken, Zinken und Schrofen beste-hende Bergmassiv den Rahmen für un-terschiedlichste Outdoor-Betätigungen, vom Panorama-Spaziergang bis zum Klettersteig. Der anfangs leichte, spä-ter gesicherte Steig zum Gipfelkreuz auf dem Branderschrofen beginnt am Drachen- und Gleitschirmfliegerstart-platz bei der Tegelbergbahn-Bergstation (1720 m) und dauert eine halbe Stunde. Während der Maximiliansweg die Tegel-

NEUSCHWANSTEIN bei Füssen, von Ludwig II. zwischen 1868 und 1886 erbaut, erscheint im Nebel wie ein Märchenschloss.

IN KÜRZE

LAGE Bayern, Regierungsbezirke Schwaben und Oberbayern

LÄNGE 370 km

HÖCHSTER PUNKT Hochplatte (2082 m) auf dem Abschnitt zwi-schen Füssen und Schloss Linderhof

START Lindau (400 m), Insel- und Hafenstadt am bayerischen Teil des Bodensees

ZIEL Berchtesgaden (572 m) in der Nähe des Königssees

INFO Alpenlandtouristik Postfach 101313 86883 Landsberg Tel. 08191 30 86 20 www.alpenland touristik.de oder www. maximiliansweg.de

Maximilian II. erwarb 1832 als Kronprinz die während der Napoleonischen Kriege beschädigte Renaissance-Burg Schwanstein und ließ sie im romantisierenden ›gothic style‹ zum Schloss Hohenschwangau umbauen. Moritz von Schwind entwarf nach mittelalterlichen Sagen die Wandgemälde des Schlosses, darunter Darstellungen der Sage vom Schwanenritter (Lohengrin). Der Schwan war das Wappentier der Grafen von Schwangau.

bergbahn als Aufstiegshilfe benutzt, führt der E4 steil und in lang gezogenen Kehren von der Pöllatschlucht hinauf, vorbei an bizarren Felszacken.

VON DER BERGSTATION der Tegelbergbahn führt der Naturpfad Ahornreitweg über den Brandnerfleck zur Bleckenau. Dieser Weg ist ein Klassiker unter den bequemen Genusswanderwegen im Königswinkel. Seinen Namen trägt er nach Maximilian II., der diesen Weg um 1850 anlegen ließ, um möglichst bequem per Pferd ins königliche Jagdrevier am Tegelberg zu gelangen. Schautafeln informieren über geologische und ökologische Zusammenhänge, über den Bergwald und seine Geschichte sowie über Flora und Fauna der Region vom Alpensalamander bis zum Adler.

SCHLOSS LINDERHOF bei Ettal ist die nächste Station auf dem Weg. Linderhof ist das kleinste der drei Schlösser, die Ludwig II. errichten ließ. 1868–1878 wurde es nach Plänen Georg Dollmanns im Stil des Neurokoko erbaut und nach Entwürfen von Franz Seitz und Christian Jank ausgestattet. Die Parkanlage, die von dem Hofgartendirektor Carl von Effner gestaltet worden war, und das Schloss lohnen unbedingt einen Besuch. Ludwig II. war mit seinem Gärtner übrigens so zufrieden, dass er ihn in den persönlichen Adelsstand erhoben hat.

ÜBER ESCHENLOHE führt der Weg zum Walchensee, mit über 16 km² und einer maximalen Tiefe von 192 m einer der größten Alpenseen Deutschlands. Der See ist ein Paradies für Surfer und Segler, und da das Wasser sehr klar ist, wird er auch von Tauchern gerne genutzt. Vom Walchensee aus geht es weiter zum Luftkurort Lenggries, der Ort ist besonders für seine Wintersportmöglichkeiten bekannt, nachdem am Brauneck bereits 1957 die erste Liftanlage in Betrieb genommen wurde. Über Fischbachau geht es weiter ins Rosenheimer Land und zum Wendelstein.

DER WENDELSTEIN (1838 m) im Mangfallgebirge ist der Wander- und Aussichtsklassiker des Rosenheimer Landes. Mehr als 1000 Höhenmeter über den Heilbädern Bad Aibling und Bad Feilnbach, dem ›bayerischen Meran‹, hebt er sein Haupt am Maximiliansweg als einer der ›Hausberge‹ Bayerns. Dank der exponierten Lage zwischen Inn, Leitzach und Mangfall bietet er einen traumhaften Blick bis weit in die Zentralalpen hinein sowie über das Alpenvorland hinweg bis zum Böhmerwald: Vom Gipfel überschaut man ein Panorama vom Watzmann über Großglockner, Großvenediger, die Stubaier Alpen, Karwendel- und Wettersteingebirge mit der Zugspitze bis zu den Allgäuer Alpen, an klaren Tagen schweift der Blick über das Alpenvorland hinweg bis zu den Türmen von München und zur Kammlinie des Böhmerwaldes. Die Wendelsteinbahn, die älteste Zahnradbahn Bayerns, fährt seit 1912 vom Luft-

ALPHÖRNER AUF DEM BREITENBERG – GROSSE TÖNE Der Breitenberg (1838 m) ist der Hausberg des Kurorts Pfronten und dank der leichten Erreichbarkeit mit der Breitenbergbahn ein beliebter Panoramaberg im Ostallgäu. Das Plateau Hochalpe ist alljährlich Ende September Schauplatz der stimmungsvollen Alphorn-Bergmesse des Allgäu-Schwäbischen Musikbundes. Ab 10 Uhr ertönt in der himmlischen Naturkulisse der Tannheimer Berge der durchdringende Klang der Alphörner. Aktuelle Termine erfährt man über www.pfronten.de.

## MYTHOLOGIE IM PARK
### SCHLOSS LINDERHOF

Der Florabrunnen ist nur einer von mehreren kunstvoll ausgestalteten Brunnen, die Ludwig II. um Schloss Linderhof errichten ließ. Der Bildhauer Michael Wagmüller (1839–1881) hatte ihn für den kunstsinnigen König entworfen. Von Wagmüller stammen mehrere Brunnen und Figurengruppen im Schlosspark, darunter die Brunnengruppe ›Amor mit Delphinen‹, die ›Neptungruppe‹ und der ›Najadenbrunnen‹ sowie drei große Gartenvasen und die Büste von Marie Antoinette.

OBEN Die Pöllatschlucht unterhalb von Schloss Schwanstein, in der Ludwig II. schon als Kind regelmäßig unterwegs war.

LINKS Ein altes Bootshaus auf dem Chiemsee, im Hintergrund die Kampenwand.

RECHTS Steinböcke sind im Bereich der Benediktenwand keine Seltenheit. Doch so nah sieht man sie nur durch ein starkes Fernglas.

kurort Brannenburg im Inntal sommers wie winters durch sieben Tunnel sowie über acht Galerien und zwölf Brücken bis dicht unter den Gipfel.

DIE KAMPENWAND (1668 m) mit dem zwölf Meter hohen Chiemgaukreuz ist das Wahrzeichen des Chiemgaus. Vom ›bayerischen Meer‹ aus zeigt sie sich als drachenkammartig verwitterte Felswand, der höchste Gipfel des Felsgrats, der Ostgipfel, trägt das solar als Leuchtkreuz betriebene Chiemgaukreuz. Über die Kampenwand führen der Maximiliansweg, die Via Alpina und der Europäische Fernwanderweg 4, hinzu kommen von der leichten Bergwanderung bis zur alpinen Abfahrt und zum Klettergarten Routen aller Schwierigkeitsgrade. Wer es bequem mag, schwebt von Aschau im Priental mit der Gondelbahn zum Kampenwandhaus hinauf. Wer den Gipfel von dort in einer halben Stunde ersteigt, muss trittsicher und schwindelfrei sein. Dafür genießt man eine herrliche Aussicht zu den Zentralalpen sowie auf das Voralpenland mit dem Chiemsee.

MIT DER ÜBERSCHREITUNG der von Steinböcken belebten Benediktenwand-Gruppe folgt auf die Heimgarten-Herzogstand-Gratwanderung eine weitere Highlight-Etappe am Maximiliansweg. Der erste der Gruppe, der Jochberg (1565 m), ist ein Aussichtsberg, der bei Gleitschirmfliegern sehr beliebt ist. Von ihm aus zieht der Blick über die Bayerischen Voralpen bis über den Walchensee hinweg auf die Spitzen des Karwendels und des Wettersteingebirges. Unter der Nordwand der Benediktenwand liegt die Tutzinger Hütte. Die folgende Etappe des Maximilianswegs führt nach Marquartstein und Ruhpolding.

AUCH DER HOCHGERN (1748 m) über dem Chiemsee, einer der Wanderberge des Chiemgaus, ist für seinen grandiosen Gipfelblick bekannt. Über 1200 Höhenmeter sind von Marquartstein (546 m) im Tal der Tiroler Achen zu überwinden, zwischendurch gibt es Stärkung und Unterkunftsmöglichkeit im Berggasthof Hochgernhaus, ehe der einem Panoramaspaziergang ähnelnde Schlussanstieg zur kleinen Kapelle und zum Gipfelkreuz auf dem Hochgern beginnt: Von der Zugspitze bis zum Dachstein reicht die Sicht, im Norden funkelt der Chiemsee.

DER LETZTE STRECKENABSCHNITT führt über die für ihre Solebäder berühmte Kurstadt Bad Reichenhall an der Bahnstrecke nach Bayerisch Gmain entlang über Hallthurn (696 m) nach Berchtesgaden (571 m), in die Stadt nahe dem Königssee und dem Watzmannmassiv. ■

**DAS GIPFELKREUZ** des Herzogstands, von dem aus man auf den Kochelsee, den Walchensee und Jochberg blickt.

Die Via Alpina ist das umfassendste Fernwanderwegenetz der Alpen. Auf über 5000 km verbindet sie Gipfel, Grate und Täler und führt zu den natürlichen und kulturellen Glanzpunkten der acht Alpenstaaten. Die Routen der Via Alpina verlaufen auf bereits existierenden, markierten Wander- und Bergwanderwegen, die mit der Zusatzmarkierung ›Via Alpina‹ ausgeschildert sind. In Bayern folgt die Via Alpina größtenteils dem Maximiliansweg.

ST. BARTHOLOMÄ – KAPELLE VOR DEM WATZMANN Die Wallfahrtskapelle St. Bartholomä befindet sich am Westufer des Königssees auf der Halbinsel Hirschau. Man erreicht sie am bequemsten mit den lautlos über den See gleitenden Elektrofährbooten. Zwei unterschiedliche kupfergedeckte rote Zwiebeltürme schmücken die weiße Kapelle. Von hier aus gelangt man in gut einer Stunde Fußweg ins hintere Eisbachtal zur sogenannten Eiskapelle am Fuß der Watzmann-Ostwand.

Lindau — 20 km — Wolfurt (Österreich) — 20 km — Lingenau (Österreich) — 31 km — Gunzesried — 45 km — Füssen — 31 km — Schloss Linderhof — 15 km — Eschenlohe — 13 km — Walchensee — 29 km — Lenggries — 33 km — Fischbachau — 42 km — Berggasthaus Kampenwand — 32 km — Ruhpolding — 24 km — Bad Reichenhall — 19 km — Berchtesgaden

# VORBEIZIEHENDE LANDSCHAFTEN
## ERLEBNISFAHRTEN MIT DER EISENBAHN

OBEN Das 1996 am Hamburger Hafen eröffnete ›stilwerk‹ versteht sich als Design-Marktplatz, als »Drehscheibe für Einrichtung, Design und Lifestyle«.

UNTEN Der Hamburger Hauptbahnhof ist die Drehscheibe für den norddeutschen Schienenverkehr. Erbaut wurde er zwischen 1903 und 1906. Die Halle hat eine Spannweite von 206 m.

Westerland
(Sylt)
Niebüll
Husum
Heide
SCHLESWIG-
HOLSTEIN
Itzehoe
Glückstadt
HAMBURG

# 11

## DIE SALZLUFT IN DER NASE
## VON HAMBURG NACH WESTERLAND (SYLT)

Der Weg ist das Ziel – und manche Wege sind der Bahn vorbehalten. Nur sie allein durchquert einen Schutzbereich des Wattenmeers, den nicht einmal Fußgänger betreten dürfen. Ein exklusives Privileg für Bahnreisende …

Mit dem Ausbau des Bahnnetzes Anfang des letzten Jahrhunderts wurde der gepflegte Tagesausflug an die See für die Hamburger »Haute Volaute«, wie die feinere Gesellschaft damals hieß, machbar. In wenigen Stunden war man in den Nordseebädern. Selbst bis in das mondäne Sylt brauchte man nicht einmal mehr einen halben Tag, nachdem 1927 der Hindenburgdamm fertiggestellt war. Heute ist die Strecke nach Sylt natürlich kein Privileg besserer Kreise mehr – jeder kann sie genießen und es lohnt sich!

WER FÜR EINEN KURZURLAUB die Bahnstrecke von Hamburg nach Sylt nutzen möchte, hat einige Gestaltungsmöglichkeiten. Er kann sich auf einen – oder beide – Endpunkte der Reise konzentrieren und die Differenz dazwischen »in einem Rutsch« zurücklegen. Oder er teilt die Strecke ein in kleinere Tagestouren und genießt jeweils am Etappenziel die neue Umgebung. Glückstadt, Heide und Husum bieten sich zur Unterbrechung an, ohne den anderen potenziellen Zielorten zu nahe treten zu wollen.

DIE STRECKE von Hamburg nach Sylt hat den Namen »Marschbahn«. Eigentlich setzt diese erst in Elmshorn ein, wenige Kilometer nordwestlich von Hamburg, allerdings beginnen die Züge heute entweder in Hamburg Hbf. oder in Hamburg Altona. Die Marschbahn, wie sie heute bekannt ist, gibt es erst seit den 1920er-Jahren. Die vorherigen Streckenführungen wurden durch den

Ausbau des Nord-Ostsee-Kanals unterbrochen oder erforderten eine umfangreiche Neutrassierung. Auch der Bau des Hindenburgdamms stammt aus dieser Zeit.

BIS AUF WENIGE AUSNAHMEN verläuft die Strecke durch das flache Schleswig-Holstein, ohne allerdings irgendwann langweilig zu werden. Immer wieder werden Wasserläufe und Kanäle überquert. Am eindrucksvollsten ist die Kreuzung des Nord-Ostsee-Kanals, einem für die Seeschifffahrt bedeutenden Wasserweg. Dieser wird von der Hochdonn-Brücke, einer Stahlbrücke von 2218 m Länge, überspannt, deren breiteste Öffnung über dem Kanal 143 m misst. Vor 1920 und somit vor dem Bau der Marschbahn musste der Kanal in Brunsbüttel mittels einer Drehbrücke überquert werden. Die Hochdonn-Brücke erreicht der Zug etwa 18 km hinter Itzehoe. Zweifellos ist die Überquerung des Kanals auf dieser imposanten Stahlkonstruktion einer der beiden eindrucksvollen Höhepunkte der Bahnreise Richtung Norden. Mit langem Anlauf wird Höhe gemacht, die Aussicht aus den Zugfenstern wird minütlich eindrucksvoller, alle paar Sekunden erweitert sich der Horizont. Bei klarer Sicht reicht der Blick etliche Dutzend Kilometer weit.

WIR ERREICHEN HEIDE und danach Friedrichstadt. Bei Friedrichstadt wird die Eider auf einer Drehbrücke überquert. Dadurch wurde der Schiffsverkehr auf der Eider landeinwärts weiterhin er-

## IN KÜRZE

### LAGE
Hamburg/westliches
Schleswig-Holstein

### LÄNGE
238 km Bahnstrecke

### HÖCHSTER PUNKT
42 Meter hohe Hochbrücke Hochdonn über den Nord-Ostsee-Kanal

### AUSGANGSPUNKTE
(empfohlen): Hamburg, Itzehoe, Heide, Husum, Niebüll oder Westerland

### INFO
www.sylt.de
www.hamburg-tourism.de

Reichspräsident
Paul von Hinden-
burg kam am
1. Juni 1927 per-
sönlich zur Einwei-
hung des nach ihm
benannten 11,2 km
langen Eisenbahn-
damms zwischen
dem Festland und
Sylt. In der 4 Jahre
dauernden Bau-
phase wurden über
3 Mio. m³ Sand
und Lehm sowie
120 000 t Steine
verarbeitet. Die Ent-
wicklung des Sylter
Fremdenverkehrs
wäre ohne den
Hindenburgdamm
so nicht denkbar
gewesen.

möglicht. In der nächsten größeren Station, Husum, gibt es Zugverbindungen
nach Sankt-Peter-Ording und Kiel. Der
private Betreiber des Nahverkehrs, die
Nord-Ostsee-Bahn (NOB), hat hier sein
Betriebswerk. Die Hafenzufahrt nördlich des Bahnhofs wird auf einer Klapp-
brücke gekreuzt.

NACH HUSUM schwenkt die Strecke
wieder von der Küste weg landeinwärts.
Über Hattstedt, Strukum, Langenhorn,
Stedesand und Lindholm wird Niebüll
erreicht. Hier starten die Autotransport-
züge nach Westerland auf Sylt. Hinter
Niebüll verläuft die Strecke zunächst
in westlicher Richtung und erreicht
über Klanxbüll den Hindenburgdamm.
In einem weiten Bogen wird Anlauf
genommen, um den Zug auf Höhe zu
bringen – der Damm liegt gut 15 m über
Meeresniveau. Dann kommt der zweite
Glanzpunkt der Fahrt: Wann kann man
schon bequem im Zug sitzend eine Seefahrt machen? Nach gut elf Kilometern
ist wieder Land in Sicht, der erste Bahnhof auf Sylt, Morsum, wird erreicht und
schließlich die Endstation Westerland.

DER GRÖSSTE TEIL der Strecke inklusive des Hindenburgdamms ist zwei-
gleisig ausgeführt. Lediglich aus be-
trieblichen Gründen blieben einige kurze
Abschnitte eingleisig, wie z. B. die Eider-
brücke bei Friedrichstadt. Da die Strecke ab Itzehoe nicht mehr elektrifiziert

ist, müssen spätestens hier die Züge
auf Dieselloks umgespannt werden.
Oft wird aber bereits direkt ab Hamburg
schon mit Dieseltraktion gefahren.

WER MEHR ZEIT einplant, der sollte
von Niebüll aus einen Abstecher nach
Dagebüll und weiter zu den vorgelagerten Inseln machen (z. B. Föhr). Direkt
vor dem DB-Bahnhof in Niebüll zweigt
die 13,7 km lange Nebenbahn nach
Dagebüll ab. Mit immer wieder neu-
en, gebraucht erworbenen Fahrzeugen
(meistens Triebwagen) schafft diese
Privatbahn die Anbindung zum Fährhafen. Selbst IC-Kurswagen werden mit
diesen Zügen transportiert.

BESONDERS ORIGINELL sind Fahr-
ten mit den Halligbahnen, entweder
wiederum ab Dagebüll nach Oland und
Langeneß oder von Lüttmoorsiel, etwa
15 km nordwestlich von Husum, nach
Nordstrandischmoor. Die Halligbahnen
sind eigentlich ein Relikt längst verges-
sener Zeiten. Dennoch haben diese beiden Bahnen nicht nur bis heute überlebt,
sondern gehören zum Alltag der Hallig-
bewohner. Die Bahn von Lüttmoorsiel
aus wurde in den letzten Jahren sogar
aufwendig erneuert und auf eine höhere
Trasse verlegt, um sie auch bei Flut nutzen zu können. In beiden Fällen dürfen
die Loren nur von Bewohnern der Halligen und deren Angehörigen benutzt
werden … und von Feriengästen! ■

NOSTALGIE AUF SCHMALER SPUR Südlich der Insel Föhr befinden sich einige
kleinere, kaum bewohnte Inseln, die sogenannten Halligen. Einige davon sind auf
Schmalspurschienen über einen Damm von der Küste aus erreichbar. Befahren werden die Strecken mit meist privat gebauten Motorloren, die oft nur aus einem Fahr-
gestell bestehen – bei Richtungswechsel wird der ganze Motor einfach umgedreht.

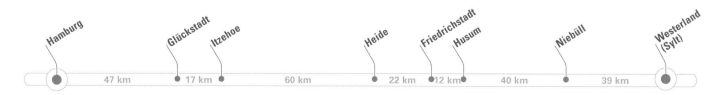

| Hamburg | | Glückstadt | Itzehoe | | Heide | | Friedrichstadt | Husum | | Niebüll | | Westerland (Sylt) |
|---|---|---|---|---|---|---|---|---|---|---|---|---|
| | 47 km | | 17 km | 60 km | | 22 km | 12 km | | 40 km | | 39 km | |

LINKS Die Kellerkammer in Keitum auf Sylt ist typisch für den altfriesischen Wohnstil.

UNTEN LINKS Dieser kleine Hafen befindet sich auf der nordfriesischen Hallig Hoog.

UNTEN RECHTS Husum, die Geburtsstadt des Schriftstellers Theodor Storm (1817–1888), ist eine der Stationen auf der Bahnstrecke. Unten sieht man das »Schloss vor Husum«, das so heißt, weil es zu der Zeit seiner Erbauung im 16. Jh. außerhalb der Stadtgrenzen lag. Heute gehört es zu Husum und beherbergt ein Museum.

# 12

## UNTERWEGS AUF SCHMALEN SPUREN
## BAHNWANDERN IM HARZ

Von Nordhausen zieht man vorbei an Sorge und Elend und kann es dann der Dampflok überlassen, sich bis zum Gipfel des Brocken hochzuquälen. Dass man dort tanzende Hexen zu Gesicht bekommt, ist allerdings nicht garantiert.

Der Harz ist für die Norddeutschen das Wandergebirge schlechthin: Gut und in kurzer Zeit erreichbar, preiswert und zu kaum einer Jahreszeit überlaufen. Für die »Restdeutschen« bietet er den Hauch der Exotik und bringt somit den einen oder anderen Gast zusätzlich. Die Schmalspurbahn ist gewissermaßen das Sahnehäubchen auf dem Wander-Schmankerl: gemütlich und nostalgisch.

ES WAREN MEHRERE UMSTÄNDE, welche die Harzer Schmalspurbahnen haben überleben lassen in einer DDR, die wenig Sinn für Romantik hatte, die allerdings durchaus den Mangel verwalten konnte. Das Schmalspurnetz (in 1000 mm Spurweite) hatte einige Vorteile: Es bot sich an für Gütertransporte in einer Region mit katastrophalen Straßen, es stellte auch im Winter die Versorgung der Armeeposten in der Grenzregion sicher, bot einen verlässlichen Personentransport quer durch das unwirtliche Gebirge und auch für Familienausflüge am Wochenende waren das geeignete Verkehrmittel die Harzbahnen. Allerdings hatte alles seine Grenzen, der Brocken selbst war Sperrgebiet und für alles im Nahbereich des »anti-imperialistischen Schutzwalls« gab es schärfste Restriktionen.

IM EINSTIGEN SPERRGEBIET ist heute der Brocken wieder das Highlight der gesamten Region. Ein Brocken in der Norddeutschen Tiefebene, immerhin knapp 1142 m hoch und der einzige derartige Riese weit und breit. Bei gutem Wetter bietet er eine faszinierende Rundumsicht, bis über 100 km weit! Und wer es bequem haben möchte, der erreicht den Gipfel im nostalgischen Dampfzug. Zwar wurde der Zugbetrieb im Vergleich zu DDR-Zeiten sehr stark ausgedünnt, auf einigen Strecken werden zudem Triebwagen eingesetzt. Aber auf vielen Strecken verkehren auch heute noch Dampfloks, vor allem auf der Strecke von Wernigerode auf den Brocken. Die Strecken der Harzer Schmalspurbahnen:

WERNIGERODE – DREI ANNEN HOHNE – BROCKEN (19 km). Diese Strecke ist der Dukatenesel der Bahn. Entsprechend viele Züge verkehren hier täglich. Neben einem dichten, teilweise im Stundentakt verkehrenden planmäßigen Betrieb werden oft Sonderzüge gefahren. Für diese existieren sogar noch uralte Gelenkloks der Bauart »Meyer« von der vorletzten Jahrhundertwende. Die Züge werden von Wernigerode direkt bis zum Brocken geführt, Reisende von Nordhausen müssen in Drei Annen Hohne umsteigen. So sieht dieser Bahnhof heute noch täglich drei Dampfzüge gleichzeitig, was wohl einmalig in Europa ist. Die Strecke durchquert Wernigerode als »Dampfstraßenbahn«. Bei Steinerne Renne beginnt der eigentliche Anstieg. Ab hier führt auch ein leicht begehbarer Wanderweg die Gleise entlang. Die Bahnlinie folgt zunächst einem Bachlauf, dann geht es durch dichten Wald über Hufeisenkurven und durch den einzigen Tunnel der Strecke aufwärts. Direkt

EINE DAMPFLOKOMOTIVE der Baureihe 99 222 von 1931 in Frontansicht. Sie ist bei der Harzquer- und Brockenbahn im Einsatz.

### IN KÜRZE

**LAGE**
Sachsen-Anhalt/ Thüringen

**LÄNGE** Ca. 100 km Bahnstrecke, unabdingbar ist eine Fahrt auf den Brocken und eine Rundreise

**HÖCHSTER PUNKT** Brocken, 1141 m

**AUSGANGSPUNKTE** (empfohlen): Wernigerode, Nordhausen, Drei Annen Hohne oder einer der Orte mit Bahnhof an der Strecke Nordhausen – Wernigerode

**INFO**
www.info-harz.de/Tipps-und-Infos-Harzer-Schmalspurbahnen_12.html

Die Wendeschleife im Bahnhof von Stiege ist für Eisenbahnfreunde in ganz Europa von besonderer Bedeutung. Sie ermöglicht es, dass ein Zug, ohne die Fahrtrichtung zu ändern, eine Strecke wieder zurückfahren kann. Deshalb ist hier der Einsatz von Einrichtungsfahrzeugen möglich. Da es sich bei der Selketalbahn um eine Schmalspurstrecke handelt, kann der Radius dieser Schleife besonders eng sein – das macht sie zur Rarität für Eisenbahnfreunde.

hinter dem Bahnhof Drei Annen Hohne verlässt die Strecke auf den Brocken die eigentliche Hauptlinie nach Nordhausen.

NACH DEM ABZWEIG wird den Dampfloks alles abgefordert, im Bahnhof Schierke besteht die letzte Zustiegsmöglichkeit. Weiter geht es steil bergauf, bald ist die Baumgrenze erreicht, die Aussicht wird immer besser – vorausgesetzt das Wetter spielt mit. Zum Abschluss wird der Brocken zunächst einmal umrundet, bevor auf dem recht kleinen Plateau der Endbahnhof erreicht ist. Bei gutem Wetter bekommt der Reisende so per »Karussell-Fahrt« einen 360°-Rundblick über die norddeutsche Ebene bzw. über den angrenzenden Teil des Harzes geboten.

NORDHAUSEN – DREI ANNEN HOHNE (46 km). Diese Strecke von Nordhausen herauf fungiert als Zubringer. Auf den ersten Kilometern teilt die Bahn sich die Schienen mit einer dieselelektrischen Straßenbahn, die sich vor allem zur Beförderung von Schülern der Nordhausener Vororte etabliert hat. Ortsnamen wie Sorge und Elend zeigen, dass die nächsten Kilometer noch nie das Wohlstandsviertel der Region waren. In Eisfelder Talmühle gibt es einen Streckenabzweig nach Stiege (von hier Anschluss nach Quedlinburg).

EISFELDER TALMÜHLE – STIEGE – ALEXISBAD – GERNRODE – QUEDLINBURG (50 km) mit den Stichbahnen Stiege–Hasselfelde (3 km), und Alexisbad–Harzgerode (3 km). Die Strecke befährt die sogenannte Selketalbahn und ist vor allem im Tal der namensgebenden Selke, das sie erst bei Mägdesprung verlässt, ein Juwel deutscher Kleinbahnen. Start ist am Schmalspurbahnhof Eisfelder Talmühle, der etwa auf halber Strecke zwischen Nordhausen und Stiege liegt. Bis zur Station Stiege fährt man erst durch ein dichtes Waldgebiet, dann durchquert man das offene Tal der Selke, bevor es nach Stiege geht, wo den Bahnfahrgast auf der Hochebene eine sehenswerte, auch heute noch genutzte Wendeschleife mit weiten Aussichten erwartet. Diese Reise am Ufer des Bachlaufes der Selke eröffnet immer wieder neue Ausblicke wie die auf das kleine Dorf Straßberg, heute ein Ortsteil von Harzgerode, das bis um 1800 das Zentrum des Bergbaus im Unterharz war. Ebenso sind der steile Anstieg nach Harzgerode und der weitere Verlauf der Bahn nach Gernrode vergleichbar sehenswert. Auch hier begleiten, wie fast überall, Wanderwege den größten Teil der Strecke. Allerdings müssen abschnittsweise Wanderungen klug geplant werden, denn die Zugdichte beschränkt sich auf wenige Verbindungen am Tag. ■

TRAIN-SPOTTING IM HARZ Wer die entsprechende Kondition hat, schafft den Weg auf den Brocken auch recht locker zu Fuß, dafür muss man kein Extremsportler sein. Der Wanderweg verläuft meistens in Sichtweite der Bahn, sodass auch Freunden der qualmenden Rösser durchaus zu empfehlen ist, eine der beiden Strecken zu Fuß zu bewältigen. Der echte Dampflokfreund wird dafür die Talstrecke wählen. Auch wenn diese entgegen der landläufigen Meinung schwerer zu gehen ist (das ständige Bergab belastet Gelenke und Muskulatur stärker als das Bergauf die Lunge …), möchte wohl kaum ein wahrer Liebhaber darauf verzichten, seine »geliebte Dampflok« schwer stöhnend bei harter Arbeit zu beobachten – auch im Winter. Bergab wandernd kann er dann, wenn er früh genug aus den Federn gefunden hat, die Bergfahrten der Mittags- und Nachmittagszüge im Bild oder Video festhalten.

LINKS Das »Schloss« von Quedlinburg ist ein ehemaliges Damenstift mit romanischer Stiftskirche.

RECHTS Zwei Bahnangestellte warten die Loks der Harzquerbahn in Wernigerode.

RECHTS Besonders reizvoll ist eine Fahrt mit der Harzer Schmalspurbahn im Winter.

UNTEN Die Selke, ein rechter Nebenfluss der Bode, entspringt im Unterharz im bewaldeten Bereich des Gebirges.

RECHTS Sie sind selten zu beobachten, aber es gibt sie noch: ein Uhu, aufgenommen in Harzgerode.

UNTEN Ein Zug der Selketalbahn mit Dampflok im Bahnhof von Gernrode, südlich von Quedlinburg.

## BUS UND BAHN
### KOMBINIERTE RUNDREISE

Eine schöne Tagesrundfahrt lässt sich mit einer Busfahrt frühmorgens ab Wernigerode nach Quedlinburg beginnen. Ab hier kann über Gernrode – Alexisbad – Stiege – Eisfelder Talmühle (Umsteigen in Richtung Norden) – Drei Annen Hohne zurück nach Wernigerode ein großer Teil des Netzes der Harzer Schmalspurbahnen bereist werden. Ein weiterer Umstieg kann je nach Fahrplan in Alexisbad und/oder in Stiege erforderlich sein. Der Abschnitt von Quedlinburg bis Gernrode wurde erst vor wenigen Jahren neu in der passenden schmalen Spurweite gebaut. Nachdem man die Bahnstrecke genossen hat, sollte man die schönen Orte selbst nicht ganz vergessen – allein Quedlinburg und Wernigerode lohnen unbedingt einen Besuch!

GOTTFRIED
SEMPER

SACHSEN

DRESDEN

Schöna

# 13

## DAS ELBTAL UND DIE SÄCHSISCHE SCHWEIZ
## VON DRESDEN NACH SCHÖNA

Sie ist nicht besonders lang, die Bahnstrecke zwischen Dresden und der tschechischen Grenze, und doch so dicht mit Sehenswürdigkeiten bestückt, dass man als Reisender eigentlich nur eine Wahl hat – häufiger Station zu machen.

DAS DENKMAL für Gottfried Semper (1803–1879), den Architekten der nach ihm benannten Oper, aber auch des Hoftheaters und der Gemäldegalerie, befindet sich auf der Brühlschen Terrasse in Dresden. Das 1892 eingeweihte Werk stammt von Johannes Schilling. Im Hintergrund rechts ist die Kuppel der Kunstakademie zu sehen, im Volksmund »Zitronenpresse« genannt.

Der Dichter Heinrich von Kleist (1777–1811) schrieb einmal seiner Schwester: »Ich blickte von dem hohen Ufer herab über das herrliche Elbtal, es lag da wie ein Gemälde von Claude Lorrain unter meinen Füßen – es schien mir wie eine Landschaft auf einem Teppich gestickt, grüne Fluren, Dörfer, ein breiter Strom, der sich schnell wendet, Dresden zu küssen, und hat er es geküsst, schnell wieder flieht – und der prächtige Kranz von Bergen, der den Teppich wie eine Arabeskenborde umschließt – und der reine blaue italische Himmel, der über die ganze Gegend schwebte...« Kleist hat nicht zu viel versprochen, und wenn der Reisende der Elbe stromaufwärts folgt, wird es eher noch besser. Zwar ist der Name »Sächsische Schweiz« irreführend, weil es hier eben keine hochalpine Gebirgslandschaft gibt. Aber er ist auch treffend, weil die wilde Schönheit und der Reiz der Abwechslung zwischen Flusstal und schroff aufsteigenden Felsen der Bergwelt der Schweiz in Nichts nachsteht …

ZUNÄCHST VERLÄUFT die Bahnstrecke durch das Stadtgebiet Dresdens. Nach wenigen Kilometern in Heidenau bietet sich der Besuch des Barockgartens Großsedlitz mit gepflegten Blumenanlagen, Brunnen und Wasserspielen und des sich majestätisch über den Ort erhebenden Schlosses Weesenstein an.

IN PIRNA wird nach Durchquerung des sehenswerten Städtchens die Elbe erreicht. Das Rathaus, mitten auf dem Marktplatz, vereinigt Stilelemente aus fünf Jahrhunderten. Dahinter befindet sich die gewaltige Stadtkirche St. Marien, deren steiles Dach schon von Weitem erkennbar ist. Ab Pirna folgt die Bahn zunächst dem Fluss, jede Biegung wird von ihr ebenfalls ausgefahren. Immer wieder eröffnen sich neue Ausblicke auf das Elbtal, das sich hier tief in die Hochebene eingeschnitten hat. Die Hänge sind überwiegend dicht bewaldet. Als Nächstes wird die kleine Stadt Wehlen durchfahren. Diese durch die Elbe in zwei Teile zerschnittene Ortschaft dürfte ziemlich einzigartig sein, gibt es doch hier tatsächlich nur eine Fähre, die die beiden Stadtteile verbindet.

VOR DEM KURORT RATHEN wird das Tal wieder etwas weiter, breite Wiesen liegen jetzt zwischen Fluss und Bahn und es folgt die nächste Biegung der Elbe. Eindrucksvoller Hintergrund für Eisenbahnfotos ist hier die Bastei, die bekannteste Felsformation der Sächsischen Schweiz. Auch der Mönchsfelsen und die Burg Altrathen befinden sich hoch über der Stadt. Die alle paar Sekunden wechselnden Ausblicke aus dem Fenster auf Fluss, Wiesen, Ortschaft und schroffe Felsen faszinieren wohl jeden Zugreisenden.

ANSCHLIESSEND wird aus der Elbtalkurve ein »S«, der nächste Aussichtspunkt – Lilienstein – überragt Wiesen, Fluss und Wälder. Immer wieder begleiten kleine Hotels und Gaststätten den Fluss und laden zum Verweilen ein. Am

IN KÜRZE

LAGE Sachsen, Elbtal zwischen Dresden und Schöna

LÄNGE
50 km Bahnstrecke

AUSGANGSPUNKTE
(empfohlen): Dresden, Pirna, Kurort Rathen oder Bad Schandau

INFO
www.dresden.de
www.saechsische-schweiz.de

Das Elbtal wird ab Dresden durch die europäische Hauptstrecke Dresden – Prag – Wien erschlossen, welche hier fast immer in Sichtweite des Flusses verläuft. Die Strecke ist als zweigleisige, elektrifizierte Hauptbahn ausgeführt. Einst als Sächsisch-Böhmische Staatseisenbahn erbaut, gehört die Linie heute zu den wichtigsten europäischen Eisenbahnmagistralen. Bis Schöna verkehren im Übrigen auch Züge der Dresdner S-Bahn.

unteren Ende des »S« liegt mit Königstein der nächste größere Ort. Hinter dem Städtchen ist dann die Umrundung des Liliensteins um 270 Grad beendet. Fluss und Bahn haben jetzt wieder dieselbe Ausrichtung wie vor Rathen.

ABER DIE »KURVEREI« geht weiter, der nächste Schlenker, wieder Richtung Süden, folgt. Bei Prossen auf der gegenüberliegenden Seite befindet sich sogar ein kleiner Hafen zur industriellen Nutzung. Eine eindrucksvolle, frisch renovierte Bahnbrücke ermöglicht der Strecke von Sebnitz die Querung der Elbe und kündigt das Erreichen des Bahnhofs von Bad Schandau an. Dieser liegt, isoliert vom Ort selbst, auf der linken Elbseite, über die Elbe hinweg eröffnet sich ein Blick auf das hübsche Städtchen. Neben der Kirschnitztalbahn – die einen Abstecher lohnt – ist auch ein 1905 gebauter Personenaufzug in den Ortsteil Ostrau sehenswert. Der von Kühnscherf & Söhne/Dresden gebaute Aufzug erinnert in seiner Eisenkonstruktion an ein Bauwerk von Eiffel. Der Aufzugsturm ist 50 m hoch, eine 35 m lange und 3 m breite Brücke ermöglicht den Übergang auf die Hochebene.

DIE KIRNITZSCHTALBAHN sollten Fans von traditionsreichen alten Fahrzeugen nicht auslassen. Verlässt man in Bad Schandau den Zug für einige Stunden, so kann man nach wenigen Kilometern Fußweg über die Elbe oder einer kurzen Busfahrt einen Ausflug mit der historischen Straßenbahn (BJ 1889) ins Kirnitzschtal unternehmen. Die Kirnitzschtalbahn mit einer Spurweite von 1000 mm fährt planmäßig als Überlandbahn von Bad Schandau nach Lichtenhainer Wasserfall, auf einer 8,3 km langen elektrifizierten Strecke. Am Ende der Fahrt befindet sich ein sehenswerter Wasserfall, der allerdings immer nur minutenweise und mit musikalischer Untermalung »eingeschaltet« wird. Die restliche Zeit müssen die Wassermengen Strom erzeugen …

KURZ HINTER Bad Schandau erreicht man den Krippener Bahnhof und stößt wenige Kilometer später an die deutsch-tschechische Grenze. Das Städtchen Schöna, auf der Hochebene gelegen, bildet den letzten Bahnhof auf deutscher Seite. Wir sind am Ziel.

DIE HEUTE für Besucher des Nachbarlands offene Grenze verläuft anschließend ein Stück weit nach Süden in der Flussmitte. Am Landschaftsbild ändert sich wenig, das Tal wird jedoch wieder enger. Wenige Kilometer später überquert die nach Westen verlaufende Grenze die Elbe. ■

NOCH IMMER UNTER DAMPF – TIPPS FÜR TAGESAUSFLÜGE Sachsen ist auch heute noch ein Schmalspurparadies. Ideal für einen Tagesausflug: die beiden dampfbetriebenen Strecken Freital-Hainsberg – Dippoldiswalde, die »Weißeritztalbahn« (26,7 km), und Radebeul – Radeburg (16,5 km), die beide heute von der SDG (Sächsische Dampfeisenbahngesellschaft mbH) betrieben werden. Die Ausgangsbahnhöfe sind von Dresden aus gut mit öffentlichen Verkehrsmitteln erreichbar. Der Charakter der beiden Strecken ist recht unterschiedlich: Während Radebeul – Radeburg nördlich von Dresden ein nur leicht hügliges Wald- und Seengebiet durchquert, kämpft sich die Strecke Freital-Hainsberg – Dippoldiswalde durch enge Schluchten, an einem Stausee entlang mit deutlichen Steigungen in die südlich gelegenen Berge.

AUCH MAL ZU FUSS
## PANORAMAWANDERWEG

Auf dem Elbtal-Panoramaweg kann die Strecke Dresden – Bad Schandau erwandert werden. Vorgeschlagen werden für die etwa 40 km vier Tage (Übernachtungen in Pirna, Rathen und Königstein). Teilweise verläuft der Weg im Elbtal, der Wanderer erklimmt aber auch über 200 Höhenmeter zur berühmten »Bastei« und 300 Höhenmeter zum Aussichtspunkt Lilienstein. Beide Aussichtspunkte bieten einen einmaligen Ausblick auf das Elbtal und die Bahnstrecke.

OBEN Die Ortsteile der kleinen Stadt Wehlen verteilen sich auf beide Elbufer und sind nur durch eine Fähre miteinander verbunden.

RECHTS Blick von der Felsenburg Königstein aus auf den gegenüberliegenden Lilienstein.

LINKS Eine Puttenfigur im Barockgarten Großsedlitz bei Heidenau, eine der Stationen der Bahnstrecke hinter Dresden, die eine Unterbrechung lohnen.

RECHTS Wer hier wohnt, hat den besten Überblick – das Villenviertel Ostrau in Bad Schandau erreicht man über einen 1904 erbauten, freistehenden 50 m hohen Aufzug.

# 14

## AN DER MOSEL ENTLANG
## VON KOBLENZ NACH PÜNDERICH

Das Filetstück der Bahnstrecke zwischen Koblenz und Trier ist sicher die erste Teilstrecke bis Bullay und Pünderich. Wenn der Zug nicht gerade in einem Tunnel verschwindet, hat der Reisende hier stets das schöne Moseltal vor Augen.

Die Bahnstrecke im Moseltal von Koblenz bis Pünderich gehört zu den landschaftlich schönsten Strecken Deutschlands, umso mehr als sie neben immer wieder neuen Ausblicken auf das Moseltal auch durch technische Meisterleistungen wie imposante Brücken, Tunnel und das Hangviadukt beeindruckt. Die Mosel wird allerdings heute nur noch im unteren Teil bis Pünderich von der Bahn erschlossen. Die früher ab Bullay Richtung Trier weiter parallel zum Fluss verlaufende MoBahn ist seit 1962 stillgelegt. Die heutige Strecke der Deutschen Bahn verabschiedet sich nach Pünderich von der Mosel und wechselt in die Voreifel. Hier war die Strecke deutlich einfacher zu trassieren. Gleichwohl, die 65 km zwischen Koblenz und Pünderich haben es in sich – ein Muss für jeden Eisenbahnfreund.

NACH DER AUSFAHRT aus dem Koblenzer Hauptbahnhof wird auf der Gülser Eisenbahnbrücke nach nur drei Kilometern erstmalig die Mosel überquert. Für die nächsten 55 Kilometer verläuft die Strecke dann auf der linken Flussseite. Bei Winningen erreicht die Bahntrasse das Ufer der Mosel, ihm folgt die Strecke jetzt einige Kilometer, auf der anderen Seite die ersten Steillagen mit köstlichem Moselwein. Kobern, Kattenes, Löf und Hatzenport heißen die nächsten Bahnhöfe, für Weinkenner keine unbekannten Namen.

WEITER GEHT ES durch das enge Moseltal, immerhin müssen sich zwei Bundesstraßen, die Bahnstrecke und der häufig sogar aufgestaute Fluss mit Schleusen das enge Tal teilen. Rechts und links ragen die steilen Hänge in den Himmel. Jede Parzelle, die auch nur halbwegs eine Südausrichtung hat, ist mit Weinstöcken bepflanzt.

ES FOLGEN die Orte Moselkern, Karden, Pommern und Klotten. Jedes Städtchen bietet eine neue Variation des malerischen Fachwerkbaustils, der hier typisch ist. Reisende Richtung Trier müssen logischerweise auf der linken Seite Platz nehmen, wenn sie viel vom Fluss sehen wollen. Hinter Klotten nimmt beim Annähern an Cochem die gewaltige Reichsburg den Blick gefangen. Hoch ragt sie über dem Moseltal auf. Cochem ist das Mittelzentrum der Region, ein idyllisches Städtchen mit viel Fachwerkromantik. Im Herbst wird Cochem von Weintouristen aus Deutschland und den angrenzenden Nachbarländern förmlich überrannt.

DIREKT HINTER COCHEM wird der Cochemer Krampen in einem Tunnel unterquert und damit eine der großen Moselschleifen gekappt. Eine Strecke von 30 km verkürzt sich so auf 5 km. Der zwischen 1874 und 1877 erbaute Kaiser-Wilhelm-Tunnel (auch Cochemer Tunnel genannt) nach Ediger-Eller war mit 4205 m Länge über viele Jahre der längste Tunnel Deutschlands. Seit dem 13. August 2008 wird eine parallel verlaufende, 4242 m lange Tunnelröhre gebaut, die 2015 fertiggestellt sein soll.

BLICK ÜBER DIE MOSEL auf die Stadt Cochem mit ihrem Wahrzeichen, der Reichsburg, die so heißt, weil sie – ähnlich wie die Pfalzen – im Mittelalter von kaiserlichen Beamten verwaltet wurde.

IN KÜRZE

LAGE
Rheinland-Pfalz, zwischen Koblenz und Bullay bzw. Bengel in der Voreifel; an Pünderich fährt der Zug vorbei

LÄNGE
65 km Bahnstrecke

HÖCHSTER PUNKT
215 m (Kanonenbahn-Wanderweg)

AUSGANGSPUNKTE
(empfohlen): Koblenz, Cochem oder eines der zahlreichen Weindörfer an der Strecke

INFO
www.moselland touristik.de
www.zellerland.de

Wie so oft beim
Eisenbahnbau in
Deutschland war das
Militär die treibende
Kraft. Zu frisch waren
die Erinnerung an die
Nachschubprobleme
an der Westfront des
Krieges 1870/71. Dies
sollte kein zweites
Mal passieren. Also
wurde eine Strecke
vom Rhein entlang der
Mosel trassiert. Um
möglichst kostengüns-
tig zu bauen, wich
man ab Pünderich in
Richtung Voreifel aus.
Eine weitere Strecken-
führung entlang der
Mosel hätte unverhält-
nismäßig viele Tunnel
und Brücken erfordert.

KURZ NACH DEM AUSTRITT aus dem Kaiser-Wilhelm-Tunnel bei Eller über-quert die Strecke auf einer 281 m lan-gen, stählernen Brücke die Mosel. Jetzt auf der rechten Moselseite folgen nach einem weiteren Tunnel die Bahnhöfe Neef und Bullay. Hier wird die Mosel erneut von einer eindrucksvollen histori-schen Brücke gekreuzt. Diese zwischen 1875 und 1878 erbaute Brücke war ur-sprünglich nur für die Eisenbahn konzi-piert, doch nachdem sich Unternehmer und die umliegenden Gemeinden an der Finanzierung beteiligt hatten, genehmig-te die damalige Preußische Regierung eine doppelstöckige Ausführung für Schiene und Straße – die erste zweifach nutzbare Brücke dieser Art in Deutsch-land. Seit 1878 verkehren auf der unte-ren Etage der 314 m langen Stahlbrücke, gleichsam im Gitterbauwerk der Kons-truktion, erst die Fuhrwerke, heute Au-tos, während oben die Züge rollen. Die längste Stützweite der Brücke, das ist der Abstand zwischen zwei tragenden Pfeilern, beträgt 72 m. Die Brücke wur-de seither mehrfach umgebaut und ver-stärkt, um dem wachsenden Verkehrs-aufkommen gerecht zu werden.

UNMITTELBAR NACH der Bullayer Brücke tritt die Strecke in den nächsten Tunnel unter dem Prinzenkopf ein, 458 m lang. Eine weitere (die Zeller) Mosel-schleife wird dadurch abgekürzt. Direkt an den Tunnelausgang schließt sich bei Pünderich der längste, 1880 gebaute Hangviadukt einer Eisenbahnstrecke in Deutschland an. An seinem Ende zweigt die heute privat betriebene Stichstrecke nach Traben-Trarbach ab. Die Bahngleise verlassen nach einem weiteren Tunnel das Moseltal, das sie erst bei Trier wieder treffen werden. Wir haben unser Ziel er-reicht. An Pünderich vorbei hält der Zug in Bengel, das bereits in der Voreifel liegt.

WER EINIGE der Sehenswürdigkeiten der Bahnstrecke in der Außensicht er-leben und fotografieren möchte, für den ist der Kulturwanderweg »Die Kanonen-bahn – der Eisenbahnhistorische Kultur-weg Bullay–Reil« empfehlenswert. Die 8,5 km lange Wanderung verbindet den Bahnhof Bullay mit der Doppelstock-brücke über die Mosel, dem Hangvia-dukt bei Pünderich und dem Bahnhof Reil. Der Rundweg führt zu Tunnels, Viadukten und imposanten Brücken so-wie der Marienburg bei Pünderich. Auf Informationstafeln erfährt man einiges über die ursprünglich militärstrategische Funktion der Bahn. Die Kamera nicht vergessen! Die Strecke bietet zahlreiche Gelegenheiten für eindrucksvolle Erinne-rungsfotos. ∎

ABSTECHER NACH TRIER Wer etwas mehr Zeit mitbringt, sollte sich die Stadt nicht entgehen lassen. Die Fahrzeit von Bullay nach Trier beträgt 30 bis 45 Minuten. In Trier reizen die zahlreichen Spuren Geschichte der Stadt, die fast 2000 Jahre lang Residenz des Weströmischen Reiches war. Im Bild links ist die prachtvolle Fassade des »Roten Hauses« in der Trierer Altstadt zu sehen. Zu den Highlights Triers zählen die Porta Nigra, die Kaiserthermen, das Amphitheater und selbstverständlich der monumentale Dom.

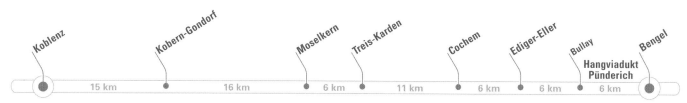

Koblenz — 15 km — Kobern-Gondorf — 16 km — Moselkern — 6 km — Treis-Karden — 11 km — Cochem — 6 km — Ediger-Eller — 6 km — Bullay / Hangviadukt Pünderich — 6 km — Bengel

## DEUTSCHER REKORD
### DAS HANGVIADUKT

Kaum dass der Zug nach der Bullayer Brücke durch einen Tunnel gefahren ist, der eine Moselschleife abkürzt, führt die Strecke auf das Pündericher Hangviadukt, mit 786 m das längste seiner Art in Deutschland. Das Viadukt hat 92 Öffnungen mit jeweils einer lichten Weite von 7,2 m. Pünderich hatte einst auch einen Bahnhof, der aber heute nicht mehr in Betrieb ist. Hinter Pünderich verlässt die Bahnstrecke das Moseltal, das sie erst nach etwa 40 km wieder erreicht.

OBEN Dieses schöne dreigieblige Ensemble von altem Fachwerk und Ziegelbau findet sich in Kobern-Gondorf hinter Koblenz.

LINKS Die Ruine der Niederburg im Weinort Kobern-Gondorf an der Untermosel, unweit von Koblenz, mit einem links angrenzenden Weinberg und einem Nussbaum im Vordergrund. Die Höhenburg stammt aus der Mitte des 12. Jh. und wurde Ende des 17. Jh. zerstört. Die Anlage ist frei zugänglich.

# 15

## VON MAINZ ÜBER KOBLENZ NACH BONN

Auf der linksrheinischen Seite fährt die Bahn wohl durch das schönste Flusstal Deutschlands – vorbei an zahlreichen Schlössern und Burgen und dem sagenumwobenen Loreley-Felsen, an dem schon manches Schiff zerschellt sein soll.

Den wohl berühmtesten Rheinfelsen hat Heinrich Heine 1824 in seinem bekanntesten Gedicht »Die Lore-Ley« verewigt, das in der Vertonung von Friedrich Silcher 1837 zu einem Volkslied geworden ist. Mit der Anfangszeile – »Ich weiß nicht, was soll es bedeuten ...« – hat vermutlich jeder sofort die Melodie im Ohr. Die zweite Strophe besingt den Rhein:
»Die Luft ist kühl und es dunkelt, / Und ruhig fließt der Rhein;
Der Gipfel des Berges funkelt / Im Abendsonnenschein.«
Auch wenn die Verkehrsdichte inzwischen sicher höher ist als zu Heines Zeit, die beschriebene Stimmung stellt sich oft noch an heutigen Tagen ein. Die einzigartige Kombination aus Flusstal, Steilhängen, Burgen und malerischen Städtchen mit Kirchen und Fachwerkhäusern weckt Romantik bei jedem Durchreisenden. Nicht umsonst ist das Rheintal bei ausländischen Besuchern ganz oben auf der »Must-see«-Liste.

SPRICHT MAN in aller Welt mit Reisenden, die bereits einmal Deutschland besucht haben, und fragt nach dem sehenswertesten Teil, so wird immer wieder der Abschnitt Bingen – Koblenz des Rheintals genannt. Nirgendwo sonst auf dem weiten Weg von der Quelle in den Schweizer Alpen bis zur Mündung in den Niederlande sind Fluss, Ortschaften und Verkehrswege so eng in das felsige Tal gepresst wie hier. Die großartige Landschaft wird allerdings erst so richtig zur Kulisse durch die mittelalterlichen Bauwerke – alte Stadtbilder, Kirchen, Burgen und Schlösser in einer Dichte, wie sie sonst wohl kaum zu finden ist. Nicht umsonst ist dieser Abschnitt UNESCO-Weltkulturerbe.

AUF DEN ERSTEN Kilometern nach dem Verlassen von Mainz grüßt von der rechten Seite das Niederwald-Denkmal bei Rüdesheim auf den Ausläufern des Taunus. Das Denkmal wurde 1883 eingeweiht und sollte für die 1871 erfolgte Einigung Deutschlands stehen. Weit schweift der Blick aus dem Abteilfenster über das hier noch offene Tal und den sanften Anstieg des gegenüberliegenden Gebirges. Nach der Durchfahrung der beiden Bahnhöfe in Bingen ändert sich die Szenerie schlagartig. Der Fluss schwenkt nach Norden in ein enges Tal mit schroffen Felsen auf beiden Seiten.

DER MÄUSETURM mitten im Rhein, ein ehemaliger Wachturm auf der Mäuseturminsel bei Bingen, gibt dem Ganzen einen Hauch von Romantik. Passiert der Reisende diese Stelle an einem frühen Morgen, wenn die ersten Sonnenstrahlen die Nebelschwaden durchbrechen, fühlt er sich in ein surrealistisches Bild versetzt... Jetzt folgen die bekannten Weinorte wie an einer Perlenschnur: Trechtingshausen, Bacharach mit seinen mittelalterlichen Wehranlagen, wenige Kilometer weiter liegt die Pfalz bei Kaub, eine Wehrburg, mitten im Fluss.

LINKS- UND RECHTSRHEINISCH gibt es eine Vielzahl von Burgen, die heute

BURG KATZ bei St. Goarshausen wurde im 14. Jh. von Graf Wilhelm II. von Katzenelnbogen erbaut. Die Burg liegt ganz in der Nähe des Loreley-Felsens. Die heutige Gestalt der Anlage geht allerdings auf das 19. Jh. zurück. Sie ist in Privatbesitz und kann nicht besichtigt werden.

IN KÜRZE

LAGE Rheinland-Pfalz/ Nordrhein-Westfalen, Mainz – Koblenz – Bonn

LÄNGE
157 km Bahnstrecke

HÖCHSTER PUNKT
Drachenfels, 320 m

AUSGANGSPUNKTE
(empfohlen): Bingen, Bacharach, Oberwesel, St. Goar, Boppard

INFO
www.rhein-steig.com/ rhein.html
www.welterbe-mittel rheintal.de

Ein schöner Ausflug führt ins Nahetal bis Idar-Oberstein: Ab Ingelheim (ab Bingen Hbf. mit Umsteigen) verkehren im Stundentakt Züge durch das Nahetal in Richtung Saarbrücken. Dabei sollte man die Fahrkarte bis »Neubrücke/Nahe« lösen (der Abschnitt zwischen Oberstein und Neubrücke ist mit Abstand der schönste!) und dann auf der Rückfahrt das Edelsteinstädtchen Idar-Oberstein besichtigen (Fahrtzeit etwa 60 Min., bis Neubrücke: 90 Min.).

noch Zeugnis davon ablegen, in wie viele kleine und kleinste Herrschaftsbereiche Deutschland einst aufgeteilt war. Eigentlich ist jede der Burgen und jedes der Schlösser einen ausgiebigen Besuch wert. Immer wieder faszinieren sie durch ihre vielfältige Architektur und ihre geschichtliche Rolle im Rheintal. Auch Eisenbahnfotografen sei die Kraxelei angeraten. Die Möglichkeiten, den Bahnbetrieb zu beobachten und im Bild festzuhalten, werden für die Mühen des Aufstiegs mehr als entschädigen. Beispielhaft genannt seien Burg Sooneck zwischen Bingen und Bacharach am nordöstlichen Hang des Bingener Walds (im Mittelalter ein »Raubritternest« kam sie im 19. Jh. in preußischen Besitz und wurde im neugotischen Stil wieder aufgebaut) und Burg Rheinfels bei St. Goar, eine gewaltige Burgruine, die im 13. Jh. als Zollburg für die Rheinschiffe gedient hatte.

WENIGE KILOMETER weiter folgt das Städtchen Oberwesel mit mittelalterlichen Wehranlagen, bevor sich in einer scharfen Kurve der Loreley-Felsen auf der anderen Rheinseite erhebt – in den Worten Heines: »Die schönste Jungfrau sitzet/ Dort oben wunderbar; Ihr goldnes Geschmeide blitzet/Sie kämmt ihr goldenes Haar. Sie kämmt es mit goldenem Kamme/Und singt ein Lied dabei; Das hat eine wundersame,/Gewaltige Melodei.«

DER LEGENDE NACH haben viele Schiffsführer über den Gesang der Jungfrau vergessen, ihre Schiffe zu lenken und dadurch an diesem Felsen Schiffbruch erlitten. Ist diese Klippe schadlos überstanden, folgt kurz danach die Doppelstadt St. Goar und St. Goarshausen, beide mit einer Fähre verbunden. Nach einigen Kilometern gelangt man in das Mittelzentrum Boppard. Hinter dem Städtchen Braubach öffnet sich schließlich der weite Talkessel um Koblenz.

WEITER NACH NORDEN verengt sich wiederum das Rheintal, allerdings sind die Steilhänge nicht mehr ganz so steil und ganz so hoch. Sehenswert ist dieser Abschnitt dennoch, vor allem der ab Remagen mögliche Blick auf das Siebengebirge eröffnet neue Perspektiven. Nach Bonn, der ehemaligen Bundeshauptstadt, ist es nun nicht mehr weit. Hier endet unsere Rheinreise mit der Bahn.

TIPP FÜR EINEN TAGESAUSFLUG: Vom rechtsrheinischen Königswinter bei Bonn ausgehend, erklimmt die Drachenfelsbahn den gleichnamigen Berg des Siebengebirges. Sie ist die älteste der vier noch betriebenen Zahnradbahnen in Deutschland. Die meterspurige Bahn verbindet seit 1883 Königswinter mit dem Aussichtspunkt knapp unterhalb des Drachenfels-Gipfels. ∎

**BURG STAHLECK BEI BACHARACH** Die bei Bacharach gelegene Höhenburg wurde vermutlich zu Anfang des 12. Jh.s errichtet. Bacharach war unter den Pfalzgrafen bei Rhein zu einem wichtigen Weinhandelsplatz geworden, weshalb die Burg auch als Zollburg fungierte. Ab 1925 fing man an, die Burg zu einer Jugendherberge auszubauen (vollständig wiedergestellt seit 1967). Jugendherberge ist sie bis heute, man kann dort also übernachten, sie aber nicht besichtigen.

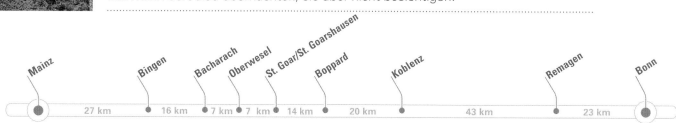

| Mainz | | Bingen | Bacharach | Oberwesel | St. Goar/St. Goarshausen | Boppard | Koblenz | Remagen | Bonn |
|---|---|---|---|---|---|---|---|---|---|
| | 27 km | 16 km | 7 km | 7 km | 14 km | 20 km | 43 km | 23 km | |

OBEN Blick auf den Marienaltar im Mainzer Dom. Die Aufbauten stammen aus dem 19. Jh.

UNTEN Diese Gruppe von wunderschönen Fachwerkhäusern befinden sich im Posthof in Bacharach.

## GERMANIA SIEGT
### NIEDERWALD-DENKMAL

Bismarck hatte ihn listig angezettelt, den Deutsch-Französischen Krieg von 1870/71, in dem der Norddeutsche Bund unter Führung Preußens den Franzosen eine Niederlage bereitete. Zugleich gab dieser Sieg auch den Anstoß für die deutsche Einigung unter preußischer Vorherrschaft. Im Gespräch war das Denkmal oberhalb der Stadt Rüdesheim schon kurz nach dem Sieg und der Einigung. Doch dauerte es 12 Jahre bis zur Einweihung der monumentalen Statue. Sie hat eine Gesamthöhe von über 38 m, die Hauptfigur ist die mit Eichenlaub umkränzte Germania, die allein schon über 12 m misst. In der Hand hält sie ein lorbeerumranktes Schwert – so wurden die römischen (Lorbeer) und germanischen (Eichenlaub) Siegeszeichen in einer Skulptur vereint.

OBEN Das Niederwald-Denkmal bei Rüdesheim am Rhein.

UNTEN Der Loreley-Felsen am rechten Rheinufer beim gleichnamigen Ort in der Nähe von St. Goarshausen.

RECHTS Der Rolandsbogen ist Rest eines Burgfensters der im Dreißigjährigen Krieg zerstörten Burg Rolandseck bei Remagen. In dem von Efeu umrankten Bogen sah man im 18./19. Jh. ein Wahrzeichen der Rheinromantik.

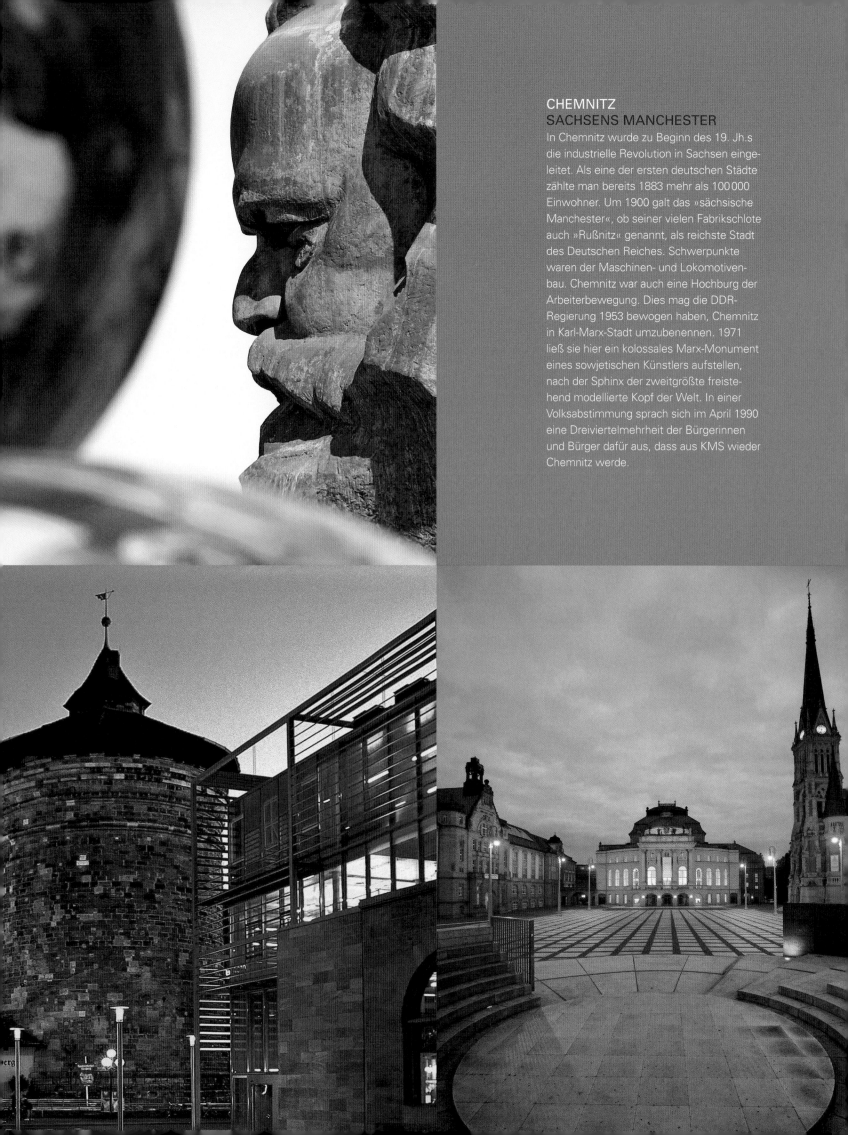

## CHEMNITZ
## SACHSENS MANCHESTER

In Chemnitz wurde zu Beginn des 19. Jh.s
die industrielle Revolution in Sachsen einge-
leitet. Als eine der ersten deutschen Städte
zählte man bereits 1883 mehr als 100 000
Einwohner. Um 1900 galt das »sächsische
Manchester«, ob seiner vielen Fabrikschlote
auch »Rußnitz« genannt, als reichste Stadt
des Deutschen Reiches. Schwerpunkte
waren der Maschinen- und Lokomotiven-
bau. Chemnitz war auch eine Hochburg der
Arbeiterbewegung. Dies mag die DDR-
Regierung 1953 bewogen haben, Chemnitz
in Karl-Marx-Stadt umzubenennen. 1971
ließ sie hier ein kolossales Marx-Monument
eines sowjetischen Künstlers aufstellen,
nach der Sphinx der zweitgrößte freiste-
hend modellierte Kopf der Welt. In einer
Volksabstimmung sprach sich im April 1990
eine Dreiviertelmehrheit der Bürgerinnen
und Bürger dafür aus, dass aus KMS wieder
Chemnitz werde.

# 16

## FAHRT ÜBER DIE »SCHIEFE EBENE«
## VON DRESDEN NACH NÜRNBERG

Nicht nur großartige Landschaften – das Erzgebirgsvorland und das Vogtland bis zur Fränkischen Schweiz –, sondern auch ingenieurtechnische Meisterleistungen machen diese Fahrt zu einem Erlebnis der besonderen Art.

Von Dresden – der Stadt, die die sächsischen Kurfürsten in der frühen Neuzeit mit prachtvollen barocken Herrschaftsbauten zum Elbflorenz formten –, geht die Reise durch die Vielfalt und Brüche der deutschen Geschichte. Vorbei an Zeugnissen von Ingenieurskunst und Wirtschaftsgeist sowie an Orten politischer Irrungen und Verbrechen gelangt man nach Nürnberg, der einstigen staufischen Kaiserstadt mit ihrer mittelalterlichen Burg, ihrer Renaissancevergangenheit und ihren reichsbürgerlich engen Gassen.

DIE REISE beginnt im Dresdner Hauptbahnhof, einem Verkehrsbauwerk mit reicher Geschichte. Die modernen Doppelstockwagen des Regional-Express-Zugs über Hof nach Nürnberg stehen in der Mittelhalle zur Abfahrt bereit. Ein kurzer Pfiff und die Wagen setzen sich in Bewegung und durcheilen schon bald den Vorort Dresden-Plauen. Das mäßige Tempo des Zuges kündet von dauerhafter Bergfahrt, und in der Tat, auf den kommenden 80 Kilometern erwarten den Zug Steigungen wie auf einer Gebirgsstrecke. Das enge Flusstal durch den Plauenschen Grund bestimmt den Streckenverlauf.

AB THARANDT wird es richtig steil, die Steigung durch das Badetal und den Grillenberger Forst erreicht schließlich stolze 26 Promille oder anders gesagt eine Neigung von 1:40. Elf Kilometer später und nach einem Anstieg von 228 Höhenmetern durchfährt der Zug Klingenberg-

Colmnitz (436 m über NN), der Scheitelpunkt des Abschnitts bis Chemnitz ist erreicht. Kurz darauf legt der Express in der alten Bergarbeiterstadt Freiberg (Sachsen) einen kurzen Halt ein. 1765 wurde dort eine Bergakademie gegründet, eine frühe Hochschule für Bergbau und Hüttenwesen; der bekannte Dichter der Frühromantik Georg Philipp Friedrich von Hardenberg, genannt Novalis, studierte hier von 1797 bis 1799.

KURVENREICH verläuft die Strecke, auf zahlreichen hohen, markant in die Landschaft gesetzten Viadukten queren die Gleise etliche Erzgebirgsflüsschen, ehe der Zug in Chemnitz, einer der ersten deutschen Industriestädte, zum Stehen kommt. Der Chemnitzer Hauptbahnhof wurde in den letzten Jahren komplett neu gestaltet. Dabei wurden im Rahmen des Chemnitzer Modells die Straßenbahnstrecken in die Gleisanlagen integriert.

DIE HÜGELIGEN AUSLÄUFER des Erzgebirges und die Zwickauer Mulde begleiten nun die Bahnlinie, weitere Industrieorte wie Glauchau, Mosel mit dem VW-Werk und Zwickau mit seinem keilförmigen Hauptbahnhof folgen, nach wenigen Kilometern trifft die Dresdner Bahn in Werdau auf die Hauptstrecke Leipzig – Hof. Kurz hinter Reichenbach jagt der Zug scheinbar ins Nichts, der Blick schweift ungehindert über die Höhenrücken des Vogtlands und 80 m tief hinab ins Tal der Göltzsch. Wir befinden uns auf der 574 m langen Göltzschtalbrücke, der größten Ziegelsteinbrücke der Welt. Dieses Meister-

IN KÜRZE

LAGE
Sachsen, Bayern
von Dresden (113 m) bis
Nürnberg (309 m)

LÄNGE
432 km Bahnstrecke

HÖCHSTER PUNKT
Bei Gutenfürst, 581 m

AUSGANGSPUNKTE
(empfohlen): Dresden,
Chemnitz, Nürnberg

INFO
www.bahn.de

OBEN LINKS Das Karl-Marx-Monument in Chemnitz ist mit Sockel über 13 m hoch.

LINKS Das Künstlerhaus und direkt daneben der mittelalterliche Königstorturm in Nürnberg.

RECHTS Der Theaterplatz in Chemnitz.

Mit gleichbleibendem Neigungswinkel – daher der Name »Schiefe Ebene« – steigt die zweigleisige Hauptbahn von Neuenmarkt-Wirsberg nach Marktschorgast an. Die Züge überwinden dabei auf sieben Kilometern 157,7 m Höhenunterschied. 1848, im Jahr der Fertigstellung, existierten bereits Lokomotiven, die es vermochten, Züge aus dem Maintal auf die Höhe zu schleppen. Meist freilich benötigte man die Unterstützung einer kräftigen Schublok.

werk früher industrieller Ingenieurskunst wurde zwischen 1846 und 1851 erbaut, um der Sächsisch-Bayerischen Eisenbahn den Weg zu ebnen. 13 km später das gleiche Schauspiel: Der Elstertalviadukt, die zweitgrößte Ziegelsteinbrücke der Welt und ob ihrer lichteren Bögen beinahe noch kühner anmutend, leitet den Zug über die 68 m darunter vor sich hin plätschernde Weiße Elster.

ÜBER MEHLTHEUER mit seinem Inselbahnhof und Schönberg steigt die Strecke in karger und einsamer Landschaft auf 581 m an. Wenige Kilometer hinter dem Scheitelpunkt liegt Gutenfürst, bis 1990 Grenzbahnhof der DDR. Bald passiert der Zug die Grenze zu Bayern und nähert sich in rasanter Fahrt Hof an der Saale. Auf einer der ältesten Bahnlinien Bayerns, der vor mehr als 160 Jahren entstandenen Ludwig-Süd-Nord-Bahn, braust der Regional-Express durch das weit geschwungene Tal der Saale und dann an den nördlichen Ausläufern des Fichtelgebirges entlang, dessen höchste Erhebung, der Schneeberg, 1051 m hoch aufragt. Hinter Marktschorgast wartet ein weiteres Meisterstück der Ingenieurskunst des 19. Jh.s, die »Schiefe Ebene«.

RICHTUNG NÜRNBERG geht's bergab, dann schwenkt der Zug auf die Strecke nach Bayreuth ein, das seine globale Be-

kanntheit den alljährlich stattfindenden Richard-Wagner-Festspielen im Haus auf dem Grünen Hügel verdankt.

AUF DEM LETZTEN Streckenabschnitt wartet abermals reizvolle Landschaft auf die Passagiere. Die ersten 18 km folgt die Strecke dem Oberlauf des Roten Mains. In Schnabelwaid trifft man auf die Gleise der seit 1883 existierenden Verbindung Prag – Eger – Nürnberg. Kurze Zeit später findet der Reisende sich im Naturpark Veldensteiner Forst und dem Tal der Pegnitz wieder, die sich in vielen Schleifen durch die karstige Landschaft der Fränkischen Schweiz mit den Kalk- und Dolomitfelsen des Weißen Jura schneidet. Um die unzähligen Flusswindungen abzukürzen, sprengten Bahningenieure und Arbeiter damals zwischen Neuhaus und Vorra auf nur sechs Kilometern sieben Tunnel in die Felsen und schlugen 25 Brücken über den Fluss. Typisch fränkische Ortschaften mit ihren Fachwerkhäusern und gedrungenen Kirchen aus rötlichen Sandsteinquadern grüßen durch die Zugfenster. In Hersbruck dreht die Strecke nach Westen und begibt sich auf der rechten Seite der Pegnitz in die Frankenmetropole, einen Ort, der die Höhen und Tiefen der deutschen Geschichte spiegelt. Gute vier Stunden dauerte die Fahrt mit Umstieg in Hof durch die Vielfalt der deutschen Mittelgebirgslandschaft. ∎

FREIBERGS ST. MARIEN DOM In der Bergarbeiterstadt Freiberg (Sachsen) mit ihrer Bergakademie legt der Zug einen kurzen Halt ein. Nachdem man im 12. Jh. auf Silber gestoßen war, erlebte Freiberg einen Aufschwung. So leistete man sich den St. Marien Dom, der um 1180 erbaut wurde. Allerdings zerstörte Ende des 15. Jh. ein Feuer die Kirche, sodass man sie danach völlig neu im spätgotischen Stil wieder aufbaute. Die Silbermann-Orgel stammt aus den Jahren 1710–1714.

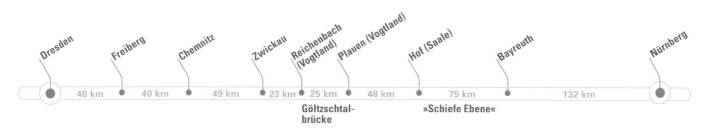

Dresden — 40 km — Freiberg — 40 km — Chemnitz — 49 km — Zwickau — 23 km — Reichenbach (Vogtland) — 25 km — Plauen (Vogtland) — 48 km — Hof (Saale) — 75 km — Bayreuth — 132 km — Nürnberg

Göltzschtalbrücke · »Schiefe Ebene«

## TEFLONBESCHICHTET
### BAHNHOF DRESDEN

1898 fertiggestellt, umfasste der Gebäudekomplex des Bahnhofs mit seiner von einer mächtigen Glaskuppel bekrönten Eingangshalle drei Gleishallen. Er vereinte dabei das Prinzip von Kopf- und Durchgangsbahnhof in sich. Während Nord- und Südhalle hauptsächlich dem Durchgangsverkehr aus Richtung Berlin und Leipzig, nach Prag sowie den S-Bahnen ins Elbetal dienen, starten und enden in der Mittelhalle mit ihren Prellböcken vor allem die Regionalzüge nach Leipzig, Görlitz, Zittau, Chemnitz und Nürnberg. Von 2000 bis 2008 wurde der Bahnhof gründlich saniert. Am spektakulärsten fällt das neue Hallendach aus, das der britische Stararchitekt Norman Foster entwarf. Statt Glas verwendete er eine 0,7 mm dicke Glasfasermembran mit einem selbstreinigenden Teflonüberzug, garantierte Haltbarkeit: 50 Jahre.

OBEN Die gewaltige Göltzschtalbrücke erreicht der von Dresden kommende Zug kurz hinter Reichenbach.

RECHTS Im Industriemuseum in Chemnitz können Besucher die Geschichte der Industrialisierung von Sachsen und Chemnitz seit 1790 nachvollziehen.

## UNTER DAMPF
## NOSTALGIE AUF SCHIENEN

In Amstetten am Kopf der Geislinger Steige sind gleich zwei Museumsbahnen beheimatet: Die normalspurige, 20 km lange Strecke Amstetten – Gerstetten, die heute nur noch während der Sommersaison und an Sonn- und Feiertagen betrieben wird, sowie die 1000 mm-schmalspurige, 6 km lange Strecke Amstetten – Oppingen (früher bis Laichingen). Auf beiden Strecken finden häufig Sonderfahrten statt, meistens mit den in Amstetten stationierten Dampfloks.

LINKS Diese Schmuckskulptur befindet sich an der Außenseite des Ulmer Münsters.

UNTEN LINKS In Stuttgart Untertürkheim gibt es ein großartiges Museum, das sich der Konkurrenz zur Schiene widmet: das Mercedes-Benz-Museum.

# 17

## ÜBER DIE GEISLINGER STEIGE
## VON STUTTGART NACH ULM

Auf Deutschlands steilster Schienenstrecke kommen einem die Felsen oft ziemlich nahe. Manche Lokomotive braucht zudem bis heute zusätzlichen Anschub. Die wenigen Kilometer dieses Anstiegs lassen keinen Zugreisenden kalt.

Stuttgart 21, der im Bau befindliche umstrittene Tiefbahnhof, hat einen kleinen, oft vergessenen »Bruder«: den Neubau der Strecke Stuttgart–Ulm. Es bleibt zu hoffen, dass die alte Strecke zumindest im Nahverkehr erhalten bleibt, bietet sie doch einen sehr sehenswerten Aufstieg auf die Schwäbische Alb mit vielen Landschaftseindrücken. Die Neubaustrecke mag den Reisenden schneller ans Ziel bringen, außer Tunnel und Einschnitten wird er dann wohl aber kaum noch etwas sehen.

DER INTERESSANTESTE ABSCHNITT der Strecke ist der Aufstieg auf die Schwäbische Alb über die Geislinger Steige. Diese wurde 1850 in Betrieb genommen, sie war eine der ersten Gebirgsbahnen in Europa. Zwischen Geislingen und Amstetten wird auf einer Strecke von 5,6 km ein Höhenunterschied von 112 m bei einer Steigung von maximal 1:44,5 überwunden.

DIE GEISLINGER STEIGE ist Teil der Fernverbindung Stuttgart – Ulm – München. Früher war die Strecke für viele Zugmaschinen zu steil, sodass von hinten durch zuzsätzliche Lokomotiven nachgeschoben wurde. Das ist heute bei den stärkeren Lokomotiven weitestgehend unnötig geworden. Die ICE bedurften dieser Hilfe ohnehin nicht. Neben den Fernzügen verkehren IRE, darunter mehrfach sog. »Sprinter« mit zwei Dieselloks der Baureihe 218 von Lindau nach Stuttgart und umgekehrt. Schwere Güterzüge schleppen sich auch heute noch fast im Schritttempo hinauf und werden nach wie vor nachgeschoben. Heute stehen dafür in Geislingen zwei Lokomotiven bereit. Oft sind auch private Schiebeloks anzutreffen.

DIE BAHNTRASSE beschreibt zunächst einen großen Bogen um die Stadt Geislingen, mitten im Bogen liegt der Bahnhof. Bereits bis zum Bahnhof Geislingen (469 m) hat die Strecke mit 9 bis 11 Promille einen erheblichen Anstieg hinter sich. Auf den nächsten sechs Kilometern zwischen Geislingen und Amstetten (582 m) gilt es weitere 113 m gut zu machen. Die Steigung liegt jetzt bei 22,5 Promille, bevor sie nach Amstetten im weiteren Verlauf wieder abfällt.

DIE EIGENTLICHE »STEIGE« beginnt direkt hinter dem Bahnhof. In einem engen Tal wird – bergauf gesehen – die linke Talseite genutzt, um Höhe zu gewinnen. Das enge Tal teilen sich Bahn, Straße und Flüsschen. Oft reichen die schroffen Felsen weniger als einen Meter an das Gleisprofil heran, fast zum Greifen nahe. Da die Strecke der Topographie des Tales folgen muss, schlängelt sich die Bahn in engen Kurven bergauf. Immer wieder ist der Blick auf den Anfang oder das Ende des Zuges möglich. Im IC oder EC wird der Reisende dann erstaunt feststellen, dass auch heute noch bisweilen Schiebeloks eingesetzt werden, wenn der Zug zu lang ist. Nachdem wir in Amstetten angekommen sind, öffnet sich die Landschaft, die Hochfläche der Alb ist erreicht – nächster Halt ist Ulm. ■

## IN KÜRZE

LAGE
Baden-Württemberg, Schwäbische Alb, Teil der Fernstrecke Stuttgart – Ulm – München

LÄNGE
90 km Bahnstrecke

HÖCHSTER PUNKT
Amstetten, 581 m ü. NN

AUSGANGSPUNKTE
(empfohlen):
Geislingen, Amstetten

INFO
www.amstetten.de/geislinger-steige.html

# 18

## DIE ALLGÄUBAHN
## VON MÜNCHEN NACH LINDAU

Auf dieser in Teilen nicht elektrifizierten Verbindung zwischen München und Lindau müssen die Loks zeigen, was sie leisten können. Der Reisende darf inzwischen in aller Ruhe die Aussicht auf die Alpen genießen.

Bayern – ist das nicht ein Volk aus knorrigen Gebirgsbauern, feschen Sennerinnen auf felsigen Bergeshöhen? Es lebe das Klischee, denn tatsächlich liegt nur ein ganz schmaler Streifen der Alpen auf bayerischem Boden. Und so kommt es, dass es in Deutschland auch kaum richtige Alpenbahnen gibt. Zu den Strecken, die diese Bezeichnung noch am ehesten verdienen, gehört die 220 km lange Allgäubahn von München nach Lindau. Sie zählt zu den reizvollsten und auch technisch anspruchsvollsten deutschen Bahnlinien und diente daher als Teststrecke für deutsche Großdieselloks.

DABEI FÄNGT die Reise so harmlos an, wenn man vom Münchner Hauptbahnhof in einen Zug nach Lindau steigt. Auf einer breiten zehngleisigen Bahnachse bringt die Lok den Zug in Fahrt. Nach einem kurzen Halt in Pasing, wo sich vier Strecken nach Süden und Westen verteilen, rauscht der Zug auf fast kerzengerader Strecke die kommenden 90 km flott dahin. Bei der Aubinger Lohe, einem kleinen Waldgebiet, wird die Stadtgrenze der bayerischen Landeshauptstadt passiert. Bald folgt rechter Hand die weitläufige Anlage des ehemaligen Zisterzienserklosters Fürstenfeldbruck und schon donnert der Zug über die still dahinfließende Amper hinweg. Hinter Grafrath öffnet sich plötzlich die Landschaft, tief unter der Strecke breitet sich der lang gestreckte Ammersee, ein Paradies für Segler, aus. Bei klarer Luft präsentieren sich am Horizont Karwendel, Wetterstein und das Zugspitzmassiv. Kurz nur währt der prachtvolle Weitblick,

der Zug jagt unerbittlich über die Schotterebene des Lechfelds dahin, wo Bischof Ulrich von Augsburg im Jahr 955 n. Chr. die anstürmenden Reiterscharen der Ungarn zurückschlug. Kurz vor Kaufering quert der Zug den Lech. Über den Bahnknoten Buchloe hinweg verläuft die Strecke bis zur alten Reichsstadt Kaufbeuren weitgehend flach dahin. Vor der allmählich näher rückenden schwarzblauen Kette der Tannheimer Alpen ragt dunkelgrün der bewaldete, etwas über 1000 m hohe Auerberg mit dem Turm seines Sankt-Georg-Kirchleins aus dem umliegenden Hügelland des Ostallgäus unübersehbar hervor.

HINTER KAUFBEUREN grüßen von Ferne die Füssener Hausberge Säuling und Tegelberg. Saftige Weiden mit geflecktem Vieh, dann wieder Waldstücke säumen die kurvigen Gleise. Mit lautem Brummen meistert die Lokomotive den Anstieg auf den Höhenrücken zwischen Wertach- und Illertal. Bei Günzach wird der Scheitelpunkt überwunden und wenig später künden Windräder auf den Hügelkämmen von der Ortschaft Wildpoldsried, die sich seit den 1990er-Jahren ausschließlich durch erneuerbare Energie versorgt.

RASCH EILT der Zug auf Kempten zu, das zu den ältesten Städten Deutschlands zählt. Auf einer kühnen Bogenbrücke geht es hoch über die tief eingeschnittene Iller hinweg. Geradewegs nach Süden parallel zur Iller, die bei anhaltendem Regen zu einem gefährlichen reißenden Fluss anschwillt, setzt der Zug seine Rei-

AM NORDRAND der Allgäuer Alpen südlich von Immenstadt erhebt sich der Bärenkopf – von den Einheimischen auch ›Bärenköpfle‹ genannt. Die schwäbische Verkleinerungsform muss nicht unbedingt auf etwas Kleines hinweisen – was für den 1476 m hohen Berg sowieso nicht zutrifft.

IN KÜRZE

LAGE
Bayern, Oberbayern bis Schwaben (Landkreis Oberallgäu)

LÄNGE 220 km

HÖCHSTER PUNKT
801 m bei Günzach, 23,5 km hinter Kaufbeuren

START München Hbf (523 m)

ZIEL Lindau am Bodensee (401 m)

INFO
www.allgaeu.de

Kursbuchinformation: www.kursbuchbahn.de, bei »Kursbuchstreckennummer« die Zahl »970« eintragen

Mit dem Namen Kaufering ist die Erinnerung an den größten Konzentrationslagerkomplex des Deutschen Reiches verbunden. Das NS-Regime legte 1944 hier 14 KZ-Außenkommandos des KZ Dachau an, um unterirdische Produktionsstätten für den Düsenstrahljäger Me 262 schaffen zu lassen; über 14 000 meist jüdische Häftlinge starben innerhalb eines knappen Jahres aufgrund der unmenschlichen Haft- und Arbeitsbedingungen.

se fort. Der markante Gipfel des solitären Grünten und die steilen Zacken der hohen Berge des Walsertals springen dem Reisenden bald ins Auge. Ab Immenstadt, wo die Strecke in den Sommerfrisch- und Skiort Oberstdorf abzweigt, bewegen wir uns tatsächlich eine Zeit lang in den Alpen. Nur noch wenige Kilometer gerader Trasse liegen auf den rund 70 km bis zum Bodensee vor der Lokomotive, die sich mit ihren Wagen jetzt vom Lauf der Iller abwendet und an den Fuß der Alpen schmiegt. Das grünblaue Wasser des malerischen Großen Alpsees, in dem sich die steil aufragenden Berge spiegeln, nimmt kurz darauf die Aufmerksamkeit des Reisenden gefangen.

IN EINEM REIZVOLLEN TAL erklimmen die Gleise die europäische Wasserscheide, die die Stromgebiete von Rhein und Donau trennt. Bevor ein kurzer Tunnel den schrill aufpfeifenden Zug verschluckt, zieht einen der abweisend karge Rücken des Hochgrats, des Hausbergs des Luftkurorts Oberstaufen, in seinen Bann. Doch schon kehrt die Allgäubahn wieder den Bergen den Rücken. Zwischen den sattgrünen Hügeln Oberschwabens und den prächtigen Kuppen des Bregenzer Waldes gleitet der Zug auf einer der ältesten bayerischen Eisenbahnstrecken, der bereits 1853 in voller Länge eröffneten Ludwigs-Süd-Nord-Bahn von Hof in Oberfranken nach Lindau am Bodensee, dahin. Hinter Röthenbach neigen sich die Schienen unaufhaltsam abwärts und wenige Minuten später taucht erstmals hinter dem Abteilfenster das »Schwäbische Meer« auf, dessen ganze Weite der Betrachter mehr erahnt als wahrnimmt. Bei der raschen Fahrt muss sich das Auge sputen, um das prächtige Panorama einzufangen: vom Bregenz überragenden Pfänder über den kühnen Säntis bis hin zu der sich nach Südwesten biegenden, in der Ferne verschwindenden Kette der Schweizer Alpen.

IN AESCHACH, schon fast auf Seehöhe, fädelt der Zug in die Bodenseegürtelbahn ein und erreicht über den 500 m langen Bodenseedamm den Kopfbahnhof der dank seiner barocken Häuser malerischen Inselstadt Lindau mit ihrem leicht südlichen Flair. Vor wenigen Jahren haben sich die Bürger der Stadt für den Erhalt dieser Station, die die Deutsche Bahn zugunsten eines großen Bahnhofs auf dem Festland aufgeben wollte, entschieden und damit Klugheit bewiesen, bildet doch das Stationsgebäude ein gelungenes Ensemble mit dem Mitte des 19. Jh. erbauten Hafen. Dessen Einfahrt bewacht der auf einer Säule sitzende bayerische Löwe – den Blick über die weiten Wellen gerichtet. Wir haben das Ziel der Fahrt erreicht. ∎

BAD WÖRISHOFEN UND PFARRER KNEIPP Am Bahnknoten Buchloe, vor der Weiterfahrt nach Süden in Richtung Kaufbeuren, besteht auch die Möglichkeit, den etwas weiter westlich gelegenen Kurort Bad Wörishofen mit dem Zug zu erreichen. Der bayerische Priester Sebastian Kneipp (1821–1897) hat die mit seinem Namen verbundene Wasserkur (Hydrotherapie) bekannt gemacht. Bad Wörishofen wurde unter seiner Leitung zu einem Zentrum dieser beliebten alternativen Heilmethode.

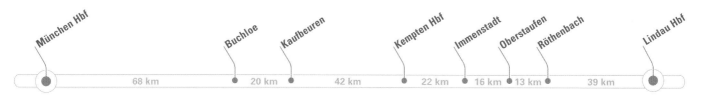

München Hbf — 68 km — Buchloe — 20 km — Kaufbeuren — 42 km — Kempten Hbf — 22 km — Immenstadt — 16 km — Oberstaufen — 13 km — Röthenbach — 39 km — Lindau Hbf

LINKS Blick von Neuschwanstein bei Füssen auf Schloss Hohenschwangau. Rechts ist der kleine Schwansee und links der Alpsee zu sehen.

UNTEN Das Wächterhaus der mittelalterlichen Burghalde in Kempten. Die Burghalde lag ursprünglich vor der Stadtmauer und war Sitz der Vögte des katholischen Stifts. Im Wärterhaus ist heute ein Burgenmuseum untergebracht.

## KAMPF DER RELIGIONEN
### KEMPTEN IM ALLGÄU

Kempten zählt nicht nur zu den ältesten Städten Deutschlands, sondern war vom 16. bis zum Beginn des 19. Jh.s unmittelbar Schauplatz der tiefen konfessionellen Spaltung des Alten Reichs. Die Reichsstadt mit ihren protestantischen Bürgern und die Siedlung um das Reichskloster mit seinen katholischen Untertanen befanden sich auf ihrem Boden. Die Bewohner dieser beiden Territorien waren sich spinnefeind. Nicht zu vergessen, dass hier im Jahr 1775 der letzte Hexenprozess Deutschlands stattfand.

LINKS Der Ammersee ist mit einer Fläche von 47 km² und einer maximalen Tiefe von etwa 80 m nach dem Chiemsee und dem Starnberger See der drittgrößte See in Bayern. Da die Windverhältnisse in den Sommermonaten oft günstig sind, ist er besonders bei Surfern und Seglern sehr beliebt.

## KOSTENLOS DURCHS MURG- UND HÖLLENTAL
# DEN SCHWARZWALD ERLEBEN

Das ist echte Gastfreundlichkeit: Mit der Übernachtung erhält der Schwarzwald-tourist zugleich einen Freifahrschein für alle öffentlichen Verkehrsmittel. Und es gibt hier einige spektakuläre Bahnstrecken, die kein Besucher auslassen sollte.

Im Jahr 2006 kamen die Tourismus-verantwortlichen der Schwarzwald-Region auf eine geniale Idee: Den Übernachtungsgästen in Hotels, Gasthöfen und Ferienwohnung wird mit der Gästekarte (»KONUS-Karte«) Freifahrt in den öffentlichen Verkehrsmitteln des gesamten Nahverkehrs geboten, inklusive der Regional-Express-Züge der Deutschen Bahn. Von der ehemaligen Residenzstadt Karlsruhe im Norden bis zur Schweizer Grenze im Süden, von der Rheinebene im Westen bis zum Übergang zur Schwäbischen Alb im Osten kann der Gast umsonst die gesamte Region bereisen, erwandern, in den nächsten Bus wechseln, wieder wandern, einen Zug nehmen und abends in sein Quartier zurückkehren – genial! Die wichtigsten Strecken:

DIE SCHWARZWALDBAHN verbindet Offenburg mit Donaueschingen (100 km). Bis Hausach folgt die Bahn der Kinzig, bei Gengenbach teilweise sogar direkt an deren Ufer. Bei Haslach wird für einige Hundert Meter der aufgestaute Seitenarm der Kinzig passiert, an windstillen Tagen aufgrund der Spiegelungen ein beliebtes Fotomotiv. In Hausach wechselt die Strecke bis Hornberg ins Gutachtal. Langsam wird das Tal enger, Schwarzwaldhäuser begleiten den Reisenden. Der Ort Hornberg selbst wird auf einem eindrucksvollen Viadukt überquert. Danach passiert der Zug bis Sankt Georgen mehrere Kehrschleifen mit zahlreichen Tunneln und überwindet so mehrere Hundert Höhenmeter.

Im steilsten und auch sehenswertesten Teil des Anstiegs werden immer wieder die Täler weit ausgefahren. Der »Drei-bahnenblick« bei Triberg bietet einen guten Überblick über den Streckenverlauf. Einige Kilometer nach Sankt Georgen wird der Donau-Quellfluss Brigach erreicht, dem die Strecke auf den nächsten Kilometern folgt. Hinter Villingen verlässt die Strecke den Schwarzwald und durchquert die Baar-Ebene. In Donaueschingen trifft die Schwarzwaldbahn die Höllentalbahn, von Freiburg kommend, nach der Schwarzwaldbahn die zweitwichtigste Eisenbahnstrecke im Schwarzwald. Die Strecke kreuzt auf ihrem Weg von Norden nach Süden gleich zweimal die europäische Wasserscheide (Rhein/Donau) in einem Tunnel: im 1 697 m langen Sommerauer Tunnel (zwischen Triberg und St. Georgen) und im 900 m langen Hattinger Tunnel (zwischen Immendingen und Engen).

DIE HÖLLENTALBAHN bzw. Dreiseenbahn von Freiburg nach Titisee und Seebrugg/Schluchsee (51 km) ist fast durchgehend eingleisig ausgeführt. Zwischen Freiburg und Neustadt werden insgesamt neun Tunnel durchquert. Nach etwa 15 km wird das Tal immer enger und macht seinem Namen alle Ehre. Beim Blick aus dem Fenster meint man, die Felswände berühren zu können ... Höhepunkt ist die Passage am sogenannten Hirschsprung, wo der Legende nach ein Hirsch seinen Jägern entkam, indem er die wenigen Meter über das enge Tal hinwegsprang. Wenige Kilo-

DIE BRIGACH
bei Donaueschingen, einer der beiden Hauptzuflüsse der Donau.

IN KÜRZE

LAGE
Baden-Württemberg, zwischen Karlsruhe und Calw im Norden sowie Basel (Badischer Bahnhof) und Waldshut-Tiengen im Süden

LÄNGE ca. 800 km Bahnstrecke

HÖCHSTE PUNKTE
Sommerau bei Sankt Georgen (Schwarzwaldbahn), 825 m Feldberg-Bärental (Höllentalbahn), 967 m

AUSGANGSPUNKTE
(empfohlen): Orte an der Schwarzwaldbahn wie Hausach, Triberg, Hornberg, St. Georgen oder Orte an der Murgtalbahn wie Baiersbronn oder Freudenstadt sowie die Region um Titisee

INFO
Schwarzwald Tourismus Heinrich-von-Stephan-Straße 8 b
79100 Freiburg
Tel. 0761 89 64 60
www.schwarzwald-tourismus.info

Die Rheinschiene von Karlsruhe in Richtung Basel wird derzeit zur europäischen Rennstrecke auf Hochleistung getrimmt. Die Strecke von Offenburg nach Villingen-Schwenningen (Schwarzwaldbahn) wird stündlich mit Regionalverkehrszügen bedient. Vereinzelt verkehren hier auch Güterzüge. Auf der Höllentalbahn Freiburg–Titisee fahren Regionalverkehrs- und Interregio-Express-Züge.

meter weiter kreuzt die Strecke die Ravennaschlucht auf einem 40 m hohen Viadukt. In Hinterzarten liegt mit 893 m ein Scheitelpunkt der Strecke. In Richtung Titisee, wo die Strecke nach Neustadt und dann, nicht mehr elektrifiziert, weiter nach Donaueschingen abzweigt, geht es jetzt leicht bergab. Die weitere Strecke mit dem Namen »Dreiseenbahn« macht einen eleganten Bogen, um jetzt die gegenüberliegende Seite des Titisees zu passieren. Die Hochfläche eröffnet immer wieder den Blick auf die Seen oder den höchsten Berg des Schwarzwaldes, den Feldberg. Der nächste Bahnhof, Feldberg-Bärental, ist mit 967 m Deutschlands höchstgelegener Normalspur-Bahnhof. Anschließend geht es bergab, vorbei am Windgfällweiher, zum Schluchsee, dem größten Staussee Deutschlands.

DIE MURGTALBAHN führt von Rastatt nach Freudenstadt durch das Murgtal (58 km). Die Albtal-Verkehrs-Gesellschaft (AVG) integrierte die Murgtalbahn im Jahr 2000 in ihr Netz. Die Bahn verläuft durch ein teilweise tief eingeschnittenes Schwarzwaldtal, das zwischen Murg und Felswänden kaum Raum für die Strecke lässt. Ab dem Bahnhof Kuppenheim verlässt die Bahn die Rheinebene und fährt nun in das Murgtal ein. Nach dem Haltepunkt Wei-

senbach beginnt der landschaftlich reizvollste und technisch anspruchsvollste Teil. Bis Schönmünzach verengt sich das Murgtal zu einer Schlucht. Neun Tunnel und fünf Talbrücken waren allein in diesem Abschnitt erforderlich. Wenn der Bahnhof Forbach erreicht ist, hat die Bahn von Weisenbach bis hier einen Höhenunterschied von 123,5 m überwunden, das bedeutet eine durchschnittliche Steigung von 20 Promille. Nach Forbach folgt ein zehn Kilometer langer Abschnitt bis zum Bahnhof Schönmünzach. Wiederum wird die Murg zweimal gekreuzt, einmal auf einer Stahlbrücke direkt hinter Forbach und einmal auf einem weiteren Steinviadukt bei Raumünzach. Beide Male folgen direkt hinter der Brücke Tunnel. Ähnlich ist der weitere Streckenverlauf bis Baiersbronn. Ab hier verlässt die Bahn das enge Tal und gelangt auf eine Hochebene, welche bis Freudenstadt allerdings weiter ansteigt. Innerhalb des Stadtgebietes fällt die Strecke steil ab, auf nur knapp drei Kilometern werden 73 Höhenmeter überwunden. Dieser Teil war ursprünglich als Zahnradstrecke ausgeführt. Hier befindet sich mit der Christophstalbrücke ein weiterer Steinviadukt. Freudenstadt lädt mit seinen Arkaden und dem größten Marktplatz Deutschlands zum Verweilen ein. ∎

STÄDTETOUREN INBEGRIFFEN Aufgrund der Freifahrtmöglichkeiten bietet es sich an, die in der Region liegenden größeren Städte zu besuchen. Karlsruhe und Freiburg (im Bild links ist das Freiburger Konzerthaus und im Hintergrund der Doppelturm der Stühlinger Kirche zu sehen) sind inklusive des Nahverkehrs im Stadtbereich völlig kostenfrei zu bereisen, bei den Metropolen jenseits der Grenze wie Straßburg und Basel müssen allerdings ab der Grenzstation (Basel Badischer Bahnhof oder Kehl) Tickets für den Nahverkehr im jeweiligen Stadtbereich gelöst werden. Wer eher der Natur den Vorzug gibt, der sollte einen Ausflug zum Titisee, Schluchsee oder auf den Hohen Feldberg einplanen. Auch eine Busfahrt über die Schwarzwaldhochstraße ist im Preis enthalten und sollte auch von den Schienenfans nicht verschmäht werden.

LINKS Ein altes Pfarrhaus in Mühlhausen, ein Ortsteil von Villingen-Schwenningen im mittleren Schwarzwald. Die weit vorragenden, steilen Dächer sind typisch für den Baustil – sie sorgen dafür, dass im Winter die Schneelast nicht zu groß wird.

RECHTS Im 12. Jh. bauten die Herren von Hornberg eine Burg, zu deren Füßen sich die kleine Stadt Hornberg bildete. Zu den Hintergründen des sprichwörtlichen »Hornberger Schießens« – für ein lautstark angekündigtes Ereignis, das sich als Chimäre entpuppt – gibt es mehrere, historisch nicht verbürgte Versionen.

UNTEN Das 1996 eröffnete Kongresszentrum »Konzerthaus Freiburg« am Konrad-Adenauer-Platz in Freiburg wurde von dem Berliner Architekten Dietrich Bangert entworfen. Die Großskulpturen »Vier Kreisel« an der Westseite stammen von der Berliner Künstlerin Andrea Zaumseil.

## DER KUCKUCK RUFT
### SCHWARZWALDUHREN

Die Anfänge der Uhrenindustrie im Schwarzwald gehen bis ins 17. Jh. zurück. Die heute unter dem Begriff »Schwarzwalduhr« weltweit bekannte Variante mit dem Kuckuck, der stündlich aus dem Fenster pfeift, ist allerdings erst Mitte des 19. Jh. erfunden worden. Zentren der Uhrenindustrie waren Triberg (im Bild eine Werkstatt), Furtwangen und St. Peter. Das Deutsche Uhrenmuseum in Furtwangen ist der Geschichte der Zeitmessung gewidmet (www.deutsches-uhrenmuseum.de).

BAYERN

Berchtesgaden
Freilassing
Traunstein

MÜNCHEN

Rosenheim

# 20

## BERGE, SEEN UND DAS »WEISSE GOLD«
## VON MÜNCHEN NACH BERCHTESGADEN

Die Alpen bilden die atemberaubende Kulisse dieser Bahnfahrt, und wenn der berühmte Föhn weht, dann hat man eine traumhafte Weitsicht. Die Einfahrt in ein richtiges Salzbergwerk in Berchtesgaden kann einen solchen Tag krönen…

Föhn – gestern noch schienen die kühlen Spätwintertage kein Ende nehmen zu wollen, dann – über Nacht fegte ein kräftiger Südwind den Himmel blank; wolkenlos und strahlend blau spannt er sich am Morgen über die Stadt, über das ganze Land vor den Bergen. Die Sonne lässt die Temperaturen rasch über 20 Grad klettern, Straßencafés füllen sich, voll Lebenslust strömen die Menschen ins Freie. Wie wäre es mit einem Ausflug hinaus ins frische Voralpenland, in die Berge?

LANGSAM ROLLT die weiße Wagenschlange des Eurocity unter den mächtigen Bögen der Hackerbrücke – eine der wenigen in Deutschland erhaltenen Stahlbogenbrücken des 19. Jh.s – hindurch, die einem stählernen Tor gleich seit 1894 das Vorfeld des Münchner Hauptbahnhofs überquert. Einen guten Kilometer geht es noch Richtung Westen, ehe er sich in eine Neunziggradkurve legt und das alte Arbeiterviertel Westend umrundet. Dem Südbahnhof mit den Gleisanschlüssen der Großmarkthalle folgt sogleich polternd die Überquerung der Isar. Auf einem Damm jagt der Express über das kleinbürgerliche Untergiesing hinweg, über das sich hoch auf dem Isarhochufer der schlanke Backsteinturm der neugotischen Giesinger Kirche erhebt.

WIR VERLASSEN MÜNCHEN. Bald darauf taucht der dichte Saum des Ebersberger Forstes auf. Hinter Kirchseeon ändert sich die Topografie: Die Gleise winden sich in leichten Bögen durch das voralpine Mo-

ränenland. An einem solchen Föhntag darf der Blick von der fernen Zugspitze über den langen Rücken der Benediktenwand bis zu den Hausbergen des bayerischen Oberlands ungehindert schweifen: In klarer Schärfe präsentieren sich Brecherspitze, Breitenstein, die nahe dominante Felskuppel des Wendelsteins, die aus dem Inntal steil aufragt, dem Betrachter. Während die Augen dabei sind, die zahlreichen Gipfel einzufangen, werden sie mehrmals durch die hinter den Hügeln kurz auftauchenden Turmspitzen der Wallfahrtskirche Tuntenhausen abgelenkt.

WÄHREND DER ZUG bergab an Fahrt gewinnt, rückt das breite Inntal heran. 1871 eröffneten die damaligen Königlich-Bayerischen Staatseisenbahnen die direkte Strecke von der Hauptstadt nach Rosenheim, die erste Verbindung führte weiter südlich weniger steigungsreich durch das Mangfalltal. Wir befinden uns auf einem der wichtigsten Schienenwege Europas, der Magistrale Paris – Wien – Budapest, dazu noch der Zufahrt zum Brenner. Gen Süden gerichtet fällt der Blick bald auf Zahmen und Wilden Kaiser und den weit entfernten Hauptkamm der Alpen, an dem sich die finsteren Wolken der Föhnmauer bedrohlich auftürmen.

IN ROSENHEIM, einer bedeutsamen Kreisstadt, ist quasi der Fuß der Alpen erreicht, dem der Zug nun in östlicher Richtung folgt. Hinter der Innbrücke geht es wieder bergan. Samerberg und Hochries grüßen herüber und bald blitzen zwischen Bäumen im grellen Mittagslicht die Wel-

DIE LOISACH bei Garmisch-Partenkirchen mit Blick zur Zugspitze.

IN KÜRZE

**LAGE**
Bayern, Oberbayern
von München bis
Berchtesgaden

**LÄNGE** 190 km

**START** München Hbf
(523 m)

**ZIEL** Berchtesgaden
(572 m)

**INFO**
www.berchtesgadener-
land.com
www.chiemgau-
tourismus.de

Die Chiemsee-Bahn ist eine Schmalspurbahn (Spurweite 1000 mm), die seit 1887 den Bahnhof von Prien mit der Schiffsanlegestelle im Ortsteil Prien-Stock verbindet. Sie wird in der Sommersaison mit Dampf betrieben, und heißt deshalb im Volksmund auch »Dampfstraßenbahn«. Auf der Streckenlänge von 1,9 km erreicht sie eine Höchstgeschwindigkeit von 20 km/h. Die fauchende und pfeifende Bahn erfreut sich bei Touristen besonderer Beliebtheit.

len des Simssees, eines stillen Badesees, leicht bewegt auf. Ein paar Minuten begleiten seine schilfigen Ufer die Bahn, ehe der Zug den Kurort Bad Endorf mit seinen Rehakliniken durchfährt. Wir schauen aus dem linken Fenster: Die Landschaft weitet sich, ein paar Segelboote tummeln sich hinter einem Schilfgürtel, der westlichste Teil des weitflächigen Chiemsees liegt unter uns, die Schaafwaschener Bucht. Und kurz darauf erfasst das Auge fast das komplette »Bayerische Meer«, das sich schier endlos vor der Bergkulisse ausbreitet. Die glitzernde blaue Fläche unterbrechen nur die Fraueninsel mit ihrem gedrungenen Klosterturm und die waldige Herreninsel mit ihrem Versailles-Imitat. Ab jetzt lohnt der Blick nach Süden, zum Greifen nahe erhebt sich fast bedrohlich der felsige Kamm der Kampenwand aus dem gelbgrünen Chiemseemoor, das der Zug auf seinem Weg durcheilt.

HINTER TRAUNSTEIN hält der Zug etwas größeren Abstand von den Bergen – der lang gestreckte Teisenberg schiebt sich vor die felsigen Genossen – dafür nimmt der Weitblick wieder zu. Verstreut liegen breite oberbayerische Gehöfte gemächlich in der Landschaft, hie und da ein größerer Weiler, ein paar Kühe und Pferde auf der Weide. Linker Hand breitet sich das tief liegende Salzachtal aus, im Süden

freilich laden Staufen und Zwiesel, die felsigen Reichenhaller Hausberge, zur Fahrt ins Hochgebirge ein. Und schon ist Freilassing erreicht.

HIER HEISST ES umsteigen in den bunten Triebwagen nach Berchtesgaden, der tief unten im Saalachtal sich dem steil erhebenden Untersberg und den Berchtesgadener Alpen mit ihren noch unter der winterlichen Schneelast stöhnenden Felsgipfeln schnell nähert. Nach kurzem Halt im Kurort Bad Reichenhall mit seiner Saline klettert der Zug unterhalb von Predigtstuhl und Lattengebirge die sechs km lange Steilstrecke (40 Promille) zum Pass Hallthurm empor. Ein mittelalterlicher Turm markiert noch heute die einstige Grenze zwischen Altbaiern und der Fürstpropstei Berchtesgaden. Kurz darauf fällt erstmals der Blick auf die mächtigen Felsriesen Hochkalter und Watzmann. Nach kurzem Halt in Bischofswiesen windet sich der Zug durch eine enge Schlucht, bevor er den Talkessel von Berchtesgaden erreicht. Bei einem Spaziergang über den Markt beeindrucken immer wieder die felsigen Abstürze des nahen Hohen Göll und das majestätische Watzmannmassiv, das sich über dem nahegelegenen Königsee erhebt, während erste finstere Wolken einen baldigen Zusammenbruch des Föhns ankündigen. ■

HERRENCHIEMSEE König Ludwig II. hat auch hier seine Spuren hinterlassen. 1873 erwarb er die Insel und erbaute darauf das Schloss Herrenchiemsee als Kopie von Versailles, das heute eine Touristenattraktion darstellt. Vielleicht weniger bekannt, aber dafür umso folgenreicher war eine im »Alten Schloss Herrenchiemsee«, dem ehemaligen Chorherrenstift, abgehaltene Konferenz in den letzten Augusttagen 1948. Damals wurden hier in einem Verfassungskonvent die Grundzüge des Deutschen Grundgesetzes erarbeitet, das im Mai 1949 in Kraft trat.

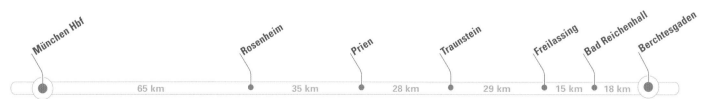

München Hbf — 65 km — Rosenheim — 35 km — Prien — 28 km — Traunstein — 29 km — Freilassing — 15 km — Bad Reichenhall — 18 km — Berchtesgaden

LINKS Herbstlicher Blick auf Samerberg. Im Hintergrund der Wendelstein und das Mangfallgebirge.

RECHTS Schilf am Ufer und ein Steg – am Simssee zwischen Rosenheim und Prien.

UNTEN Das Gebäude der alten Saline in Bad Reichenhall beherbergt heute ein Salzmuseum.

OBEN Der Frühlingsenzian, aufgenommen im Nationalpark Berchtesgaden, steht unter Naturschutz.

UNTEN Blick auf die Staatskanzlei und den Hofgarten in München.

## DAS WEISSE GOLD DES MITTELALTERS SALZSTADT BAD REICHENHALL

Man kann es sich heute eigentlich gar nicht mehr vorstellen, dass es eine Zeit gab, in der Salz als »Weißes Gold« bezeichnet wurde. Wie Speisesalz aus Sole, salzhaltigem Wasser, gewonnen wird, erfährt man im Salzmuseum in Bad Reichenhall. Die alte Saline (im Bild), in der heute das Museum untergebracht ist, war von 1840 bis 1926 der Ort der Salzherstellung. Die Sole wird auch direkt in Solebädern eingesetzt und soll bei allerlei Leiden lindernd wirken. Bad Reichenhaller Salz ist ein Markenname, auch wenn das Salz selbst nicht mehr aus der Stadt kommt, sondern aus dem nahegelegenen Salzbergwerk Berchtesgaden. Dort können Besucher selbst ins Bergwerk einfahren und einen Eindruck von der Produktion bekommen – ein Erlebnis, nicht nur für Kinder (www.salzzeitreise.de).

# MIT DEM RAD AUF TOUR
## DIE BELIEBTESTEN STRECKEN AM WASSER

## 21

# STEILKÜSTEN, SEEBÄDER UND INSELN
# DER OSTSEEKÜSTEN-RADWEG

Diese Radtour offenbart die vielen Facetten der Ostsee: Strände, Buchten und Förden, das grüne Hinterland mit klaren blauen Seen, Fischerdörfer und Hafenstädte
sowie Inseln und Halbinseln wie Zingst, Europas größten Nistplatz für Kraniche.

Von der Flensburger Förde folgt der beliebteste Radfernweg des Nordens den Küsten von Schleswig, Holstein, Mecklenburg und Vorpommern zur Insel Usedom an der Grenze zu Polen. Landschaftliche Kleinodien wechseln mit Seebädern und hochrangiger Kultur, darunter drei von der UNESCO als Weltkulturerbe ausgewiesene Hanse-Altstädte: Lübeck, Wismar und Stralsund. Höhepunkte sind auch die Rundfahrten auf den Inseln Fehmarn, Poel und Rügen. Das Gepäck wird von Unterkunft zu Unterkunft befördert, sodass man sich bei dieser Fahrt auf gut ausgebauten Wegen in flachwelligem Land auf das Fahrvergnügen und die Sehenswürdigkeiten konzentrieren kann. Unbedingt zu beachten ist die Windrichtung: Wer gegen den Küstenwind ankämpft, hat es schwer; wer vor dem Wind ›segelt‹, wird die Fahrt in unvergesslich guter Erinnerung behalten. In der warmen Jahreszeit herrschen im Übrigen meist West- und Südwestwinde.

**IN LÄNDLICHEREN GEGENDEN** in Mecklenburg-Vorpommern muss man mit etwas engeren Verhältnissen und Steigungen rechnen.

DER AUFTAKT des Ostseeküsten-Radwegs liegt in Schleswig und führt durch das Bilderbuchland der Förden und Steilküsten, Moränenhügel und Schlösser. Die nach Deutschlands nördlichster Hafenstadt benannte Flensburger Förde ist der westlichste Arm der Ostsee. Auf 40 km verbindet sie die Wassersportreviere im Bannkreis berühmter Schlösser wie Glücksburg und Gravenstein. Das dänische Ufer ist fast immer in Sicht: Die Halbinsel Holnis teilt die Flensburger Förde in die schmale Innen- und die

sich stetig erweiternde Außenförde, an der Holnis-Spitze erreicht das deutsche Festland seinen nördlichsten Punkt, nur 1700 m entfernt vom dänischen Ufer. Den Ausgang der Förde zur Ostsee flankieren die Insel Als mit dem Leuchtturm auf der Halbinsel Kegnæs und das Naturschutzgebiet Geltinger Birk mit dem vorgelagerten Leuchtturm Kalkgrund.

DIE GELTINGER BIRK ist besonders reizvoll: Salzwiesen, Schwanenbuchten und Dünen wechseln sich mit Laubwäldern, Heideflächen und Wiesen ab, auf denen Wildpferde und Hochlandrinder weiden, während auf der Ostseeseite Strände zum Bad einladen. Das gesamte Gebiet bis Kappeln an den Segelrevieren der Schlei, Deutschlands längster Förde, ist so schön, dass es immer wieder als Filmkulisse dient, so Kappeln für die Fernsehserie »Der Landarzt« und das Gebiet um Glücksburg für »Der Fürst und das Mädchen« mit Maximilian Schell. Weiter geht es an der Eckernförder Bucht vorbei zur Sohler Steilküste, dann schwingt der Weg in die Kieler Förde ein, wo die Holtenauer Schleuse an der Einmündung des Nord-Ostsee-Kanals eine technische Attraktion bildet.

DER FÖRDEWANDERWEG auf der Ostseite der Kieler Förde gibt am Fuß bewaldeter Kuppen die autofreie Route vor ins Seebad Laboe: Das 85 m hohe Marine-Ehrenmal bildet den markantesten Blickfang an der Kieler Außenförde und fungiert als Aussichtsturm. An den Küsten der Probstei und der Hohwachter Bucht

## IN KÜRZE

**LAGE** Ostseeküste in Schleswig-Holstein und Mecklenburg-Vorpommern

**LÄNGE** über 800 km in 10 bis 14 Tagesetappen (mit Rügen-Abstecher: 1050 km)

**START** Historisches Zollamt Kupfermühle an der Alten Zollstraße in der Gemeinde Harrislee bei Flensburg. Mit der Bahn ist der Start in Flensburg.

**ZIEL** Ahlbeck, letzter Bahnhof der Usedomer Bäderbahn in Deutschland

**INFO** Ostsee-Holstein-Tourismus Am Bürgerhaus 2 23683 Scharbeutz www.ostsee-schleswig-holstein.de

Tourismusverband Mecklenburg-Vorpommern Konrad-Zuse-Str. 2 18057 Rostock www.auf-nach-mv.de

Die Insel Usedom im westlichen Oderdelta gehört zu Norddeutschlands wichtigsten Ferienzielen. An der Seeseite reihen sich einige der bekanntesten Ostseebäder mit der weißen Bäderarchitektur der Kaiserzeit aneinander. Den Reiz der Insel macht auch das Miteinander von Natur und Kultur aus. Die hochmoderne Usedomer Bäderbahn verkehrt zwischen Wolgast und Swinemünde und transportiert auch Fahrräder.

reiht sich ein Seebad an das andere, ehe die Umrundung der Vogelfluginsel Fehmarn ansteht: Ihre Steilküsten, alten Buchenwälder, Vogelschutzgebiete und Strände sowie der Ausblick vom Flügger Leuchtturm bilden einen weiteren Höhepunkt am Ostseeküsten-Radweg. Auf der Fehmarnsundbrücke geht es zurück aufs Festland und längs der Seebäder der Lübecker Bucht nach Travemünde, das drittälteste deutsche Seebad (1802).

FÜR DIE STADT LÜBECK, die ›Königin der Hanse‹ und Namensgeberin der Lübecker Bucht, mit ihren zahllosen Brücken und der schönen Altstadt sollte man etwas Zeit einplanen. Dünen, Steilufer, Buchenwälder und die kilometerlangen Strände der Ostseebäder prägen den Radweg zwischen der Lübecker Bucht und der Hansestadt Stralsund. Nach Überqueren der Trave mit der Priwallfähre im Seebad Travemünde folgt die Strecke der mecklenburgischen Buchtenküste in die Hansestadt Wismar.

FISCHERDÖRFER, reetgedeckte Häuser, romantische Häfen, Salzwiesen und Surfspots am Haff, lange Strände, das Jugendstilbad Kühlungsborn, alte Alleen und der bewaldete Höhenzug der Kühlung kennzeichnen den Abschnitt zwischen der Wismarbucht und Bad Doberan, von wo die historische Bahn ›Molli‹ ins Seebad Heiligendamm dampft. Hinter der Rostocker Heide erreicht der Radweg die Boddenküste und verläuft über die zusammengewachsenen Inseln Fischland, Darß und Zingst nach Barth am Barther Bodden und von dort weiter nach Stralsund.

DARSS UND ZINGST, geprägt von Wäldern, Mooren und feinsandigen Stränden, liegen im Nationalpark Vorpommersche Boddenlandschaft. Der Zingst ist einer der größten Kranichrastplätze Europas und das Künstlerdorf Ahrenshoop im südlichen Darß lockte schon zur Zeit des Fin de Siècle Maler an. Die alten Kapitäns- und Fischerhäuser in Wustrow wiederum erinnern daran, dass dies einst der Hauptort von Fischland war.

DIE KREIDEKLIPPEN auf Deutschlands größter Insel Rügen und die Sandstrände der Insel Usedom verbindet der Radweg auf seinen östlichsten Etappen. Nach der optionalen Rügen-Rundtour von der Insel Hiddensee aus – die Überfahrt von Stralsund nach Hiddensee erfolgt mit dem Schiff – führt er an der vorpommerschen Boddenküste entlang nach Greifswald und in das Seebad Lubmin. In Wolgast geht es über die Hubbrücke hinüber nach Usedom, wo die Tour in Ahlbeck endet. ▦

...................................................................................................................................

SCHLOSS GLÜCKSBURG Im Ostseebad Glücksburg an der Flensburger Innenförde befindet sich das gleichnamige Schloss, Deutschlands größtes Wasserschloss und als ›Wiege von Königreichen‹ Namensgeber einer weitverzweigten Dynastie, deren heute bekannteste Häupter Königin Margrethe II. von Dänemark und König Harald von Norwegen sind. Das prächtige Schloss ist als Museum öffentlich zugänglich. Gezeigt werden z. B. Goldledertapeten aus dem 17. Jh.

...................................................................................................................................

Flensburg — 48 km — Gelting — 69 km — Eckernförde — 48 km — Kiel — 54 km — Hohwacht — 105 km — Burg auf Fehmarn — 122 km — Lübeck — 71 km — Wismar — 46 km — Kühlungsborn — 26 km — Warnemünde — 59 km — Prerow — 71 km — Stralsund — 39 km — Greifswald — 41 km — Wolgast — 33 km — Ahlbeck (Usedom)

LINKS Ein Zeesenboot im Boddenhafen von Ahrenshoop-Althagen. Diese Segelboote dienten vom ausgehenden 15. Jh. bis in die 1970er-Jahre als Fischereifahrzeuge. Heute sind damit vor allem Freizeitsegler unterwegs.

RECHTS Die 394 m lange Seebrücke Sellin ist Rügens längste Seebrücke. Im Gebäude am Ende der Brücke befindet sich ein Restaurant direkt über dem Wasser, mit einer Tauchgondel kann man hier sogar ins Meer abtauchen.

LINKS Im flachen Land ist das Rad das ideale Fortbewegungsmittel.

RECHTS Auch Strandburgen können Meisterwerke sein.

UNTEN Die weißen Kreideklippen auf Rügen – Inspiration für viele Künstler.

## DAUERBETRIEB LEUCHTTURM UND MUSEUM

Der Leuchtturm Darßer Ort an der Nordspitze des Darß im Nationalpark Vorpommersche Boddenlandschaft ist der älteste noch betriebene Leuchtturm an der Ostseeküste. Seit 1849 sichert er die Kadettrinne, ein schwieriges Fahrwasser mit Untiefen und wandernden Sandbänken. Im Leuchtturm ist das Natureum untergebracht, eine Außenstelle des Meereskundemuseums Stralsund. Es dokumentiert die Entstehung, Entwicklung, Flora und Fauna der Landschaft am Darßer Ort, im »Ostsee-Aquarium« tummeln sich Fische und Wirbellose, die auch das Wasser vor dem Darßer Ort bevölkern.

# 22

# HAMBURG UND DIE SÄCHSISCHE SCHWEIZ
## DER ELBE-RADWEG IM NORDEN UND OSTEN

Mit dem Wind im Rücken lässt es sich gemütlich an der Elbe entlangradeln, durch Naturparks und berühmte Orte wie Meißen und Pirna, ins elegante Hamburg und bis zur Elbemündung. Wer müde wird, legt eine Fahrt mit Fähre oder S-Bahn ein.

Die Mitglieder des Allgemeinen Deutschen Fahrradclubs (ADFC) wählen den Elbe-Radweg immer wieder zum beliebtesten Radfernweg in Deutschland. Von der Mündung in die Nordsee bei Cuxhaven führt er quer durch das Norddeutsche Tiefland zu Glanzpunkten wie Dessau, Wörlitz, Meißen und Dresden und bis zu den großartigen Felsszenerien der Sächsischen Schweiz.

DA DIE ELBE von der Mündung bis ins Elbsandsteingebirge lediglich bis auf 130 m über dem Meeresspiegel ansteigt, sind die Steigungen kaum erwähnenswert: Flott geht es auf Asphaltwegen mit dem Wind im Rücken flussaufwärts voran. Da der Radweg auf den Hochuferstrecken zwischen Geesthacht und Lauenburg sowie im Naturpark Elbufer-Drawehn zweisträngig ist, kann man hier jeweils die ›Flachlandroute‹ am gegenüberliegenden Ufer befahren. Weit wichtiger für die Fahrtrichtung als die Anstiege sind die atlantischen Winde, die ungebremst von der Deutschen Bucht ins Elbtal hereinfegen: Von Cuxhaven bis zur Havelmündung sowie von Wittenberg bis zur deutsch-tschechischen Grenze ist wegen der Hauptwindrichtung das Befahren des Elbe-Radwegs in Flussaufwärtsrichtung zu empfehlen – dann ›segelt‹ man vor dem Wind.

DAS SEGELN MIT DEM WIND beginnt gleich an der Mündung: Vom Nordseeheilbad Cuxhaven folgt der Elbe-Radweg den Deichen stromaufwärts nach Ottern-

dorf im Herzen des Landes Hadeln. Die Gebiete am linken Ufer der unteren Elbe gehören alle zu historischen ›Ländern‹; am bekanntesten ist das Alte Land mit seinen Obstbaumfluren, westlich schließt das Land Kehdingen an, das bis zur Oste reicht, und westlich der Oste liegt das Land Hadeln. Nach Überqueren der Oste geben die Deiche an der Unterelbe den Weg vor in den 800 Jahre alten Flecken Freiburg, ehe in Wischhaven der Wechsel nach Glückstadt am rechten Elbufer erfolgt: Die Fährüberfahrt auf dem hier noch immer sehr breiten Strom ist eine willkommene Abwechslung. Von Glückstadt bis in die Hansestadt Hamburg hat der Elbe-Radweg denselben Routenverlauf wie der Nordseeküsten-Radweg.

MIT SCHLOSS UND PARK Wörlitz sowie den Kulturerbestätten in Dessau und Wittenberg bietet der Elbe-Radweg im Biosphärenreservat Mittelelbe auch hochrangige kulturelle Einrichtungen. Das Dessau-Wörlitzer Gartenreich zählt zu den bedeutenden Schlösser- und Parklandschaften Europas und steht als Weltkulturerbe unter dem Schutz der UNESCO. Es umfasst u. a. die Schlösser und Parks Luisium, Georgengarten mit der Anhaltischen Gemäldegalerie, Mosigkau, Großkühnau, Leiner Berg, Sieglitzer Berg, Oranienbaum und Wörlitz.

MIT SCHLOSS WÖRLITZ (1769–73) schuf Friedrich Wilhelm von Erdmannsdorf (1736–1800) ein Meisterwerk des Frühklassizismus. Nach dem palladianischen Vorbild von Schloss Claremont in

DAS DESSAU-WÖRLITZER GARTENREICH (im Hintergrund der Venustempel) entstand im 18. Jh. unter Fürst Leopold III. Friedrich Franz von Anhalt-Dessau, getreu seinem Motto »utile dulci«, das Nützliche mit dem Angenehmen verbinden.

IN KÜRZE

LAGE Von West nach Ost durch sechs Bundesländer von Cuxhaven in Niedersachsen durch Hamburg, Mecklenburg-Vorpommern, Brandenburg, Sachsen-Anhalt und Sachsen

LÄNGE 838 km verteilt auf 14 Etappen

START Cuxhaven, Nordseeheilbad an der Elbmündung am Rand des Nationalparks Niedersächsisches Wattenmeer

ZIEL S-Bahnhof Schöna in der Gemeinde Reinhardtsdorf-Schöna direkt vor der tschechischen Grenze. S-Bahn Dresden–Bad Schandau–Schöna

INFO Elbe Rad Touristik Gerhart-Hauptmann-Str. 2 39108 Magdeburg Tel. 0391 733 03 34 www.elberadweg.de

Der bekannteste
Sohn der Stadt
Pirna ist der Domi-
nikanermönch
Johann Tetzel
(1460–1519), der
hier als Sohn eines
Goldschmieds zur
Welt kam. Tetzels
Tätigkeit im Ablass-
handel und seine
Ablasspredigten in
ganz Sachsen und
später in Süd-
deutschland und
Österreich veran-
lassten den Augus-
tinermönch Martin
Luther (1483–1546)
zur Veröffentlichung
seiner 95 Thesen
»Zur Aufklärung
über die Kraft des
Ablasses«. 1519
starb Johann Tetzel
in Leipzig an der
Pest.

England entstand ein zweigeschossiger Backsteinputzbau mit elf mal sieben Achsen und innerem Lichthof, dreiachsigem Mittelrisalit mit korinthischem Säulenportikus und Freitreppe. Der überkuppelte Vorsaal im Inneren ahmt das Pantheon nach, der Große Saal wurde mit Fresken der Brüder Caracci aus dem Palazzo Farnese in Rom geschmückt, auch die Möbel wurden zum Teil nach Erdmannsdorffs Entwürfen gestaltet – und zwar von ortsansässigen Handwerkern, da der Bau des Schlosses auch dazu dienen sollte, die heimische Wirtschaft zu beleben.

DER PARK, der das Wörlitzer Schloss umgibt, ist einer der herausragenden Landschaftsgärten in Deutschland und eine der frühesten nach englischem Vorbild gestalteten Anlagen Deutschlands. Auch hier war Erdmannsdorf der federführende Architekt. Die Ideen Jean-Jacques Rousseaus, Johann Winckelmanns, Horace Walpoles und anderer flossen in die Gestaltung des Parks ein, der von Anfang an auch der Erholung der Bürger diente.

DER ELBE-RADWEG in der Felsenwelt der Sächsischen Schweiz kann als die landschaftlich eindrucksvollste leichte Radtour in Deutschland beschrieben werden. Er folgt dem Fluss auf meist flotten Wirtschaftswegen ohne Autoverkehr. Da er zudem kaum Steigungen

aufweist und mit der vorherrschenden Windrichtung ostwärts führt, ist der Blick frei auf die grandiose Naturumgebung. Die Elbfähren transportieren auch Fahrräder, sodass mehrfach der Wechsel ans gegenüberliegende Ufer möglich ist: Dank der zahlreichen S-Bahnhöfe lässt sich die Tour beliebig verkürzen, die Anbindung an Wanderwege ermöglicht zudem reizvolle Abstecher zu Fuß.

DIE CANALETTO-STADT Pirna liegt am Übergang der Dresdner Elbtalweitung zum Elbsandsteingebirge. Berühmt wurde das ›Tor zur Sächsischen Schweiz‹, die im Schutz der Burg Sonnenstein links der Elbe entstandene Stadt, durch die detailgetreuen Gemälde des aus Italien stammenden sächsischen Hofmalers Bernardo Bellotto, genannt Canaletto (1721–1780). Da Pirna von Kriegszerstörungen weitgehend verschont blieb, weist die mittelalterliche und Renaissance-Altstadt noch heute viel Ähnlichkeit mit den Darstellungen Canalettos auf. Das Stadtbild prägt vor allem die gotische Marienkirche. Das Rathaus (16./19. Jh.) thront frei auf dem Marktplatz, rund um den Markt sowie in den angrenzenden Straßen stehen das Canaletto-Haus und andere meist vorbarocke Bürgerhäuser. Noch 32 Kilometer trennen uns vom Ziel, dem flussaufwärts am linken Elbufer gelegenen kleinen Grenzort Schöna. ∎

BÄDER UND WELLNESS IN DER SÄCHSISCHEN SCHWEIZ Reine Luft, intakte Natur, frisches, klares Wasser und leckeres, gesundes Essen – so verwöhnt die Sächsische Schweiz Wanderer und Radreisende. Der Kneippkurort Bad Schandau (links) mit der Toskana-Therme an der Elbe ist die bekannteste Wellness-Oase der Region. Der Kurort Gohrisch gilt als die älteste Sommerfrische der Sächsischen Schweiz und ganz im Süden liegt der Kneippkurort Bad Gottleuba.

| Cuxhaven | Wischhafen/Glückstadt | Hamburg | Lauenburg | Hitzacker | Wittenberge | Tangermünde | Magdeburg | Dessau | Wittenberg/Elster | Torgau/Belgern | Meißen | Dresden/Heidenau | Pirna | Schöna |
|---|---|---|---|---|---|---|---|---|---|---|---|---|---|---|
| 61 km | 68 km | 60 km | 66 km | 74 km | 80 km | 80 km | 85 km | 48 km | 69 km | 60 km | 42 km | 44 km | 32 km | |

## 100-JÄHRIGES ENSEMBLE
### DIE SPEICHERSTADT

An den Fleeten (Kanälen) des Hamburger Freihafens liegt die 1884–1910 errichtete Speicherstadt mit Lager- und Kontorhäusern. Viele der aufwendig sanierten roten Backsteinbauten beherbergen heute Restaurants, Büros und Vergnügungsstätten, die meisten fungieren jedoch noch immer als Lagerhäuser für Güter wie Kaffee, Tee, Kakao, Gewürze, Tabak, Computer und Orientteppiche.

OBEN Das Gartenreich Dessau-Wörlitz zieren zahlreiche Skulpturen wie die kniende Venus.

MITTE Auf weiten Strecken – wie hier bei Bad Schandau – weist der Elbe-Radweg nur unerhebliche Steigungen auf.

UNTEN Das klassizistische Schloss Luisium war der Landsitz von Fürstin Louise von Anhalt-Dessau, Gattin des Begründers des Gartenreichs Dessau-Wörlitz.

Die knapp 5,50 m hohe Roland-Statue, das Wahrzeichen Bremens, und das Renaissance-Rathaus gehören zum Weltkulturerbe der UNESCO. Gleich daneben stehen die Bremer Stadtmusikanten, eine von Gerhard Marcks (1898–1981) 1952 geschaffene Bronzeskulptur. Da es heißt, es gehe ein Wunsch in Erfüllung, wenn man die Vorderbeine des Esels umfasst oder reibt, haben Hunderttausende Besucher aus aller Welt diese Stelle glänzend gerieben. Das Märchen von den vier Tieren, die sich zusammengetan haben, um ihrem traurigen Los zu entkommen, gehört zu Bremen wie der Roland – die Geschichte wird regelmäßig in Freilichtaufführungen thematisiert.

Cux-
haven

BREMEN

NIEDER-
SACHSEN

HANNOVER

Minden

Hameln

Hann. Münden

# 23

## WESERRENAISSANCE UND KRABBENKUTTER
## DER WESER-RADWEG IM NORDEN

Auf dieser Tour passiert man das Weserbergland, Deutschlands Märchenstube – dies ist die Heimat von Dornröschen, Aschenputtel, dem Lügenbaron Münchhausen, Frau Holle und dem Rattenfänger von Hameln.

Von der Drei-Flüsse-Stadt Hann. Münden folgt der Weser-Radweg dem Strom auf knapp 500 km durch das Weserbergland und das Norddeutsche Tiefland zur Mündung in die Nordsee im Nationalpark Niedersächsisches Wattenmeer. Durch vier Bundesländer geht die Fahrt an Burgen, Felsen und Bergen, an Windmühlen und Weserrenaissance-Altstädten vorbei und durch die UNESCO-Weltkulturerbestadt Bremen hinaus in die grünen Marschen und zu den Krabbenkutter- und Seehäfen. Die Kugelbake vor den Sandstränden des Nordseeheilbads Cuxhaven markiert das Ende des Weser-Radwegs und den Beginn des Elbe-Radwegs.

DIE ALTSTADT von Hann. Münden mit ihren rund 700 Fachwerkhäusern liegt am Fuß von Kaufunger Wald, Reinhardswald und Bramwald. Am Rand der Altstadt beginnt vor der Halbinsel Tanzwerder die Weser: »Wo Werra sich und Fulda küssen,/Sie ihren Namen büßen müssen./Und hier entsteht durch diesen Kuss,/Deutsch bis zum Meer, der Weserfluss« – so steht es auf dem Weserstein auf der äußersten Spitze der Halbinsel. Hier beginnt der Weser-Radweg zur Nordsee.

ZWISCHEN MÜNDEN und der Porta Westfalica durchfließt die Oberweser die Hügellandschaften und Wiesentäler des Weserberglandes, der Märchenstube Deutschlands: Der Lügenbaron Münchhausen und der Wundarzt Dr. Eisenbarth sind hier ebenso zu Hause wie Frau Holle, als deren Refugium die Hämelschenburg gilt, und in der Sababurg im Reinhardswald soll Dornröschen geschlafen haben.

DER RADWEG führt nördlich von Münden ins Durchbruchstal zwischen Bram- und Reinhardswald und darauf in die nordhessische Solekurstadt Bad Karlshafen an der Mündung der Diemel. Wenn Herstelle und die Hannoverschen Klippen passiert sind, ändert sich der Charakter des Wesertals. Haben bisher Bram- und Reinhardswald den Fluss in beruhigender Symmetrie begleitet, erstaunt nun die Vielfalt der Landschaft: Rechts wölbt sich die Buntsandsteinkuppel des Sollings, links ragen Bergflanken und Felsklippen auf, Muschelkalkberge erheben sich als bastionsartige Türme. Wo die Bever in die Weser mündet, liegt Beverungen, jahrhundertelang Hafenstadt des Hochstifts Paderborn. In der Fachwerkstadt Höxter mündet der Europaradweg R1 in den Weser-Radweg ein. Ein kultureller Höhepunkt ist die karolingische Kirche der ehemaligen Benediktinerabtei Corvey.

DURCH DIE WIESEN des Oberwesertals zu Füßen des Naturparks Solling-Vogler führt der Weser-Radweg von Holzminden – dem internationalen Zentrum der Riech- und Geschmacksstoffindustrie – nach Bodenwerder und Hameln. Bei Fischbeck unterhalb von Hameln sinkt der Keuper unter die Talaue, an seine Stelle treten Tone und Tonschiefer, gleichzeitig rücken im Süntel die harten Kalkstufen des Oberen Jura näher an den Fluss he-

OBEN Das 1936 von Bernhard Hoetger geschaffene Goldrelief »Der Lichtbringer« am Beginn der Böttcherstraße in Bremen ist nicht unumstritten.

LINKS AUSSEN Schloss Hämelschenburg in Emmerthal bei Hameln gilt als Hauptwerk der Weserrenaissance.

LINKS Der Hahn der Bremer Stadtmusikanten bei einer Aufführung in der Hansestadt.

IN KÜRZE

LAGE Vier-Bundesländer-Fahrt von Hann. Münden in Niedersachsen durch Hessen, Nordrhein-Westfalen und Bremen

LÄNGE ca. 500 km verteilt auf 11 Etappen

START Hann. Münden, Fachwerkstadt am Weserursprung

ZIEL Cuxhaven, Nordseeheilbad am Nationalpark Niedersächsisches Wattenmeer

INFO
Weserbergland Tourismus e. V.
Deisterallee 1
31785 Hameln
Tel. 05151 930 00
www.weserradweg-info.de

Alljährlich im Som-
mer finden im We-
serbergland, dem
Land der Märchen
und Sagen, meh-
rere Freilichtspiele
mit märchenhaften
Themen statt:
In Hameln wird die
Geschichte des lis-
tigen Rattenfängers
erzählt, in Boden-
werder darf Münch-
hausen lügen, dass
sich die Bühnen-
balken biegen, und
auf der Burg Polle
wird Aschenputtel
vor historischer
Kulisse vom Prin-
zen schließlich als
die wahre Braut
erkannt.

ran und begrenzen markant das weite Tal. Der harte, steile Kamm zwingt die Weser nach Westen und begleitet sie unter den Namen Süntel und Wesergebirge bis zur Porta Westfalica. Zwischen Hessisch Oldendorf und Rinteln thront oberhalb des Flusses die Schaumburg, der Stammsitz der Schaumburger.

VON RINTELN aus führt der Weser-Radweg am Wassersport-Freizeitgebiet Doktorsee vorbei und wechselt dann in den Osten Westfalens. Hier knickt der Fluss am Weserknie in Vlotho scharf nach Norden zum Staatsbad Bad Oeynhausen, beschreibt am Fuß des Wiehengebirges einen letzten Bogen, durchbricht in der Westfälischen Pforte die Kette von Weser- und Wiehengebirge und tritt ins Tiefland hinaus.

DIE TIEFLANDSTRECKE vom westfälischen Minden bis zur Hansestadt Bremen wird als ›Mittelweser‹ bezeichnet. Von Verden führt der Radweg zu den Sachsenhain-Steinreihen und durch grüne Marschen am Schleusenkanal entlang zur Mündung der Alten Aller am Fuß des Badener Bergs. Von Achim am Sonnenhang über dem Wesertal geht es in zwei Strängen nach Bremen: Das nahezu siedlungsfreie Marschenland rechts der Weser mit dem Landschaftsschutzgebiet Clüverswerder zählt zu den ein-

samsten Tourenetappen; auf der etwas längeren Route links der Weser warten die schmucken Dörfer Thedinghausen und Riepe, ehe Bremen den städtischen Glanzpunkt setzt.

VON BREMENS Weserpromenade führt der Radweg hinaus ins Grünland längs des Stroms und wechselt am Ochtum-Sperrwerk in die Marschenlandschaft von Stedingen. Eine technische Sehenswürdigkeit ist das Huntesperrwerk an der Mündung der Hunte, das dem Hochwasserschutz dient. Einen Abstecher lohnt die zwischen den Flüssen Hunte und Weser gelegene Halbinsel Elsflether Sand. Ab Brake-Golzwarden folgt der Radweg auf autofreien Asphalt- und Betonplattenwegen den Weserdeichen nach Nordenham, wo sich der letzte Bahnhof der Linie Bremen–Brake–Nordenham befindet. Wer den Nordstrang des Weser-Radwegs nach Cuxhaven befahren will, setzt in Blexen mit der Fähre nach Bremerhaven über.

DER MÜNDUNGSBEREICH der Weser ist derart weit, dass sich hier der Weser-Radweg zweiteilt: Der Weststrang führt im Gleichlauf mit dem Nordseeküsten-Radweg längs der Butjadinger Küste bis Eckwarderhörne am Jadebusen; der Nordstrang führt ebenfalls im Gleichlauf mit dem Nordseeküsten-Radweg längs der Wurster Küste ins Seebad Cuxhaven. ▣

..............................................................................

RATTENFÄNGER VON HAMELN Am 26. Juni 1284 soll der Sage nach ein Pfeifer die Stadt von der Rattenplage befreit haben, dann aber um seinen Lohn gebracht worden sein. Darauf habe er 130 Kinder durch das Ostertor zur Stadt hinausgeführt, die Kinder habe man nie mehr gesehen. Der Rattenfänger wurde eine der bekanntesten deutschen Sagengestalten, die Geschichte wird alljährlich in Hameln als Freilichtspiel aufgeführt (2020 bei Redaktionsschluss noch unklar).

..............................................................................

Hann. Münden — 46 km — Bad Karlshafen — 38 km — Holzminden — 56 km — Hameln — 36 km — Rinteln — 46 km — Minden — 36 km — Stolzenau — 25 km — Nienburg — 51 km — Verden — 44 km — Bremen — 91 km — Bremerhaven — 57 km — Cuxhaven

LINKS Das Bremer »Universum« ist
ein Science Center der Extraklasse: Im
futuristischen Bau bei der Universität
kann man in den Erlebnisbereichen
Technik, Mensch, Natur erfahren,
wie die Welt funktioniert.

UNTEN LINKS Der Mittellandkanal –
eine der wichtigsten Wasserstraßen
Deutschlands – wird nördlich von
Minden in einer speziellen Brücken-
konstruktion über die Weser geführt.

UNTEN RECHTS Ein Detail an
einem der Fachwerkhäuser in der
Lange Straße in Hann. Münden.

## 24

# ÜBERS LAND IN DIE HAUPTSTADT
## DER SPREE-RADWEG IM OSTEN

Diese Tour folgt auf weiten Strecken bequemen Radwegen. An der Spreequelle kann man schon mal um gutes Wetter und schöne Erlebnisse bitten: Den Blauen Steinen dort werden Glück bringende Eigenschaften zugeschrieben.

Die Spree entspringt im Lausitzer Bergland und mündet nach 382 km im Westen von Berlin in die Havel. Der Spree-Radweg folgt ihr vom Quellgebiet durch die Oberlausitzer Heide- und Teichlandschaft und den Spreewald sowie durch die Seenrinne zwischen dem Baruther und dem Berliner Urstromtal bis vor die Tore der Bundeshauptstadt. Die drei Spreequellendörfer Walddorf, Eibau und Ebersbach liegen an der Eisenbahnstrecke Dresden–Zittau, sodass der Ausgangspunkt gut mit der Bahn zu erreichen ist.

BERGRÜCKEN AUS GRANIT, Vulkankuppen, Sandstein-Felsfluchten, malerische Dörfer und Täler prägen die Mittelgebirgslandschaft der Oberlausitz. Der Kottmar (583 m) ist der nördlichste große Vulkankegel des Lausitzer Berglandes und der Quellberg der Spree: Der Buchenborn ist die höchstgelegene Quelle des größten Nebenflusses der Havel, das Wasser der sogenannten Walddorfer Spreequelle quillt aus den glückbringenden Blauen Steinen *(bloe steene)*. Während die Spree durch die Elbe der Nordsee zufließt, entwässern die im Nord- und Osthang entspringenden Bäche in die Ostsee, der markante Bergstock des Kottmar ist Wetter- und Wasserscheide zugleich. Der Niederschlagsreichtum und das steile Gelände prädestinieren ihn zudem für den Wintersport: Internationale Skispringer nehmen regelmäßig am Springen von der Kottmarschanze teil. Vom 15 m hohen Kottmarturm hat man einen grandiosen Rundblick. Die Neugersdorfer Spreequelle, die ergiebigste der drei Spreequellen, speist das 1927 eingeweihte Neugersdorfer Volksbad. Die Ebersbacher Spreequelle, der Spreeborn, ist durch einen 1896 eingeweihten Pavillon eingefasst. An der Kreuzung Bahnhofstraße/Hauptstraße treffen sich die Teilflüsse Spree-Kottmar und Spree-Neugersdorf, um gemeinsam als Spree Richtung Berlin zu fließen.

NÖRDLICH DER SORBENSTADT Bautzen mit der Ortenburg und der denkmalgeschützten Altstadt passiert der Radweg die Spreetalsperre Bautzen, das ›Oberlausitzer Meer‹, und gelangt in das Biosphärenreservat Oberlausitzer Heide- und Teichlandschaft. Relikte des Braunkohletagebaus sind unübersehbar, eines der Symbole war das Kombinat ›Schwarze Pumpe‹ bei Spremberg. Zu den bedeutendsten Wassersportrevieren im südlichen Brandenburg zählt die als Landschaftsschutzgebiet ausgewiesene Talsperre Spremberg. Nach Passieren der Niederlausitz-Metropole Cottbus verlässt der Radweg kurz die Spree, um zu den Peitzer Teichen zu führen, dann taucht er in das Biosphärenreservat Spreewald ein.

DER VON DER SPREE und Dutzenden kleinerer und größerer Flussarme und Kanäle durchflossene Spreewald steht als Biosphärenreservat unter dem Schutz der UNESCO. Der Wasser- und Biotopreichtum dieses Gebiets sorgt für eine einzigartige Vielfalt in Flora und Fau-

OBEN Auf der Kulturinsel Einsiedel im Spreewald entstand Deutschlands erstes Baumhotel mit luxuriösen Baumhäusern hoch in den Wipfeln.

UNTEN Abends erstrahlt die Ortenburg in Bautzen in malerischem Licht.

## IN KÜRZE

**LAGE** Vom Lausitzer Bergland in Sachsen bis Erkner südöstlich von Berlin

**LÄNGE** 382 km (420 km bis Berlin-Mitte) verteilt auf 8 Etappen

**START** Walddorfer Spreequelle am Kottmar in der Gemeinde Eibau in der Oberlausitz

**ZIEL** Erkner, Stadt im Südosten Berlins

**INFO** Märkische Tourismuszentrale Beeskow e. V. Berliner Str. 30 15848 Beeskow Tel. 03366 422 11 www.spreeregion.de

Der Lübbener Hain
bei Lübben ist
ein Auenwald mit
alten Eichen, der
bereits 1909 als
Naturdenkmal von
außerordentlicher
Bedeutung und
seltener Schön-
heit unter Schutz
gestellt wurde. Das
Liuba-Denkmal an
der Berste erinnert
daran, dass dieses
Gebiet in vorge-
schichtlicher Zeit
wohl der slawischen
Fruchtbarkeits- und
Liebesgöttin Liuba
geweiht war. Liuba
gilt als Namensge-
berin von Lübben
und Lübbenau.

na. Als Folge der letzten Eiszeit fächerte sich die mittlere Spree hier in ein gigantisches Wasserwegenetz mit dichten Laubwäldern auf.

DER RADWEG führt nun mitten durch den Spreewald, der in Ober- und Unterspreewald aufgeteilt wird. Während der überwiegend gerodete und als Dauergrünland für den Obst- und Gemüseanbau (Spreewaldgurken) genutzte Oberspreewald nur noch zu 15 Prozent bewaldet ist, besteht der Unterspreewald noch zur Hälfte aus urwüchsigen naturnahen Laubwäldern. Die nordwestliche Begrenzung des Unterspreewalds bilden die Krausnicker Berge mit dem Köthener See, als nördlicher Abschluss erinnert der Neuendorfer See daran, dass das gesamte Gebiet des Unterspreewalds nach der letzten Eiszeit ein Gletscherzungenbecken war, das die eiszeitliche Spree mit Schmelzwassern und Ablagerungen füllte.

LÜBBEN ist das Tor zum auenwaldreichen Unterspreewald und zu den Grünlandflächen des Oberspreewaldes. Hauptsehenswürdigkeiten sind die Schlossinsel mit dem Spätrenaissance-Schloss (1682) und die spätgotische Paul-Gerhardt-Kirche mit dem Grabmal des Kirchenlieddichters, der 1667 in Lübben starb. Die Schlossinsel bildet den Rahmen für Veranstaltungen wie den ›Inselmusiksommer‹. Etwa

14 km nördlich von Lübben erreichen wir Schlepzig. Die Informationsstelle des Biosphärenreservats Spreewald in der Alten Mühle präsentiert dort die Dauerausstellung ›Unter Wasser unterwegs‹.

WIR NÄHERN UNS BERLIN. Der Regionalpark Müggel-Spree beidseits der Spree zwischen Berlin-Köpenick und Fürstenwalde ist der größte und wasserreichste der sieben Regionalparks im Berliner Umland. Hier liegt Fürstenwalde, neben Havelberg und Brandenburg die dritte märkische Domstadt. Der spätgotische Mariendom – heute evangelische Stadtkirche – ist das Wahrzeichen der Stadt. Zwischen Fürstenwalde und Erkner duchquert der Radweg einsame Kiefern- und Auenwälder.

ERKNER IM SÜDOSTEN von Berlin ist der Endpunkt des Spree-Radwegs, an den unmittelbar der erste Höhepunkt in Berlin angrenzt: der Große Müggelsee, der größte See Berlins. Eichen- und Buchenwälder säumen im Westen und Süden den 7,3 km² großen, bis zu acht Meter tiefen, von der Spree durchflossenen See. Auf seiner Südseite erheben sich die waldbedeckten Moränen der bis zu 115 m hohen Müggelberge mit dem ›Müggelturm‹, einem Aussichtsturm. Die Spree hört hier noch nicht auf und niemand hindert uns daran, ihr weiter bis nach Berlin hinein zu folgen. ▪

SPREEWALDGURKEN Gurken sind die bekanntesten Produkte des UNESCO-Biosphärenreservats Spreewald, das befand bereits in den 1870er-Jahren der Schriftsteller Theodor Fontane: Der Spreewaldgurken-Salat zählt zu den Standards in den Restaurants am Spree-Radweg und im Glas gibt es Spreewaldgurken allerorten als Gewürzgurken, Cornichons, Stix, Dillhappen, in Knoblauch eingelegt oder Pfefferknacker zu kaufen. In Lübbenau ist ihnen sogar ein eigenes Museum gewidmet.

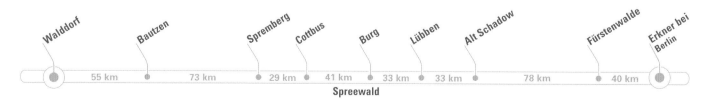

| Walddorf | | Bautzen | | Spremberg | Cottbus | | Burg | | Lübben | | Alt Schadow | | Fürstenwalde | Erkner bei Berlin |
|---|---|---|---|---|---|---|---|---|---|---|---|---|---|---|
| | 55 km | | 73 km | | 29 km | | 41 km | | 33 km | | 33 km | | 78 km | 40 km |

**Spreewald**

OBEN Treppenkonstruktion in der Bibliothek der Technischen Universität Cottbus.

MITTE Der Naturlehrpfad Röhrichtsteig im Biosphärenreservat Oberlausitzer Heide- und Teichlandschaft.

UNTEN LINKS Kahnkorso beim Spreewaldfest in Lübben, bei dem die Sorben ihre Bräuche und Trachten präsentieren.

UNTEN RECHTS Im Spreewald sind wieder viele Weißstörche heimisch. In Vetschgau informiert ein Zentrum über das Leben dieser prächtigen Vögel.

## TRADITIONSPFLEGE
### SORBEN IN DER LAUSITZ

Die Sorben sind ein slawisches Volk, ihre ›Hauptstadt‹ ist Bautzen (sorbisch: Budyšin). Die Sorben genießen in Sachsen (Oberlausitz) und Brandenburg (Niederlausitz) die Rechte einer nationalen Minderheit, jeder Ort hat einen deutschen und einen sorbischen Namen. Zahlreiche sorbische Traditionen, Sitten und Gebräuche werden bis heute gepflegt, darunter Vogelhochzeit, Maibaumwerfen und Osterreiten. Auch die sorbischen Volkstrachten werden sorgfältig gehütet.

Ahlbeck/Ueckermünde
BERLIN ■ ■ Frankfurt/Oder
Görlitz ■ ■ Bad Muskau
DEUTSCHLAND

# 25

# DER ZAUBER NATÜRLICHER FLUSSAUEN
## DER ODER-NEISSE-RADWEG IM OSTEN

Um die einst scharf bewachten Grenzflüsse herum konnte die Natur sich über viele Jahrzehnte von menschlichen Einflüssen ungestört behaupten – sehr zur Freude heutiger Radfahr- und Wandertouristen.

## IN KÜRZE

**LAGE** jeweils im äußersten Osten von Sachsen, Brandenburg und Mecklenburg-Vorpommern

**LÄNGE** 495 km verteilt auf 8 Etappen

**START** Görlitz, östlichste Stadt Deutschlands

**ZIEL** Ahlbeck, Deutschlands östlichstes Seebad

**INFO** Tourismusverband Seenland Oder-Spree e. V. Ulmenstr. 15 15526 Bad Saarow Tel. 033631 86 81 00 www.oderneisse-radweg.de

Der Oder-Neiße-Radweg folgt von der Neißequelle bei Reichenberg den Grenzflüssen durch die Flusslandschaften und alten Städte im Grenzgebiet von Tschechien, der Bundesrepublik und Polen. In einer abwechslungsreichen Route leitet er vom Isergebirge durch die Lausitz und das Oderbruch, verlässt im Nationalpark Unteres Odertal den Strom und schlängelt sich durch die flachwellige Moränenlandschaft der Ueckermünder Heide nach Ueckermünde an der Mündung der Uecker ins Stettiner Haff. Ziel des östlichsten Radfernwegs Deutschlands ist das Seebad Ahlbeck auf der Insel Usedom.

IN GÖRLITZ beginnt die Route. Ziel der ersten Etappe ist Bad Muskau. Die Europastadt Görlitz-Zgorzelec, sorbisch Zhorjelc, ist die östlichste Stadt der Bundesrepublik und mit 3600 Einzeldenkmälern fast aller Stilepochen von der Gotik bis zum Art déco das größte Flächendenkmal in Deutschland. Die Altstadt liegt über dem Westufer der Lausitzer Neiße. Nach dem Zweiten Weltkrieg wurde die Stadt geteilt, östlich des Flusses bildet das zu Polen gehörende Zgorzelec eine eigene Stadt in der Woiwodschaft Niederschlesien; Görlitz und Zgorzelec sind durch mehrere Brücken, darunter eine Fußgängerbrücke, miteinander verbunden. Von Görlitz aus folgt der Radweg dem deutsch-polnischen Grenzfluss durch das Hügelland längs der Lausitzer Neiße nach Bad Muskau mit dem berühmten Fürst-Pückler-Park.

DER MUSKAUER PARK am Ziel der ersten Etappe ist der größte englische Landschaftsgarten auf dem europäischen Festland und steht als Weltkulturerbe seit 2004 unter dem Schutz der UNESCO. Hermann von Pückler-Muskau (1785–1871) legte den Park ab 1817 auf seinem Familiensitz an. Der Park liegt zu einem Drittel auf deutschem Gebiet; der restliche Teil liegt nördlich der Lausitzer Neiße in Polen. Beide Teile sind

LINKS Blick von der Bergkirche aus auf das im Stil der Neorenaissance gestaltete Neue Schloss in Bad Muskau.

RECHTS Ein grauer, gehörnter Schnuckenbock in der Niederlausitzer Heide. Daneben: Morgenstimmung im Oderbruch.

| Görlitz | Bad Muskau | Guben | Eisenhüttenstadt | Frankfurt/Oder | Oderbruch | Schwedt | Löcknitz | Ueckermünde | Ahlbeck (Usedom) |
|---|---|---|---|---|---|---|---|---|---|
| 67 km | 61 km | 27 km | 36 km | 113 km | | 71 km | 60 km | 60 km | |

durch eine Brücke verbunden. Von Bad Muskau aus führt der Weg weiter nördlich über Guben, Eisenhüttenstadt und Frankfurt/Oder durch das Oderbruch bis Schwedt in der seenreichen Uckermark.

NÄCHSTES ZIEL ist Löcknitz am Löcknitzer See mit seiner gleichnamigen mittelalterlichen Burg. Von dort aus führt die Nordetappe des Oder-Neiße-Radwegs am Rand des Randowbruchs in die Ueckermünder Heide, das größte Waldgebiet Vorpommerns. Dort gibt der Bahndamm der ehemaligen Randower Kleinbahn die Route vor zum Neuwarper See, der Südbucht des Kleinen Haffs. Ziel ist die Seestadt Ueckermünde am Stettiner Haff. Die von der Uecker durchflossene Stadt wartet mit einer geschlossenen Altstadtbebauung rund um den viereckigen Markt auf. Im Renaissanceschloss der pommerschen Herzöge ist das Haffmuseum untergebracht, in dem man neben vielen Exponaten aus der Schifffahrt auch etwas über die

traditionelle Ziegelindustrie von Ueckermünde erfährt. Früher war das Leben im Stadthafen vor allem durch Lastkähne und Fischkutter geprägt, heute dominieren touristische Nutzungen: Ausflugsfahrten auf dem Stettiner Haff, zur Insel Usedom und ins benachbarte Polen.

ALS STETTINER HAFF wird das Boddengewässer landseitig der Ostseeinseln Usedom und Wollin vor den Mündungen von Oder, Uecker, Peenestrom und Dievenow bezeichnet. Das zweitgrößte Ostsee-Haff erstreckt sich 50 km in West-Ost- und bis zu 25 km in Süd-Nord-Richtung und wird politisch in das überwiegend in Deutschland gelegene Kleine Haff sowie das in Polen gelegene Große Haff gegliedert; am Übergang dazwischen liegt die kleine Bucht Neuwarper See, durch die die deutsch-polnische Grenze verläuft. Im Seebad Ahlbeck, dem Ziel der Tour, bewundern wir die alte Seebrücke und springen erst einmal in die Ostsee. ■

Das knapp 60 km lange und 12–20 km breite Oderbruch ist ein Binnendelta der Oder im Landkreis Märkisch-Oderland in Brandenburg. Die Nachsilbe »-bruch« leitet sich von mhd. »bruoch« für »Sumpf« ab. Diese Region ist immer wieder von Hochwasser bedroht, hervorgerufen durch extreme Niederschläge.
Die Trockenlegung und Eindeichung weiterer Bereiche erfolgte bereits im 18. Jh. unter dem Preußenkönig Friedrich II.

SEEBAD MIT BRÜCKE
AHLBECK, USEDOM
Der Ortsteil von Heringsdorf ist ein beliebter Badeort und bekannt für seine Seebrücke (1899).

NORDRHEIN-
WESTFALEN
Lahnquelle
HESSEN
Marburg
Gießen
Lahnstein
WIES-
BADEN
RHEINLAND-
PFALZ
MAINZ

# 26

## ROMANTISCHE FLUSSTOUR
## DER LAHNTAL-RADWEG IM WESTEN

Noch ist er fast ein Geheimtipp unter Radwanderfreunden: Auf dem Lahntal-Radweg passiert man wunderbare ursprüngliche Landschaften sowie malerische historische Städte wie Wetzlar und Marburg.

### IN KÜRZE

**LAGE** Drei-Bundesländer-Fahrt von der Quelle in Nordrhein-Westfalen durch Hessen zur Mündung in den Rhein in Rheinland-Pfalz

**LÄNGE** 243 km verteilt auf 11 Etappen

**START** Forsthaus Lahnquelle (605 m), Lahnhof 1, in 57250 Netphen-Lahnhof im nordrhein-westfälischen Landkreis Siegen-Wittgenstein

**ZIEL** Lahnstein (66 m) an der Mündung der Lahn in den Rhein im Rhein-Lahn-Kreis in Rheinland-Pfalz

**INFO** Lahntal Tourismus Verband Brückenstr. 2 35576 Wetzlar Tel. 06441 30 99 80 www.daslahntal.de

Zahlreiche Burgen, Schlösser und Fachwerkstädte machen den Reiz des Lahntal-Radwegs aus. Die Route beginnt an der Lahnquelle auf dem Siegerländer Rothaarkamm und führt auf einer Länge von 243 km durch die Ostabdachung des Rothaargebirges und das Hessische Bergland sowie durch den Naturpark Nassau bis zur Mündung in den Rhein bei Lahnstein im als UNESCO-Weltkulturerbe ausgewiesenen Oberen Mittelrheintal.

IN UNMITTELBARER NACHBARSCHAFT liegen am südlichen Rothaarkamm im Siegerland die Quellen von Eder, Sieg und Lahn. Die Flüsse verlassen das Rothaargebirge allerdings in verschiedene Himmelsrichtungen: Die Eder strebt der Fulda zu, Sieg und Lahn suchen sich ihren Weg in den Rhein. Die am weitesten südlich gelegene Flussquelle ist die der Lahn: Beim Gasthof »Forsthaus Lahnquelle« in Netphen-Lahnhof befindet sich unter alten Eschen der um 1750 an-

gelegte Quellteich. In ihm sammeln sich die sieben Quellarme des Flusses, hier beginnt auch der Lahntal-Radweg.

DIE LAHN fließt auf ihrem kurvigen Lauf an einer Vielzahl ehemaliger Burgen und Schlösser vorbei, was auf die komplizierte Territorialgeschichte der Region verweist. Die erste Etappe führt von der Lahnquelle in angenehmer Schussfahrt im engen Lahntal hinab nach Feudingen. Wo der nach dem einstigen Lachsreichtum benannte Fluss Laasphe (›Lachsfluss‹) ins waldreiche Lahntal mündet, liegt im Wittgensteiner Bergland das Kneippheilbad Bad Laasphe, die erste Stadt im Lahntal. Wenig später wechselt der Radweg ins hessische Lahntal, wo der Luftkurort Biedenkopf am Fuß der 674 m hohen Sackpfeife den obersten Vorposten und zugleich das Zentrum des Hessischen Hinterlandes bildet. Nach etwa 30 km vollzieht der Fluss einen scharfen Südknick und erreicht als kulturellen Höhepunkt die Universitätsstadt

**LINKS** In diesem Wirtshaus von 1697 in Lahnstein hat einst Goethe übernachtet.

**RECHTS** Die Spielbank in Bad Ems soll bereits im 18. Jh. in Betrieb gewesen sein und gilt als eine der ältesten in Deutschland.

FRAU WIRTIN ...
Das durch das Volks-
lied und die bisweilen
derben Spottverse
bekannte Wirtshaus
an der Lahn soll sich
in Dausenau bei Bad
Ems befinden.

Lahnquelle — Feudingen — Bad Laasphe — Biedenkopf — Marburg — Gießen — Wetzlar — Weilburg — Limburg — Nassau — Bad Ems — Lahnstein

9 km · 20 km · 11 km · 37 km · 33 km · 17 km · 25 km · 32 km · 37 km · 8 km · 14 km

Marburg. Besonders beeindruckend sind das über der Stadt thronende Marburger Schloss, das historische Rathaus von 1527 und die gotische Elisabethkirche.

IN SÜDLICHER RICHTUNG geht es weiter nach Gießen, der Stadt, in der im 19. Jh. Justus von Liebig, der Begründer der organischen Chemie und Erfinder des Fleischextrakts, gewirkt hat. Ihm ist ein Museum gewidmet. Im Gießener Becken schwingt die Lahn westwärts und erreicht die Fachwerkstadt Wetzlar, in der Goethe 1772 einige Monate als Rechtsanwalt tätig war und für die verheiratete Lotte Kestner schwärmte, das Vorbild der Lotte-Gestalt in seinem »Werther«-Roman.

NACH DEM WECHSEL von Hessen nach Rheinland-Pfalz grüßt in Limburg der siebentürmige Dom in markanter Felshochlage über der Lahn neben der erzbischöflichen Burg. Die Schlussetappe von Limburg durch den Naturpark

Nassau bildet den krönenden Abschluss des Lahn-Radwegs. Die Altstadt von Diez besticht durch malerische Straßenbilder mit Fachwerkhäusern, überragt vom Grafenschloss Diez auf steilem Felsen. Die Lahnhöhen zwischen dem sonnigen Obernhof, wo Wein angebaut wird, und der Kurstadt Bad Ems sind besonders reich an Aussichtspunkten. Die Stadt Nassau ist die Namensgeberin des sich beidseits der Lahn bis zu ihrer Mündung in den Rhein erstreckenden waldreichen Naturparks, Burg Nassau hoch über der Lahn ist das Wahrzeichen der Stadt. Ein faszinierendes Ortsbild mit Fachwerkhäusern in verwinkelten Gassen hat auch weiter lahnabwärts – kurz hinter Nassau – Dausenau, überragt von der hoch gelegenen Kirche. Bad Ems als nächste Station wird wegen seiner Bäderarchitektur und der Spielbank besucht, in der schon mancher berühmte Gast ein und aus ging. Den Endpunkt des Lahn-Radwegs bildet die Stadt Lahnstein an der Mündung der Lahn in den Rhein.

Bad Ems liegt an der unteren Lahn im Naturpark Nassau. Das ›Emser Bad‹ ist seit dem 14. Jh. als Heilbad bezeugt. Das aus den Quellen gewonnene Emser Salz wird, in Wasser gelöst, bei Katarrhen der Atemwege getrunken oder inhaliert. Die 1720 gegründete Spielbank Bad Ems ist das älteste Spielkasino Deutschlands. Berühmte Kurgäste wie Zar Alexander II. von Russland oder Richard Wagner saßen hier an den Roulettetischen.

LINKS Das Marburger Schloss überragt weithin sichtbar die Universitätsstadt an der Lahn.

RECHTS Das Kurhaus und Kurhotel Bad Ems, hier befindet sich auch die Schiffsanlegestelle.

113

HESSEN

RHEIN-
LAND-
PFALZ    Frank-
         furt/M.
                        Schweinfurt        Kulmbach
MAINZ                                  Bischofsgrün
                                Würzburg    Bamberg  Creußen
              Wert-
              heim

BAYERN

# 27

## LAND VON WEIN, BIER UND DICHTERN
## DER MAIN-RADWEG IN FRANKEN UND HESSEN

Auf der Tour durch das Maintal passiert man Weinberge, Laubwälder und hübsche Städtchen, ehe man nach Mainz kommt, wo Friedrich Barbarossa einst auf einer Insel ein riesiges Pfingstfest mit internationaler Gästeschar ausrichten ließ.

OBEN Groteske Figuren aus dem 11. Jh. an der Außenseite des Mainzer Doms – sie sollen bösen Zauber abwehren.

UNTEN Vor dem Mainzer Dom rüstet man sich für den Weihnachtsmarkt mit weihnachtlichen Lichtern und Dekorationen.

Der Main-Radweg wurde als erster Radfernweg vom ADFC mit der Höchstzahl von fünf Sternen ausgezeichnet: 90 Prozent der Strecke führen durch naturnahe und landschaftlich reizvolle Gebiete und 90 Prozent des Radwegs sind asphaltiert. Der Main hat zwei Quellflüsse: Der Weiße Main entspringt am Ochsenkopf im Fichtelgebirge, der teilweise begradigte Rote Main tritt bei Creußen im äußersten Osten der Fränkischen Schweiz zutage. Bis zum Zusammenfluss mäandrieren die Quellflüsse durch weitgehend naturbelassene Täler, bevor sie sich am Fuß des Schlossbergs von Steinenhausen bei Kulmbach vereinigen. Der Main, längster rechter Nebenfluss des Rheins, fließt in Mäandern nach Bamberg, zur Barockresidenz Würzburg und bahnt sich seinen Weg zwischen Haßbergen und Steigerwald, Spessart und Odenwald nach Frankfurt am Main, ehe er bei Mainz in den Rhein mündet.

STARTPUNKT DES MAIN-RADWEGS ist entweder die Quelle des Weißen oder des Roten Mains. Die Teiltour »Weißer Main« beginnt in Bischofsgrün. Dort entspringt am Ochsenkof, dem Wahrzeichen des Fichtelgebirges, der Weiße Main, dessen Quelle mit 887 m die höchstgelegene Quelle des Mains ist und die deshalb als seine Hauptquelle gilt. Sie wurde 1717 unter Markgraf Friedrich von Bayreuth gefasst und mit dem Zollernwappen gekrönt. Auf der Tour erreicht man nach 20 km Bad Berneck und nach weiteren 32 km Kulmbach, wo sich die

beiden Quellflüsse vereinen. Die Teiltour »Roter Main« fängt in Creußen an und erreicht auf dem Weg über Bayreuth nach 58 km ebenfalls Kulmbach.

AB KULMBACH beginnt die Tour, die den Main bis zur Mündung in den Rhein begleitet. Kulmbach zu Füßen der Plassenburg war 1398–1642 markgräfliche Hohenzollern-Residenz und hat eine sehenswerte Altstadt rund um die gotische Petrikirche. Die Plassenburg mit den Arkadengängen an den Seiten des ›Schönen Hofs‹ beherbergt vier Museen: Das Deutsche Zinnfigurenmuseum zeigt die größte Zinnfigurensammlung der Welt. Das Museum Hohenzollern in Franken dokumentiert die markgräfliche und Fürstenzeit. Im Westflügel ist das Landschaftsmuseum Obermain untergebracht und im Armeemuseum »Friedrich der Große« im Nordflügel prunken Waffen, Fahnen und Gemälde des 18. Jh.s .

DIE NÄCHSTE STATION Lichtenfels war im 19. Jh. ein Zentrum der Korbflechterei. Heute werden zwar noch immer Körbe verkauft, doch geflochten werden sie im Ausland. Nach weiteren 44 km erreicht man einen der Höhepunkte der Tour, die alte Kaiser- und Bischofsstadt Bamberg am Main, das auf sieben Hügeln errichtete ›fränkische Rom‹ und ein Mekka der Bierliebhaber. Die Altstadt steht als Weltkulturerbe unter dem Schutz der UNESCO. Das unterfränkische Schweinfurt ist Geburtsort des Dichters und Übersetzers Friedrich Rückert (1788–

## IN KÜRZE

LAGE Vom Fichtelgebirge westwärts durch Franken und Hessen nach Mainz

LÄNGE 510 km verteilt auf 11 Etappen

START Der Luftkurort Bischofsgrün (678 m) an der Weißmain-Quelle liegt im Naturpark Fichtelgebirge; der Ursprung des Roten Mains befindet sich nahe der Stadt Creußen (442 m) im äußersten Osten des Naturparks Fränkische Schweiz.

ZIEL Mainz (82 m), Hauptstadt des Bundeslandes Rheinland-Pfalz

INFO Tourismusverband Franken e. V. Pretzfelder Str. 15 90461 Nürnberg Tel. 0911 94 15 10 www.mainradweg.com

Die Highlights
des Frankfurter
Museumsufers sind
das Städel (Städel-
sches Kunstinstitut
und Städtische Gale-
rie) das Liebighaus
(Skulpturensamm-
lung), das Deutsche
Filmmuseum, das
Deutsche Archi-
tekturmuseum,
das Museum für
Kommunikation, das
Museum für Ange-
wandte Kunst, das
Museum der Welt-
kulturen und das
Frankfurter Ikonen-
museum sowie das
Museum Giersch für
Kunst der Region.

1866), der als Begründer der deutschen Orientalistik gilt. Unter anderen hat er Teile des Koran übersetzt. Ein Spaziergang über den Marktplatz (dort befindet sich auch das Geburtshaus Rückerts) mit dem Renaissance-Rathaus und durch die Altstadt ist zu empfehlen. Ein Industriedenkmal besonderer Art befindet sich ganz in der Nähe des Rathauses und ist unübersehbar: der Schrotturm (1611–1614), ein hoher schlanker Turm, in dem einst Schrotkugeln hergestellt wurden. Dabei wurde in der Turmspitze flüssiges Blei durch ein Sieb gegossen, die Kügelchen kühlten beim Herunterfallen ab und wurden am Boden des Turms in einem Wasserbecken aufgefangen.

AM MAIN entlang geht es weiter nach Dettelbach ins fränkische Weinland und schließlich nach Würzburg mit seiner barocken Residenz. Bei Gmünden am Main gelangen wir in den unterfränkischen Landkreis Main-Spessart. Hier ändert der Main auch seine Flussrichtung von Nordwest auf West. In Lohr am Main, 14 km hinter Gmünden, macht der Fluss und mit ihm der Radweg einen Knick nach Süden bis ins liebliche Taubertal, wo er Wertheim, den nördlichsten Ort Baden-Württembergs, erreicht. Die schöne Altstadt und die über der Altstadt thronende Höhenburg lohnen einen Besuch.

Wieder zurück in Unterfranken passieren wir Aschaffenburg und bald darauf die unsichtbare Grenze nach Hessen.

DIE HÖHEPUNKTE der Schlussetappe bilden Frankfurt am Main, die Rheingau-Weinberge und die Maaraue an der Mainmündung sowie die Domstadt Mainz. Das Frankfurter Museumsufer umfasst 13 Museen am Schaumainkai auf der Sachsenhäuser Seite des Mains. Das Goethe-Haus im Westen der Altstadt ist das Geburtshaus des bekanntesten deutschen Dichters.

DIE KOSTHEIMER MAARAUE ist die Insel an der Mündung des Mains mit Blick über den Rhein hinweg auf die Altstadt von Mainz. Der Staufer-Kaiser Friedrich Barbarossa (1123–1190) veranstaltete hier 1184 ein Pfingstfest, zu dem mehrere 10 000 Besucher aus ganz Europa anreisten. Heute erweist sich die vom großen Mündungsarm des Mains, dem Rhein und einem schmaleren Main-Mündungsarm umflossene Insel als eine Oase mit Spazierwegen, Grillstelle, Campingplatz und Sportplätzen und das Schwimmbad Maaraue lädt zur Abkühlung ein. In Mainz angekommen, haben wir dann das Ende der Tour erreicht. ▪

VIERZEHNHEILIGEN In Bad Staffelstein, wenige Kilometer südlich von Lichtenfels, erreicht der Main-Radweg das Zentrum des ›Gottesgartens‹, so wird die Region am Obermain mit dem Staffelberg, dem Kloster Banz und der Wallfahrtsbasilika Vierzehnheiligen bezeichnet. Letztere ist ein Hauptwerk des deutschen Sakralbaus am Übergang vom Spätbarock zum Rokoko. Der Altar mit der Darstellung des Jesuskindes inmitten der 14 Nothelfer steht angeblich an jener Stelle, an der 1445/46 die Nothelfer einem Schäfer dreimal erschienen sind. Die Kirche ist Wallfahrtsziel.

Bischofsgrün 52 km Kulmbach 24 km Lichtenfels 44 km Bamberg 59 km Schweinfurt 50 km Dettelbach 45 km Würzburg 43 km Gmünden am Main 56 km Wertheim 77 km Aschaffenburg 53 km Frankfurt 38 km Mainz

OBEN LINKS Ein Detail des 1611 errichteten Gerechtigkeitsbrunnens auf dem Römerberg in Frankfurt.

OBEN RECHTS Auf einem Berggrat zwischen Main- und Taubertal thront die Burg Wertheim, die die fränkischen Grafen von Wertheim im 12. Jh. errichten ließen.

MITTE Das Alte Rathaus von Bamberg wurde mitten in die Regnitz gebaut – angeblich, weil der Bischof einst den Bürgern nichts von seinem Grund und Boden überlassen wollte.

## BAROCKER PRACHTBAU WÜRZBURGER RESIDENZ

Die 1720–44 erbaute Residenz in Würzburg gehört zu den bedeutendsten Schlössern Europas und steht als Weltkulturerbe unter dem Schutz der UNESCO. Architekten der ehemaligen fürstbischöflichen Residenz waren Balthasar Neumann, Maximilian von Welsch und Johann Lucas von Hildebrandt. Zu den Prunkstücken gehört das Treppenhaus mit Deckengemälde von Giovanni Battista Tiepolo.

# 28

## WEISSE FELSENWELTEN
## DER ALTMÜHLTAL-RADWEG IN BAYERN

Die Altmühl durchfließt zwischen dem Thermalbad Treuchtlingen und der Mündung in die Donau ein Durchbruchstal mit leuchtend hellen Kalkfelsen, alten Wacholderheiden, malerischen Ortschaften und trutzigen Burgen.

Der Altmühltal-Radweg besteht aus zwei im Ursprung verschiedenen Radwegen, die sich auch landschaftlich deutlich unterscheiden: Der obere Teil beginnt in Rothenburg ob der Tauber und führt durch den Naturpark Frankenhöhe bis Treuchtlingen, der untere Teil, ein nahezu steigungsfreier Radweg durch die weißen Felsenwelten des Durchbruchtals, beginnt in Treuchtlingen.

DER OBERE, HÜGELIGERE Teil des Altmühltal-Radwegs windet sich von Rothenburg ob der Tauber hinauf ins waldreiche Quellgebiet der Altmühl im Naturpark Frankenhöhe. Hier trifft er am Hornauer Weiher, den das Königreich Bayern im Jahr 1904 als Quellteich der Altmühl festlegte, erstmals auf die noch kleine Altmühl. Er folgt ihr durch Wiesenfluren zur Burg Colmberg und erreicht hinter Herrieden den Altmühlsee im Fränkischen Seenland. Der Altmühlsee ist ein Dorado für Wassersport wie Segeln und Surfen und ein wichtiges Vogelschutzgebiet, in dem sogar Seeadler heimisch sind. Besonders auf der lagunenartigen Vogelinsel legen viele Zugvögel Rast ein. Der 220 ha große Flachwassersee bildet zusammen mit dem Brombachsee und dem Rothsee den Kern des Fränkischen Seenlandes, das ab 1974 im Rahmen des größten wasserwirtschaftlichen Bauvorhabens in der Geschichte Bayerns entstanden ist: Altmühl- und Donauwasser wurden damals in das vergleichsweise wasserarme Regnitz-Main-Gebiet umgeleitet.

GUNZENHAUSEN an der Südspitze des Altmühlsees bildet sodann die nächste Station auf der Tour. Im Osten der Stadt, im Burgstallwall, kann man Reste des römischen Limes sehen mit einem rekonstruierten Palisadenzaun und einem Wachtturm.

ZWISCHEN TREUCHTLINGEN und Kelheim schlängelt sich die Altmühl durch ein felsenreiches Tal mit einer Vielzahl malerischer Ortschaften. Am Dietfurter Weitstein hinter Treuchtlingen beginnt dieser Abschnitt. Felsformationen wie die Zwölf Apostel oder der Breitenfurter Burgsteinfelsen überragen hübsche Orte und wacholderbedeckte Berghänge an den Schleifen des Flusses, auf dem im Sommer Boote gleiten.

PAPPENHEIM auf einer von der Altmühl umflossenen Hügelzunge ist die ehemalige Residenz der Reichsgrafen von Pappenheim. Die Stadt prägen die mittelalterliche Burgruine mit dem Bergfried, das von Leo von Klenze errichtete klassizistische Neue Schloss und die ab dem 9. Jh. erbaute St.-Gallus-Kirche. Der berühmteste Spross der Stadt war der verwegene Reitergeneral Gottfried Heinrich Graf zu Pappenheim (1594–1632), der im Treuchtlinger Stadtschloss das Licht der Welt erblickte. Er führte mit seinen ›Pappenheimern‹ auf der Seite des Habsburger-Kaisers Ferdinand II. das bekannteste Kavallerie-Regiment des Dreißigjährigen Krieges an. Seine auch in Friedrich Schillers Tragödie »Wallenstein« aufgenommene Äußerung »Da-

DURCHS DIESE PRÄCHTIGE LINDENALLEE führt der Altmühltalradweg bei Pappenheim.

IN KÜRZE

LAGE Durch die Naturparks Frankenhöhe und Altmühltal in Bayern

LÄNGE 152 km bei Start in Treuchtlingen, 253 km bei Start in Rothenburg ob der Tauber

START Treuchtlingen (411 m), Thermalbad im mittelfränkischen Landkreis Weißenburg-Gunzenhausen; alternativ Rothenburg ob der Tauber (430 m), Fachwerkstadt im mittelfränkischen Landkreis Ansbach

ZIEL Kelheim (354 m), Kreisstadt in Niederbayern an der Mündung der Altmühl in die Donau

INFO Infozentrum Naturpark Altmühltal Notre Dame 1 85072 Eichstätt Tel. 08421 987 60 www.naturpark-altmuehltal.de

LITERATUR Radwanderführer Altmühltal-Radweg von Rothenburg ob der Tauber nach Kelheim, KOMPASS Verlag 2018

Der Archäopteryx,
von dem man im
Altmühltal seit 1860
diverse verstei-
nerte Exemplare
fand, lebte vor 150
Millionen Jahren.
Das krähengroße
Tier war der erste
als Fossil gefunde-
ne Dinosaurier mit
Federn. Anders als
heutige Vögel hatte
der Archaeopterix
keinen Hornschna-
bel, aber Zähne. Er
ist eine Übergangs-
form zwischen Rep-
tilien und Vögeln.
In der Evolutions-
forschung gilt er
als Beweis für die
Abstammungslehre.

ran erkenn ich meine Pappenheimer«
bezog sich auf die Tapferkeit und Toll-
kühnheit seiner Männer – heute hat der
Spruch einen eher ironisch-abwertenden
Beiklang.

DIE NÄCHSTE STATION auf der Tour,
auf bequemen Radwegen erreichbar, ist
Solnhofen, das weltweit durch spektakuläre Fossilienfunde bekannt geworden
ist. Die Zwölf Apostel im Prallhang unterhalb von Solnhofen sind ein Wahrzeichen
des Altmühltals, das bayerische Umwelt-
ministerium führt sie in der Gütesiegellis-
te der ›schönsten Geotope Bayerns‹. Die
isoliert aufragenden Türme aus zerklüfte-
tem Kalkgestein sind die Reste eines Riff-
gürtels, der vor rund 150 Millionen Jahren
im tropisch warmen Jurameer entstand;
die Erosion hat sie aus dem weicheren
Kalkgestein der Umgebung als frei stehende Felsen herausgefräst.

IN EICHSTÄTT dokumentiert das Jura-
Museum auf der Willibaldsburg, der
ehemaligen Residenz der Eichstätter
Fürstbischöfe, 150 Millionen Jahre Erdgeschichte im Altmühltal in der südlichen
Fränkischen Alb. Den Schwerpunkt der
Ausstellung bilden interessante Fossilien aus den Solnhofener Plattenkalken,
darunter als besondere Kostbarkeit ein

Exemplar des ›Urvogels‹ Archäopteryx.
In der Gruftkapelle der barocken Klosterkirche Sankt Walburg in Eichstätt hat die
Bistumspatronin und Namensgeberin der
Walpurgisnacht, St. Walburga, ihre letzte
Ruhestätte gefunden. Die wasserähn-
lichen Tropfen, die an der Steinplatte ihres Grabes austreten, werden als »Wal-
burgisöl« in Flakons gefüllt, gelten als
heilkräftig und sollen vor Hexen schützen.
Der Spruch »Walburga hat geholfen« ist
auf unzähligen Votivtafeln zu lesen.

VON EICHSTÄTT folgt der Altmühltal-
Radweg der Trasse der ehemaligen
Altmühlbahn zwischen hoch aufragenden Felsen in den Marktort Kipfenberg
am geografischen Mittelpunkt Bayerns
und in den Marktort Kinding mit seiner
berühmten Kirchenburg. Zwischen den
imposanten Jurafelsen des Altmühltals
gibt der Main-Donau-Kanal die weitere
Route vor zur Mündung in die Donau.
Der Kanal war eigentlich als Großschiff-
fahrtsweg konzipiert, doch zumindest
im Sommer wird er überwiegend von
Ausflugsschiffen befahren. Wegen der
vielen barocken Ortsbilder ist die Strecke ab Beilngries zusätzlich als »Tour de
Baroque« ausgeschildert. Südwestlich
von Regensburg erreichen wir in Kelheim den Zielort der Radtour. ■

BEFREIUNGSHALLE IN KELHEIM Dieses Monumentaldenkmal erinnert an die Be-
freiungskriege gegen die napoleonischen Invasionsarmeen. Errichtet nach Plänen
Friedrich von Gärtners und Leo von Klenzes, wurde sie am 18. Oktober 1863 – dem
50. Jahrestag der Völkerschlacht bei Leipzig – in Anwesenheit des 1848 zurückge-
tretenen Königs Ludwig I. eröffnet. Die Halle thront auf einem spornartigen Ausläufer des Michelsbergs über der Mündung der Altmühl in die Donau. Der Ausblick
vom oberen Rundgang unterstreicht die strategische Bedeutung des Michelsbergs
– wer diesen Berg kontrollierte, kontrollierte das Altmühl- und das Donautal.

Rothenburg — 31 km — Colmberg — 18 km — Herrieden — 30 km — Gunzenhausen — 25 km — Treuchtlingen — 7 km — Pappenheim — 7 km — Solnhofen — 29 km — Eichstätt — 27 km — Kipfenberg — 30 km — Dietfurt — 34 km — Kelheim

RECHTS Das Handwerk der Zinngießerei hat in Eichstätt eine lange Tradition. Noch immer werden nach alten Vorlagen beispielsweise kunstvolle massive Zinndeckel für steinerne Bierkrüge angefertigt.

OBEN Das Naturschutzgebiet Vogelinsel im Altmühlsee bei Gunzenhausen.

RECHTS Deckenfresko in Eichstätts Residenz. Vor dem Umzug in die Willibaldsburg hielten die Fürstbischöfe hier Hof.

URSPRUNG DER ALTMÜHL

LINKS So bescheiden fängt mancher Fluss an: Die Altmühlquelle in Hornau, einem Ortsteil von Windelsbach in Mittelfranken.

GANZ UNTEN Der Radweg führt an Schloss Prunn vorbei; bis Kelheim sind es noch 13 km.

## FÜRSTBISCHÖFLICHE RESIDENZ DIE WILLIBALDSBURG IN EICHSTÄTT

Ab 1355 residierten die Fürstbischöfe von Eichstätt in der Willibaldsburg und ließen die mittelalterliche Burg im Lauf der Jahrhunderte stetig erweitern. Elias Holl baute sie um 1600 zum repräsentativen Schloss in Formen zwischen Renaissance und Frühbarock um. Etwa gleichzeitig ließ Bischof Johann Konrad von Gemmingen den »Hortus Eystettensis« anlegen, einen botanischen Garten auf der Schmiede-Bastion. Seit 1998 ist dieser Bastionsgarten wieder eröffnet. »Hortus Eystettensis« ist zugleich der Kurztitel für ein illustriertes botanisches Prachtwerk, das auf Veranlassung des damaligen Fürstbischofs 1613 erstmals erschienen ist. Die Burg beherbergt heute das Jura-Museum.

# 29

## AN DER SCHÖNEN BLAUEN DONAU
## DER DEUTSCHE DONAU-RADWEG

Zu den vielen Höhepunkten dieser Tour von der Quelle bis Passau gehören das Durchbruchstal in der Schwäbischen Alb, die Weltenburger Enge bei Kelheim und am nördlichsten Punkt der Donau die Altstadt von Regensburg.

Von der Quelle in Donaueschingen folgt der deutsche Donau-Radweg Europas zweitlängstem Strom (nach der Wolga) bis zur österreichischen Grenze unterhalb Passaus. Die Strecke ist ein Klassiker unter den Radfernwegen in Deutschland, entsprechend gut ist die Infrastruktur sowie die Anbindung an das Netz der Deutschen Bahn. Letztere ermöglicht das Durchfahren des Donau-Radwegs auch in familienfreundlichen Einzeletappen mit Rückkehr zum Ausgangspunkt.

DIE DONAUQUELLE im Park vor dem Fürstlich Fürstenbergischen Schloss in Donaueschingen ist die meistbesuchte Quelle Europas. In der durch ein rundes Becken gefassten Karst-Aufstoß-Quelle treten in der Sekunde 50 bis 150 Liter Wasser zutage. Dieser ›Donaubach‹ ergießt sich nach wenigen hundert Metern in die Brigach, die den Schlosspark durchfließt und sich dann mit der Breg zur Donau vereinigt: »Brigach und Breg bringen die Donau zuweg'«, so der alte Schüler-Merkvers. Die Quelle des Donaubachs wird seit dem 13. Jh. als Donauquelle betrachtet, zusammen mit 15 weiteren Quellen im Park ergibt sie eine Schüttung von bis zu 900 Liter pro Sekunde. Als die Fürstenberger 1723 ihre Residenz von Stühlingen nach Donaueschingen verlegten, begann mit dem Bau der neuen Stadt und des Residenzschlosses auch die Trockenlegung der Moore längs der Brigach und des Donaubachs, 1750‾–1816 hat man den Schlosspark angelegt. 1875 wurde die Donauquelle nach

Plänen von Adolf Weinbrenner architektonisch gestaltet. Die allegorische Skulptur über der Quelleinfassung (1896) stammt von Adolf Heer. An der Mündung des Donaubachs in die Brigach befindet sich der marmorne Donautempel, der 1910 in antikisierendem Stil von Franz Schwechten im Auftrag von Wilhelm II. errichtet wurde.

VON DER DONAUQUELLE auf der Baar, der Hochebene zwischen Schwarzwald und Schwäbischer Alb, führt der Radweg zur nahen Schwäbischen Alb in das Durchbruchstal im Weißjurakalk der Alb – einer der Höhepunkte der Radtour. Herausragender Abschnitt ist der straßen- und eisenbahnfreie Canyon zwischen der Donauversickerung bei Immendingen (etwa 25 km vor Tuttlingen) und dem Kloster Beuron im gleichnamigen Ort auf etwa halber Strecke zwischen Tuttlingen und Sigmaringen. Dieser ›Schwäbische Grand Canyon‹, neben dem bizarr verwitterte Felswände bis zu 200 m hoch aufragen, ist das Herzstück des Naturparks Obere Donau. Das Hohenzollernschloss Sigmaringen steht auf dem östlichsten Felsen dieses wildromantischen Tals, in dessen Klippen Wanderfalken horsten und in dessen Flanken Steppenheidewälder und Wacholderwiesen blühen.

DIE DONAU TAUCHT AB – bei Immendingen und Fridingen ist das Flussbett an rund 150 Tagen im Jahr ganz oder nahezu trocken. Die vom Schwarzwald herabfließende Donau versickert hier im Sommer und im Herbst im Karst der Südwestalb

DIE DONAUQUELLE in Donaueschingen wurde 1875 architektonisch eingefasst und ist seither beliebtes Touristenziel. Die allegorische Frauenfigur ›Mutter Baar‹ – das ist der Name der Hochebene – weist ihrer noch jungen Tochter Donau den Weg zum Schwarzen Meer.

IN KÜRZE

LAGE Von Donaueschingen stromabwärts durch die Schwäbische Alb, dann am äußersten Rand des Alpenvorlandes und am Fuß des Bayerischen Waldes nach Passau

LÄNGE 630 km verteilt auf 10 Etappen

START Donaueschingen (686 m), Schwarzwald-Baar-Kreis, Baden-Württemberg

ZIEL Passau (290 m), kreisfreie Stadt in Niederbayern

INFO Arbeitsgemeinschaft Deutsche Donau Neue Str. 45 89073 Ulm Tel. 0731 161 28 14 www.deutsche-donau.de

LITERATUR Radwanderführer Erlebnis Donauradweg. Von Donaueschingen nach Passau, KOMPASS Verlag 2020

Ulm und die Donau sind untrennbar verbunden mit einem in seiner Zeit verspotteten Technikpionier. Der Ulmer Schneider Albrecht Berblinger stürzte am 31. Mai 1811 bei einem Flugversuch mit einem halb starren Hängegleiter in die Donau. Unter dem Gelächter der Zuschauer zogen ihn Fischer aus dem Fluss. Einst verlacht, wurde der Schneider von Ulm im 20. Jh. als Technikpionier gefeiert, der seiner Zeit weit voraus war. Ein Nachbau seiner Konstruktion von 1986 erwies sich als flugfähig.

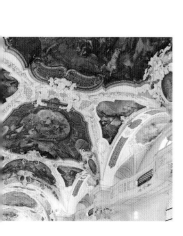

in Schlucklöchern, unterquert in unterirdischen Höhlensystemen die europäische Hauptwasserscheide, tritt 12 bis 19 km weiter südlich im Aachtopf, Deutschlands größter Quelle, als Radolfzeller Aach wieder zutage und mündet nach 32 km bei Radolfzell in den Bodensee. Diese ›Schwarzwald-Donau‹ fließt vom Bodensee durch den Rhein der Nordsee zu – nicht dem Schwarzen Meer. Die Hauptquellflüsse der ›Alb-Donau‹, die weiter nach Regensburg, Wien, Budapest und bis ins Schwarze Meer fließt, sind dann nicht Brigach und Breg, sondern Krähenbach und Elta: Aus Nebenbächen werden Hauptquellbäche des Stroms.

UNTERHALB VON SIGMARINGEN weitet sich das Donautal und der Fluss bildet die Trennungslinie zwischen dem Alpenvorland im Süden sowie der Fränkischen Alb und dem Bayerischen Wald im Norden. Aus dem Alpenvorland strömen ihm im weiteren Verlauf Iller (Mündung in Ulm), Lech (Mündung bei Donauwörth), Isar (Mündung bei Deggendorf) und Inn (Mündung in Passau) zu. Dieser gesamte Abschnitt ist landschaftlich relativ ruhig: Auch der von Dämmen gebändigte Strom strömt an diesem Streckenabschnitt gemächlich dahin.

NACH ETWA EINEM DRITTEL der Gesamtstrecke erreicht man die Universitätsstadt Ulm. Unbedingt sehenswert ist dort das spätgotische Münster, die größte deutsche Pfarrkirche und nach dem Kölner Dom der größte Sakralbau in Deutschland. Der 161,50 m hohe Westturm ist sogar der höchste Kirchturm der Erde (Aufstieg ist gegen eine moderate Gebühr möglich). Außerdem sollte man sich die schönen Fachwerkhäuser im alten Gerber- und Fischerviertel nicht entgehen lassen. Besonders markant ist dort das »Schiefe Haus« in der Schwörhausgasse, in dem heute ein Hotel untergebracht ist, und ganz in der Nähe davon die Ulmer Münz. Ulm ist im Übrigen die Geburtsstadt Albert Einsteins, der dort am 14. März 1879 zur Welt kam. Von Ulm aus geht es nahezu ohne Steigungen weiter bis nach Donauwörth und von dort in Richtung Kelheim. Die Donau führt hier schon sehr viel Wasser, der Radweg nutzt streckenweise dort den Hochwasserdamm.

EIN WEITERES HIGHLIGHT erwartet den Radwanderer nun zwischen dem Kloster Weltenburg und Kelheim: die Weltenburger Enge. Bis zu 40 m hohe Weißjurafelsen engen die Donau auf eine Breite von 110 m ein. Auf einer Landzunge oberhalb der Donau thront das Benediktinerkloster Weltenburg, eines der Urklöster Bayerns. Die von den Asam-Brüdern 1716–1736 errichtete und ausgestaltete Klosterkirche zählt zu den bedeutenden Werken des Spätbarock. Das Kloster liegt in einer Kulturlandschaft, deren Spuren bis in die Jungsteinzeit zurückreichen. Den Ursprung des Klosters bildete eine Marienkirche, die um 700 auf dem Frauenberg an der Stelle einer römischen Kultstätte

KLOSTER BEURON Die Benediktiner-Erzabtei Sankt Martin in Beuron an einer Flussschleife zu Füßen der Weißjurafelsen im Durchbruchstal der Donau genießt als Wallfahrtsort, Bildungsinstitut und Verlagshaus internationalen Ruf. Das denkmalgeschützte Ensemble umfasst Bauten überwiegend im Stil des Barock, die Bibliothek zählt 405 000 Bände. Pilger verehren in der Gnadenkapelle eine gotische Lindenholz-Pietà; die durch die Wallfahrtskirche erreichbare Kapelle wurde 1898–1901 im Stil der Beuroner Kunstschule gestaltet. Besonders berühmt sind die üppigen barocken Deckengestaltungen mit ihren aufwendigen Fresken (im Bild links).

## STADT DER REKORDE
### UNIVERSITÄTSSTADT ULM

Nicht nur, dass Ulm über den höchsten Kirchturm der Welt (161,5 m) verfügt – im Bild rechts sind zwei Wasserspeier an einem Strebepfeiler des Münsters zu sehen –, Ulm wird auch mit dem schiefsten Hotel der Welt (links im Bild) im »Guinness Buch der Rekorde« geführt. Das spätgotische Haus in der Schwörhausgasse ist komplett saniert und bietet modernen Hotelkomfort in origineller Umgebung: Die Böden weisen eine Neigung von bis zu 40 cm auf, die Betten sind jedoch waagerecht ausgerichtet.

OBEN Die Donau an der Weltenburger Enge – typisch sind die bis zu 40 m hohen Weißjurafelsen. Das Areal ist auch bei Wassersportlern sehr beliebt und es gibt sogar einen Badestrand.

LINKS Das mächtige Hohenzollernschloss bei Sigmaringen erstrahlt hier im warmen Herbstlicht, umrahmt vom herbstlichen Farbenspiel.

ABENDSTIMMUNG IN REGENSBURG am Donau-Ufer – links im Bild ist die Steinerne Brücke zu sehen und am gegenüberliegenden Ufer der Doppelturm des Regensburger Doms St. Peter.

errichtet wurde; der Nachfolgebau ist die ab ca. 1350 errichtete heutige Wallfahrtskirche. Das Kloster wurde während der Napoleonischen Kriege 1803 säkularisiert. König Ludwig I. von Bayern erkannte und würdigte die Einzigartigkeit dieses Gesamtkunstwerks aus Architektur und Stätten des Gebets, aus Fluss- und Felslandschaft, und stellte es 1840 unter Schutz. Unter ihm wurde das Kloster 1842 als ein Priorat der Benediktiner wiedererrichtet. Das Klosterleben prägt bis heute diesen einzigartigen Ort und dazu gehören auch Speis und Trank: Geradezu legendär ist der Ruf der Klosterschenke, die 1877 mit einer ›Schlachtpartie‹ als Ausflugsrestaurant eröffnet wurde. Der schattige Biergarten im Klosterhof schlägt die harmonische Brücke zwischen sinnlichem Genuss und klösterlicher Kontemplation.

IN REGENSBURG erreicht die Donau ihren nördlichsten Punkt. Die mittelalterlich geprägte Altstadt mit Kirchen, Patrizierhäusern und rund 40 Geschlechtertürmen zählt zu den Glanzleistungen der Städtebaukunst nördlich der Alpen. Bis zum Bogenberg bei Bogen folgt der Donau-Radweg von Regensburg aus bequem den Ausläufern des Vorderen Waldes. Donaustauf kurz hinter Regensburg liegt an einem alten Donauübergang am Fuß der Westausläufer des Bayerischen

Waldes. Der Marktort ist Teil einer im 19. Jh. errichteten Denkmallandschaft, deren berühmtester Bau die klassizistische Tempelanlage der Walhalla ist. 1842 wurde die Walhalla bei einer Festinszenierung als nationale Ruhmeshalle eröffnet, Marmorbüsten repräsentieren bedeutende Persönlichkeiten der deutschen Geschichte.

DIE ALTSTADT von Deggendorf liegt gegenüber der Mündung der Isar. Mit den mittelalterlichen Stadtmauern, dem Straßenmarkt, dem Wehrgang und dem Rathaus mit historischem Festsaal (1535) weist sie eines der schönsten Altstadtbilder am Donau-Radweg auf. Bei Vilshofen – etwa 32 km hinter Deggendorf – schneidet die Donau erstmals wieder in das Grundgebirge ein und erreicht schließlich Passau, das Ziel der Radtour. Das Stadtbild Passaus wird von den Flüssen Donau, Inn und Ilz in vier Teile gegliedert. Prägende Komplexe sind die Veste Oberhaus und Veste Niederhaus auf dem Felsrücken zwischen Ilz und Donau sowie über dem rechten Ufer des Inn die malerisch gestaffelte Barockanlage der Wallfahrtskirche Mariahilf. Ein Hinweis für Unermüdliche: Hinter Passau folgt der Radweg der Donau bis zur Mündung ins Schwarze Meer. ▪

Der Bogenberg mit der inmitten einer bronzezeitlichen Umwallung stehenden gotischen Marienwallfahrtskirche ist Niederbayerns ›heiliger Berg‹. Wie ein Härtling ragt er oberhalb der Stadt Bogen zwischen den hügeligen Südausläufern des Bayerischen Waldes und der flachen Gäubodenlandschaft des Dungaus 118 m aus dem Donautal und bietet Sicht bis zu den Alpen, nach Österreich und bis zu den Höhen des Bayerischen Waldes.

GRÖSSTE DOMORGEL DER WELT In Passau erstreckt sich die sogenannte Kernstadt auf der von Donau und Inn umspülten, lanzettförmigen Landzunge. Auf dem höchsten Punkt dieses hochwassersicheren Gneisrückens erhebt sich die von einer Verbindung aus Gotik und Barock akzentuierte monumentale Domkirche Sankt Stephan mit einer der größten Kirchenorgeln der Welt (Schmuckdetail im Bild rechts). Sie verfügt über 233 Register und 17 974 Pfeifen.

Donaueschingen | Tuttlingen | Sigmaringen | Riedlingen | Ulm | Donauwörth | Kelheim | Regensburg | Bogen | Deggendorf | Passau

35 km • 55 km • 35 km • 75 km • 95 km • 115 km • 28 km • 63 km • 30 km • 69 km

# 30

## SEEN- UND SCHLÖSSERTOUR
# DER BODENSEE-KÖNIGSSEE-RADWEG IN BAYERN

Einmal auf und ab durchs bayerische Alpenvorland: von Lindau am Bodensee durch Füssen, die höchstgelegene Stadt des Freistaats, vorbei an den Königsschlössern Hohenschwangau und Neuschwanstein zum smaragdgrünen Königssee.

Von Lindau führt der Bodensee-Königssee-Radweg durch das hügelige bis bergige Alpenvorland zum Königssee im Herzen des Nationalparks Berchtesgaden, wobei auf 410 km insgesamt über 3400 Höhenmeter im Anstieg zu bewältigen sind. Der erste See ist der Große Alpsee bei Immenstadt im Allgäu, es folgen Hopfen-, Forggen- und Bannwaldsee sowie der Alpsee bei Schloss Neuschwanstein, ehe der Radweg ins Ammergebirge wechselt und den Kochelsee erreicht. An Tegernsee und Schliersee vorbei geht es weiter nach Bad Reichenhall und in den Nationalpark Berchtesgaden mit dem Königssee zu Füßen des Watzmanns.

AUF DEM ERSTEN Teilabschnitt folgt der Bodensee-Königssee-Radweg von Lindau aus den Tälern von Leiblach und Argen aufwärts ins Allgäuer Voralpenland mit verstreut zwischen Wald und Weideland liegenden Höfen, Weilern und Dörfern. Erstes Etappenziel ist der Kurort Oberstaufen (791 m) im Oberallgäu am Aussichtsberg Hochgrat: Wer mit der Seilbahn auf den Hochgrat schwebt, kann auf dem Hausberg von Oberstaufen den Blick zurück auf den Bodensee und zum Säntis schweifen lassen.

NACH DER VORÜBERGEHEND ebenen Fahrt im Tal der Konstanzer Ach mit dem Großen und dem Kleinen Alpsee erwarten die Radler ab Rettenberg (807 m), dem ›südlichsten Brauereidorf Deutschlands‹, die Hügel auf der Nordabdachung des Grüntenmassivs. Hinter Rettenberg

geht es dann recht steil den Berg hoch. Bei Oy-Mittelberg wird mit über 1000 m über Normalnull die höchste Stelle des gesamten Bodensee-Königssee-Radwegs passiert. Nach dem Überqueren der Wertach in Maria-Rain erreicht der Radweg den Wintersportort Nesselwang (867 m) am Nordfuß der Alpspitz. Mit Blick auf die Allgäuer Alpen, auf die Zugspitze und die Tannheimer Berge geht es nochmals kräftig bergauf bis auf 950 m und durch Wälder und Felder vorbei an kleinen Dörfern nach Hopfen am Hopfensee, das bereits auf dem Gebiet der Stadt Füssen liegt.

FÜSSEN ist Schwefelbad und Kneippkurort im Königswinkel im Ostallgäu. Die mit 808 m über NN höchstgelegene Stadt Bayerns befindet sich zwischen den Ammergauer, Lechtaler und Tannheimer Alpen und den Hügeln des Voralpenlandes. Bekannt ist Füssen auch als bedeutendes Zentrum des Lauten- und Geigenbaus. Hinter Füssen bilden die Königsschlösser Hohenschwangau und Neuschwanstein zwei sehenswerte Höhepunkte der Tour, ehe es am Bannwaldsee vorbei auf die Nordabdachung des Ammergebirges geht. Dort führt die Königstraße hinüber ins Tal der Ammer und hinunter nach Altenau (859 m). Am Naturschutzgebiet »Altenauer Moor« vorbei geht es nach Bad Kohlgrub (828 m), von dort senkt sich der Radweg am Naturschutzgebiet »Murnauer und Eschenloher Moos« entlang nach Eschenlohe am Einlauf der Loisach von den Alpen ins Hochmoor.

DER BAYERISCHE LÖWE und der Neue Leuchtturm an der Hafeneinfahrt von Lindau spiegeln sich bei Sonnenuntergang im Wasser des Bodensees.

## IN KÜRZE

**LAGE** Von Lindau (Bodensee) durch das Alpenvorland zum Königssee im Nationalpark Berchtesgaden

**LÄNGE** 410 km verteilt auf 12 Etappen

**START** Lindau (400 m), Insel- und Hafenstadt und Luftkurort im bayerischen Teil des Bodensees

**ZIEL** Schönau am Königssee (630 m) im Nationalpark Berchtesgaden

**BESONDERHEIT** anspruchsvolle Tour mit vielen Steigungen (über 3400 Höhenmeter verteilt auf 6 Etappen)

**INFO**
BAYERN TOURISMUS Marketing GmbH
Arabellastr. 17
81925 München
Tel. 089 212 39 70
www.bayern.by
www.bodensee-koenigssee-radweg.de

SPORT EXTRA
Das Walderlebnis-
zentrum in Füssen
bietet kindgerechte
Führungen auf Wald-
pfaden mit zahlreichen
Spiel- und Abenteuer-
elementen.

Der »Märchenkönig«
Ludwig II. von
Bayern (1845–1886),
der seine Kind-
heit hauptsächlich
im Schloss Ho-
henschwangau
verbrachte, war
später ein leiden-
schaftlicher Bauherr.
Unter anderem ließ
er die Schlösser
Neuschwanstein,
Herrenchiemsee und
Linderhof errichten.
Weil er »seelen-
gestört« gewesen
sein soll, wurde er
entmündigt – und
sein mysteriöser Tod
im Starnberger See
ist bis heute Anlass
vieler Gerüchte.

DIE HIGHLIGHTS des folgenden Abschnitts, der nahezu ohne Steigungen
auskommt, sind der Kochelsee, die imposanten Blicke hoch zum Herzogstand
und zur Benediktenwand, das Kloster Be-
nediktbeuren sowie schließlich am Etappenziel die Stadt Bad Tölz (658 m) an der
Isar mit der sehenswerten Marktstraße:
Der eindrucksvolle Straßenzug wartet mit
einheitlichen Fachgiebelhäusern aus dem
18. und 19. Jh. auf. Das Kurviertel entstand links der Isar, nachdem man dort
im Jahr 1846 jodhaltige Quellen entdeckt
hatte.

TEGERNSEE UND SCHLIERSEE werden
auf relativ ebenen Feldwegen und Nebenstraßen erreicht, nach dem Tegern-
see folgt allerdings wieder ein anstren-
gender Anstieg auf etwa 900 m. Dann
geht es mit Blick zum Wendelstein weiter nach Fischbachau im romantischen
Leitzachtal mit der im Kern romanischen
ehemaligen Benediktinerpropsteikirche.
Am Rand der Wendelstein-Ausläufer
rollen dann die Räder durch Wälder und
Feldfluren hinab in das Moorheilbad Bad
Feilnbach in der Mangfallebene.

NACH ÜBERQUEREN DES INNS führt
der Radweg ohne wesentliche Anstiege
durch den Chiemgau zwischen Chiemsee und Chiemgauer Alpen mit großartigen Blicken zu Kampenwand, Hochgern

und Hochfelln. Der Chiemgau erstreckt
sich rund um Bayerns größten See mit
dem Prunkschloss Herrenchiemsee auf
der Herreninsel sowie Deutschlands
ältestem Frauenkloster auf der Fraueninsel. In der von der Eiszeit geprägten
Moränenlandschaft ragen mit einem
Steilabfall von über 1000 Metern die
Chiemgauer Alpen auf, deren Grate und
Gipfel der Maximiliansweg verbindet,
der Königsweg unter den Wanderwegen
in den bayerischen Alpen. Von Siegsdorf
aus gibt der Fluss Traun den gemütlichen Schlussspurt nach Traunstein, den
Hauptort des Chiemgaus, vor.

IN LEICHTEM AUF UND AB führt der
Radweg weiter über die Hochfläche und
hinunter nach Teisendorf am Fuß des
Teisenbergs (1333 m). Am Ramsaubach
entlang passiert die Route ohne größere Steigungen den Höglwörther See.
Im Anschluss gelangt man über Anger
in den Rupertiwinkel nach Piding an der
Saalach und saalachaufwärts nach Bad
Reichenhall. Von hier geht es aufwärts
nach Bayerisch Gmain und im engen Tal
zwischen Hochthron (1972 m) und Predigtstuhl (1688 m) nach Berchtesgaden,
von wo aus sich ein traumhafter Blick auf
den Watzmann öffnet. Wenig später erreichen wir Schönau und darauf den Ortsteil
Königssee – und vor uns liegt der glasklare See, das Ziel unserer Radtour.    ◼

DER RUPERTIWINKEL Der Rupertiwinkel im äußersten Südosten Bayerns vor der
Kulisse der Salzburger, Berchtesgadener und Chiemgauer Alpen ist nach Rupert (†718),
dem ›Apostel der Baiern‹, benannt. Hier wird der Brauch des ›Aperschnalzens‹ gepflegt:
Wenn am Ende des Winters das Gelände *aper* (schneefrei) wird, lassen die Burschen
die ›Schnalzergoaßl‹ knallen, um die Winterdämonen zu vertreiben und die schlum-
mernde Saat zu wecken. Im Bild: das ehemalige Kloster Höglwörth im Rupertiwinkel.

| Lindau | | Oberstaufen | | Nesselwang | | Hopfen am See/ Füssen | | Bad Kohlgrub | | Eschenlohe | | Kochel am See | | Bad Tölz | | Schliersee | | Bad Feilnbach | | Traunstein | | Bad Reichenhall | | Schönau am Königssee |
|---|---|---|---|---|---|---|---|---|---|---|---|---|---|---|---|---|---|---|---|---|---|---|---|
| | 53 km | | 40 km | | 20 km | | 41 km | | 21 km | | 20 km | | 23 km | | 25 km | | 38 km | | 66 km | | 33 km | | 30 km | |

LINKS Ein umgebauter Stadel dient als gemütliches Wochenendhaus in den Berchtesgadener Alpen.

MITTE Ruhig liegt er da, der Schliersee, und lädt im Streckenabschnitt zwischen Bad Tölz und Bad Feilnbach zum Baden ein.

UNTEN RECHTS Im Schloss Hohenschwangau bei Füssen, der Sommerresidenz der bayerischen Könige im 19. Jh., verbrachte ›Märchenkönig‹ Ludwig II. seine Kindheit.

## STADT DES SALZES
### BAD REICHENHALL

Salzgewinnung und -weiterverarbeitung beherrschen schon seit Jahrhunderten die gesamte Region im Berchtesgadener Land und im angrenzenden österreichischen Salzkammergut. Davon zeugen die Namen vieler Orte. Die Nachsilbe ›-hall‹ kommt z.B. aus dem Mittelchochdeutschen und bedeutet Salz. Die abgebildeten grotesk-stilisierten Figuren flankieren die mittelalterliche Stiftskirche St. Zeno im Ortsteil St. Zeno von Bad Reichenhall.

**30** SCHLOSS HERREN-
CHIEMSEE auf
der Herreninsel im
Chiemsee. Im Vor-
dergrund zu sehen:
der Latunabrunnen,
der einen gleichnami-
gen Brunnen im Park
von Versailles zum
Vorbild hat.

# SCHAUPLÄTZE DER LITERATUR
## AUF DEN SPUREN DER DICHTER UND SCHRIFTSTELLER

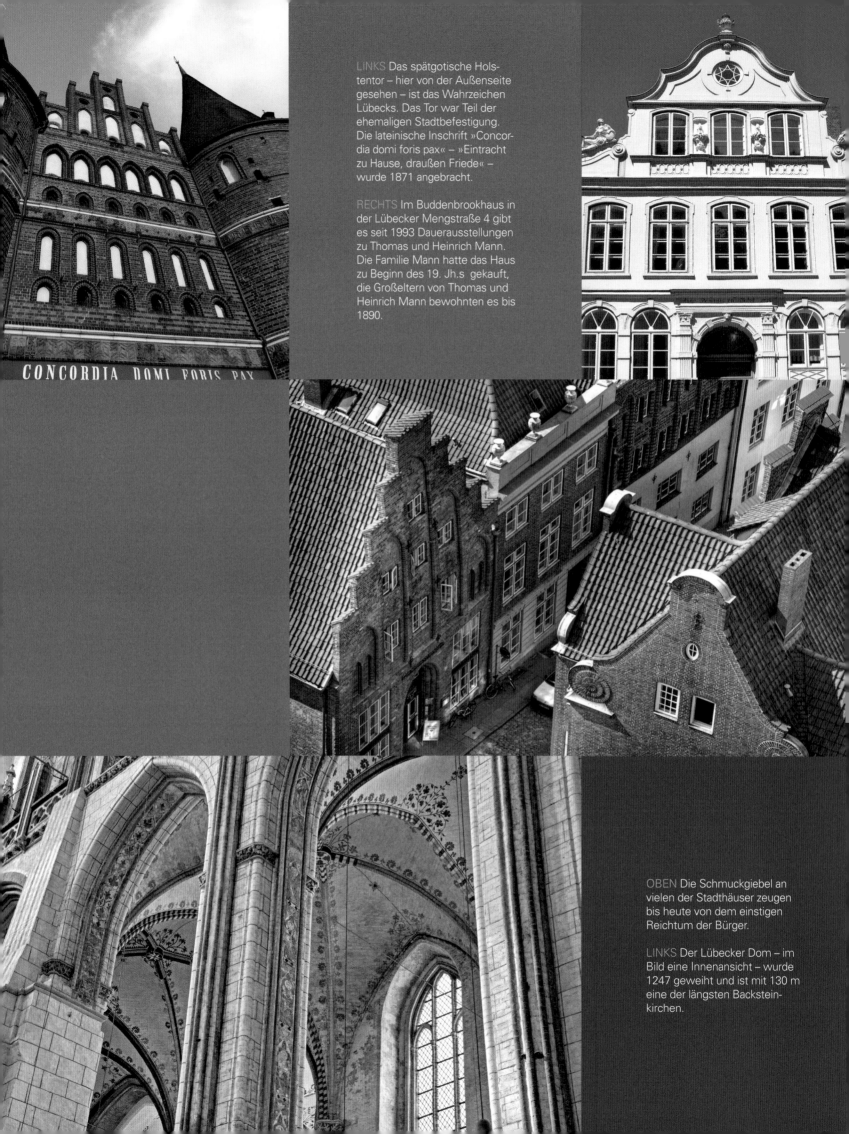

CONCORDIA DOMI FORIS PAX

LINKS Das spätgotische Holstentor – hier von der Außenseite gesehen – ist das Wahrzeichen Lübecks. Das Tor war Teil der ehemaligen Stadtbefestigung. Die lateinische Inschrift »Concordia domi foris pax« – »Eintracht zu Hause, draußen Friede« – wurde 1871 angebracht.

RECHTS Im Buddenbrookhaus in der Lübecker Mengstraße 4 gibt es seit 1993 Dauerausstellungen zu Thomas und Heinrich Mann. Die Familie Mann hatte das Haus zu Beginn des 19. Jh.s gekauft, die Großeltern von Thomas und Heinrich Mann bewohnten es bis 1890.

OBEN Die Schmuckgiebel an vielen der Stadthäuser zeugen bis heute von dem einstigen Reichtum der Bürger.

LINKS Der Lübecker Dom – im Bild eine Innenansicht – wurde 1247 geweiht und ist mit 130 m eine der längsten Backsteinkirchen.

# 31

## DIE BUDDENBROOKS UND ANDERE FAMILIEN
## SPURENSUCHE IN LÜBECK

»Als Künstler«, bekannte Thomas Mann, sei er »ein Apfel vom Baume Lübecks«.
Persönliche Erfahrungen mit dem hanseatischen Bürgertum bilden die Grundlage
für »Buddenbrooks«, den Gesellschaftsroman über den »Verfall einer Familie«.

Auch wenn er Lübeck in »Buddenbrooks« nicht ausdrücklich als Schauplatz erwähnt, so bildet es Thomas Mann zufolge dennoch »als Stadt, als Stadtbild und Stadtcharakter, als Landschaft, Sprache und Architektur« den »unverleugneten Hintergrund« des Romans – und zwar so deutlich, dass sich bei seinem Erscheinen 1901 nicht wenige ehrenwerte Bürger der alten Hansestadt mächtig auf den Schlips getreten fühlten. Heute ist das vergeben und vergessen, vielmehr pflegt man mit Stolz die literarische Berühmtheit, die die Stadt durch Thomas Mann erlangt hat. Und so heißt eines der beliebtesten Museen Lübecks nach der fiktiven Familie, deren Schicksal der Schriftsteller beschrieben hat: Buddenbrookhaus. »Konsul Buddenbrook ... blickte an der grauen Giebelfassade des Hauses empor. Seine Augen verweilten auf dem Spruch, der überm Eingang in altertümlichen Lettern gemeißelt stand: ›Dominus providebit‹.« – Dem Haus seiner Großeltern in der historischen Mengstraße, für das »der Herr vorsorgen wird«, setzte Thomas Mann in »Buddenbrooks« ein literarisches Denkmal. Heute lässt man in seinen Räumen die Welt des Romans wieder auferstehen, wird im Heinrich-und-Thomas-Mann-Zentrum über Leben und Werk der berühmten Brüder geforscht und die spannende Geschichte der Familie Mann erzählt.

DIE FASSADE des Hauses mitten in Lübecks UNESCO-geschützter Altstadt blickt zur riesigen Marienkirche, die in Manns Jahrhundertroman natürlich auch vorkommt. Beeindruckend sind dort der Antwerpener Retabel von 1518 mit Szenen aus dem Marienleben und die monumentale Doppelturmfassade. Sie ist Teil der markanten siebentürmigen Stadtsilhouette, zu der auch der sagenumwobene Dom aus dem 12. Jh. beiträgt. Dort sollte man auf jeden Fall einen Blick auf das imposante Triumphkreuz im Hauptschiff werfen, bevor man an der Obertrave entlang die historischen Salzspeicher aus Backstein erreicht. Gleich in der Nähe ragen die massiven Rundtürme des gotischen Holstentors auf – das berühmteste Wahrzeichen Lübecks beherbergt heute das Museum für Stadtgeschichte.

BEI EINEM BUMMEL über die Altstadtinsel entdeckt man das prächtige Rathaus, dessen Baugeschichte im 13. Jh. beginnt. Vor dem auffälligen Gebäude mit der von Windlöchern durchbrochenen Schauwand ließ Thomas Mann Johann Buddenbrook während der Revolution von 1848 eine Rede vor der erregten Menge halten. Durch malerische Gänge und Höfe gelangt man zur Fischergrube, wo Thomas Buddenbrook ein repräsentatives Haus baute, und zum Burgtor im Norden der Altstadt. Dieses gotische Stadttor musste Tony Buddenbrook stets passieren, wenn sie ihre Großeltern besuchte. So wie sie dort mit Leckereien verwöhnt wurde, sollten auch wir uns bei einem Päuschen süßes Marzipan gönnen – in Lübeck gleichsam ein »Muss«. ∎

## IN KÜRZE

### LAGE
Niedersachsen, Hansestadt Lübeck an der Trave, die etwa 17 km nördlich bei Travemünde in die Ostsee mündet

### BESONDERHEIT
Wassersport und Strandvergnügen findet man in Travemünde.

### EINKEHR
Das Traditionscafé Niederegger in der Breiten Straße unterhält dort auch ein Marzipanmuseum.

### INFO
Welcome Center (Touristbüro) Holstentorplatz 1 23552 Lübeck Tel. 0451 889 97 00 www.luebeck-tourismus.de

# 32

## FLÜSSE, SEEN UND EIN DICHTER
## MIT FONTANE INS HAVEL- UND RUPPINERLAND

Wasser, Wald und Heide, aber auch Klöster und Schlösser – der dünn besiedelte Landstrich um Berlin ist ein beliebtes Naherholungsgebiet und zugleich weit darüber hinaus durch Theodor Fontanes Schilderungen ein Begriff.

Südwestlich von Potsdam ist die Zauche ein Kerngebiet der Mark Brandenburg. Dort steht mit Lehnin das älteste Kloster der Region – ein passender Auftakt für eine Rundfahrt auf Fontanes Spuren. Um die Gründung des Klosters im 12. Jh. rankt sich eine Legende, die auch in den »Wanderungen durch die Mark Brandenburg« erzählt wird. Erschöpft von der Jagd, hielt Markgraf Otto I. genau an dieser Stelle ein Nickerchen und träumte von einer Hirschkuh, die als »Sinnbild des Heidentums« gedeutet wurde. Deshalb »drangen die Seinen in ihn, dass er an dieser Stelle eine Burg gegen die heidnischen Slawen errichten solle«. Otto dachte jedoch an eine Burg, »von der unsere teuflischen Widersacher durch die Stimmen geistlicher Männer weit fortgeschickt werden sollen«. Zisterzienser gründeten darauf im gräflichen Auftrag das Kloster Lehnin, »denn Lehnije heißt Hirschkuh im Slawischen«. Die Abtei errang eine herausragende wirtschaftliche und politische Bedeutung. Ihre romanisch-gotische Backsteinkirche wurde Ende des 19. Jh.s glanzvoll renoviert.

IST LEHNIN das älteste Kloster, so ist Brandenburg an der Havel die älteste Stadt und ›Wiege der Mark Brandenburg‹. Sie entstand aus drei slawischen Siedlungen und war ab Mitte des 12. Jh.s die Residenz Albrechts des Bären. Vom Stolz und der Eigenständigkeit der jahrhundertelang führenden Stadt der Region kündet seit 1474 ein über fünf Meter hoher Roland, der heute vor dem Altstädtischen

Rathaus steht. Reste der mittelalterlichen Mauer und vier Tortürme sind noch immer im historischen Kern zu sehen, wo auf einer Insel seit dem 12. Jh. die ›Mutter der märkischen Kirchen‹ aufragt: der mächtige Dom St. Peter und Paul. Im nahen Plaue verbrachte Fontane »unter ewig blauem Himmel« erholsame Tage auf einem Gut gegenüber dem prächtigen Barockschloss.

»WIE DAS HAVELLAND den Mittelpunkt Alt-Brandenburgs bildet, so bildet das Luch wiederum den Mittelpunkt des Havellandes« – der idyllischen Region widmete Fontane in den »Wanderungen« zahlreiche Seiten. Ganz im Norden ist das hübsche Hansestädtchen Kyritz die Heimat von »Mord und Totschlag« und Nick Knatterton, das eine ein früher berüchtigt starkes Bier, der andere ein deutscher Comic-Held der 1950er-Jahre. Fontane gefiel vor allem die Sage vom Raubritter von Bassewitz, der die Stadt zu erobern versuchte und dazu heimlich einen Tunnel grub. Doch als er »statt in der Kirche, wie sein Plan gewesen war, auf offenem Marktplatz zutage stieg, wurd' er gefangengenommen, entwaffnet und mit seinem eigenen Schwerte hingerichtet. Schwert und Panzer aber befinden sich bis diesen Tag im Rathause …« – und gefeiert wird das Bassewitzfest noch heute in Gedenken an den glücklich abgewehrten Überfall.

JENSEITS DER KYRITZER Seenkette liegt am Ruppiner See die »wahre« Fontane-Stadt Neuruppin. Hier kam der

DAS RHEINSBERGER SCHLOSS spiegelt sich im Grienericksee, an dessen Ostufer es 1566 erbaut wurde. Friedrich II. wohnte hier bis zu seiner Königskrönung 1740 und veranlasste umfangreiche bauliche Veränderungen.

## IN KÜRZE

**LAGE**
Brandenburg

**LÄNGE** ca. 250 km

**START UND ZIEL**
Lehnin, südwestlich von Potsdam

**BESONDERHEIT**
Viele Wassersportmöglichkeiten auf den Seen und Flüssen

**INFO**
TMB Tourismus-Marketing Brandenburg GmbH
Am Neuen Markt 1
14467 Potsdam
www.reiseland-brandenburg.de

Mit Luch wird eine ursprünglich vermoorte, ausgedehnte Niederung bezeichnet. Der Begriff ist vor allem in Brandenburg geläufig. Die meisten Luche sind heute kultiviert und werden als Grünland genutzt. So bietet das Havelländische Luch wunderbar Gelegenheit zum Wandern, Radfahren und Vögel beobachten. An der Vogelschutzwarte Buckow sieht man sogar vom Aussterben bedrohte Großtrappen. Das riesige Feuchtgebiet lockt alljährlich Zigtausende Zugvögel an.

Dichter 1819 im Haus der heute noch bestehenden Löwen-Apotheke zur Welt. Die Stadt und die Grafschaft werden in den »Wanderungen« ausführlich beschrieben. Zu Fontanes Zeit war Neuruppin wirklich »neu«, denn die Stadt war 1787 abgebrannt und danach nach einem frühklassizistischen Gesamtplan neu errichtet worden, den Fontane übertrieben fand: »Für eine reiche Residenz voll hoher Häuser und Paläste, voll Leben und Verkehr, mag solche raumverschwendende Anlage die empfehlenswerteste sein, für eine kleine Provinzialstadt aber ist sie bedenklich.«

FONTANE IST IN NEURUPPIN ein elegantes Denkmal gewidmet, ein anderes ehrt einen weiteren berühmten Sohn der Stadt. »Unter allen bedeutenden Männern, die Ruppin, Stadt wie Grafschaft, hervorgebracht, ist Karl-Friedrich Schinkel der bedeutendste«, schrieb Fontane. In seiner Heimatstadt hinterließ der große Architekt kein Gebäude, jedoch wurde die gotische Klosterkirche Sankt Trinitatis aus dem 13. Jh. nach seinen Plänen renoviert. Am gegenüberliegenden Ufer steht in Wuthenow – Fontane-Leser kennen es aus »Schach von Wuthenow« – hingegen eine echte Schinkelkirche. Die vordere Turmfassade des Bauwerks fand anfänglich keinen

»Beifall im Publiko«, Schinkel ging dagegen davon aus, dass sich das »Publiko« schon daran gewöhnen würde. Und so kam es denn auch.

DURCH DAS Rhin- und das Havelländische Luch gelangt man in eine berühmte Ortschaft der Region. »Herr Ribbeck auf Ribbeck im Havelland«, dichtete Theodor Fontane, »ein Birnbaum in seinem Garten stand.« Birnbäume gedeihen hier auch heute noch, und ihre Früchte werden vor Ort mit Vorliebe in flüssig-»geistige« Form transformiert. Schloss Ribbeck beherbergt ein kleines Museum zur Kulturgeschichte der Region. Auf dem Weg zurück nach Lehnin passieren wir bei Ketzin noch das hübsche Schloss Paretz. Um 1800 wurde es von David Gilly als Sommerresidenz für Kronprinz Friedrich Wilhelm und dessen Frau Luise erbaut. »In diesem also umgeschaffenen Paretz, das bei Freunden und Eingeweihten alsbald den schönen Namen ›Schloss Still-im-Land‹ empfing, erblühten dem Königspaare Tage glücklichsten Familienlebens«, strickte auch Fontane an den Legenden rund um die teilweise kultisch verehrte und jung verstorbene Königin. Das restaurierte Schloss lohnt schon allein wegen der berühmten Papiertapeten mit den anmutigen Pflanzen- und Tierdarstellungen einen Besuch. ∎

DAS ALTE GYMNASIUM Die ehemalige Friedrich-Wilhelm-Schule war nach dem Brand von 1787 eines der ersten wieder errichteten Gebäude in Neuruppin. Für das Jahr 1832 vermerkt Fontane in seinem autobiografischen Roman »Meine Kinderjahre«: »Es war beschlossen, mich auf das Ruppiner Gymnasium zu bringen.« Das Motto der Schule stand unter dem Giebel »Civibus aevi futuri« (»Den Bürgern des zukünftigen Zeitalters«). »Ein solcher civis sollte ich nun auch werden«, notierte Fontane. Doch bereits ein Jahr später zog er nach Berlin, wo er von 1833–1836 eine Gewerbeschule besuchte.

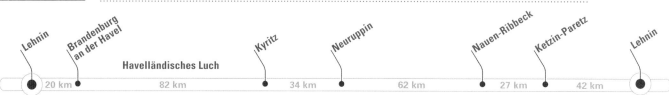

| Lehnin | Brandenburg an der Havel | Havelländisches Luch | Kyritz | Neuruppin | Nauen-Ribbeck | Ketzin-Paretz | Lehnin |
|---|---|---|---|---|---|---|---|
| 20 km | 82 km | | 34 km | 62 km | 27 km | 42 km | |

## VON FONTANE ZU TUCHOLSKY
### SCHLOSS RHEINSBERG

»Ein Bild von nicht gewöhnlicher Schönheit« bot im Ruppiner Land Schloss Rheinsberg (siehe Bild auf S.138) dem bewundernden Auge Theodor Fontanes – unten links ein Porträt von 1894. Malerisch am Grienericksee gelegen, verbindet es Architektur und Natur zu einem bezaubernden Gesamtkunstwerk. Friedrich II. widmete sich hier der Literatur und Musik, Prinz Heinrich von Preußen drückte dem friderizianischen Rokoko seines Musenhofes einen frühklassizistischen Stempel auf. Berühmt geworden ist Rheinsberg jedoch vor allem durch Kurt Tucholskys 1912 erschienene Erzählung »Rheinsberg. Ein Bilderbuch für Verliebte«. Dem Schriftsteller ist im Schloss ein Museum gewidmet.

LINKS Storchennest auf altem Trabi, gesehen in Neuruppin.

UNTEN Zaun mit Soldatenhelmen im Park von Schloss Rheinsberg.

BERLINER MAUER 1961 - 1989

# 33

## WELTHAUPTSTADT DER SPIONE
## BERLIN IM KALTEN KRIEG

Nirgends sonst auf der Welt war die Ost-West-Konfrontation so direkt wie in der einst geteilten Stadt Berlin. Seit dem 13. August 1961 schnitt die Berliner Mauer mitten durch die Stadt und die DDR-Grenzsoldaten hatten Schießbefehl…

Für den Spionageroman war Berlin der ideale Nährboden: »Leamas ging zum Fenster und wartete, vor sich die Straße und zu beiden Seiten die Mauer, ein schmutziges, hässliches Ding aus Betonblöcken und Stacheldraht, beleuchtet von billigem gelben Licht wie die Rückseite eines Konzentrationslagers. Östlich und westlich der Mauer lag der unaufgebaute Teil Berlins, eine Halbwelt der Zerstörung, auf zwei Dimensionen beschränkt, eine Kriegslandschaft.« Der Held aus John Le Carrés »Der Spion, der aus der Kälte kam« (1963) wartet Anfang der 1960er-Jahre auf einen Agenten, der aus dem Ostteil der Stadt an einen der wenigen offiziellen Übergänge in den Westen gelangen soll. Die Aktion scheitert, der Agent wird von einem DDR-Grenzsoldaten erschossen, der dabei peinlichst darauf achtet, nicht versehentlich in den Westsektor jenseits des Schlagbaums zu feuern – die Folgen wären unübersehbar gewesen.

WER HEUTE in der Friedrichstraße am Standort des ehemaligen Kontrollpunkts Checkpoint Charlie vorbeispaziert, kann sich nicht mehr vorstellen, wie sich hier im Oktober 1961 sowjetische und US-Panzer kampfbereit und mit dröhnenden Motoren gegenüberstanden. Das nachgebaute Kontrollhäuschen samt Sandsackbarrikade, das dazugehörige Museum und die Open-Air-Galerie mit Bildern aus der »Mauerzeit« sind heute eine Touristenattraktion und die Mauer an der ehemaligen Grenze zwischen West- und Ostberlin zu einer Markierung in der Straße geschrumpft.

Ein paar hundert Meter weiter wurde beim Bahnhof Friedrichstraße die Ausreise von der DDR in die BRD abgewickelt und so mancher Spion von Ost nach West geschleust. ›Tränenpalast‹ hieß der gläserne Pavillon, weil sich hier zahllose schmerzliche Abschiede vollzogen. Eine Ausstellung ist hier den »Grenzerfahrungen« im geteilten Deutschland gewidmet.

ÜBER 40 JAHRE lang war Berlin die ›Welthauptstadt der Spione‹, legendär ist etwa die »Operation Gold«: In einem Tunnel wollten Amerikaner und Briten 1955 die Telefone des sowjetischen Militärs abhören – das wusste aber von der Aktion und lachte sich ins Fäustchen. Literarisch verarbeitet ist der Tunnelbau in Ian McEwans Roman »Unschuldige« (1990). Spioniert wird in Berlin auch nach Ende des Kalten Kriegs, mittlerweile ist es jedoch von der Spionage- zur deutschen Hauptstadt geworden. Seit über 20 Jahren kommt man nun wieder »grenzenlos« vom Tränenpalast zum Reichstagsgebäude mit der gläsernen Kuppel von Norman Foster, wo sich das wiedervereinigte Deutschland politisch im Bundestag in den Haaren liegt. Beim Spreebogenpark gibt sich das Bundeskanzleramt trotz lichter Glasflächen ziemlich dick, eleganter sind das geschwungene Gebäude des Hauses der Kulturen der Welt und davor Henry Moores Bronzeplastik »Large Divided Oval: Butterfly«. Die ehemalige Kongresshalle erlangte unter dem Spitznamen ›Schwangere Auster‹ Berühmtheit, und weil sie 1980 wegen Pfusch am Bau einstürzte. 1957 errichtet, stand sie

EINE IN DAS PFLASTER eingelassene Markierung erinnert am ehemaligen militärischen Kontrollpunkt Checkpoint Charlie an den einstigen Verlauf der Berliner Mauer.

## IN KÜRZE

**LAGE**
Berlin, Hauptstadt der Bundesrepublik Deutschland

**INFO**
Berlin Tourismus & Kongress GmbH
Am Karlsbad 11
10785 Berlin
Tel. 030 25 00 23 33
www.visitberlin.de

Toureninformationen und Buchungen zu den ›Berliner Unterwelten‹:
Berliner Unterwelten e.V.
Brunnenstr. 105
13355 Berlin
Tel. 030 49 91 05 17
www.berliner-unterwelten.de

SPREEFAHRT
Viele der beschriebe-
nen Schauplätze und
weitere Sehenswür-
digkeiten kann man
von einem Ausflugs-
boot aus betrachten.

Die beiden bekann-
testen Autoren des
Genres »Spionage-
roman« John Le Carré
(Bild unten) und Ian
Fleming hatten ein-
schlägige »echte« Ge-
heimdiensterfahrung.
Fleming arbeitete
während des Zweiten
Weltkriegs für den bri-
tischen Marine-Nach-
richtendienst, Le Carré
für den britischen
Auslandsgeheim-
dienst (MI6). Doch
während Fleming
mit James Bond 007
den unbesiegbaren
Superhelden schuf,
ging es Le Carré um
eine realistischere Dar-
stellung.

schon vor dem Bau der Mauer und damit auch im Berlin von le Carrés klassi-
schem Spionageroman.

SÜDLICH DES CHECKPOINT CHARLIE
führt die Prachtstraße Unter den Linden zum Brandenburger Tor. Le Carrés
Protagonist Leamas erkennt es bei
einem Fluchtversuch von Ost- nach
Westberlin als »gedrungene Silhouette«, davor eine »unheimlich wirkende
Ansammlung von Militärfahrzeugen«.
Berlins Wahrzeichen entstand Ende
des 18. Jh.s nach dem Vorbild der
Athener Akropolis, ihre Quadriga ist
der von vier Pferden gezogene Streit-
wagen der Siegesgöttin Viktoria. Viel
mehr als auf den klassizistischen Torbau konzentriert sich der Spion bei seinem Versuch, aus der »Kälte zu kommen«, jedoch auf die Berliner Mauer,
die es zu überwinden gilt. »Nördlich
der Bernauerstraße« scheitert seine
Flucht tödlich im Gewehrfeuer der
Wachsoldaten. An der Bernauerstraße verlief an der Grenze zwischen
den Stadtbezirken Wedding und Mitte
auch die Grenze zwischen Ost- und
Westberlin. Eine Gedenkstätte ist hier
der zentrale Erinnerungsort an die Berliner Mauer und ihre Opfer. Reste der
Mauer sind erhalten worden, und im
ehemaligen Todesstreifen steht heute
die architektonisch interessante Ver-
söhnungskapelle, die aus Stampflehm

erbaut ist. Beeindruckend ist der Blick
vom Aussichtsturm auf den ehemaligen Grenzstreifen und die Reste der
Grenzanlagen, in den Untergrund geht
es dagegen gleich in der Nähe im
S-Bahnhof Nordbahnhof. Hier beschäftigt sich eine Ausstellung mit den
einst stillgelegten Ostberliner S- und
U-Bahnhöfen, die nur von Westberlin
aus zu benutzen waren, sowie mit den
zahlreichen Fluchtversuchen durch unterirdische Tunnels.

DEN BUCHSTÄBLICHEN und nachrich-
tendienstlichen Untergrund kann man
aber auch mit den Berliner Unterwelten e. V. erkunden. Berlin als Drehscheibe
der Spionage von der Weimarer Republik
bis zur Gegenwart steht hier auf dem Programm. Zu entdecken sind unter anderem
die Abhöranlagen und die Kommandozen-
trale der CIA an der Airbase Tempelhof,
Bunker aus dem Dritten Reich und Atom-
schutzräume aus dem Kalten Krieg. Wie
konsequent der Staatssicherheitsdienst
der DDR Spionage gegen die Bürger des
eigenen Landes betrieb, erfährt man in
der Gedenkstätte Hohenschönhausen.
Auf dem Gelände des ehemaligen Unter-
suchungsgefängnisses des Ministeriums
für Staatssicherheit erhält man ein realistisches Bild über die Haftbedingungen und
die Verhörmethoden. Das Stasi-Gefängnis
war so geheim, dass es auf Stadtplänen
nicht eingezeichnet wurde. ∎

**LAUSCHANGRIFF IM GRUNEWALD** Wer ein wenig Erholung vom Getriebe der
Stadt sucht, findet im Forst Grunewald Entspannung. Das große Waldgebiet erstreckt sich im Westen Berlins zwischen der Grunewaldseenkette im Osten und
der Havel im Westen. Hier kann man spazieren, Rad fahren, im Sommer zum Baden
gehen und picknicken. Um Drachen steigen zu lassen und Gleitschirm zu fliegen
trifft man sich auf dem Teufelsberg. Mit knapp 115 m ist dieser dicht bewachse-
ne Schuttberg die höchste Erhebung in Berlin. Diesen Vorteil nutzte auch das US-
Militär, das hier bis zum Fall der Mauer in einer riesigen Abhörstation den großen
Lauschangriff gen Osten unternahm. Im Rahmen einer Führung kann man die heute
leer stehende, ungewöhnliche Spionage-Anlage besichtigen.

# AGENTENAUSTAUSCH
## GLIENICKER BRÜCKE

In Wannsee gehören das klassizistische Schloss Glienicke und in Potsdam die Villa Schöningen zum UNESCO-Welterbe »Schlösser und Parks von Potsdam und Berlin«. Auf der Glienicker Brücke, die hier über die Havel von Berlin nach Brandenburg führt, fanden während des Kalten Krieges spektakuläre Austauschaktionen von Agenten westlicher und östlicher Geheimdienste statt.

OBEN RECHTS Die Glienicker Brücke über die Havel, der meist geheim erfolgende Agentenaustausch zwischen Ost und West wurde hier bisweilen öffentlichkeitswirksam in Szene gesetzt: so letztmalig am 11. Februar 1986.

OBEN LINKS Ein sowjetischer Offizier entdeckte am 22. April 1956 einen geheimen Tunnel im Berliner Bezirk Altglienicke. Es handelte sich angeblich um einen Spionagetunnel, der in das Gebiet der damaligen sowjetischen Besatzungszone führte.

OBEN Der wohl bekannteste Grenzübergang durch die Berliner Mauer war der Checkpoint Charlie in Berlin Kreuzberg. Er wurde 1961 mit dem Bau der Mauer als alliierter Kontrollpunkt errichtet. Ein Nachbau der einstigen Kontrollbaracke steht heute am Checkpoint-Charlie-Museum.

LINKS Nie schien die Welt näher an der Schwelle zu einem Atomkrieg als während der Kubakrise im Oktober 1962. Mit Atomschutzbunkern versuchte man sich auf das Schlimmste vorzubereiten – links im Bild der Mannschaftsraum eines Bunkers am Ku'damm-Karree in Berlin Charlottenburg.

# 34

## ZIEMLICH VIELE STREICHE
## WILHELM BUSCH IN NIEDERSACHSEN

Bücherwurm oder Absonderling? »Das erste mit Unrecht«, schrieb Wilhelm Busch über sich selbst. Ob der Humorist ein »Absonderling« war, sei dahingestellt. Sicher war er kein Mann der Metropolen, seine Wirkungsstätte war die Provinz.

Hannover ist die Stadt der Messe und der Welfen, die ein Schloss in schöner Lage vorweisen können. Das Welfenschloss ist heute Sitz der Universität, die nach dem wohl genialsten Gelehrten benannt ist, der je an der Leine gewirkt hat: Gottfried Wilhelm Leibniz. Im »englischen« Georgengarten steht ein Tempel zu Ehren Leibniz', im nahen Wilhelm-Busch-Museum im Georgenpalais huldigt man dagegen klugen Köpfen, die der Welt mit Humor auf den Grund gehen. Dort begegnet man alten Bekannten, so dem Affen Fipps, der frommen Helene, Plisch und Plum, dem boshaften Unglücksraben Hans Huckebein und nicht zuletzt Max und Moritz. »Dieses war der erste Streich…« – die Geschichte der beiden Lausbuben brachte Busch 1865 den Durchbruch und könnte als »Urknall« des Comics bezeichnet werden.

»ACH DIE WELT ist so geräumig, und der Kopf ist so beschränkt.« – Busch selbst studierte in Hannover ab 1847 vier Jahre Maschinenbau, erwarb aber keinen Abschluss. Die Kunst zog ihn nach Düsseldorf, Antwerpen, Frankfurt am Main und München, die meiste Zeit seines Lebens verbrachte er jedoch in der Provinz. 1832 wurde er in Wiedensahl rund 50 km westlich von Hannover im Schaumburger Land geboren. In diesem idyllischen Dorf in der Nähe des Steinhuder Meers schuf er »ohne wem was zu sagen« in rund vierzig Jahren die meisten seiner Werke. Die Ruhe und die Landschaft der bäuerlichen Region entsprachen seinem zurückgezogenen Wesen. Buschs Geburtshaus ist heute ein ansprechendes Museum mit animierten Figuren aus den berühmten Bildergeschichten. Ein rund 2,5 km langer Rundgang führt zu Busch-relevanten Orten in der kleinen Gemeinde, in der übrigens noch heute einige Personen mit dem Nachnamen »Bolte« leben.

DIE LETZTEN ZEHN JAHRE seines Lebens verbrachte der Humorist in Mechtshausen am Harz, das heute zu Seesen gehört. Das geräumige Pfarrhaus, in dem er mit seiner Schwester Fanny und der Familie seines Neffen lebte, ist heute ein Museum, in dem die Wohn- und Arbeitszimmer Buschs besichtigt werden können. Auf dem Friedhof des Dorfes wurde Wilhem Busch 1908 beerdigt. »Wilhelm Busch« steht auf dem schlichten Grabstein – mehr ist auch nicht nötig. ∎

## IN KÜRZE

**LAGE** Niedersachsen

**ORTE** Hannover, Wiedensahl, Mechtshausen, Ebergötzen

**INFO** Wilhelm Busch Museum Georgengarten 30167 Hannover Tel. 0511 16 99 99 11 www.karikaturmuseum.de

Wilhelm-Busch-Haus Mechtshausen Pastor-Nöldeke-Weg 7 38723 Seesen-Mechtshausen Tel. 05384 908 86 www.wilhelm-buschhaus.de

IM ZWEITEN STREICH von Max und Moritz stibitzen die beiden die gebratenen Hühner der Witwe Bolte.

RECHTS Das alte Pfarrhaus in Wiedensahl, dem Geburtsort von Wilhelm Busch.

**MAX UND MORITZ** Mit neun Jahren kam Wilhelm Busch in die Obhut seines Onkels Pastor Georg Kleine nach Ebergötzen bei Göttingen. »Gleich am Tage nach der Ankunft schloss ich Freundschaft mit dem Sohne des Müllers«, schrieb Busch in Erinnerung an diese Zeit. Die beiden unzertrennlichen Freunde standen Pate für Buschs berühmtes Lausbubenduo Max und Moritz. Der pausbäckige Müllerssohn Erich Bachmann war Vorbild für den kräftigen Max, Wilhelm Busch für Moritz mit der frechen Tolle. Die Wassermühle der Bachmanns aus dem 18. Jh. ist heute restauriert und eine Gedenkstätte für Wilhelm Busch.

# 35

## WÄLDER, KLIPPEN, SILBERGRUBEN
## MIT HEINRICH HEINE DURCH DEN HARZ

Zum Dichterfürsten Goethe reiste Heinrich Heine 1824 nach Weimar. »Die Harzreise« ist die einfühlsame und humorvolle Beschreibung seiner Eindrücke und Erlebnisse auf der Etappe von Göttingen bis zum Gipfel des Brocken.

Als Heinrich Heine im September 1824 den Harz erkundete, reiste man noch zu Fuß, zu Pferde und mit der Postkutsche. Vier Wochen war der damalige Student der Jurisprudenz unterwegs, um von Göttingen durch die Wälder und Schluchten des Harzes zu Goethe nach Weimar und wieder zurück zu gelangen. Mit der niedersächsischen Universitätsstadt stand er damals auf Kriegsfuß: »Die Stadt Göttingen, berühmt durch ihre Würste und Universität … enthält 999 Feuerstellen, diverse Kirchen, eine Entbindungsanstalt, eine Sternwarte, einen Karcer, eine Bibliothek und einen Ratskeller, wo das Bier sehr gut ist. … Die Stadt selbst ist schön, und gefällt einem am besten, wenn man sie mit dem Rücken ansieht«, ätzte er in der 1826 veröffentlichten »Harzreise«. Hinsichtlich der Würste kann man Heine nur zustimmen, immerhin stehen die Wurstsorten »Stracke« und der »Feldkieker« auf der Liste der geografisch geschützten Lebensmittel der EU. Und süffiges Bier wird in Göttingen seit Jahrhunderten gebraut. Doch Göttingen hat noch mehr zu bieten. Bevor man sich auf den Weg in den Harz macht, lohnt ein Blick in den Karzer der Georg-August-Universität, in dem sich zahllose Studenten mit Malereien die Haftzeit verkürzten. Die Kritzeleien Otto von Bismarcks sind in das Bismarckhäuschen am mittelalterlichen Stadtwall verbracht worden, in dem der ehemalige Reichskanzler als Student wohnte. Bei einem Bummel durch die historische Innenstadt entdeckt man das gotische Alte Rathaus aus dem 13. Jh., das einst das Gefängnis beherbergte und mit prächtigen Wandbildern ausgeschmückt ist. Am Marktplatz lockt im Gewölbekeller des mittelalterlichen Gildehauses »Schuhhof« eine Einkehr in der Gaststätte. Danach grüßt man noch die Gänseliesel auf ihrem Brunnen und fährt dann auf Heines Spuren gen Nordosten nach Osterode.

»IN PECHDUNKLER NACHT« kam Heine an seinem ersten Reisetag in dem mittelalterlichen Städtchen an, »müde wie ein Hund« schlief er dort »wie ein Gott«. Am nächsten Morgen interessierten ihn weniger die mittelalterliche Stadtmauer oder die adretten historischen Fachwerkhäuser rund um den Marktplatz, denn die Ruine der Alten Burg. Von der steht – zu Heines Enttäuschung – jedoch nur noch ein Rest des Bergfrieds. Das romantische Flair des verwitterten Turms konnte er nicht schätzen.

BERGAUF geht es nun nach Clausthal, und nach einem letzten Blick von der Höhe auf Osterode, das »mit seinen roten Dächern aus den grünen Tannenwäldern hervorguckt wie eine Moosrose«, werden die Berge des Oberharzes noch steiler. Clausthal war damals eine rege Bergbaustadt und wie heute ein modernes Technikzentrum mit einer eigenen Bergbauschule, der heutigen TU Clausthal. Hier wurden die Berg- und Hüttenleute für das Oberharzer Bergrevier ausgebildet, das zu Heines Zeiten mit seinen zahlreichen Gruben und Hütten

JEDER FRISCH promovierte Doktor muss in Göttingen die Gänseliesel auf ihrem Brunnen vor dem Alten Rathaus küssen. Die Figur auf dem Brunnen ist allerdings seit 1990 eine Kopie – das Original von 1901 befindet sich im städtischen Museum.

LAGE
Niedersachsen, Sachsen-Anhalt

LÄNGE
110 km plus 25 km Brockenwanderung, insgesamt 2–4 Tagesetappen

START Göttingen (150 m)

ZIEL Ilsenburg (250 m)

BESONDERHEIT
Fahrt mit der Brockenbahn

INFO
Altes Rathaus
Markt 9
37073 Göttingen
Tel. 0551 49 98 00
www.goettingen-tourismus.de

Harzer Tourismusverband
Marktstr. 45
38640 Goslar
Tel. 05321 3 40 40
www.harzinfo.de

149

Das Brockengespenst hat schon so manchem einen Schrecken eingejagt. Doch keine Angst, hinter der Erscheinung steckt nur der Nebel. Fällt der Schatten eines Beobachters auf eine Nebelwand, erscheint er optisch vergrößert und bewegt sich mit der Wallung des Nebels gespenstisch mit. Wird zudem das Licht auf bestimmte Weise in den Nebeltröpfchen gebrochen, ergibt sich ein leuchtend farbiger Ring, die »Glorie«.

zu den größten Industrieregionen Europas zählte. Heine gefiel es in Clausthal: Hier schmeckte ihm das Essen, lernte er die Lieder und Märchen der Bergarbeiter kennen und ließ sich »auch die Gebete hersagen, die sie in Gemeinschaft zu halten pflegen, ehe sie in den dunklen Schacht hinuntersteigen«. Er besuchte die Silberhütten, in denen er »wie oft im Leben, den Silberblick« verfehlte und die Münze – als Laie also offenbar wenig erkennen konnte. Faszinierend fand er die zwei »vorzüglichsten Klausthaler Gruben der ›Dorothea‹ und ›Karolina‹«, die er als »die schmutzigste und unerfreulichste Karolina, die ich je kennen gelernt habe«, beschrieb. Heines Abstieg in die damals noch betriebene Grube war für ihn unheimlich und nicht ungefährlich. Heute kann man den harten Arbeitsalltag der damaligen Bergarbeiter gefahrlos in einem Stollen nachvollziehen, den das Oberharzer Bergwerksmuseum in Zellerfeld mit Originalteilen aus verschiedenen Gruben nachgebaut hat. Abenteuerlustige zieht es zum Kaiser-Wilhelm-Schacht in Clausthal, wo man mit Gummistiefeln, Helm und Geleucht ausgestattet die engen unterirdischen Stollen der Harzwasserwerke erkundet. Sie sind Teil des Oberharzer Wasserregals, mit dem einst die Gruben entwässert wurden.

IN GOSLAR suchte Heine »viele uralte Kaisererinnerungen«, musste jedoch feststellen, dass der Dom bis auf die Vorhalle abgerissen und der romanische Kaiserstuhl nach Berlin verbracht worden war. Heute steht der reich verzierte Thronsitz aus Bronze wieder in der Kaiserpfalz des »Nordischen Roms«. Im Kaiserhaus, dem größten erhaltenen deutschen Profanbau aus dem 11. Jh., wurden 200 Jahre lang die Geschicke des Heiligen Römischen Reichs bestimmt. Von Goslars einstiger Bedeutung kündet auf dem Brunnen am Marktplatz auch der vergoldete Reichsadler. Ringsum stehen das gotische Rathaus mit dem ausgemalten Sitzungssaal, das mit reich beschnitztem Fachwerk verzierte Patrizierhaus »Brusttuch« und das »Kaiserworth« genannte ehemalige Gildehaus der Kaufleute. Das auffällig rote Gebäude zieren barocke Kaiserfiguren, die für Heine »wie gebratene Universitätspedelle« aussahen. Wer genau schaut, entdeckt an der linken Seite unter der Statue der Abundantia, der römischen Göttin des Überflusses, das »Dukatenmännchen« – so einen »Geldscheißer« könnte man gut gebrauchen!

WIE DIE KAISERPFALZ und die Altstadt mit den engen Kopfsteinpflastergassen und romantischen Fachwerkhäusern gehört auch das oberhalb Goslars gelegene Erzbergwerk Rammelsberg zum Welterbe der UNESCO. Rund tausend Jahre grub man dort die Schätze aus dem Boden, heute ist die Anlage ein Museum mit beeindruckendem Schaubergwerk. Untertage lässt man sich von bunt schillernden Mineralien faszinieren, fährt mit der Grubenbahn 500 Meter tief in den

**NATIONALPARK HARZ** In dem knapp 250 km² großen Schutzgebiet führen zahllose Wege durch Buchen- und Fichtenwälder, Heidegebiete, Schluchten und Moore. Von der Brockenanemone bis zur Starren Segge reicht die Palette der rund tausend Pflanzenarten, von denen einige nur hier gedeihen. Mit etwas Glück erspäht man Rothirsche, Wanderfalken, Feuersalamander und andere, teils seltene Tiere. Nur der scheue Luchs, der hier wieder ausgewildert wird, lässt sich wohl ausschließlich in einem Schaugehege an der Rabenklippe beobachten.

LINKS Der goldene Adler ist seit dem 14. Jh. das Wappentier der Stadt Goslar. Die Bronzeskulptur krönt einen Brunnen auf dem Marktplatz,

RECHTS In der historischen Eisenmanufaktur Fürst-Stolberg-Hütte in Ilsenburg fließt aus einer sogenannten Kranpfanne, eine durch einen Kran bewegte Gießpfanne, flüssiges Eisen in eine Form.

OBEN Diese schöne Renaissancefassade ziert das Schrödersche Haus in Göttingen.

LINKS Die St.-Jacobi-Kirche in Göttingen wurde zwischen 1361 und 1433 erbaut. Die dreischiffige gotische Hallenkirche wird heute von der evangelisch-lutherischen Gemeinde genutzt. Im Bild ein Blick ins Innere der Kirche mit dem Orgelprospekt.

DER HEXENTANZ-
PLATZ THALE
am Brocken ist von
Thale aus mit dem
Auto, zu Fuß oder per
Seilbahn erreichbar.

DAS WASSER DER ILSE sucht sich seinen Weg durch die bemoosten Felsblöcke am Ilsenstein bei Ilsenburg.

Berg hinein und entdeckt, stilecht in Bergmannkleidung gewandet, in einem 800 Jahre alten Stollen mittelalterliche Bergbaugeschichte.

VON GOSLAR wanderte Heine »halb auf Geratewohl« weiter – sein nächstes Ziel war der Brocken. Begeistert beschrieb er den Abstieg vom 1141 m hohen Gipfel des höchsten Bergs des Harzes durch das »gesegnete« Ilsetal hinab nach Ilsenburg. Der Ort war früher bekannt für seine gusseisernen Herdplatten und andere Formgüsse, in der Fürst Stolberg Hütte kann man heute bei einem Schaugießen zusehen. In dem Luftkurort am Rand des Nationalparks Harz stehen darüber hinaus seit über tausend Jahren die romanischen Klöster Ilsenburg und Drübeck. Die imposanten Anlagen sind Stationen der »Straße der Romanik« und durch den drei Kilometer langen »Klosterwanderweg« miteinander verbunden. Ehrgeizigere Sportler steigen von Ilsenburg jedoch auf dem »Heinrich-Heine-Weg« durch das wildromantische Ilsetal hinauf zum Brocken – eine lohnende, aber schweißtreibende Wanderung durch wilde Buchenwälder und vorbei an bizarren Felsformationen. »Und ich glaube, auch Mephisto muss mit Mühe

Atem holen, wenn er seinen Lieblingsberg ersteigt; es ist ein äußerst erschöpfender Weg«, wusste Heine zu berichten. Auf der rund 25 km langen Rundtour entlang der »lieblichen, süßen Ilse«, die mit »Fröhlichkeit, Naivetät und Anmut ... sich hinunter stürzt über die abenteuerlich gebildeten Felsstücke«, müssen 800 Höhenmeter in teilweise steilem Gelände überwunden werden.

EIN ERSTER HÖHEPUNKT entlang der Strecke ist der 150 m hohe Ilsenstein, auf dessen Gipfel Heine schwindlig wurde. In »Seelennot« musste er sich an das eiserne Gipfelkreuz klammern. Vorbei an den Kaskaden der Ilsefälle verläuft der Anstieg durch unberührte Natur hinauf zur Bismarckklippe, die eine herrliche Aussicht auf Wälder, Berge und die Eckertalsperre ermöglicht. Auf dem baumlosen Brockenplateau schließlich ist man selten allein, bringt doch allein die Brockenbahn jährlich rund eine Million Besucher auf den Gipfel. Doch aller touristische Trubel kann nicht verhindern, dass einen die herbe Landschaft und der fantastische Fernblick in den Bann zieht – wenn nicht einer der rund 300 berüchtigten Nebeltage im Jahr herrscht und einen das Brockengespenst erschreckt. ∎

Teiche, Talsperren, Wasserläufe, Aquädukte und Mundlöcher, in denen das Wasser aus Gräben verschwindet, gehören zum Oberharzer Wasserregal. Mit diesem ausgeklügelten System wurde das Wasser auf die Wasserräder geleitet, die die Pumpen und Seilwinden in den Bergwerken antrieben. Die meisterliche Ingenieurleistung aus vorindustrieller Zeit war maßgeblich für den wirtschaftlichen Erfolg des Harzer Bergbaus verantwortlich.

**HEXEN AM BLOCKSBERG** In Mythen und Sagen ist der Brocken der legendäre Blocksberg, auf dem sich in der Walpurgisnacht die Hexen versammeln, um mit dem Teufel den Hexensabbat zu feiern. Zu dem erotischen Treiben ließ sich auch Goethes Faust von Mephisto verführen. Wer in früheren Jahrhunderten beschuldigt wurde, an einem Hexensabbat teilgenommen zu haben, musste als »Hexe« mit Folter und Tod rechnen. Heute herrscht in der Nacht zum 1. Mai rund um den Brocken Volksfeststimmung. Zehntausende selbsternannte Hexen und Hexer aus ganz Deutschland feiern bei den Veranstaltungen mit Musik und Feuerwerk in den umliegenden Harzer Gemeinden die Walpurgisnacht.

Göttingen — 52 km — Osterode — 13 km — Clausthal — 13 km — Goslar — 32 km — Ilsenburg

**35** EIN AUFENTHALT IM KARZER war im 19. Jh. für Studenten fast Ehrensache, viele verewigten sich durch Zeichnungen und Sprüche wie hier in Göttingen – diese Graffitis gelten heute als Kulturdenkmale.

Ich sitze hier in diesem Laden,
während andere gehn zum Baden.
da muß Alkohol her als Trost!
Hupp! Jetzt ist mir wohler.

i. F.
H. Poullain. F!

LINKS »Rapunzel, Rapunzel,/ Laß dein Haar herunter.« – Am Turm der mittelalterlichen Burg von Trendelburg – heute als Hotel genutzt – lässt tatsächlich allwöchentlich ein Rapunzel seine goldenen Flechten vor staunenden Kinderaugen hinunter.

UNTEN LINKS Auf dem Brüder-Grimm-Pfad in Marburg trifft man immer wieder auf alte Bekannte, wie hier die sieben Geißlein.

UNTEN RECHTS Die obere Halle des Bremer Rathauses hat gewaltige Ausmaße: Sie ist 40 m lang, 13 m breit und 8 m hoch. An der Decke hängen Modelle von ehemaligen Kriegs-schiffen der Handelsflotte.

# 36

## IM LAND DER BRÜDER GRIMM
## DIE MÄRCHENSTRASSE IN HESSEN

Die »Kinder- und Hausmärchen« der Brüder Grimm gehören zu den berühmtesten Büchern deutscher Sprache. Auf den Spuren von Rotkäppchen, Rapunzel und Dornröschen führt die Märchenstraße durch die Heimat der genialen Sprachforscher.

Von Hessen nach Niedersachsen, zur Rattenfängerstadt Hameln und zu vielen anderen sagenhaften Orten erstreckt sich die Deutsche Märchenstraße. Über 600 km sind es von Hanau bis zu den Bremer Stadtmusikanten. In Hanau wurden Jacob 1785 und Wilhelm Grimm 1786 geboren. An die berühmten Söhne der Stadt erinnert das Brüder-Grimm-Nationaldenkmal auf dem Neustädter Marktplatz, dahinter leuchtet der rote Sandstein des barocken Rathauses. In vergangene, verspielte Zeiten zurückversetzt fühlt man sich in Hanau vor allem im Park von Wilhelmsbad samt Burgruine und Eremitage, wo im ehemaligen Kurhaus das Puppenmuseum nicht nur Kindern gefällt. Wirklich märchenhaftes Flair verströmen im nahen Steinau an der Straße ein Renaissance-Schloss aus dem 16. Jh. und die Teufelshöhle mit ihren mächtigen Tropfsteinen. Das Haus der Grimms, in dem Jacob und Wilhelm ihre Kindheit verbrachten, ist heute ein hübsches Museum.

»ES WAR EINMAL ein kleines Mädchen...«, das von seiner Großmutter »ein Käppchen von rotem Samt« geschenkt bekam und es von da immerfort getragen habe. Ein rotes Häubchen, die Betzel, gehört auch zur Tracht der jungen Frauen im Schwalmer Land – benannt nach dem Fluss Schwalm –, das von Steinau Richtung Norden jenseits des Basaltmassivs des Vogelsbergs liegt. Die Schwalm hat sich aus diesem Grund selbst zum Rotkäppchenland geadelt. Durch das Rotkäppchenland kommt man nach Marburg,

wo die Brüder Grimm kurz nach 1800 im Schatten des prächtigen Landgrafenschlosses mit eher mäßiger Begeisterung Jura studierten – Jacob hat seinen juristischen Abschluss nie abgelegt. Bei Professor Friedrich Carl von Savigny büffelten sie die Juristerei, entdeckten aber vor allem ihre Liebe zur deutschen Volkspoesie. Marburgs Umgebung fand Jacob »sehr schön«, die Stadt selbst aber »sehr häßlich. Ich glaube, es sind mehr Treppen auf den Straßen als in den Häusern«. Der regen Universitätsstadt mit ihren romantischen Treppengassen und Fachwerkhäusern wird dies keinesfalls gerecht. Die Brüder wohnten dort in der malerisch am Hang gelegenen Oberstadt in der Barfüßerstraße 35 in einem Fachwerkhaus aus dem 17. Jh. Das berühmteste Bauwerk der Stadt ist jedoch die Elisabethkirche aus dem 13. Jh.

WENN ROTKÄPPCHEN in der Schwalm lebte, dann stammte Schneewittchen manchem Heimatforscher zufolge aus Bad Wildungen. Dort lebte einst Margarethe von Waldeck im gräflichen Barockschloss Friedrichstein. Die schöne Prinzessin fand einen frühen Tod, weil sie heimtückisch vergiftet wurde. Die sieben Zwerge könnten Bergarbeiter aus dem nahen »Schneewittchendorf« Bergfreiheit gewesen sein, die schon als Kinder untertage nach Achaten schürfen mussten. Den Spuren des Märchens kann man in Bergfreiheit im Besucherbergwerk Bertsch und im Schneewittchenhaus folgen, wer es romantischer mag, legt auf dem Weg nach Kassel in

LAGE
Hessen (vorgeschlagene Teilstrecke)

LÄNGE
ca. 600 km (von Hanau bis Bremen), Länge der vorgeschlagenen Teilstrecke 370 km, insgesamt 2–4 Tagesetappen

START Hanau

ZIEL Kassel

BESONDERHEIT
Märchenerzähler und -aufführungen in den Orten entlang der Strecke

INFO
Deutsche Märchenstraße e. V.
Kurfürstenstr. 9
34117 Kassel
Tel. 0561 92 04 79 10
www.deutsche-maerchenstrasse.de

Hauptsächlich von Kassel aus trugen die Brüder Grimm über 200 Märchen aus mündlichen und schriftlichen Quellen zusammen. Dabei geholfen haben ihnen »Informanten« vor allem aus Hessen und Westfalen. Zu ihren bekanntesten Quellen gehört Dorothea Viehmann (1755–1815), die zahlreiche französische Märchen beisteuerte. Dorothea Viehmann war die Tochter des Wirts der Knallhütte in Rengershausen, das heute zu Baunatal gehört.

der Dom- und Kaiserstadt Fritzlar eine Pause ein. Der wunderbar erhaltene mittelalterliche Stadtkern samt mächtigem St.-Petri-Dom, Stadtmauer und Wachtürmen wirkt selbst wie eine Märchenkulisse. Ein Prinz auf hohem Ross würde hier nicht weiter stören.

IN WOLFHAGEN lässt man sich nicht weiter vom bösen Wolf erschrecken, der mit dem siebten Geißlein am Brunnen am historischen Marktplatz lauert – er ist aus Bronze. Zwischen Fachwerkhäusern, vorbei am gotischen Rathaus und an Laternen mit Märchen- und Sagenmotiven führt der Weg danach in Trendelburg zur gleichnamigen Burg mit einem markanten Turm, der mit der Geschichte von Rapunzel in Verbindung gebracht wird. So könnte der Gefängnisturm des schönen Mädchens wirklich ausgesehen haben.

DASS DORNRÖSCHEN einst in der Sababurg hundert Jahre hinter einer Dornenhecke schlief, davon waren noch im 19. Jh. viele überzeugt. Wildromantisch verwachsen war das Jagdschloss mitten im Reinhardswald, bis es in den 1950er-Jahren renoviert wurde. Heute finden sich hier ein Märchenrundgang, ein Theater, ein Restaurant, ein Hotel, ein Zoo

und in unmittelbarer Nähe der Urwald Sababurg. In diesem verzaubert wirkenden Wald kann man sich jedes Märchen vorstellen. Auf eine ganz andere Weise märchenhaft ist dagegen in Kassel der Bergpark Wilhelmshöhe. Dort sprudeln nachts magisch beleuchtete Wasserspiele, sieht die romantische Löwenburg aus, als wäre sie aus einem Märchenbuch gefallen, und wacht ein gigantischer Herkules über die Stadt.

DIE BRÜDER GRIMM verbrachten in Kassel laut eigener Aussage die »glücklichsten Jahre«, 1812 veröffentlichten sie hier den ersten, 1815 den zweiten Band der »Kinder- und Hausmärchen«. Bis heute ist die Anthologie ein weltweiter Bestseller und in rund 170 Sprachen übersetzt. Die »Kasseler Handexemplare« beider Bände mit handschriftlichen Anmerkungen der Grimms gehören mittlerweile zum Weltdokumentenerbe der UNESCO. Sie sind der größte Schatz der 2015 eröffneten GRIMMWELT. Zu entdecken gibt es in der modernen, interaktiven Ausstellung Unterhaltsames und Wissenswertes über Leben und Werk von Jacob und Wilhelm Grimm, deren »Malerbruder« Ludwig Emil und die Geschichte der Grimm'schen Märchen. ∎

UNTERWEGS ZU FRAU HOLLE Die wenigsten Orte an der Märchenstraße lassen sich real mit Märchen verbinden, eine Ausnahme bildet jedoch der Hohe Meißner im Werratal südöstlich von Kassel. Er gilt als Berg der Frau Holle – jedoch nicht der schneebringenden Märchenfigur der Brüder Grimm, sondern einer sehr viel älteren Sagengestalt. Der Frau-Holle-Teich auf dem Plateau des 753 m hohen Berges soll dem Mythos zufolge das Tor zu ihrem Reich sein und der Volksglaube geht davon aus, dass aus dem Gewässer die kleinen Kinder kommen. Dazu gehört auch die Kitzkammer, eine Höhle, in der Frau Holle streitsüchtige Mädchen eingesperrt und in Katzen verwandelt haben soll.

Hanau · 51 km · Steinau · 95 km · Alsfeld · 47 km · Marburg · 57 km · Bad Wildungen (Bergfreiheit) · 14 km · Fritzlar · 28 km · Wolfhagen · 45 km · Trendelburg / Reinhardswald · 36 km · Kassel

## FRANKREICHIMPORT
### »ROTKÄPPCHEN«

Wer kennt sie nicht, die Geschichte von dem Mädchen mit dem roten Käppchen, das auf einen Wolf in den Kleidern der Großmutter hereinfällt? Ein rotes Häubchen, die Betzel, ist Bestandteil der Tracht der jungen Frauen im Schwalmer Land, die Verbindung mit dem Märchen – wenn auch historisch nicht verbürgt – war deshalb naheliegend. Denn das Märchen stammt aus Frankreich und wurde den Grimms über Dorothea Viehmann, die hugenottische Vorfahren hatte, zugetragen. Bewundern kann man den markanten Kopfputz in und rund um Alsfeld bei vielen Festen sowie im »Märchenhaus«, das stilecht in einem Fachwerkhaus von 1628 residiert.

UNTEN LINKS Statue der »Bremer Stadtmusikanten« (1951) am Bremer Rathaus von Gerhard Marcks.

UNTEN RECHTS Die Elisabethkirche in Marburg ist Deutschlands älteste rein gotische Hallenkirche.

**36** DER URWALD
SABABURG ist ein
geschützter und
sich selbst überlas-
sener Waldbereich
im Reinhardswald,
ganz in der Nähe der
als »Dornröschen«-
Schloss bezeichneten
Sababurg.

فوق الن...
سكينة ،
و في رؤ...
بالكاد
تشعر بن...
في الغاب...
تصمت...
إنتظر قل...
قريبا ت...

*arabisch*

Горные вершины
Спят во тьме ночной,
Тихие долины
Полны свежей мглой;

Не пылит дорога,
Не дрожат листы...
Подожди немного-
Отдохнёшь и ты!

Michail Lermontow · russisch

மலை... ... ... ... அமைதி
மர... ... ... ... மெல்லிய
... ... ... ... ...றாயில்லை;
பறவைகள் மௌனமாயுள்ளான்;
நீயும் விரைவில் அடங்குவாய்.

tamilisch

Қараңғы түнде тау қалғып,
Ұйқыға кетер балбырап.
Даланы жым-жырт дел-сал ғып,
Үн басады салбырап.

Шаң шығармас жол-дағы,
Сілкіне алмас жапырақ.
Тыншығарсың сен-дағы
Сабыр қылсаң азырақ.

Abai (Ibrahim) ... kasachisch

**Bütün**
**Yücelerde sessizlik.**
**Yok bir soluk bile**
**Ağaç doruklarında,**
**Susuyor ormanda öten kuşlar;**
**Çok geçmez, bekle**
**O sessizlik saracak seni de.**

türkisch

J. W. Goethe
6. September 1780

WANDRERS NACHTLIED

ÜBER ALLEN GIPFELN
IST RUH,
IN ALLEN WIPFELN
SPÜREST DU
KAUM EINEN HAUCH;
DIE VÖGELEIN SCHWEIGEN IM WALDE.
WARTE NUR, BALDE
RUHEST DU AUCH.

Sobre todas las cimas
Hay paz;
En ninguna colina
Oirás
Apenas una brisa.
Se acalla el piar en el bo...
Aguarda, la noche
Te acecha también.

Rosa Sala · spanisch

Over all of the...
Peace comes a...
The woodland...
All through;
The birds make...
Wait a while...
Soon now
Peace comes to...

John Whaley · englisch

Sur tous les sommets
L...
Aux cimes des arbres
A... perçois,
Un...
Dans les bois les oiseaux
Pa... Toi aussi
bien...
Tu reposeras.

Pierre Deshusses / Sibylle Muller · französisch

Su tutte le vette
è pace.
in tutte le cime (degli albe...
trasenti
appena un respiro.
I piccoli uccelli tacciono n...
Aspetta un poco, presto
riposerai anche tu.

Lavinia Mazzucchetti · italienisch

על כל גבעות סביב
מרגוע,
אך רחש צמרת תקשיב
לא נע,
לא הגה. לא קול;
גם עוף היער שבת.
עוד מעט, ושקט.
גם לבד עם הכל.

Izchak Katznelson · hebräisch

Dag på bergens kammar
Nu dör.
Bland skogens stammar
Ej du hör
Fåglarnas röst...
...

# 37

## INBEGRIFF DER DEUTSCHEN KLASSIK
## GOETHE IN WEIMAR

Keine große Stadt und doch ein historisches Schwergewicht: Weimar verlieh der ersten deutschen Republik seinen Namen. Sein »Goldenes Zeitalter« erlebte das Städtchen nahe Erfurt zu Lebzeiten von Johann Wolfgang von Goethe.

Wieland liegt außerhalb von Weimar in Oßmannstedt begraben und Herder in »seiner« Kirche St. Peter und Paul. Dort predigte er als Generalsuperintendent mit Blick auf ein wunderbares Altarbild von Vater und Sohn Cranach aus dem Jahr 1552. Schiller fand seine letzte Ruhe in der Fürstengruft auf dem Historischen Friedhof – zumindest symbolisch, denn sein Sarg ist leer. Die sterblichen Überreste des Dramatikers sind schlicht verlorengegangen. Das vierte strahlende Gestirn der Weimarer Klassik ist neben seinem Freund zu Lebzeiten bestattet. »Goethe« steht in geschmiedeten Lettern auf dem polierten Eichensarg des berühmtesten Dichters der Deutschen. Der schön angelegte Parkfriedhof gehört als Teil des »Klassischen Weimars« zum Welterbe der UNESCO, und bei einem Spaziergang entdeckt man auch das Grab Charlotte von Steins. In der Fürstengruft ist zudem Großherzog Carl August von Sachsen-Weimar-Eisenach bestattet, der 1775 Goethe nach Weimar holte. Der Dichter, der sich so der Enge des »langsam bewegten bürgerlichen Kreises« in Frankfurt entzog, wurde Legations- und später Geheimer Rat im Dienste des Herzogs, ab 1815 Staatsminister.

WEIMAR GENOSS zu jener Zeit bereits einen Ruf als kulturelles Zentrum, war aber alles andere als eine prächtige Residenzstadt. Das herzogliche Residenzschloss war gerade einem Brand zum Opfer gefallen und die Bevölkerung zählte nur wenige tausend Seelen. Mangels ergiebiger Territorien und schlagkräftiger Militärmacht war das Herzogtum politisch ein kleines Licht. Modernes ökonomisches Geschick zeigte jedoch der Literat, Verleger und Unternehmer Friedrich Justin Bertuch. Er gab mit dem »Journal des Luxus und der Moden« erfolgreich Europas erste Illustrierte heraus und gründete mit seiner Frau Caroline eine Manufaktur für Kunstblumen. Deren berühmteste Putzmacherin lebte mit ihrer Familie in der Lutherstraße 5 und war ein Mädchen der verarmten »mittleren Classen« namens Christiane Vulpius. Goethes spätere Ehefrau arbeitete in dem großzügigen klassizistischen Bürgerhaus der Familie Bertuch, das heute Weimars Stadtmuseum beherbergt.

GOETHE SELBST lebte in seinen ersten Weimarer Jahren in seinem Gartenhaus im Park an der Ilm, den er im englischen Stil mitgestaltete. Von dort war es nicht weit zum barocken Heim seiner engen Freundin und Vertrauten Charlotte von Stein. Das herzogliche Pendant zu Goethes Gartenhaus war im Süden des Parks das Römische Haus, dessen Bau er höchstpersönlich überwachte. Einem griechischen Tempel ähnlich, bildet dieses erste klassizistische Gebäude der Stadt einen gestalterischen Höhepunkt der idyllischen Anlage. Für Goethe blieb sein Gartenhaus im malerischen Grünen immer eine Zufluchtsstätte und ein Ort der Kreativität, hier feilte er am »Egmont« und am »Torquato Tasso«, schrieb Singspiele und Farcen für den

BEI EINER WANDERUNG auf den Kickelhahn, den Hausberg von Ilmenau, soll Goethe am 6. September 1780 mit Bleistift seine wohl berühmtesten Zeilen an die Holzwand der Jagdaufseherhütte geschrieben haben.

LAGE
Thüringen
....................................

INFO
Klassik Stiftung Weimar
Burgplatz 4
99423 Weimar
Tel. 03643 54 54 00
www.klassik-stiftung.de

Auf den Spuren Goethes in der Stadt: Goethes Gartenhaus Park an der Ilm

Goethe-Nationalmuseum Frauenplan 1

Herzogin Anna Amalia Bibliothek Platz der Demokratie 1

Schiller-Museum Schillerstr. 12
....................................

Das Deutsche Nationaltheater in Weimar hat Geschichte geschrieben. Unter Goethe, der das damalige Hoftheater von 1791 bis 1817 leitete, fanden bedeutende Uraufführungen statt. Ab 1842 läutete Franz Liszt als Kapellmeister das »Silberne Zeitalter der Tonkunst« in Weimar ein. Im 1908 neu erbauten und wieder eröffneten Haus tagte 1919 die Nationalversammlung und verabschiedete die demokratische Verfassung der Weimarer Republik.

Hof sowie zahllose Gedichte. 1782 zog er in ein barockes Haus am Frauenplan, in dem er in den folgenden 50 Jahren wohnen und arbeiten sollte. Die Zimmer und der ummauerte Garten des Gebäudes waren lange Zeit das enge Reich von Christiane von Goethe, die in Weimars Gesellschaft kaum akzeptiert wurde. Das Goethehaus ist weitgehend so erhalten, wie es in den letzten Lebensjahren des Dichters aussah. Im benachbarten Goethe-Nationalmuseum informiert eine Dauerausstellung über eine Vielzahl von Aspekten in seinem Leben und Werk.

BEEINDRUCKENDER wurde Weimars Stadtbild durch das neu erbaute Stadtschloss, für das Goethe ebenfalls die Bauleitung übertragen wurde. In dem klassizistischen Prachtbau residierte Herzog Carl August ab 1803, heute präsentiert dort das Schlossmuseum Kunst vom Mittelalter bis zur Moderne. Höhepunkt der Sammlung ist zweifellos die Galerie mit Werken von Lucas Cranach dem Älteren, der 1553 in Weimar gestorben ist, und anderen Vertretern der älteren deutschen Malerei. Die Herzoginmutter Anna Amalia lebte im barocken Wittumspalais, wo ihre ständeübergreifenden »Tafelrunden« mit Goethe, Herder und Wieland als festen Gästen, mit Adeligen, Künstlern und Intellektuellen zu einem Inbegriff der Aufklärung wurden. Weimars Goldenes Zeitalter der Klassik läutete die

kunstsinnige Regentin und Mäzenin mit der Berufung Christoph Martin Wielands als Lehrer für ihre Söhne ein, Dichtung und Wissen ihrer Zeit sammelte sie in der Herzogin Anna Amalia Bibliothek im Grünen Schloss, deren zauberhafter Rokokosaal nach einem verheerenden Brand wieder restauriert ist. Goethe betreute die Bibliothek, darüber hinaus erfüllte er vor allem in seinen ersten Jahren in Weimar am »Musenhof« von Anna Amalia neben seinen politischen Aufgaben auch die eines »directeur des plaisirs«, wie Herder spöttelte, eines »Hofpoeten« und »Verfassers von schönen Festivitäten«. Für Goethe war dies eine lästige Pflicht »im Dienste der Eitelkeit«. Schauplatz der Feste, Maskeraden, ›lebende Bilder‹, Balletts und Theateraufführungen waren häufig Schloss Tiefurt, der Ilmpark oder Schloss Ettersburg. Dort am Etterberg, wo Goethe selbst den Orest in der »Iphigenie« spielte und Schiller »Maria Stuart« vollendete, ist es von der Lebenskunst und Intellektualität der Klassik nur ein kurzer Weg in die Barbarei. Durch den wunderschönen Park des Schlosses gelangt man auf der »Zeitschneise« entlang einer alten Jagdschneise durch den Wald direkt zum ehemaligen nationalsozialistischen Konzentrationslager Buchenwald. Weit über 50 000 Menschen wurden dort zwischen 1937 und 1945 auf grauenhafte Weise ermordet. ■

**GOETHESTADT ILMENAU** In staatlichen Diensten und zur Erholung hielt sich Goethe häufig in dem Städtchen Ilmenau am Thüringer Wald auf. »Anmutig Tal! du immergrüner Hain! Mein Herz begrüßt euch wieder auf das Beste...« – mit seinem Gedicht »Ilmenau« setzte er der Region ein poetisches Denkmal. Vom barocken Amtshaus am Markt in Ilmenau, heute das GoetheStadtMuseum, führt der 20 km lange Goethewanderweg durch die Altstadt zum Schwalbenstein, wo Goethe »nach einer Wahl von drei Jahren, den vierten Akt meiner Iphigenia an einem Tage, am 19. März 1779« schrieb. Wende- und Höhepunkt der Rundtour ist das Goethehäuschen, in dem er mit Bleistift »Wanderers Nachtlied« an der Wand hinterließ: »Über allen Gipfeln ist Ruh'...« Über Stützerbach mit seinem sehenswerten Goethe-Museum geht es zurück nach Ilmenau.

## CHRISTOPH MARTIN WIELAND
### ERZIEHER DER FÜRSTEN

Die seit 1758 verwitwete Herzogin Anna Amalia von Sachsen-Weimar beauftragte 1772 den Dichter Christoph Martin Wieland mit der Erziehung ihrer beiden Söhne. Der 1733 in der Nähe von Biberach geborene Aufklärer und Satiriker war einer der erfolgreichsten Schriftsteller seiner Zeit. Wieland bewohnte das Gut Oßmannstedt bei Weimar (links im Bild, heute Museum), wo auch Goethe und Schiller häufig zu Gast waren.

OBEN LINKS Das Wielandgut in Oßmannstedt ist heute Museum und Tagungsstätte.

OBEN RECHTS Der Kickelhahn mit der Jagdaufseherhütte im Winter – ein Lieblingsort Goethes.

MITTE Das ehemalige Weinberghaus im Park an der Ilm bewohnte Goethe zwischen 1776 und 1782.

LINKS Dieses 1857 eingeweihte Doppelstandbild der Freunde Goethe und Schiller steht vor dem Weimarer Nationaltheater.

# 38

## MINDESTENS ZWEI WIRTSHÄUSER
## TUCHOLSKY, DER WEIN UND DER SPESSART

Wirtshäuser, die von Schriftstellern besungen werden – der Spessart beflügelt seit Jahrhunderten die Fantasie der Dichter im Lande. Durch das Maintal nähert man sich langsam dem Gebirge, in dem einst die Räuber hausten.

Schon am ersten Tag stöhnt Kurt Tucholsky »Wir hätten sollen nicht so viel Steinwein trinken«. Mit den beiden »Halbirren« Jakopp, eigentlich Hans Fritsch, und »Karlchen« Erich Danehl unternimmt er im September 1927 eine äußerst weinselige Reise, die die drei Freunde von Würzburg in den Spessart führt. Am Abend ist in Ochsenfurt von der morgendlichen Schwäche nichts mehr zu spüren. Als dort am Rathaus die Uhr »sechs schlug, ließen wir die Würfel liegen und stürmten hinaus, um uns anzusehen, wie die Apostel ihre Köpfe heraussteckten, die Bullen gegeneinander anliefen und der Tod mit der Hippe nickte. Dann liefen wir aber sehr eilig wieder in die Wirtsstube, wo die Würfel auf dem Tisch plärrten …«

DIE FIGURENUHR am Lanzentürmchen des Rathauses ist seit 450 Jahren das Wahrzeichen der fränkischen Stadt, deren historischer Kern in einem wirklich ordentlichen Rechteck angelegt ist. Wer hier nach einem oder mehr Bocksbeuteln frische Luft schnappt, spaziert durch enge Gassen vorbei an mittelalterlichen Fachwerkhäusern zu den mächtigen Türmen der Stadtbefestigung oder zum ungerührt dahinströmenden Main, der an der imposanten steinernen Brücke aus dem 16. Jh. schon viele vom Wein Beglückte gesehen hat. Erfreulicherweise wird man heute als zu sehr Beglückter nicht mehr in das »Narrenhaus« unter der Freitreppe des Rathauses gesperrt. Dort rät eine Inschrift zur vornehmen Zurückhaltung: »hüt dich,

gee nit aus, dergreift man dich, man legt dich ins narenhaus.«

KLEINE SÜNDER inhaftierte man früher auch in Iphofen an der doppelläufigen Rathaustreppe, anscheinend eine fränkische Spezialität. Das prächtige barocke Palais lohnt einen genaueren Blick nicht nur wegen der beiden »Hundslöchli«, sondern auch wegen des kunstvollen Portals und der Wasserspeier. »Iphofen ist ein ganz verschlafenes Nest, mit sehr aufgeregten Gänsen…«, notiert Tucholsky, hier erfährt er durch einen »21er, tief wie ein Glockenton, das ganz große Glück. (Säuferpoesie…)«. Einen 1917er, »hell und zart wie der Frühsommer«, würde er am liebsten streicheln. In Iphofen, idyllisch mit seinem wunderbar erhaltenen mittelalterlichen und barocken Stadtkern, spielt der Wein eine Hauptrolle. Winzerfeste und Führungen durch die Weinberge – samt Verkostung – sind Hauptattraktionen des Städtchens.

IN KLOSTER BRONNBACH – Ort und Kloster sind heute Teil der Gemeinde Wertheim – »steht eine schöne Kirche; darin knallt das Gold des alten Barock auf weißgetünchten Mauern. Ein alter Klosterhof ist da, Mönche und die bunte Stille des Herbstes«. Nicht nur mit üppigem Barock bezaubert die über 850 Jahre alte ehemalige Zisterzienserabtei, sondern auch mit zierlicher Orangerie, Gärten, klassischen Konzerten – und natürlich einer Vinothek. Den Kurven der Tauber folgt man bis Wertheim, wo der »Main als ein Bilderbuchfluss dahinströmt«. Ein Roko-

**LAGE** Bayern (Unterfranken), Baden-Württemberg (Main-Tauber-Kreis)

**START** Würzburg (177 m)

**ZIEL** Lichtenau, ein Ortsteil der Gemeinde Rothenbuch (365 m)

**LÄNGE** 201 km

**INFO**
Infozentrum Naturpark Spessart Frankfurter Str. 2 Huttenschloss an der Mainbrücke 97737 Gemünden am Main Tel. 09351 60 39 47 www.naturpark-spessart.de

DAS WASSERSCHLOSS MESPELBRUNN wurde bekannt durch den Film »Das Wirtshaus im Spessart« (1957) nach der Novelle von Wilhelm Hauff. Das Schloss kann besichtigt werden.

Jahrzehntelang vermutete man Wilhelm Hauffs Wirtshaus im Spessart in Rohrbrunn. Der dortige Gasthof – heute eine Raststätte – betrieb damit fleißig Werbung. Als Hauff jedoch 1826 durch den Spessart reiste, verlief die Postkutschenstrecke nicht an Rohrbrunn, sondern am Mespelbrunner Ortsteil Hessenthal vorbei. An der Straße stand bereits das heutige »Gasthaus zur Post«, das Hauffs Beschreibung als »langes, aber niedriges Haus« exakt entspricht.

ko-Schlösschen im Hofgarten findet man hier, liebevoll restaurierte Fachwerkhäuser am Marktplatz, trutzige Wehrkirchen und mit der riesigen Burg Wertheim eine traumhaft malerische Burgruine. Von dort reicht der Blick über die Häuser und Türme der Stadt auf das Taubertal und das Mainviereck, in das sich der südliche Spessart schmiegt. Den Main entlang gelangt man nach Miltenberg, wo sich rund um den Renaissance-Brunnen am Marktplatz stolze Fachwerkhäuser präsentieren. Vom Bergfried der 900 Jahre alten Mildenburg blickt man weit über das Maintal, danach lockt eine Stärkung im »Gasthaus zum Riesen« in einem auffälligen Haus aus der Renaissance. In diesem vielleicht ältesten Gasthof Deutschlands soll schon Kaiser Barbarossa genächtigt haben. Sicher ist jedoch, dass hier einst Elvis Presley sein Rock'n'Roll-Königshaupt gebettet hat.

HINAUF GEHT ES NUN in den Spessart nach Mespelbrunn. Mitten im Wald steht dort ein Renaissance-Wasserschloss komplett mit Türmchen, Ahnengalerie und gräflicher Familie. Fans des deutschen Nachkriegskinos wissen, dass hier – und am Marktplatz in Miltenberg – 1957 »Das Wirtshaus im Spessart« ge-

dreht wurde. Lilo Pulver spielte damals die Hauptrolle. Heute finden vor der Kulisse des Schlosses Freilichtaufführungen vom »Wirtshaus im Spessart« der Spessart Bühne Mespelbrunn statt. Deren Stammsitz liegt in dem Gebäude, in dem wohl einst Wilhelm Hauff bei seiner Reise durch den Spessart einkehrte: im »Wirtshaus im Spessart« neben dem »Gasthaus zur Post«.

»SEIN« WIRTSHAUS im Spessart findet Tucholsky jedoch in der Lichtenau, wo für ihn mit dem »Gasthaus im Hochspessart« die »Perle des Spessarts« steht. 1927 warnt in der Stube noch ein Schild vor »Automobil-Leichenwagen nach allen Richtungen« und schwingt ein strenger Wirt das Zepter. Wenn der Steinwein korkt, dann »möpselt« er hier nach. Tucholsky liebt das Wort, und er liebt die Landschaft: »Wenn Landschaft Musik macht: dies ist ein deutsches Streichquartett. Wie die hohen Bäume rauschen, ein tiefer Klang, so ernst sehen die Wege aus…« In der Lichtenau kann man es Tucholsky auch beim Wandern gleichtun. Sie ist eine von zwölf Stationen am Europäischen Kulturweg durch das wunderschöne Hafenlohrtal. ■

EUROPÄISCHER KULTURWEG HAFENLOHRTAL Das Archäologische Spessartprojekt (ASP) beschäftigt sich von der Geologie über die Geschichte bis zur Sprache mit den vielfältigen Facetten der Kulturlandschaft Spessart. Auf sogenannten Kulturwegen kann man sich die Erkenntnisse im gesamten Spessart sportlich erwandern und hautnah erleben. Der Europäische Kulturweg Hafenlohrtal führt rund 25 km von Hafenlohr hinauf nach Weibersbrunn und Rothenbuch. Unterwegs lernt man den wirtschaftshistorischen Hintergrund der lieblichen Tallandschaft kennen und unterhalten an zwölf Stationen Spessart-Zitate literarischer Größen von Hans Sachs bis Robert Gernhardt. Gernhardt, der selbst auf den Spuren Tucholskys den Spessart erkundete, ist übrigens in der Lichtenau eine Linde gewidmet.

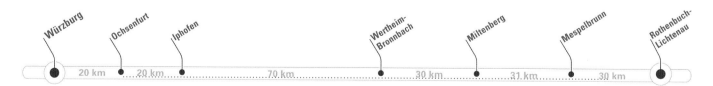

Würzburg — 20 km — Ochsenfurt — 20 km — Iphofen — 70 km — Wertheim-Bronnbach — 30 km — Miltenberg — 31 km — Mespelbrunn — 30 km — Rothenbuch-Lichtenau

LINKS Weinberge bei
Iphofen und im Hinter-
grund der bewaldete
Bergkegel mit der Ruine
Burg Speckfeld.

RECHTS Weintrauben,
bei Iphofen aufgenommen.

RECHTS Diese Schnit-
zereien finden sich an
einem Fachwerkhaus
in Ochsenfurt, dem
zweiten Etappenziel
Tucholskys. Dass wir
in Weinfranken sind,
machen die dargestellten
Trauben deutlich. Und
um Wein dreht sich hier
(fast) alles.

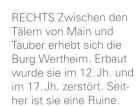

RECHTS Zwischen den
Tälern von Main und
Tauber erhebt sich die
Burg Wertheim. Erbaut
wurde sie im 12. Jh. und
im 17. Jh. zerstört. Seither ist sie eine Ruine.

UNTEN Das prächtige
Rödelseer Tor des Wein-
orts Iphofen

## WEINFRANKEN
### TROCKENE WEINE IM BEUTEL

Der Weinbau hat im nord-
westlichen Teil Frankens
eine lange Tradition. Die
größte Anbaufläche liegt
dabei in Unterfranken
in der Region Würz-
burg. Begonnen hat die
Kelterwirtschaft wohl
unter Karl dem Großen
im 8. Jh. Vorherrschende
Traubensorten sind
Müller-Thurgau, Silvaner,
Bacchus, Domina, Kerner
und Riesling. Rotwein-
trauben wie Spätburgun-
der belegen nur knapp ein
Fünftel der Anbaufläche.
Der typische Frankenwein
ist ein trockener würziger
Weißwein, von Weitem
schon daran zu erkennen,
dass er in einer beutelför-
migen Flasche abgefüllt
ist, dem sogenannten
Bocksbeutel. Die angeb-
lich dem Hodensack des
Ziegenbocks nachempfun-
dene Flaschenform ist seit
1989 in der EU geschützt.

LINKS Der im 12. Jh. erbaute Wormser Dom St. Peter ist einer der drei sogenannten rheinischen Kaiserdome – die anderen beiden sind in Mainz und in Speyer. Im Bild sind einige der Figuren zu sehen, die den Portalbogen und das Gebäude schmücken.

UNTEN LINKS Das Hagendenkmal (1905) in Worms zeigt den Siegfriedmörder, wie er gerade dabei ist, den Nibelungenschatz in den Rhein zu versenken. Die Bronzeplastik steht daher auch am Rheinufer.

UNTEN RECHTS Der Torturm zur Nibelungenbrücke in Worms wurde in Anlehnung an mittelalterliche Wehrbauten zwischen 1897 und 1900 erbaut. Der Turm erinnert im Stil an das 1689 zerstörte Mainzer Stadttor.

# 39

## SAGENHAFTE STÄDTE DER NIBELUNGEN
## WORMS UND XANTEN

Strahlende Helden und schöne Frauen, Liebe und brennende Leidenschaft, Verrat und Rache, glühender Hass und skrupelloses Machtstreben – das Nibelungenlied besitzt alles, was einen Bestseller ausmacht. Das Drama beginnt am Rhein.

Die erste der 2400 Strophen des Nibelungenliedes lautet: »Uns ist in alten mæren/wunders vil geseit, von helden lobebæren/ von grôzer arebeit, von freuden, hôchgezîten/von weinen und von klagen, von küener recken strîten/muget ír nu wunder hœren sagen.« Entstanden ist das Heldenepos um 1200 im Donauraum, seinen Beginn nimmt es jedoch im Burgunderreich am Rhein. Aventüre für Aventüre erzählt es von der schönen Königstochter Kriemhild aus Worms, um die Siegfried aus Xanten erfolgreich wirbt. Für den Königssohn und (fast) unverwundbaren Drachentöter endet die Liebesgeschichte fatal und sein sagenhafter Nibelungenschatz landet auf dem Grund des Rheins. Generationen von Schatzsuchern haben bislang vergeblich nach dem Gold gespürt. Die Suche gestaltet sich schwierig, gibt das Nibelungenlied doch nur preis, dass es »bei dem Loche« versenkt wurde. Ein solch tiefes, schwer passierbares »Rheinloch« ist der »Schwarze Ort« in einem spitzen Knie des Stroms bei Gernsheim. Doch auch an dieser naheliegenden Stelle waren bislang weder Echolot noch Taucher erfolgreich. Interessanter ist in Gernsheim allemal das Heimatmuseum im Peter-Schöffer-Haus. Zu sehen sind dort frühgeschichtliche Exponate sowie vor allem eine Ausstellung über den berühmtesten Sohn der Stadt. Der geniale Typograf, Drucker und Verleger Peter Schöffer war im 15. Jh. der erste Mitarbeiter Johannes Gutenbergs.

NACH WORMS fährt man stilecht auf der Nibelungenstraße mit Blick auf die Domtürme über den Rhein und durch das mächtige Nibelungentor ein. An der Uferpromenade wirft hier ein grimmiger Hagen aus Bronze gerade den Nibelungenschatz in den Rhein und an der nahen staufischen Stadtmauer kennzeichnen auf dem Torturmplatz narbige Monolithen »Siegfrieds Grab«. Durch das Fischertor in der Mauer soll 1521 Martin Luther unerkannt gehuscht sein, kurz bevor das Wormser Edikt die Reichsacht über den nun Vogelfreien verhängte. Gleich daneben geht das Nibelungenmuseum dem Mythos informativ und inspirierend auf den Grund – auch der Blick über die Stadt von seinem »Hörturm« lohnt den Besuch. Am Marktplatz steht Siegfried als Brunnenfigur, den Schwanz des toten Drachen lässig in der Hand haltend. Dahinter zeigt an der Stadtbibliothek ein Relief den Einzug Siegfrieds in Worms und spielt an der Mauer Volker von Alzey sein ewiges Lied. Von dort ist es ein Katzensprung zum Dom St. Peter. »Vor dem münster wît« bricht zwischen Kriemhild und Schwägerin Brünhild ein fürchterlicher Streit aus, dessen Folgen alle Protagonisten ins Unglück stürzen wird. Der heutige Dom entstand Jahrhunderte nach diesen fiktiven dramatischen Ereignissen am Standort eines ehemaligen römischen Forums, in dessen Umkreis sich um das Jahr 400 die Burgunder niederließen. Der Überlieferung zufolge errichteten im frühen 7. Jh. Brunichild, Witwe des fränkischen Königs Sigibert I. – Nibelungenfans horchen bei diesen Namen auf –, und ihr Nachfolger

LAGE Rheinland-Pfalz (Worms) und Nordrhein-Westfalen (Xanten), beide Orte liegen direkt am Rhein

INFO
Tourist Information Worms
Neumarkt 14
67547 Worms
Tel. 06241 853 73 06
www.worms.de

Tourist Information Xanten
Kurfürstenstr. 9
46509 Xanten
Tel. 02801 77 22 00
www.xanten.de

Seit 2002 bieten
der Kaiserdom und
die Innenstadt von
Worms alljährlich
(Ausnahme: 2020) im
Sommer eine stim-
mungsvolle Kulisse
für die Nibelungen-
Festspiele. Zeigten
die ersten Inszenie-
rungen Bearbeitun-
gen der Nibelungen
mit je unterschied-
lichen Akzenten,
darunter auch das
Trauerspiel von
Friedrich Hebbel und
eine komödiantische
Version, ist das The-
menfeld inzwischen
erweitert. Aktuelle
Information und
Buchung über: www.
nibelungenfest
spiele.de.

Der 1913 erschaffene
Siegfriedbrunnen befin-
det sich in Worms auf
dem Marktplatz vor der
Dreifaltigkeitskirche.

Dagobert I. dort eine Kirche. Der Wahr-
heitsgehalt dieser Sage ist nicht geklärt,
sicher ist hingegen, dass Worms mit
Berthulf bereits 614 einen Bischof und damit eine Hauptkirche besaß. Der heutige
Dom wurde im 12. Jh. mehr oder minder
in seiner heutigen spätromanischen Gestalt unter Bischof Burchard II. erbaut und
ist neben den Bischofskirchen in Speyer
und Mainz der dritte der drei rheinischen
Kaiserdome. Die »Krone der Stadt«
schmücken im Inneren ein barocker
Hochaltar von Balthasar Neumann und ein
kunstvoll geschnitztes Chorgestühl. Eine
eindrucksvolle mittelalterliche Bilderwelt
zeigen die reichen Steinskulpturen. Ach-
ten Sie auf die Figur des Dombaumeis-
ters, den armen Mann versucht schon seit
Jahrhunderten ein Affe zu beißen. Bevor
man sich nun Richtung Xanten aufmacht,
führt der Weg noch zum Jüdischen Friedhof »Heiliger Sand«. Im 11. Jh. gegründet,
ist er der älteste erhaltene jüdische Friedhof Europas und als letzte Ruhestätte berühmter Rabbis und Gelehrter eine Pilger-
stätte für Juden aus aller Welt.

IN XANTEN nun soll sie gestanden
haben, die Burg des Königs des »Nie-
derlands«. Von hier zog Siegfried aus,
um Drachen zu töten, den Schatz des
Nibelung zu ergattern und in Worms
um Kriemhild zu werben. Im Zentrum
der jahrtausendealten Stadt am Nieder-

rhein ist das topmoderne Siegfried-
Museum dem strahlenden Helden Siegfried und dem Epos selbst gewidmet.
In die Nibelungenzeit der Völkerwande-
rung und des Mittelalters führt der Dom
St. Viktor zurück. Der Legende zufolge
starben im heutigen Ortsteil Birten der
römische Legionär Viktor mit seinen Ge-
fährten im 4. Jh. den Märtyrertod. In den
folgenden Jahrhunderten errichtete man
auf deren Gedenkstätten eine Steinkir-
che und gründete das Kanonikerstift,
dessen Name »Ad Santos« – »zu den
Heiligen« – zu »Xanten« verschliff. Der
heutige Dom St. Viktor entstand zwischen 1263 und 1544 als größte Kirche
zwischen Köln und Nordsee, ein mächtiges romanisch-gotisches Bauwerk,
dessen massive Mauern wunderbare
Kunstschätze bergen. Das angrenzende
Stiftsmuseum führt auf einer faszinierenden Zeitreise durch zwei Jahrtausende Kunst und Kultur. Xantens rund
400-jährige römische Geschichte entdeckt man im anschaulich gestalteten
Römermuseum, das die monumentalen
Thermen der Colonia Ulpia Traiana und
2500 Originalexponate beherbergt. Wer
im Archäologischen Park das Amphitheater und die römische Stadtanlage
erkundet, kann vielleicht sogar Archäologen gespannt beim Graben zusehen.
Drachenkämpfe sind heute allerdings
eher selten zu sehen. ∎

**WARMAISA – STÄTTEN IN WORMS** Neben der Nibelungensage, die in der Stadt beispielsweise durch den 1913 geschaffenen Siegfriedbrunnen am Marktplatz (Bild links)
präsent ist, spielte hier auch das Judentum eine große Rolle. Warmaisa lautet die hebrä-
ische Bezeichnung für Worms, das neben Schpira (Speyer) und Magenza (Mainz) zu den
drei Städten gehörten, in denen im Mittelalter bedeutende jüdische Gemeinden existierten. In Worms entstand bereits 1034 eine Synagoge, von der bis heute Überreste vorhanden sind. In der dortigen Jeschiwa (Lehrhaus) wurde unter anderem im 11. Jh. Shelomo
ben Jizchaki unterrichtet. Unter dem Namen Raschi wurde er ein berühmter Bibel- und
Talmudkommentator. Neben dem jüdischen Friedhof zeugen in der Altstadt mittelalterliche Häuser in der Judengasse, das Raschitor, die Synagoge samt Ritualbad (Mikwe) und
das Jüdische Museum vom einst reichen jüdischen Leben in der Stadt.

LINKS Das Klever Tor in Xanten besteht aus zwei Teilen, einem Innen- und einem Außentor, und war Teil der mittelalterlichen Stadtbefestigung. Erbaut wurde es 1363. Im Bild zu sehen ist das Innentor, das ursprünglich als Gefängnis diente, heute aber über drei gut ausgestattete Ferienwohnungen verfügt, die gemietet werden können.

UNTEN LINKS Der Judenfriedhof »Heiliger Sand« in Worms diente seit dem 11. Jh. als Begräbnisstätte und ist mit über 2000 Gräbern der älteste Friedhof seiner Art in Europa.

UNTEN RECHTS Von der Wormser Stadtmauer ist nicht mehr viel übrig geblieben. Am eindrucksvollsten sind die Reste der elftürmigen staufischen Rheinfront, im Bild zu sehen: der Torturm.

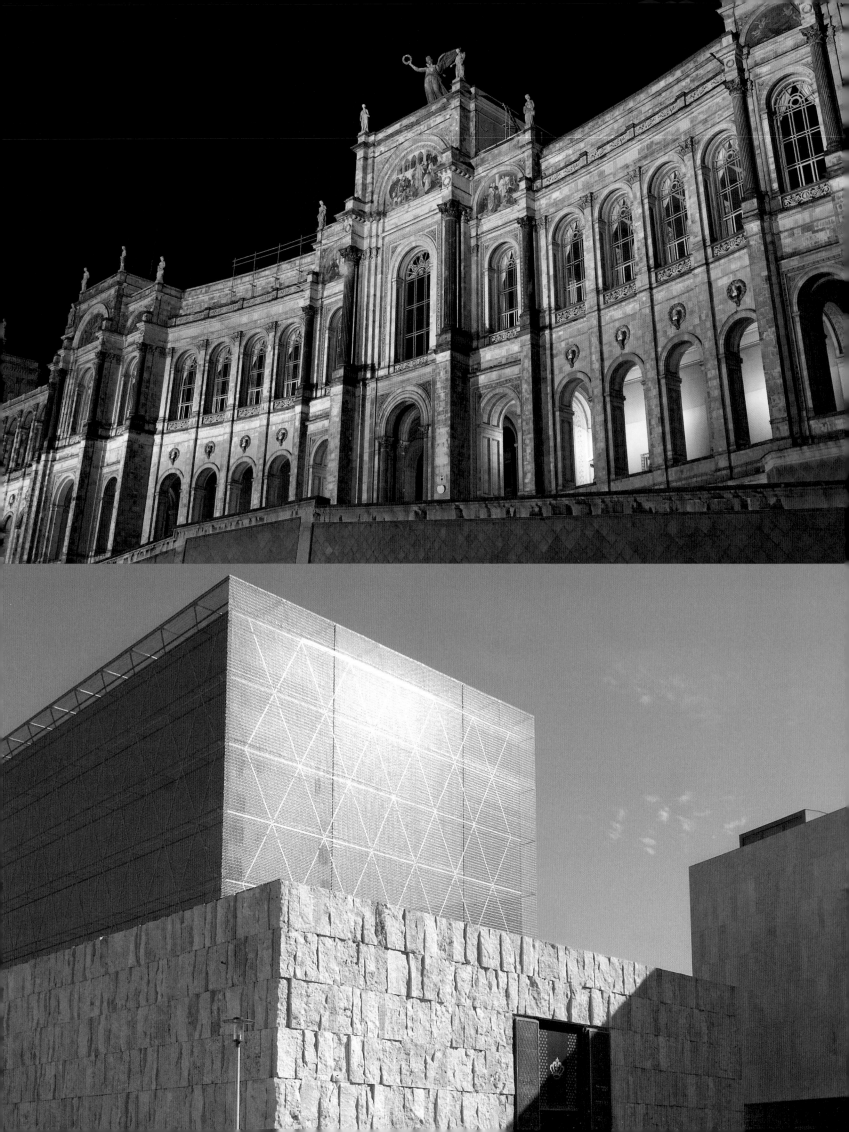

BAYERN

MÜNCHEN

# 40

## EINE ERFOLGSGESCHICHTE
## LION FEUCHTWANGERS MÜNCHEN

Kaum ein anderer Schriftsteller hat München so intensiv beschrieben wie Lion Feuchtwanger. Ein Spaziergang zu den Schauplätzen führt zu den schönen und besonders geschichtsträchtigen Ecken der bayerischen Landeshauptstadt.

**LAGE**
Bayern, die Landeshauptstadt München (518 m)

**INFO**
Touristinfo Rathaus
Marienplatz 8
80331 München
Tel. 089 23 39 65 00
www.muenchen-tourist.de

DAS MAXIMILIA-NEUM in München Haidhausen (oben) ist seit 1949 Sitz des Bayerischen Landtags. Manche der von Feuchtwanger in seinem Roman »Erfolg« beschriebenen Politiker erinnern fatal an heutige Zeitgenossen.

FEUCHTWANGER WAR JUDE und damit all den Repressalien ausgesetzt, die die NS-Zeit mit sich brachte. München war da in manchen Beziehungen sogar noch ›vorauseilend gehorsam‹: Die erste Bücherverbrennung fand z. B. hier statt. Die architektonisch imposante neue Hauptsynagoge mit Jüdischem Museum (Bild unten) am St.-Jakobs-Platz setzt ein Zeichen der Versöhnung.

Ein Schlüsselroman, der keiner sein will: »Drei Jahre Geschichte einer Provinz« schildert der gebürtige Münchner Feuchtwanger in seinem 1930 erschienenen Roman »Erfolg«, der in die Jahre 1921 bis 1924 zurückführt. »Kein einziger von den Menschen dieses Buches existierte aktenkundig«, schrieb Feuchtwanger, doch lässt sich das Personal leicht erkennen: Bert Brecht, Ludwig Ganghofer, Ludwig Thoma, Marieluise Fleißer, Karl Valentin, Liesl Karlstadt und Feuchtwanger selbst treten ebenso auf wie der bayerische Kronprinz Rupprecht und General Erich Ludendorff. Im Buch verbündet er sich als General Vesemann (»flacher Hinterkopf, fleischiger Nacken«) bis zum gescheiterten gemeinsamen Putsch mit einem blassen Mann mit kleinem Bart und pomadisiertem Haar: Rupert Kutzner, »Führer« der »Wahrhaft Deutschen«, ist unschwer als Adolf Hitler zu erkennen. Ein Meineid – ein in der bayerischen Dichtung überaus beliebtes und zu allen Zeiten durchaus realistisches Motiv – bringt das Drama ins Rollen, in dessen Verlauf sich das Münchner Sittengemälde jener Jahre ausbreitet. Das Opfer der Lüge und einer politischen Intrige ist der progressive Kunsthistoriker Martin Krüger der Staatlichen Sammlung moderner Meister – auch für diese Figur stand eine reale Person Pate. Die Sammlung befand sich zu Feuchtwangers Zeiten in der Neuen Pinakothek, die im Zweiten Weltkrieg zerstört wurde. Seit 1981 hat München wieder eine Neue Pinakothek. Sie steht im bunten, lebhaften Universitätsviertel Maxvorstadt im sogenann-

ten Kunstareal, einem Kunstquartier von weltweitem Rang. In unmittelbarer Nähe präsentieren hier die Alte, Neue und Pinakothek der Moderne sowie eine Vielzahl international renommierter Museen bildende Kunst, Architektur und Design von der europäischen Antike bis zu zeitgenössischen Werken. Kunstliebhaber könnten sich allein in diesem Areal zwischen Königsplatz und Türkenstraße tagelang aufhalten, ohne sich je zu langweilen. Kurzweil fand Feuchtwanger als junger Mann vor dem Ersten Weltkrieg gleich nebenan im nicht mehr vorhandenen Café Stefanie Ecke Amalien- und Theresienstraße. Die Gästeliste des »Cafés Größenwahn« jener Zeit liest sich wie ein Who's Who der Bohème, Kultur- und linken Politszene: Bert Brecht, Erich Mühsam, Frank Wedekind, Kurt Eisner, Heinrich Mann, Leonhard Frank sind nur einige der Größen, die hier bis tief in die Nacht zechten. Genauso häufig traf man sie jedoch auch im Simplicissimus in der benachbarten Türkenstraße, wo sich das Personal der Satirezeitschrift »Simplicissimus« vergnügte, Karl Valentin und Joachim Ringelnatz auftraten. Im »Alten Simpl« drängen sich die Gäste auf den alten Holzbänken auch heute noch wie einst Olaf Gulbransson und Ludwig Thoma.

NICHT WEIT ENTFERNT lebte Feuchtwanger bis 1925 mit seiner Frau Marta in der Georgenstraße 24. Hier beginnt Schwabing, das wohl bekannteste Viertel Münchens, dem Feuchtwanger trotz allen Zorns auf seine Heimatstadt durch die Person des Kommerzienrats Hess-

»Das Land hatte
Höhe und Weite,
Berge, Seen, Flüsse.«
Wer sich länger in
München aufhält,
sollte es Feuchtwan-
gers Protagonisten
gleichtun und ihnen
zu Schauplätzen in
diesem »schön an-
zuschauenden Stück
Welt« folgen. Zur
Auswahl stehen der
Starnberger und Am-
mersee oder direkt in
den Alpen Berchtes-
gaden und Garmisch-
Partenkirchen. Oder
»Oberfernbach«
alias Oberammergau,
bekannt für seine üp-
pigen Lüftlmalereien
und Passionsspiele.

reiter eine kleine, ironische Liebeserklä-
rung macht. »Herrn Hessreiters Vater-
stadt München mit den Seen und Bergen
ihrer Umgebung, mit ihren ansehnlichen
Sammlungen, ihrer lichten, gemütlichen
Architektur, mit ihrem Fasching und
ihren Festen war die schönste Stadt
des Reichs, Herrn Hessreiters Stadtteil
Schwabing war der schönste Teil Münchens, Herrn Hessreiters Haus war das
schönste in Schwabing…« Hessreiters
Villa siedelt Feuchtwanger in der reizen-
den Altschwabinger Seestraße direkt am
Englischen Garten an. In der weitläufigen
Parkanlage, die zu den größten der Welt
zählt, schmeckt die Maß im Biergarten
am Chinesischen Turm, sonnt man sich
auf den Wiesen am Eisbach und gibt sich
München so wunderbar entspannt, wie
es in einer Millionenstadt nur möglich
ist. Vom Hügel des Monopteros sieht
man schon die Türme der Altstadt, die
man an der Südspitze des Parks erreicht.
Von dort kommt man direkt in den barocken Hofgarten, wo Feuchtwangers
Hessreiter im Café gerne einen Wermut
im Schatten der Bäume trank. Am an-
schließenden Odeonsplatz markiert die
Feldherrnhalle den Abschluss der prächtigen Ludwigstraße, »eine Nachbildung
der Florentiner Loggia dei Lanzi, errichtet
den beiden größten bayrischen Feldher-
ren, Tilly und Wrede, von denen der eine
kein Bayer und der andere kein Feldherr

war«. Daneben leuchtet gelb die Fassade
der mächtigen barocken Theatinerkirche,
in deren Fürstengruft Mitglieder des
Hauses Wittelsbach bestattet sind. Auf
der anderen Seite führt der Weg zur Residenz. Deutschlands größtes innerstäd-
tisches Schloss war von 1508 bis 1918
der prunkvolle Wohn- und Regierungssitz
der bayerischen Herzöge, Kurfürsten und
Könige und ist heute ein riesiger Muse-
umskomplex.

VOM ODEONSPLATZ ist es nicht weit
zu den berühmtesten Wahrzeichen Münchens: die spätgotische Frauenkirche mit
den charakteristischen »Welschen Hau-
ben«, der Marienplatz mit dem neogotischen Neuen Rathaus, an dessen Fassade
beim Glockenspiel tagtäglich die Schäffler-
figuren ihren malerischen Tanz aufführen –
und das Hofbräuhaus am Platzl. »So lang
der alte Peter, am Petersbergerl steht… So
lang stirbt die Gemütlichkeit in München
niemals aus.« Die Münchner Stadthym-
ne erschallt in »Erfolg« dort besonders
laut, wenn es am Politiker- und Promi-
nentenstammtisch in der benachbarten
Tiroler Weinstube ungemütlich wird. Das
riesige Hofbräuhaus ist auf jeden Fall
sehenswert und dazu ein äußerst ge-
schichtsträchtiger Ort. 1919 wurde hier
die kommunistische Räterepublik ausgerufen und nur ein Jahr später die NSDAP
gegründet. ∎

Standbild König
Ludwigs I. von
Bayern am
Odeonsplatz

**KINDHEIT UND JUGEND IM LEHEL** Neben Schwabing, der Altstadt, dem Odeonsplatz und dem Englischen Garten spielen in »Erfolg« weitere Münchner Schauplätze
eine Rolle, so der pompöse neobarocke Justizpalast beim Stachus (Karlsplatz). Eine
Ausstellung erinnert hier an die Prozesse gegen die Widerstandsgruppe »Weiße Rose«
1943. Erwähnt werden auch das damalige Arme-Leute-Viertel Haidhausen zwischen
Ostbahnhof und Rosenheimer Platz, heute viel mehr ein »Szeneviertel« als Schwabing,
sowie das Lehel. In dem schönen Stadtteil am Westufer der Isar wuchs Feuchtwanger
am St.-Anna-Platz neben der imposanten neoromanischen St.-Anna-Kirche auf. Zum
Lehel gehört auch die Prinzregentenstraße, an der das international renommierte Haus
der Kunst und sechs weitere Museen stehen. Lohnende Spaziergänge führen hier entlang der Isar und zum Englischen Garten.

## SCHRIFTSTELLER IM EXIL
### LION FEUCHTWANGER
Am 7. Juli 1884 kam Lion Feucht-wanger in München als Sohn eines jüdischen Margarinefabri-kanten zur Welt. Er studierte in München und Berlin und promo-vierte über Heinrich Heine. Als Ver-fasser viel gelesener historischer Romane (z. B. »Jud Süß« 1925) hatte er sich bald einen Namen gemacht. Als im Januar 1933 die Nationalsozialisten an die Macht kamen, ging er ins Exil nach Ame-rika. Am 21. Dezember 1958 starb er in Los Angeles.

OBEN Das Siegestor markiert die Grenze zwischen den Stadtvierteln Maxvorstadt und Schwabing. In der Zeit von 1843 bis 1852 errichtet, war es dem Bayerischen Heere gewidmet.

LINKS Die Alte Pinakothek wurde bereits 1836 eröffnet. Schwerpunkt ist die ältere Malerei vom Mittelalter bis zur Mitte des 18. Jh.s . Das Muse-um beherbergt eine der bedeu-tendsten Gemäldesammlungen der Welt.

# ZEUGEN AUS HOLZ, GLAS UND STEIN
## GEBÄUDE, DIE GESCHICHTEN ERZÄHLEN

# 41

## WAHRZEICHEN DER KÜSTE
## LEUCHTTÜRME ENTLANG DER OSTSEE

Schroffe Kreidefelsen, langgezogene weiße Sandstrände, salzige Luft, keine Menschenseele weit und breit, nur ein paar kreischende Möwen und mittendrin – untrennbar mit dem Landschaftsbild verbunden – einsam stehende Leuchtfeuer.

Wie eine Reihe von Wachsoldaten stehen die Leuchtfeuer, die der Seefahrt so wichtige Orientierung liefern, vor der tiefblauen Ostsee. Einer der ältesten Leuchttürme Vorpommerns ragt über der kleinen Insel Oie auf; zur Grundsteinlegung 1853 kam König Friedrich Wilhelm IV. von Preußen persönlich aus Berlin angereist. Zwei Jahre später war der Turmbau abgeschlossen, seitdem ist der lichtstärkste Leuchtturm Mecklenburg-Vorpommerns aktiv und unterstützt zuverlässig die Schifffahrt in der Pommerschen Bucht.

WENN DIE KLEINEN Ausflugsdampfer in der Saison im Juli und August von Peenemünde oder Freest zur Greifswalder Oie aufbrechen, dürfen höchstens 50 Gäste mit an Bord. Deutschlands östlichste Insel im offenen Meer liegt 12 km vor Usedom und ist seit 1995 als Naturschutzgebiet ausgewiesen. Der wichtige Rast- und Nahrungsplatz für Zugvögel aus Skandinavien darf mit Ausnahme des eingeschränkten Tagesverkehrs nicht betreten werden. So ist auch der achteckige, unter Denkmalschutz stehende, 40 m hohe Leuchtturm in den Sommermonaten täglich nur für eine begrenzte Zahl von Touristen geöffnet.

WESTLICH der Greifswalder Oie liegt Deutschlands größte Insel – Rügen –, die mit dem Auto über Brücke und Damm der Strelasundquerung zu erreichen ist. Bis 1815 gehörte die Insel zum Königreich Schweden, danach zu Preußen. Berlins großer Baumeister Karl Friedrich Schinkel selbst übernahm die Planung der neu zu errichtenden Leuchtfeuer entlang der Küste, und so entstand 1826/27 nach seinen Plänen am Kap Arkona ein erster, quadratischer Leuchtturm in Ziegelbauweise, der bis 1905 in Betrieb war. Der ›Schinkelturm‹ ist nach dem Leuchtturm in Travemünde der zweitälteste Leuchtturm an der deutschen Ostseeküste. Heute sind im Inneren ein kleines Museum zur Seefahrt und die Außenstelle des Standesamts untergebracht. 1902 wurde ein weiterer Turm in Betrieb genommen, der mit 35 m deutlich höher ist als der alte. Ebenfalls aus Ziegelsteinen erbaut, steht er auf einem achteckigen Granitsockel. Die technische Einrichtung wurde 1996 erneuert und kann besichtigt werden. In einiger Entfernung befindet sich der 1927 als Seefunkfeuer errichtete ehemalige Marinepeilturm, dessen technische Einrichtung 1945 zerstört wurde. Heute dient er als Kunstmuseum und Atelier.

VOM FÄHRHAFEN SCHAPRODE auf Rügen fahren die Schiffe der »Weißen Flotte« auf die kleine Insel Hiddensee – ein langes, aber schmales Eiland westlich von Rügen, auf dem es keine Autos gibt, nur Kutschen und Fahrräder. Die Insel war und ist ein Magnet für Künstler und Intellektuelle: Albert Einstein, Hans Fallada, Erich Heckel, Käthe Kollwitz, Käthe Kruse, Asta Nielsen und Joachim Ringelnatz lebten hier, Gerhart Hauptmann und Gret Palucca sind auf dem Inselfried-

DAS WAHRZEICHEN der Insel Hiddensee – der Leuchtturm Dornbusch – ragt 28 m in die Höhe. Wer die 102 Stufen zur Aussichtsgalerie nicht scheut, hat einen wunderbaren Blick über die Ostsee.

## IN KÜRZE

### LAGE
Die Ostseeküste von Mecklenburg-Vorpommern zwischen Peenemünde (Usedom) im Osten und Timmendorf (Insel Poel) im Westen

### INFO
Tourismusverband Mecklenburg-Vorpommern e. V.
Konrad-Zuse-Str. 2
18057 Rostock
Tel. 0381 403 05 50
www.auf-nach-mv.de
www.leuchtturm-atlas.de

Laut Deutschem Wetterdienst rangiert die Greifswalder Oie im über 30 Jahre gemessenen Jahresmittel mit durchschnittlich 1826,4 Sonnenstunden deutschlandweit hinter Zinnowitz (Usedom) auf Platz 2. Wiederholt belegte die Insel in der Pommerschen Bucht auch Platz 1, so 2018 mit 2180,6 Sonnenstunden, 1926,8 Stunden lang schien hier im Jahr 2019 die Sonne (Weather Online). .

hof begraben. Wer hierher kommt, sucht Ruhe: am kilometerlangen Sandstrand oder am nördlichen Ende der Insel, auf dem Schluckswiek, wo das Wahrzeichen von Hiddensee steht, der zwölfeckige weiße Leuchtturm Dornbusch. Seit 1888 ist der ursprüngliche Ziegelbau in Betrieb. 1927 bis 1929 wurde er zusätzlich mit einem Stahlbetonmantel versehen. Seit 1994 kann er besichtigt werden; und bei gutem Wetter reicht der Blick von der Aussichtsplattform in 20 m Höhe bis Stralsund oder zur dänischen Insel Moen.

EBENSO WIE HIDDENSEE ist auch der Darßer Ort als nordwestliche Spitze der weiter westlich gelegenen Halbinsel Fischland-Darß-Zingst Teil des Nationalparks Vorpommersche Boddenlandschaft. Auch hier muss auf den letzten Kilometern auf das Auto verzichtet werden: Von Prerow aus ist das Gebiet rund um den Leuchtturm nur mit der Pferdekutsche, dem Fahrrad oder zu Fuß zu erreichen. Der Leuchtturm wurde als runder Bau aus Ziegeln 1847/48 erbaut. Seit 1849 ist er in Betrieb und damit der älteste noch aktive Leuchtturm in Mecklenburg-Vorpommern. Im ehemaligen Wärterhaus befindet sich das Natureum, eine Außenstelle des Deutschen Meeresmuseums Stralsund. Es beherbergt Ausstellungen zum Naturraum Darßer Ort, zur Ostseeküste und zu den Tieren

der Region. »Darßwald bei Nacht« zeigt die dämmerungsaktiven Waldbewohner, im Aquarium sind Fische und Wirbellose der Ostsee zu sehen.

WEITER WESTLICH liegt Rostock, die größte Stadt Mecklenburg-Vorpommerns. Mit Warnemünde verfügt sie über ein mondänes Seebad mit Jachthafen, Kasino, schicken Boutiquen und Restaurants in liebevoll restaurierten Kapitänshäusern. Und wiederum ist das Wahrzeichen der Stadt ein Leuchtturm. Als der Stadtrat 1863 den Umbau der Hafenleuchte zu einem vollständigen Leuchtturm genehmigte, war nicht zu erwarten, dass sich der Bau durch den danach ausbrechenden Streit um die Kosten mehr als 30 Jahre verzögern würde. Erst 1898 konnte der Turm in Betrieb genommen werden. Der 31 m hohe, runde Bau ruht auf 33 Pfählen, die 11 m tief in den Boden gerammt sind. Er ist aus Ziegeln errichtet und mit weißen, glasierten Ziegeln verblendet. Um den Turm führen zwei Galerien. Im Keller des Leuchtturms befand sich bis 1927 das Petroleumlager. Bis 1978 gab es noch Leuchtfeuerwärter, seitdem wird das Leuchtfeuer von einer Zentrale bedient. Zwischen April und Oktober ist der Turm für Touristen geöffnet und bietet eine großartige Aussicht auf die Fähren von und nach Skandinavien sowie ins Baltikum. ∎

**TEEPOTT MIT LEUCHTTURM IM OSTSEEBAD WARNEMÜNDE** Im Volksmund nannte man das 1968 fertiggestellte, von Ulrich Müther (1934–2007), einem der bedeutendsten Exponenten der architektonischen Moderne, entworfene Gebäude mit seiner eigenwilligen Dachkonstruktion ›Teepott‹, und so wurde das heute denkmalgeschützte Bauwerk bald auch offiziell bezeichnet. Das Dach besteht aus einer hyperbolischen Paraboloidschale mit drei Grundflächen, die auf nur drei Stahlbetonstützen ruhen. Durch diese Konstruktion wird die Last so geschickt verteilt, dass die Fassaden ganz aus Glas bestehen können. Der ›Teepott‹ wurde 2002 unter Müthers Leitung komplett saniert und beherbergt heute mehrere Restaurants. Daneben befindet sich der 37 m hohe Leuchtturm von 1897, der auch heute noch Seezeichen gibt. Von Mai bis September ist der Leuchtturm täglich von 10.00 bis 18.30 Uhr geöffnet (www.rostock.de).

UNTEN Der älteste noch aktive Leuchtturm in Mecklenburg-Vorpommern steht am Darßer Ort. Kaum etwas stört die Beschaulichkeit rund um das monumental wirkende Bauwerk, denn Autos sind hier verboten. Mit seinem Leuchtfeuer warnt der Turm vor den Untiefen der Darßer Schwelle – eine der flachsten Stellen zwischen Nord- und Ostsee.

## LEUCHTFEUER VON POEL
### MODERNE TECHNIK IN ALTEM GEMÄUER

Der lichtstärkste Leuchtturm Mecklenburg-Vorpommerns mit 26 Seemeilen bzw. rund 50 km Tragweite steht auf der Insel Poel (oben). Die Tragweite gibt an, wie weit das Leuchtfeuer maximal zu sehen ist. Dabei kommt es auch auf die Höhe des Leuchtfeuers an. Jedem Leuchtturm ist zudem ein anderes Signal zugeordnet. So besitzt z.B. der Leuchtturm auf Poel eine linksdrehende Optik mit einer Blitzwiederkehr von 3,8 Sekunden.

## DAS LEUCHTFEUERDUO

Am Kap Arkona auf Rügen stehen gleich zwei eindrucksvolle Leuchttürme nebeneinander: der markante rechteckige ›Schinkelturm‹ (Bild unten) und sein runder jüngerer Bruder (Bild oben).

# 42

## DAS »NEUE BERLIN«
## DIE ARCHITEKTUR DER HAUPTSTADT

Gebäude in Berlin sind nicht einfach nur Gebäude, sie sind vor allem eine Form der politischen Demonstration. Bedeutende Architekten aus der ganzen Welt haben hier ihre Spuren hinterlassen – mit Bauwerken, die Maßstäbe setzen.

Seit den 1920er-Jahren entstanden in Berlin immer wieder neue Architekturideen; die wichtigsten Baumeister der Moderne – darunter Ludwig Mies van der Rohe, Le Corbusier, Walter Gropius und Alvar Aalto – schenkten der Stadt außergewöhnliche Gebäude. Und so war es mehr als verständlich, dass auch im wiedervereinigten Berlin die besten Architekten der Gegenwart eingeladen wurden, um die Baulücken der neuen alten Hauptstadt mit etwas Großem zu füllen.

DER ENGLÄNDER Sir Norman Foster schuf mit dem Umbau des nun wieder kuppelbekrönten Reichstagsgebäudes zum Deutschen Bundestag an dieser Stelle ein architektonisches Schwergewicht innerhalb der Stadt. Die ursprünglich gar nicht vorgesehene Kuppel hat sich vom ersten Tag an zur viel besuchten Attraktion und zu einem Wahrzeichen Berlins entwickelt – täglich werden durchschnittlich mehr als 8000 Besucher gezählt, die von hier einen Blick auf die neue Mitte der Hauptstadt werfen.

NICHT WEIT vom Reichstagsgebäude, östlich des Brandenburger Tores, befindet sich der Pariser Platz – Berlins ›gute Stube‹ –, die im Zweiten Weltkrieg stark beschädigt wurde. Die Gebäudereste wurden bis zum Bau der Berliner Mauer 1961 vollständig abgetragen. Erst seit 1993 wurde eine Wiederbebauung diskutiert. An der Südseite des Platzes, an der Stelle des ehemaligen Palais Wrangel, befindet sich seit 2001 das von

Stararchitekt Frank O. Gehry entworfene Gebäude der DZ-Bank. Verglichen mit Gehrys vorhergehenden Bauten, etwa dem Guggenheim-Museum in Bilbao oder dem Zollhof in Düsseldorf, ist das Berliner Bankhaus eher unspektakulär, zumindest von außen. Auch Gehry musste dem strikten Regelwerk für den Wiederaufbau der Berliner Mitte folgen, sodass seine typischen Formen des Dekonstruktivismus ins Innere verbannt wurden – im glasgedeckten Atrium befindet sich ein über mehrere Geschosse reichender Konferenzsaal in Form einer Skulptur.

DIREKT NEBENAN hat in einem 2005 eröffneten Neubau des Architekten Günter Behnisch die Berliner Akademie der Künste ihren Hauptsitz. Im Zusammenhang mit dem Neubau am Pariser Platz wurde der dahinterliegende, in Teilen erhalten gebliebene Ausstellungs- und Atelierflügel restauriert und geschickt mit dem gläsernen Neubau verbunden.

AUF DER RÜCKSEITE schließt sich an der Behrenstraße das Gelände des Denkmals für die ermordeten Juden Europas, kurz Holocaust-Mahnmal genannt, an. Auf einer etwa 19 000 m² großen Fläche in der Nähe des Brandenburger Tores ließ Architekt Peter Eisenman von 2003 bis 2005 mehr als 2700 Betonquader in parallelen Reihen aufstellen. Bedingt durch unterschiedliche Neigungswinkel, Ebenen und Quaderhöhen entsteht dabei für den Besucher der Eindruck eines schwankenden Bodens.

PALAST AUS GLAS: Den 2005 eröffneten Neubau der Berliner Akademie der Künste schuf Günter Behnisch. Besonders eindrucksvoll sind die Spiegeleffekte, die sich durch das Glas sowohl an der Fassade als auch im Inneren des Gebäudes ergeben.

IN KÜRZE

**LAGE** Land Berlin

**SPAZIERGANG**
beginnt am Reichstagsgebäude,
Platz der Republik 1,
bis Neues Museum
auf der Museumsinsel,
Bodestr. 1–3,
etwa 7 km

**INFO**
Berlin Tourismus
& Kongress GmbH
Am Karlsbad 11
10785 Berlin
Tel. 030 25 00 23 33
www.visitberlin.de

Im Dekonstrukti-
vismus werden
Struktur und Form
aufgelöst und in ei-
ner oft instabil wir-
kenden Anordnung
neu zusammenge-
fügt. Gemeinhin
wird der Dekon-
struktivismus als
eine Stilrichtung in
der Nachfolge der
Postmoderne ange-
sehen. Die bekann-
testen Vertreter die-
ser Richtung sind
oder waren Coop
Himmelb(l)au, Peter
Eisenman, Frank O.
Gehry, Zaha Hadid,
Rem Koolhaas, Da-
niel Libeskind und
Bernard Tschumi.

DIESES BILD hatte auch Daniel Libeskind vor Augen, als er in seinem bereits
2001 erbauten Jüdischen Museum einen kleinen Stelengarten, den »Garten
des Exils«, anlegen ließ. Auch Libeskind gehört der Riege der Dekonstrukti-
visten an. Mit seiner »Zerschlagung des
rechten Winkels« hatten sich Bauherren lange Zeit schwer getan. So war das
Jüdische Museum in Berlin sein erster
größerer Bau – der fast 10 000 m² große
Anbau wirkt neben dem gelben Barock-
bau des früheren preußischen Kammer-
gerichts noch aufsehenerregender.

MIT DEM UMZUG DER REGIERUNG
von Bonn nach Berlin wurden auch neue
Unterkünfte für die Botschaften notwendig. Einer der spektakulärsten Neubauten in diesem Zusammenhang war die
2004 eröffnete niederländische Botschaft am Spreeufer unweit der Fischer-
insel. Der von dem niederländischen
Architekten Rem Koolhaas geplante Bau
musste zwar auch die strengen städte-
baulichen Vorschriften der Stadt Berlin
erfüllen, konnte aber durch ein geschick-
tes Konzept mit zwei getrennten Baukörpern die Grundfläche des kubischen
Hauptbaus freistellen. Der Entwurf für
das Botschaftsgebäude in Aluminium
und Glas wurde unter anderem mit dem
»Architekturpreis Berlin« ausgezeichnet.

WEITER NÖRDLICH, am Nikolaiviertel
vorbei, liegt die Museumsinsel mit ihren
fünf großen Museumsbauten. Auch das
Neue Museum ist Teil des UNESCO-Weltkulturerbes Berliner Museumsinsel. Der
Bau des Schinkel-Schülers Friedrich August Stüler hatte den Krieg nur als Ruine
überstanden und geriet in Vergessenheit.
Erst mit dem Masterplan Museumsinsel
gelang die Rettung. Nach aufwendiger
Sicherung der Fundamente und Mauern
wurde das Museum zwischen 1999 und
2009 wieder aufgebaut. Nach Plänen
des englischen Architekten David Chip-
perfield konnten der Nordwestflügel und
der Südostrisalit – ein aus der Fluchtlinie
hervorspringender Gebäudeteil – in ihren
ursprünglichen Dimensionen neu errichtet
und die erhaltenen Bauteile restauriert und
ergänzt werden. Anders als üblich wurden
die Kriegsschäden allerdings als sichtba-
res Zeichen der Erinnerung nur vor dem
weiteren Verfall geschützt und nicht über-
tüncht. 2019 wurde David Chipperfields
James-Simon-Galerie, das neue, stark von
Kolonnaden geprägte Eingangsgebäude
und Besucherzentrum der Museumsinsel,
eröffnet.
Und es wird weiter gebaut. So soll auf
dem Areal des Kulturforums ein Neubau
für die Kunst des 20. Jh.s errichtet werden – der Entwurf stammt von den Architekten Herzog & de Meuron.

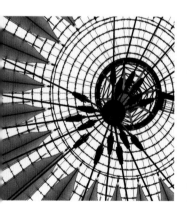

BERLINER TRAUFHÖHE Der Schnittpunkt zwischen senkrechter Außenwand und
Dachhaut wird als Traufpunkt bezeichnet. Die Höhe zwischen dem Traufpunkt und
dem umgebenden Terrain wiederum ist die Traufhöhe. Dieses Maß wird zeichne-
risch ermittelt und im Bauplanungsrecht bzw. im Bebauungsplan festgeschrieben,
um z. B. bei Neubauprojekten die Form einer gewachsenen Architektur zu bewahren. Im Hinblick auf den Wiederaufbau und die architektonischen Ergänzungen in
der Mitte Berlins versuchte Senatsbaudirektor Hans Stimmann nach der Wiedervereinigung, eine an den traditionellen Traufhöhen und Blockstrukturen Berlins
orientierte städtebauliche Anlage durchzusetzen. Die »kritische Rekonstruktion«
sollte im Stil der Postmoderne gehalten sein. Bis auf die neu errichteten Gebäude
am Potsdamer Platz – im Bild links das Sony-Center (Architekt: Helmut Jahn) von
innen – konnte sich Stimmann nahezu überall durchsetzen.

## DAS »NEUE BERLIN«
### POTSDAMER PLATZ

Bis zum Zweiten Weltkrieg war er einer der verkehrsreichsten Plätze Europas. Durch die Teilung Berlins verkam er zum Brachland. Heute verkörpert er wie kein anderer Ort das »Neue Berlin«. Innerhalb von zehn Jahren entstand hier die bauliche Klammer zwischen dem östlichen und dem westlichen Zentrum der Stadt mit der vom Stararchitekten Richard Rogers entwickelten »City für das 21. Jahrhundert«, zu der das debis-Haus, das Sony-Center und der Kollhoff-Tower gehören.

OBEN LINKS Kaum ein anderes Gebäude verzahnt Form und Funktion so eindrucksvoll wie das Jüdische Museum.

OBEN RECHTS Symbol für gute Beziehungen: Neubau der Niederländischen Botschaft.

MITTE LINKS 2751 Stelen umfasst das Denkmal für die ermordeten Juden Europas (Entwurf von Peter Eisenman).

MITTE RECHTS Blick in die Kuppel des Berliner Reichtags

UNTEN Viel diskutiert, das Treppenhaus Neues Museum Berlin.

42

WER UNTER diesem extravaganten Glasdach Konferenzen abhält, kann wohl leicht von der Umgebung abgelenkt werden. Das Gebäude der DZ-Bank in Berlin Mitte schuf Stararchitekt Frank O. Gehry. Neben den Bankbüros enthält es auch exklusive Apartments.

# 43

Map labels: Ahaus · Darfeld · Münster · Havixbeck · Lüdinghausen · Anholt · Nordkirchen · NORDRHEIN-WESTFALEN · DÜSSELDORF

## ADEL VERPFLICHTET
## WASSERBURGEN IM MÜNSTERLAND

Im Münsterland, wo es ja bekanntlich entweder regnet oder die Glocken läuten, stehen 100 Burgen und Schlösser, die eines gemeinsam haben: Sie alle sind von Wasser umgeben, das es früher erschwerte, sich dem Gebäude zu nähern.

Dem heutigen Besucher bietet sich auf Burg Anholt im äußersten südwestlichen Zipfel Westfalens ein Anblick wie im Märchen. Das war jedoch nicht immer so, denn direkt nach dem Krieg war die Anlage größtenteils zerstört. Das Fürstenhaus Salm-Salm musste weite Teile der Öffentlichkeit zugänglich machen, damit der Wiederaufbau finanziert werden konnte. Nach der Wiederherstellung bezog die fürstliche Familie einen Teil der Anlage, der Rest wurde zu einem Hotel ausgebaut. 1966 erhielt die Hauptburg eine museale Bestimmung. Neben den Prunkräumen mit ihren Wandteppichen und Ledertapeten ist es vor allem die ausgestellte Bildersammlung, die Besucher von weit her anzieht. Mit über 700 Gemälden gilt sie als die größte historisch gewachsene private Bildersammlung Nordrhein-Westfalens. Wie nur wenige Wasserburgen im Münsterland befindet sich Burg Anholt heute in Privatbesitz.

SCHLOSS AHAUS im weiter nördlich gelegenen gleichnamigen Städtchen wurde im 17. Jh. durch die Fürstbischöfe von Münster zu einer Residenz ausgebaut. Johann Conrad Schlaun, einer der letzten bedeutenden Architekten des deutschen Barock und radikaler Verfechter der Symmetrie, modernisierte den Bau 100 Jahre später, indem er in der Gartenfront einen Mittelrisalit mit großer Freitreppe ergänzte. Im 19. Jh. wurde das Schloss zeitweilig zu einer Tabakfabrik umfunktioniert. Infolge eines Bombenangriffs in den letzten Kriegstagen 1945 brann-

te das Schloss völlig aus. Die bis dahin noch erhaltene barocke Ausstattung der Räume ging verloren. Heute beherbergt das wieder aufgebaute Ensemble neben der Technischen Akademie noch zwei Museen: Das Schulmuseum bringt die Geschichte von Schülern und Lehrern im Wandel der Zeit näher, das Torhausmuseum zeigt Funde aus mittelalterlichen Ausgrabungen sowie Ausstellungsstücke zur Geschichte der Stadt.

NÖRDÖSTLICH VON COESFELD, in dem kleinen Ort Darfeld, kam es im 17. Jh. zu einem folgenschweren Streit. Jobst von Vörden, dessen Familie Jahre zuvor Schloss Darfeld übernommen hatte, beauftragte den Münsteraner Bildhauer Gerhard Gröninger mit dem Neubau des Schlosses. Geplant waren acht Flügel im Stil der Renaissance, die den Schlosshof mit zweistöckigen Bogenhallen einfassen sollten. Gebaut wurden allerdings nur zwei Flügel, da der Bauherr sich nicht mehr sicher war, ob die offene Bauweise für das westfälische Klima geeignet wäre. Es kam zum Streit, in dessen Verlauf der Baumeister seine ehrgeizigen Pläne nicht vollenden durfte – der »Traum vom Süden« war geplatzt. Übrig blieb das wohl am fremdartigsten wirkende Wasserschloss im ganzen Münsterland.

HAUS STAPEL bei Havixbeck, keine 12 km weiter östlich, zählt zu den schönsten Renaissance-Schlössern im Münsterland. Wie bei vielen anderen Bauten dieses Landstrichs, ist auch hier der warme Baumberger Sandstein ein bestimmen-

IM GEGENSATZ zu anderen Wasserburgen im Münsterland sollte Schloss Darfeld nie Wehrzwecken dienen, sondern war als reiner Repräsentationsbau geplant.

## IN KÜRZE

### LAGE
Nordrhein-Westfalen

### REGION
Münsterland im nordwestlichen Westfalen zwischen Burg Anholt im Westen und Nordkirchen südlich von Münster

### INFO
Münsterland e. V. Tourismus
Airportallee 1
48268 Greven
Tel. 025 71 94 93 92
www.muensterland-tourismus.de

191

Stilvolle Bauten, romantische Parkanlagen und kunsthistorische Schätze: Wer einmal fürstlich entspannen und speisen möchte, ist im Münsterland genau richtig. Parkhotel Wasserburg Anholt in Isselburg, Hotel Schloss Wilkinghege vor den Toren von Münster, SportSchloss Velen, Schlosshotel Ahaus und Wasserschloss Lembeck stehen alle für exzellente Qualität in herrschaftlichem Ambiente.

des Element der Architektur. Die heutigen Gebäude der Schlossanlage entstanden zu Beginn des 17. Jh. 100 Jahre später wurde der Torturm nach den Plänen von Maximilian von Welsch erbaut, einem Lehrer Johann Conrad Schlauns. Das Schloss selbst entstand wiederum 100 Jahre später nach den Plänen August Reinkings, der kurz nach der Grundsteinlegung verstarb. Die Anlage wurde in ihrer gesamten Geschichte niemals verkauft, sondern gelangte nur über die weibliche Erbfolge in andere Familien. Heute gehört das Wasserschloss der Familie Raitz von Frentz und kann an zwei Wochenenden im Mai und September, an denen Konzerte auf Haus Stapel stattfinden, in Teilen besichtigt werden.

BIS ZUR BURG HÜLSHOFF, seit 1417 Stammsitz der Freiherren Droste zu Hülshoff sowie Geburtshaus der Dichterin Annette von Droste-Hülshoff, ist es von Haus Stapel aus nicht mehr weit:
»Du Vaterhaus mit deinen Thürmen,
Vom stillen Weiher eingewiegt,
Wo ich in meines Lebens Stürmen
So oft erlegen und gesiegt, –
Ihr breiten laubgewölbten Hallen,
Die jung und fröhlich mich geseh'n,
Wo ewig meine Seufzer wallen
Und meines Fußes Spuren stehen.«
Das in den Jahren 1540–45 als geschlossene Renaissance-Anlage erbaute Herrenhaus ist im Wesentlichen erhalten geblieben und liegt inmitten einer grünen Parklandschaft. Im Mai findet hier das Festival »Gartenträume«, im November das Festival »Winterträume« statt.

SCHLOSS NORDKIRCHEN südlich von Münster ist ein »Muss« auf jeder Wasserburgenfahrt im Münsterland. Die Anlage ist so prachtvoll und großartig, dass sie auch ›westfälisches Versailles‹ genannt wird. Auf einer quadratischen, von Wasser umgebenen Insel liegt das Hauptschloss inmitten eines riesigen Parks, dessen Hauptachsen alle auf das Schloss zuführen. Die Anlage beherbergt seit 1949 die Fachhochschule für Finanzen des Landes Nordrhein-Westfalen, gleichwohl kann das hervorragend restaurierte Gebäude an den Wochenenden von innen besichtigt werden. Der prächtige Jupitersaal oder die hochbarocke Schlosskapelle mit kostbaren Stuckarbeiten, Deckengemälden und Holzschnitzereien locken jedes Jahr Tausende Besucher an. Neben der Besichtigung des Schlosses besteht zusätzlich die Möglichkeit, im weitläufigen Park mit seinen wunderschönen Gartenanlagen – barocke Gartenarchitektur mit englischem Landschaftspark kombiniert – zu flanieren. Dabei gilt es, die zahlreichen Nebengebäude des Schlosses wie die Orangerie, die Fasanerie oder die Oranienburg zu entdecken. ■

MUSEUMSBURG VISCHERING – MITTELALTER ZUM AUSPROBIEREN Im Jahr 1271 entschloss sich der damalige Fürstbischof von Münster, Gerhard von der Mark, eine Burg bei Lüdinghausen (südwestlich von Münster) zu bauen. Bis 1521 diente das Gebäude ausschließlich als Wehrburg. 1521 brannte sie nieder, wurde aber anschließend auf denselben Fundamenten wieder aufgebaut. Mit ihren Wehrmauern, Wassergräben und Schießscharten sieht man Burg Vischering auch heute noch an, dass sie im Mittelalter zur Verteidigung gegen Feinde gebaut wurde. Doch wie haben die Ritter damals gelebt? Diese Frage beantwortet der Teil des Museums, der speziell für Kinder gestaltet wurde. Einmal einen Helm, eine Rüstung oder ein Kettenhemd anziehen, auf Holzpferden in den Kampf reiten oder in einem bunten Zelt kampieren – auf Burg Vischering wird die Zeit der Ritter, Knappen und edlen Fräulein lebendig.

LINKS Am Bau des barocken Wasserschlosses Ahaus von 1695 wirkte auch der berühmte westfälische Baumeister Johann Conrad Schlaun mit.

RECHTS Ernst wacht Annette von Droste-Hülshoff über die Burg Hülshoff in Havixbeck, wo die Dichterin geboren wurde.

MITTE An niederländische Wasserburgen erinnert Burg Anholt bei Isselburg. Im Schlosspark fühlen sich auch Pfauen wohl.

UNTEN Nordkirchen ist das größte Wasserschloss in Nordrhein-Westfalen und wird auch ›westfälisches Versailles‹ genannt.

## SANDSTEIN UND KLINKER
### BAROCKER BAUMEISTER

Johann Conrad Schlaun (1695–1773) gilt als einer der letzten bedeutenden Architekten des deutschen Barock. Zu seinen wichtigsten Bauwerken zählen das Fürstbischöfliche Schloss Münster, Schloss Nordkirchen (im Bild links) und Schloss Augustusburg. Kennzeichnend für seine Architektur ist die Kombination von Sandstein mit rotem Klinker und weißen, mehrfach unterteilten Fenstern – die »Westfälische Sinfonie«.

Waltrop
Bochum
Essen
Oberhausen
Duisburg

NORDRHEIN-WESTFALEN

DÜSSELDORF

# 44

## KOHLE UND STAHL
## DIE ROUTE DER INDUSTRIEKULTUR

»Tief im Westen, wo die Sonne verstaubt ...« sang Herbert Grönemeyer 1985, und bis heute hat sich das Klischee vom grauen Pott hartnäckig gehalten. Dabei ist das Ruhrgebiet mittlerweile nicht nur grün, sondern auch ein Kultur-Hotspot.

Das Ruhrgebiet als Revier der malochenden Arbeiter zwischen Currywurstbude und Fußballstadion – kein Fleckchen Grün, nur graue Tristesse. So stellt man sich das Ruhrgebiet vor, wenn man noch nie dort gewesen ist. Dabei ist von der Montanindustrie, die mit Kohle, Eisen und Stahl über Jahrzehnte das Bild des Ruhrgebiets prägte, nicht mehr viel übrig geblieben. Die aktiven Zechen lassen sich heute an einer Hand abzählen. Der Strukturwandel hat sich dermaßen radikal vollzogen, dass es mittlerweile wieder notwendig geworden ist, den Menschen vor Ort ihre Geschichte nahezubringen und die übrig gebliebenen Traditionen zu bewahren. So wurden aus zahlreichen Industriebrachen in den letzten Jahren beliebte Naherholungsgebiete, die auch über die unmittelbaren Grenzen des Ruhrgebiets hinaus Akzente setzen.

IM DEUTSCHEN BERGBAUMUSEUM in Bochum beispielsweise gilt es, sie zu entdecken, die ›gute alte Zeit‹, die das Ruhrgebiet aus einer einstigen grünen Auenlandschaft in den Bereich eines hochindustriellen Ballungsraums katapultierte. Denn der Wandel vollzog sich rasant. Und damit das alles nicht verloren geht, sammeln, bewahren und präsentieren die Mitarbeiter des Museums historische und aktuelle Bergbautechnik und ermöglichen so einen Ausflug in die Wirtschafts- und Technikgeschichte unserer Welt. Dazu unterhält das Bergbaumuseum ein eigenes, der Realität nachgebildetes Anschauungsbergwerk,

das in 20 m Tiefe und mit 2,5 km langen Stollen die Arbeitswelt der Bergleute unter Tage anhand realer Objekte faszinierend veranschaulicht.

AM ZUSAMMENFLUSS von Dortmund-Ems-Kanal und Rhein-Herne-Kanal, zweier Verkehrswege, die für den Transport von Erz und Stahl von großer Bedeutung waren, wurde 1899 von Kaiser Wilhelm II. persönlich das Schiffshebewerk Henrichenburg in Waltrop eingeweiht. Es sollte einen Höhenunterschied von 14 m überbrücken und eine ursprünglich an dieser Stelle vorgesehene Schleusentreppe mit vier Kammerschleusen ersetzen. Das Hebewerk war bis 1970 in Betrieb, danach verfiel es zunehmend zur Ruine. Erst 1979 wurde es unter Denkmalschutz gestellt und in den folgenden Jahren aufwendig saniert und rekonstruiert. Seit 1992 ist es als Museum zugänglich.

SEIT DEZEMBER 2001 gehören Zeche und Kokerei Zollverein in Essen zum Welterbe der UNESCO. Bis zu ihrer Stilllegung im Jahr 1986 galt die Anlage Zollverein XII nicht nur als modernste, sondern gleichzeitig auch als schönste Zeche der Welt. Früher wurden hier pro Tag 12 000 t Kohle gefördert, gewaschen und zu Koks veredelt; heute ist das Gelände ein Zentrum für Kultur und Design. Im Kesselhaus befindet sich das »Red Dot Design Museum« mit der weltweit größten Ausstellung zeitgenössischen Designs. Die ehemalige Kohlenwäscherei beherbergt das Besucherzentrum

## IN KÜRZE

### LAGE
Nordrhein-Westfalen

### REGION
Ruhrgebiet zwischen Bochum, Essen und Duisburg als Ausschnitt aus der »Route der Industriekultur«

### INFO
Portalseite zur »Route der Industriekultur«: www.route-industrie kultur.ruhr

Bereits seit Mitte der 1950er-Jahre wird vom Design Zentrum Nordrhein-Westfalen ein Preis für innovatives Design vergeben. Dieser »Design Innovationen«-Preis wurde im Jahr 2000 in »Red Dot Award: Product Design« umbenannt. »Red Dot« nimmt dabei Bezug auf die Praxis, gutes Produktdesign mit einem roten Punkt zu markieren. Die besten Arbeiten werden anschließend mindestens für ein Jahr im Essener »Red Dot Design Museum« gezeigt.

Ruhr mit dem »Ruhr Museum«; darin wird die Geschichte des Ruhrgebiets von der vorindustriellen Zeit bis heute anschaulich erzählt.

ZWISCHEN 1909 UND 1920 entstand in Essen die Gartenstadt »Margarethenhöhe«, benannt nach ihrer Stifterin Margarethe Krupp. Die Siedlung galt schon während ihrer Entstehungszeit als ein Paradebeispiel für eine zweckmäßige und zugleich menschenfreundliche Bauweise. Romantisch gestaltete Fassaden mit geschwungenen Giebeln, Erkern, Holzfensterläden und Natursteinsockeln prägen den Gesamteindruck. Der Architekt Georg Metzendorf überließ nichts dem Zufall – und trotzdem gleicht kaum ein Haus dem anderen. Für einen Blick hinter die Fassaden wurde in der Stensstraße eine Museumswohnung eingerichtet; das Ruhr Museum bietet Führungen durch die Siedlung an.

ES GIBT NICHT VIELE MUSEEN weltweit, die über einen mehr als 100 m hohen Ausstellungssaal verfügen. Und es ist wahrlich beeindruckend, wenn der gläserne Aufzug langsam an der Innenwand des Oberhausener Gasometers hinaufsteigt und die Besucher in der Ausstellung am Boden in diffusem Licht verschwinden. Oben angekommen, lohnt

ein Blick von der außen liegenden Plattform über den gesamten westlichen Teil des Ruhrgebiets. Der Gasometer wurde 1927–29 als Gaszwischenspeicher für die Hochöfen der Umgebung erbaut. Seit 1994 befindet sich im Inneren des Gebäudes die größte und wohl außergewöhnlichste Ausstellungshalle Europas.

1985 WURDE IN DUISBURG-MEIDERICH die Eisenhütte stillgelegt. In den folgenden zehn Jahren gelang es einer Bürgerinitiative nicht nur, den Abriss des alten Hüttenwerks aufzuhalten, sondern im Gegenteil die 200 ha große Industriebrache in einen Multifunktionspark umzugestalten und auszubauen. Es entstand ein riesiger Abenteuerspielplatz für Groß und Klein: Die ehemaligen Werkshallen wurden für Kultur- und Firmenveranstaltungen hergerichtet, im alten Gasometer entstand Europas größtes künstliches Tauchsportzentrum, in Erzlagerbunkern wurden alpine Klettergärten geschaffen und ein erloschener Hochofen ist zum Aussichtsturm ausgebaut. Im Sommer finden abends Kinovorführungen an den alten Schmelzöfen statt, und wenn es stockduster ist, kommt der Park so richtig zur Geltung: Denn dann taucht eine Lichtinszenierung des britischen Künstlers Jonathan Park das alte Hüttenwerk in ein atemberaubendes Meer aus Licht und Farbe. ∎

DIE KRUPPS – EINE INDUSTRIELLENDYNASTIE Ursprünglich kamen die Krupps aus den Niederlanden, waren aber seit 1572 in Essen registriert und traten in den folgenden Jahrhunderten hauptsächlich als Bürgermeister in Erscheinung. 1811 gründete Friedrich Krupp das Unternehmen in Essen; sein Sohn Alfred führte es zu wirtschaftlicher Blüte. Mitte des 19. Jh. ließ er einen nahtlosen Radreifen als sicheres, bruchgeschütztes Eisenbahnrad patentieren und verkaufte es in den nächsten Jahrzehnten an alle großen Eisenbahngesellschaften. Das Patent zur »Herstellung von Gegenständen, die hohe Widerstandskraft gegen Korrosion erfordern« wurde 1912 angemeldet. Zehn Jahre später erfolgte der Schutz des Warenzeichens »Nirosta« (Nichtrostender Stahl). Nach dem Tod von Alfried Krupp von Bohlen und Halbach – dem letzten Krupp – 1967 ging das Familienvermögen in die gemeinnützige Alfried Krupp von Bohlen und Halbach-Stiftung über.

OBEN Das Gelände der stillgelegten Eisenhütte in Duisburg ist heute ein Abenteuerspielplatz für Groß und Klein.

LINKS An Industriedenkmälern wie diesem Fördergerüst ist das Ruhrgebiet reich.

## VEREDELUNGSPROZESS WIE AUS KOHLE KOKS WIRD

Braun- oder Steinkohle ist bei der Eisengewinnung als Brennstoff für die Hochöfen nicht geeignet, da bei ihrer direkten Verbrennung zu viel Schwefel, Ruß und Rauch frei werden, die das gewonnene Eisen wieder verunreinigen. Deshalb wird die Kohle zuvor gewaschen und zu Koks veredelt. Koks ist kohlenstoffreicher und homogener als Kohle, bei der Verbrennung entsteht weniger Asche und Schwefel. Diese Veredelung geschieht in Kokereien – seit Anfang des 18. Jh. zunächst in England, seit 1849 auch im Ruhrgebiet. Dabei wird aschearme Fettkohle durch Wärmeeinwirkung unter Sauerstoffausschluss in Koks, brennbares Gas und Teer zersetzt. Von deren teilweise gewaltigen Ausmaßen kann man sich auf dem Gelände des Essener Zollvereins ein Bild machen.

OBEN Die Zeche Ewald in Herten – im Bild der Malakowturm – wurde im Jahr 2001 stillgelegt.

LINKS Unter der goldenen Decke des Oberhausener Gasometers in 105 m Höhe lassen sich faszinierende Lichtinstallationen inszenieren.

RECHTS Erst mit der Fertigstellung des alten Schiffshebewerks Henrichenburg im Jahr 1899 konnte der Dortmund-Ems-Kanal bis zum Dortmunder Hafen befahren werden (rechts außen: der alte Reichsadler als schmückendes Detail).

# 45
## KULTUR AM STROM
## DIE WESERRENAISSANCE

Manchmal ist es einer Notlage zu verdanken, dass uns wertvolle Denkmäler erhalten geblieben sind: Hätte man nach dem Dreißigjährigen Krieg mehr Geld gehabt, dann wäre wohl auch die Weser »barock« geworden – zum Glück nicht.

### IN KÜRZE

**LAGE** Niedersachsen, Nordrhein-Westfalen und Bremen

**REGION** Im Einzugsbereich der Weser von Hann. Münden im südlichen Niedersachsen bis Bremen im Norden

**INFO** Zentrale Infostelle für die Weserrenaissance ist das Museum Schloss Brake Schlossstr. 18 32657 Lemgo Tel. 05261 945 00 www.wrm.lemgo.de

Rechts und links des Flusses, der nach 452 km bei Bremerhaven in die Nordsee mündet, hatte sich seit der Reformation bis zum Dreißigjährigen Krieg (1618–48) eine rege Bautätigkeit entwickelt. Schlösser und Adelssitze, Rathäuser und Bürgerbauten aus Stein oder Fachwerk geben heute noch Zeugnis von der wirtschaftlichen und kulturellen Blüte zu dieser Zeit. Der damals vorherrschende Baustil wurde später als Weserrenaissance bezeichnet, obwohl es keine räumlich eigenständige Entwicklung war. Nach dem Dreißigjährigen Krieg lag der Landstrich wirtschaftlich so danieder, dass das Geld für eine bauliche »Modernisierung« im barocken Stil fehlte. Und so kam es, dass hier weitaus mehr Bauten aus der Renaissance erhalten geblieben sind als andernorts in Deutschland.

DIE ALTSTADT von Hann. Münden hat beispielsweise auch den letzten Krieg unzerstört überstanden. Mehr als 700 Fachwerkhäuser finden sich im historischen Stadtkern neben eindrucksvollen Stein-bauten wie dem Welfenschloss oder dem historischen Rathaus. Für den sorgsamen Umgang mit diesem Erbe gab es bereits mehrere Auszeichnungen, darunter eine Goldmedaille im Bundeswettbewerb »Stadtgestalt und Denkmalschutz«.

AUCH DAS BILD der Kreisstadt Höxter an der Weser wird von Fachwerkhäusern geprägt – viele im Stil der Weserrenaissance. Insbesondere am Marktplatz sind mit dem historischen Rathaus von 1613 und der alten Dechanei von 1561 zwei eindrucksvolle Beispiele zu bewundern. An Letzterem lassen sich über 60 geschnitzte Halbrosetten zählen, die sich alle voneinander unterscheiden.

SCHLOSS BRAKE am Stadtrand von Lemgo war ehemals der Regierungssitz der Grafen zur Lippe und beherbergt seit 1986 das Weserrenaissance-Museum. Die Sammlung gibt einen umfassenden Überblick über die Kunst- und Kulturgeschichte des 16. und frühen 17. Jh.s in Nord- und Westdeutschland.

LINKS Schloss Brake in Lemgo wurde 1587 im Stil der Renaissance ausgebaut.

RECHTS In Bückeburg lohnt neben der Stadtkirche auch ein Besuch des prächtigen Schlosses mit seinem ausgedehnten Schlosspark.

BREMEN
Die Freie Hansestadt
ist der älteste Stadt-
staat der Welt: 965
erhielt Bremen das
Marktprivileg, 1186 das
Stadtrecht durch Kaiser
Friedrich I. Barbarossa.

**CORD TÖNNIES** (auch: Tönnis) war ein Hamelner Baumeister der mittleren und späten Weserrenaissance. Seine genauen Lebensdaten sind nicht bekannt. Unter seiner Leitung wurden zahlreiche Bauten umgestaltet, weg von der Schlichtheit der frühen Weserrenaissance hin zu den komplexen Bau- und Bildprogrammen: Halbkreisgiebel entwickeln sich zu S-förmigen Schweifungen, Figuren schmücken die Treppengiebel. Zu seinen bekanntesten Werken zählen das Schloss in Detmold (1553–1557), das Leisthaus (1585–1589) und Hochzeitshaus in Hameln und Schloss Schwöbber (ab 1570).

HAMELN, weiter nördlich an der Weser, ist vor allem durch die Rattenfängersage bekannt. In der Fassade des »Hochzeitshauses« am Pferdemarkt, 1610–17 im Stil der Weserrenaissance erbaut, befindet sich die ›Rattenfängerkunst‹. Mehrmals täglich öffnet sich ein Figurenumlauf und erzählt die Geschichte zu den Klängen eines Glockenspiels. In direkter Nachbarschaft befinden sich mit dem Stiftsherrenhaus (1558), dem Leisthaus (1585–89), dem Rattenfängerhaus (1603) und dem Dempterhaus (1607) weitere prächtige Renaissance-Bürgerhäuser.

DIE STADTKIRCHE von Bückeburg, ehemalige Residenzstadt des kleinen Fürstentums Schaumburg-Lippe, gilt als das erste bedeutende Kirchenbauwerk des frühen Protestantismus in Deutschland. Sie wurde 1608 bis 1615 erbaut. Von 1771 bis 1776 wirkte Johann Gottfried Herder in Bückeburg als Hofprediger und Konsistorialrat. Sein Denkmal befindet sich an der Nordwestseite der Kirche.

NIENBURG, die größte Stadt an der Mittelweser, trägt zwei Bärentatzen im Stadtwappen; und so sind es auch Bärentatzen auf dem Pflaster der Altstadt, die die Besucher zu den wichtigsten Sehenswürdigkeiten führen, etwa zum Rathaus aus dem 14. Jh. Sein Stufengiebel stammt aus der Epoche der Weserrenaissance, ebenso wie der zweigeschossige Erker von 1585.

BREMENS MARKTPLATZ steht seit 1973 mehrheitlich unter Denkmalschutz. 2004 wurden das Rathaus und der »Bremer Roland« als größte freistehende Plastik des deutschen Mittelalters zusätzlich in die Weltkulturerbeliste der UNESCO aufgenommen. Zweifelsohne zieht das Rathaus mit seiner Renaissance-Fassade die meisten Blicke auf sich, doch nicht weniger imposant ist das Gebäude gegenüber – der »Schütting«, das Haus der Bremer Kaufmannschaft. Der 1565 errichtete Ostgiebel ist eines der reinsten Werke der Renaissance in Bremen. ■

Die Weserrenaissance ist eine Variante der nordischen Renaissance, wobei der Begriff erst 1912 von Richard Klapheck geprägt wurde. Er ging davon aus, dass sich die Renaissance entlang der Weser durch eine eigenständige Stilentwicklung auszeichnet, was bis heute nicht eindeutig nachgewiesen werden kann. Charakteristische Merkmale sind das Baumaterial Wesersandstein, stark gegliederte Schaufassaden, geschwungene Giebel und Standerker.

LINKS Das Leisthaus (1589) in Hameln wurde von dem Patrizier Gerd Leist erbaut.

RECHTS Das Bremer Rathaus mit seinem Stufengiebel ist eines der bedeutendsten Bauwerke der Gotik und der Weserrenaissance.

LINKS Wehrhaft erhebt sich der Schlossberg mit der Stiftskirche St. Servatius über das umliegende Quedlinburg. Bei der Weihe der Kirche im Jahr 1021 war Kaiser Heinrich II. persönlich anwesend.

UNTEN LINKS Romantik à la Romanik: Im Wasserschloss Westerburg im nördlichen Harzvorland kann man speisen wie zu Zeiten der Ottonen – stilecht im Gewölbe mit mehrarmigen Kerzenleuchtern.

UNTEN RECHTS Die Fachwerkhäuser im Herzen der Quedlinburger Altstadt stammen teilweise noch aus der Zeit von vor 1530. Der größte Teil der Gebäude wurde zwischen 1620 und 1700 errichtet. Ein schützenswertes Erbe – so fand auch die UNESCO.

SACHSEN-
ANHALT

MAGDEBURG ■

■ Halberstadt
■ Quedlinburg

Querford ■
■ Halle

Naum-
burg

# 46

## IM KERNLAND DES DEUTSCHEN KÖNIGTUMS
## DIE STRASSE DER ROMANIK

Auf rund 1000 km kann man sie erleben, die Burgen, Pfalzen und Klöster aus der Romanik, die noch heute die politischen Verhältnisse der damaligen Zeit widerspiegeln und Einblicke in das Leben vor rund 1000 Jahren geben.

Als die Ottonen im 10. Jh. die deutschen Stämme einigten und das frühmittelalterliche deutsche Reich gründeten, ließen sie auch das römische Kaisertum wiedererstehen. Die östlich gelegenen slawischen Gebiete wurden missioniert und in den deutschen Staat eingegliedert. Im Schutz der Burgen entstanden neue Städte, Landstriche wurden kultiviert – in der Kunst und Architektur bildete sich mit der Romanik die erste eigenständige europäische Stilepoche. Neben der Rheinschiene wurde die Region östlich des Harzes zum Kernland des deutschen Königtums.

FAST JEDER ist ihr schon einmal begegnet – der legendären Kreuzworträtselfrage nach einer Naumburger Domfigur mit drei Buchstaben. Die Antwort ist unschwer. Gemeint ist »Uta«, die Gemahlin Markgraf Ekkehards II. und eine der zwölf Stifterfiguren im Naumburger Dom; jene Uta, mit der Umberto Eco am liebsten einmal ausgegangen wäre, die Walt Disney als Vorlage nahm für die böse Stiefmutter in »Schneewittchen« und die die Nationalsozialisten als ein »Idealbild deutschen Ahnentums« verherrlichten. Heute sind sich die Historiker sicher, dass der legendäre »Naumburger Meister« die Figuren um 1250 geschaffen hat, also rund 200 Jahre nach Utas Tod. Und obwohl er sie nie persönlich gesehen hat, scheint er sie doch gekannt zu haben, denn noch nie zuvor in Deutschland wurden Figuren aus Stein so realistisch und ausdrucksstark geschaffen. Sinthgunt und Frija heißen die

beiden Schwestern, die es zusammen mit ihrem Bruder Wodan vermochten, einen verletzten Pferdefuß zu heilen, indem sie ihn besprachen. So steht es zumindest in einem der beiden Merseburger Zaubersprüche, die der Historiker Georg Waitz 1841 in einer theologischen Handschrift des 9. Jh. entdeckte und die er nach dem Ort ihrer Auffindung in der Bibliothek des Domkapitels zu Merseburg benannte. Der Dom und das angrenzende Schloss befinden sich als Ensemble auf einem Hügel oberhalb der Saale; die Grundsteinlegung des heutigen Bauwerks fand im Jahr 1015 statt.

DIE SAALE ABWÄRTS liegt die Stadt Halle und an deren nördlichem Ende der Stadtteil Giebichenstein mit der gleichnamigen Burg. Eine erste Anlage wurde bereits 961 erwähnt; die heutige Burg ist jedoch eine Weiterentwicklung der nachfolgenden Jahrhunderte. Seit 1922 befindet sich in der Burg eine Kunstgewerbeschule, die eng mit dem Bauhaus verbunden war. Ihr erster Direktor, Paul Thiersch, reformierte die Schule im Sinne des Deutschen Werkbundes, und es entstanden die Klassen für Malerei, Grafik, Bildhauerei, Architektur, Textilgestaltung, Fotografie und Tischlerei. 2010 wurde der Name in »Burg Giebichenstein Kunsthochschule Halle« geändert.

BURG QUERFURT in der gleichnamigen Stadt westlich von Halle gehört zu den größten mittelalterlichen Burgen in Deutschland. In einer Urkunde Kaiser Ottos II. aus dem Jahr 979 wird sie erstmals

## IN KÜRZE

**LAGE** Sachsen-Anhalt

**REGION**
Teilstrecke der »Straße der Romanik« von Naumburg (Saale) bis Halberstadt

**INFO**
Tourist-Information Naumburg
www.naumburg.de

Tourist- und Tagungsservice Merseburg
www.merseburg.de

Stadtmarketing Halle (Saale) GmbH
www.halle.de

Stadtinformation Querfurt
www.querfurt.de

Quedlinburg Tourismus Marketing GmbH
www.quedlinburg.de

Halberstadt Information
www.halberstadt.de

DIE STRASSE
DER ROMANIK
wurde 1993 ins Leben
gerufen. Sie verläuft in
Form einer Acht durch
Sachsen-Anhalt – eine
Erlebnistour in die Welt
des Mittelalters.

Die Ottonen – eigentlich: Liudolfinger – waren ein sächsisches Adelsgeschlecht, das 866 durch Graf Liudolf begründet wurde. Als Könige (Heinrich I.) und Kaiser (Otto I., Otto II., Otto III. und Heinrich II.) regierten sie im ostfränkisch-deutschen Reich von 919 bis 1024. Eine ihrer wichtigsten Aufgaben war die Verteidigung des Reichs gegen die immer wieder angreifenden Magyaren (Ungarn), die Otto I. in der Schlacht auf dem Lechfeld 955 vernichtend besiegte.

mit »castellum« betitelt. Heute ist die Burganlage eine beliebte Filmkulisse – die Kinofilme »Die Päpstin« und »1 ½ Ritter« wurden in Teilen hier gedreht. Auch die ARD-Märchen »Jorinde & Joringel« sowie »Die zertanzten Schuhe« spielten innerhalb der Burgmauern und auf den Kirschplantagen rund um Querfurt.

DIE STIFTSKIRCHE St. Cyriakus in Gernrode, einem Ortsteil von Quedlinburg, zählt zu den bedeutendsten Zeugnissen ottonischer Architektur. Es ist das einzige nahezu unverändert gebliebene Bauwerk aus dieser Zeit. Neben der ältesten Krypta befindet sich im Inneren auch die älteste in Deutschland erhalten gebliebene Nachbildung des Grabes Christi in Jerusalem.

IM ZENTRUM von Quedlinburg liegt der Schlossberg mit Schloss und Stiftskirche St. Servatius. Sie gilt als eines der bedeutendsten hochromanischen Bauwerke Deutschlands und wird seit 1994 mit den 1200 Fachwerkhäusern der Quedlinburger Altstadt und dem Schloss als Weltkulturerbe der UNESCO geführt. Die Stiftskirche wurde 1129 geweiht und entstand auf den Fundamenten dreier Vorgängerbauten. In der unter Querhaus und Chor liegenden Krypta befinden sich die Grabsteine der Äbtissinnen des bis 1803 bestehenden Damenstifts; in der Königsgruft

steht der noch unversehrte Sarg von Königin Mathilde (968 verstorben) mitsamt ihrer Gebeine, daneben in einem Bleisarg ihre Enkelin Mathilde, die erste Äbtissin des Stifts. Die Überreste Heinrichs I. dagegen wurden vor langer Zeit umgebettet und sind verschollen; von seinem Sarg blieben nur Fragmente. Berühmt ist auch der Quedlinburger Kirchenschatz, der seit 1993 wieder vollständig zu sehen ist. Erst 1991 wurde bekannt, dass ein amerikanischer Offizier ihn 1945 entwendet hatte. Zuvor galt er als verschollen.

NICHT WEIT von Quedlinburg – in Halberstadt – hat sich ein weiterer kostbarer Schatz erhalten. Der im Kapitelsaal und im Remter aufbewahrte Domschatz von St. Stephanus und St. Sixtus gehört zu den wertvollsten Sammlungen mittelalterlicher Kunst und ist der umfangreichste mittelalterliche Kirchenschatz, der in Deutschland bei einer Kirche erhalten blieb. Die Sammlung an liturgischen Gewändern und romanischen Bildteppichen reicht zurück bis ins 10. Jh. In unmittelbarer Nachbarschaft konnte rund um den Domplatz ein historisches Bauensemble erhalten werden, das mit der Liebfrauenkirche (Bauteile von 1005) und dem ehemaligen Bischofspalast von 1059 zwei weitere architektonische Kostbarkeiten der Romanik aufweist. ■

**DER NAUMBURGER MEISTER UND DIE STIFTERFIGUREN** Naumburger Meister ist der Notname eines namentlich nicht bekannten Steinbildhauers, dessen Weg zu Beginn des 13. Jh.s von der Île de France über Mainz nach Naumburg führte. Berühmt sind u. a. seine Stifterfiguren im Westchor des Naumburger Doms, allesamt Vorfahren der Wettiner aus dem 11. Jh.: Markgraf Ekkehard und Markgräfin Uta (Bild links), Markgraf Hermann und Markgräfin Reglindis, Graf Dietrich von Brehna und Gräfin Gerburg, Graf Wilhelm von Camburg und Gräfin Gepa sowie Graf Dietmar, Timo von Kistritz, Syzzo von Käfernburg und Konrad von Landsberg. Uta – eigentlich Uta von Ballenstedt (um 1000–1046) – wurde wohl aus machtpolitischen Gründen mit dem Meißner Markgrafen verheiratet. Nach seinem Tod fiel ihre Mitgift teilweise an das Stift Gernrode; als Mitbegründerin des Naumburger Doms ist Uta bis heute als Stifterfigur verewigt.

## TYPISCHE RUNDBÖGEN
### ROMANISCHE BAUKUNST

Als Romanik bezeichnet man die frühmittelalterliche Stilrichtung in Architektur und Kunst zwischen 950 und
1250. Typische Merkmale der romanischen Baukunst sind Quaderformen,
Rundbögen und dicke Mauern mit
kleinen Öffnungen. In der Frühromanik
finden sich flache Kassettendecken,
die später durch Kreuzgratgewölbe
ersetzt wurden. In der Hoch- und
Spätromanik entstanden zudem große
Fensterrosen sowie verschiedene
Formen von Friesen.

LINKS Eingang der gotischen St.-
Martini-Kirche in Halberstadt mit einer
Darstellung des Hl. Martin.

UNTEN LINKS Burg Giebichenstein bei
Halle an der Saale, in der heute eine
Kunsthochschule untergebracht ist.

UNTEN RECHTS Burg Querfurt ist eine
der größten und ältesten Deutschlands.

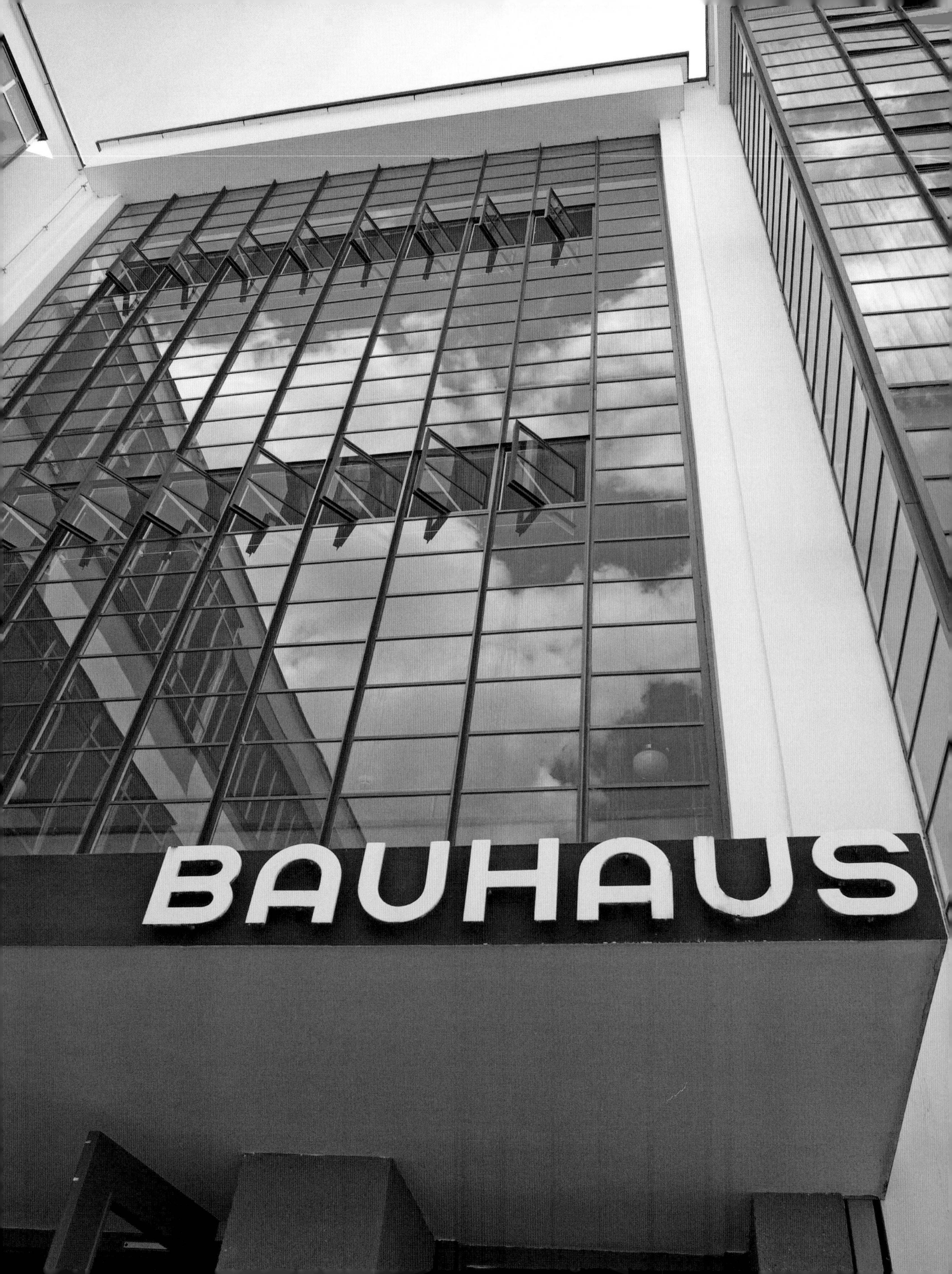
BAUHAUS

# 47

## DIE GEBURT DER KLASSISCHEN MODERNE
## DAS BAUHAUS IN WEIMAR UND DESSAU

Weg von den Schnörkeln, den Ornamenten, hin zu klaren funktionalen Formen: So lautete das Credo der 1919 von Walter Gropius gegründeten Kunstschule, die als die Keimzelle der Moderne in Design und Architektur gilt.

Sie stehen in vielen Büros und Wohnungen – und sind ausgestellt im »Museum of Modern Art« in New York – , die aus Stahlrohren gefertigten Freischwinger. Doch wer sich heute auf einen solchen Stuhl setzt, dem ist vermutlich nicht bewusst, dass dieses so zeitlos modern anmutende Möbelstück bereits in den 1920er-Jahren von dem Bauhausarchitekten und -designer Marcel Breuer erfunden wurde.

»NUR EINE IDEE hat die Kraft, sich so weit zu verbreiten«, befand rückblickend der letzte Bauhausdirektor Ludwig Mies van der Rohe. 1915 war in Weimar die Kunstgewerbeschule aufgelöst worden, nachdem ihr Direktor Henry van de Velde – als Ausländer unerwünscht – zurückgetreten war. Doch er hatte noch Walter Gropius als Nachfolger vorgeschlagen. Dieser hatte sich mehrfach für Reformen in der Weimarer Kunstausbildung ausgesprochen, und als er 1919 an die Weimarer Hochschule für Bildende Kunst berufen wurde, war das de facto die Anerkennung einer notwendigen Veränderung – die Zusammenlegung der Ausbildungsstätten für freie und angewandte Kunst. Die neue Schule – das »Staatliche Bauhaus in Weimar« – wollte die Architektur als Gesamtkunstwerk mit den anderen Künsten verbinden. Gropius gelang es, bedeutende Künstler wie Lyonel Feininger, Paul Klee (ab 1921), Wassily Kandinsky (ab 1922) und Oskar Schlemmer (ab 1921) zu gewinnen. Das Bauhaus wurde die einflussreichste Bildungsstätte für Architektur, Kunst und Design und gilt bis heute weltweit als Wiege der klassischen Moderne.

DAS HAUPTGEBÄUDE der Bauhaus-Universität, der Henry-van-de-Velde-Bau in Weimar, ist einer der bedeutendsten Kunstschulbauten der Jahrhundertwende und war 1919 Gründungsort des Bauhauses. Heute wird die ehemalige Kunstschule von verschiedenen Fakultäten der Bauhaus-Universität genutzt. Außen beeindrucken die Atelierfenster des oberen Geschosses durch ihre sprossenfreie Krümmung; innen zieht die elipsenförmige Haupttreppe alle Blicke auf sich. Gegenüber wurde 1904 bis 1906 nach den Plänen van de Veldes die ehemalige Kunstgewerbeschule errichtet, die später ebenfalls vom Bauhaus genutzt wurde. Der Winkelbau kann nur während einer Führung besichtigt werden, ansonsten ist der Zutritt bis zum Foyer möglich. Die einzige in Weimar jemals realisierte Bauhausarchitektur ist das Musterhaus von Georg Muche, das zur ersten großen Bauhausausstellung 1923 errichtet wurde. Das »Haus am Horn« sollte das erste Gebäude einer ganzen Siedlung werden. Da das nötige Geld jedoch nicht vorhanden war, blieb es bei diesem Musterhaus.

NACH DER LANDTAGSWAHL in Thüringen 1924 hatten sich die politischen Mehrheiten geändert; die neue Regierung kürzte den Etat für das Bauhaus um 50 Prozent; das Weiterarbeiten in Weimar wurde schwierig. 1925 siedelte das Bauhaus schließlich nach Dessau über. Ein Jahr später wurde der Neubau mit

DAS WAHRZEICHEN von Dessau, das 1926 nach Plänen von Walter Gropius errichtete »Bauhaus«, wirkt auch heute noch modern.

IN KÜRZE

LAGE
Weimar in Thüringen und Dessau in Sachsen-Anhalt (heute Teil der kreisfreien Stadt Dessau-Roßlau)

BESONDERHEIT
Seit 1996 UNESCO-Weltkulturerbe

INFO
Bauhaus-Archiv Museum für Gestaltung Berlin Klingelhöferstr. 14 10785 Berlin Tel. 030 254 00 20 www.bauhaus.de www.weimar.de www.dessau.de www.bauhauskoope ration.de

Nach der Schließung des Bauhauses emigrierten viele Bauhausmeister in die USA. Ludwig Mies van der Rohe setzte seine Arbeit als Architekt fort und entwarf zahlreiche Gebäude, hauptsächlich in Chicago und New York. Walter Gropius wurde Professor an der Universität von Harvard, arbeitete mit Marcel Breuer und gründete ein internationales Design-Team. László Moholy-Nagy leitete zunächst das New Bauhaus in Chicago und gründete 1939 die School of Design.

dem extra liegenden Atelierhaus (Prellerhaus) nach Plänen von Walter Gropius eingeweiht. Zeitgleich entstanden die »Meisterhäuser« – drei Doppelhäuser für die Bauhauslehrer sowie ein Einzelhaus für den Direktor. 1926 konnten Walter Gropius und die Bauhausmeister László Moholy-Nagy und Lyonel Feininger, Georg Muche und Oskar Schlemmer sowie Wassily Kandinsky und Paul Klee mit ihren Familien einziehen. Führungen durch die Wohnräume von Klee, Kandinsky oder Schlemmer vermitteln einen Eindruck der verschiedenartigen Persönlichkeiten und geben Einblicke in die »Ideen des modernen Wohnens«.

SEIT 1926 ENTSTAND im Dessauer Süden die Versuchssiedlung Törten. Hier sollten Häuser gebaut werden, die für die Mehrheit der Bevölkerung erschwinglich waren. Bis 1928 entstanden mehr als 300 Reihenhäuser. Die einzelnen Bauteile wurden für mehrere Häuser gleichzeitig vor Ort produziert. Das Haus am Mittelring 38 (Moses-Mendelssohn-Gesellschaft) ist originalgetreu wiederhergestellt und kann – wie auch das Haus Kleinring 5 – besichtigt werden. Parallel entwickelten Georg Muche und Richard Paulick in Törten das »Stahlhaus«, das 1927 fertiggestellt wurde – der Stahltafelbau kann ebenfalls besichtigt werden. Nach Plänen des späteren Bauhausdirektors Hannes Meyer entstanden 1929 und 1930 in der Siedlung fünf Laubenganghäuser mit 90 »Volkswohnungen«, in denen Arbeiter und Angestellte zur Miete

wohnen konnten. Während der Sanierung 1998 wurde eine Musterwohnung im Originalzustand wiederhergestellt. Sie ist im Rahmen von Führungen zu besichtigen. Zentrum der Siedlung ist das 1928 von Gropius entworfene Konsumgebäude, das aus zwei Baukörpern (Flachbau und Hochbau) besteht. Im Flachbau waren die Geschäfte untergebracht, im Hochbau gab es Platz für mehrere Wohnungen. Heute wird der Komplex als Informationszentrum der Stiftung Bauhaus Dessau für die Siedlung Törten genutzt.

DAS VON WALTER GROPIUS entworfene historische Arbeitsamt am August-Bebel-Platz in Dessau ist heute kein Arbeitsamt mehr, aber immer noch Behörde und damit öffentlich zugänglich. Im Norden der Stadt liegt direkt an der Elbe die Ausflugsgaststätte »Kornhaus«. Obwohl Carl Fieger, der im Büro von Walter Gropius als Entwurfszeichner arbeitete, mit seinem Entwurf 1929 nicht den Wettbewerb gewonnen hatte, wurde der Bau dennoch nach seinen Plänen umgesetzt.

1931 GEWANN DIE NSDAP die Dessauer Gemeinderatswahlen und das Bauhaus musste erneut umziehen – 1932 nach Steglitz in den Berliner Süden. Ein Jahr später wurde das Bauhaus von den Nationalsozialisten endgültig zur Selbstauflösung gezwungen. 1932/33 entwarf Ludwig Mies van der Rohe das Landhaus Lemke in Weißensee – eines der wenigen öffentlich zugänglichen Privathäuser. ∎

WALTER GROPIUS – GRÜNDER DES BAUHAUSES Walter Gropius kam 1883 in Berlin zur Welt. Er studierte Architektur in München und Berlin, brach das Studium aber 1908 ab und machte sich als Industriedesigner und Architekt selbstständig. Seine erste größere Arbeit als Architekt war das Fagus-Werk in Alfeld an der Leine (zusammen mit Adolf Meyer) – seit 2011 UNESCO-Weltkulturerbe. Gropius war so erfolgreich, dass Henry van de Velde auf ihn aufmerksam wurde und ihn als seinen Nachfolger als Direktor der Hochschule für Bildende Kunst – dem späteren Bauhaus – in Weimar vorschlug. 1934 emigrierte Gropius nach England und zog 1937 weiter in die USA, wo er 1969 starb.

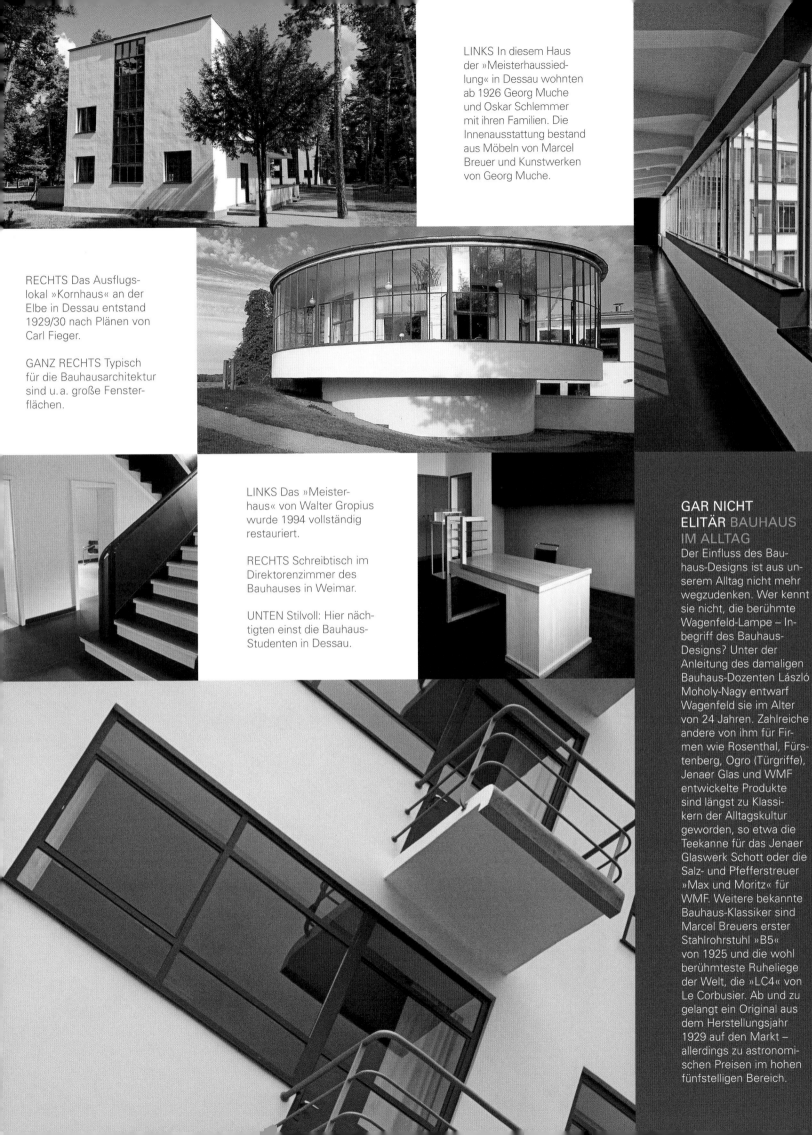

LINKS In diesem Haus der »Meisterhaussiedlung« in Dessau wohnten ab 1926 Georg Muche und Oskar Schlemmer mit ihren Familien. Die Innenausstattung bestand aus Möbeln von Marcel Breuer und Kunstwerken von Georg Muche.

RECHTS Das Ausflugslokal »Kornhaus« an der Elbe in Dessau entstand 1929/30 nach Plänen von Carl Fieger.

GANZ RECHTS Typisch für die Bauhausarchitektur sind u. a. große Fensterflächen.

LINKS Das »Meisterhaus« von Walter Gropius wurde 1994 vollständig restauriert.

RECHTS Schreibtisch im Direktorenzimmer des Bauhauses in Weimar.

UNTEN Stilvoll: Hier nächtigten einst die Bauhaus-Studenten in Dessau.

## GAR NICHT ELITÄR BAUHAUS IM ALLTAG

Der Einfluss des Bauhaus-Designs ist aus unserem Alltag nicht mehr wegzudenken. Wer kennt sie nicht, die berühmte Wagenfeld-Lampe – Inbegriff des Bauhaus-Designs? Unter der Anleitung des damaligen Bauhaus-Dozenten László Moholy-Nagy entwarf Wagenfeld sie im Alter von 24 Jahren. Zahlreiche andere von ihm für Firmen wie Rosenthal, Fürstenberg, Ogro (Türgriffe), Jenaer Glas und WMF entwickelte Produkte sind längst zu Klassikern der Alltagskultur geworden, so etwa die Teekanne für das Jenaer Glaswerk Schott oder die Salz- und Pfefferstreuer »Max und Moritz« für WMF. Weitere bekannte Bauhaus-Klassiker sind Marcel Breuers erster Stahlrohrstuhl »B5« von 1925 und die wohl berühmteste Ruheliege der Welt, die »LC4« von Le Corbusier. Ab und zu gelangt ein Original aus dem Herstellungsjahr 1929 auf den Markt – allerdings zu astronomischen Preisen im hohen fünfstelligen Bereich.

# 48

## PRAGMATISMUS UND WIEDERAUFBAU
## DEUTSCHE NACHKRIEGSARCHITEKTUR

Nach 1945 hatte fast jede Stadt erhebliche Verluste an wertvoller Architektur zu beklagen. Neue Gebäude mussten her – schnell. So stand der Wiederaufbau im Zeichen des Pragmatismus, doch immer wieder gab es originelle Lösungen.

Am 10. Mai 1949 wurde Bonn im Parlamentarischen Rat zum vorläufigen Sitz der Bundesorgane ernannt – mit weitreichenden Folgen für die Architektur, denn in den nächsten Jahren entstanden zahlreiche Provisorien. Die Pädagogische Akademie der Lehrerfortbildung wurde als »Bundeshaus« zur Unterkunft für Bundestag und Bundesrat umgebaut. Darum herum entwickelte sich das Regierungsviertel. Ebenfalls am Rhein, allerdings im Norden der Stadt, entstand Ende der 1950er-Jahre die neue Beethovenhalle nach den Plänen von Siegfried Wolske. Sie diente als repräsentativer Festsaal für das Bonner Bürgertum und zählt heute zu den bedeutendsten Bauwerken der jungen Bundesrepublik. Mit den Parlamentariern aus allen Regionen Deutschlands kamen auch deren Architekten an den Rhein und mit ihnen neue Ideen. Ludwig Erhardt beispielsweise brachte Sep Ruf mit nach Bonn, dem mit dem Kanzlerbungalow im Park des Palais Schaumburg ein herausragendes Beispiel westdeutscher Nachkriegsarchitektur gelang.

EIN JAHR LANG, von 1972 bis 1973, war das City-Hochhaus in Leipzig das höchste Gebäude Deutschlands.

FRANKFURT AM MAIN war Bonn in der Hauptstadtfrage unterlegen. Das lag u.a. am Büro- und Wohnraummangel in der stark zerstörten Stadt. Als eines der ersten historischen Gebäude wurde die Paulskirche nach dem Krieg wieder aufgebaut und als nationales Symbol der Freiheit zum 100. Gedenktag der Nationalversammlung 1948 wiedereröffnet. Aus Kostengründen und aufgrund von Materialmangel erhielt die Kirche nur ein Flachdach anstatt der Kuppel und sehr einfache Milchglasfenster. Die Stadt musste in allen Bereichen neu entstehen; auch sämtliche Theater lagen 1945 in Trümmern. Doch schon kurz nach Kriegsende nahmen die städtischen Bühnen in der nur äußerlich zerstörten Frankfurter Börse den Spielbetrieb wieder auf. 1949–51 wurde das Schauspielhaus wiederhergestellt und Ende der 1950er-Jahre nochmals umgebaut – die alte Jugendstilfassade wurde abgerissen und durch eine 120 m lange Glasfront ersetzt. Parallel entstanden zahlreiche Firmensitze neu, so etwa die Zentrale der Neckermann Versand KG am Danziger Platz.

WÄHREND DES ZWEITEN Weltkriegs zerstörten mehrere Luftangriffe auf Kassel weite Teile der städtischen Bebauung. Das schwerste Bombardement erlebte die Stadt am 22. Oktober 1943, als 80 Prozent der Wohnhäuser – darunter zahlreiche Fachwerkhäuser – den Flammen zum Opfer fielen. Nach dem Krieg entschied man sich, die Altstadt nicht wieder aufzubauen, die Ruinen wurden abgerissen. Stattdessen geschah der Wiederaufbau gemäß den Beschlüssen zur funktionsgetrennten Stadt der Moderne, die 28 führende Architekten und Stadtplaner – darunter Le Corbusier, Alvar Aalto und Ernst May – auf den Internationalen Kongressen Moderner Architektur entwickelt hatten. Dabei orientierte man sich auch an den noch vorhandenen Planungen zum Wiederaufbau nationalsozialistischer Zeit. Mit

## IN KÜRZE

**LAGE** Hessen, Nordrhein-Westfalen, Sachsen, Sachsen-Anhalt

**INFO**
Bonn-Information
www.bonn.de

Tourismus+Congress GmbH
Frankfurt/M.
www.frankfurt-tourismus.de

Kassel Marketing GmbH
www.kassel-marketing.de

Tourist-Information Magdeburg
www.magdeburg-tourist.de

Leipzig Tourismus und Marketing GmbH
www.leipzig.de

Gemäß der »modernen« Stadtplanung sollten Verkehr, Einkaufen und Wohnen getrennt voneinander stattfinden. Der Wiederaufbau der zerstörten Innenstädte in den 1950er-Jahren bot die Gelegenheit, nun flächendeckend Fußgängerzonen einzurichten – bereits 1928 hatte es eine verkehrsberuhigte Zone in Essen gegeben. Deutschlands offiziell erste Fußgängerzone war die Treppenstraße in Kassel (unten), die am 9. November 1953 eröffnet wurde.

der Inbetriebnahme des Hauptbahnhofs erhielt die Stadt ihr Entree zurück. Die erste Fußgängerzone der Bundesrepublik, die »Treppenstraße«, verband Bahnhof und Zentrum. Konsequent wurde die Stadt mithilfe renommierter Architekten neu errichtet und gilt heute als modernes Gesamtdenkmal. Sep Rufs bilka-Kaufhaus in der Oberen Königsstraße oder das neue Staatstheater von Paul Bode sind Beispiele der Kasseler Architektur.

SO WIE DIE JUNGE Bundesrepublik nach Amerika schaute, orientierte sich die junge DDR an Russland. In größeren Städten wie Berlin, Rostock und Dresden entstanden prachtvolle Straßenzüge oder Plätze im stalinistischen Zuckerbäckerstil, der Rest bekam »P 2« – »Plattenbau 2«, wie der 1962 entwickelte Bautyp des DDR-Wohnungsbauprogramms hieß und auf dem rund 1 Mio. Wohnungen in der DDR fußten. Magdeburg erhielt mit der Stalinallee – ab 1956 in Wilhelm-Pieck-Allee umbenannt, anschließend in Ernst-Reuter-Allee – eine kleine Prachtstraße in der Innenstadt. Zudem ließ die sowjetische Generaldirektion für 2,5 Mio. Mark aus sowjetischen Investmitteln das Kulturhaus Ernst Thälmann erbauen. »Auch dieses Gebäude mit seiner prunkvollen Einrichtung wird am 1. Januar 1954 durch die großzügige Freundschaftstat der Regierung der UdSSR unentgeltlich in die Hände des deutschen Volkes übergehen«, war in der »Magdeburger Volksstimme« Ende 1953 zu lesen.

LEIPZIG WAR MIT SEINER MESSE das Tor zur Welt. Entsprechend repräsentativ musste das Stadtbild erscheinen. Außer in Berlin gab es nirgendwo sonst in der DDR ähnlich individuell gestaltete Neubauten. Mit 142 m Höhe überragt das City-Hochhaus die Stadt. Es wurde von 1968 bis 1972 als Sektionsgebäude für die Universität in der Form eines aufgeschlagenen Buchs erbaut. Am Augustusplatz gegenüber befindet sich das Opernhaus, das nach den Kriegszerstörungen zwischen 1956 und 1960 an gleicher Stelle wieder aufgebaut wurde, allerdings mit einer reduzierten spätklassizistischen Formensprache. Der Bau gilt heute als Musterbeispiel sozialistischer Architektur jener Zeit. Rund um das alte Rathaus befanden sich zu DDR-Zeiten zahlreiche Messegebäude, so auch das Messehaus am Markt, das von 1961 bis 1963 nach dem Entwurf eines Architektenkollektivs unter Frieder Gebhardt errichtet wurde. Der Stahlskelettbau mit Spannbetondecken und Walmdach besaß rund 5900 m² Ausstellungsfläche und war über ein Passagensystem an die Messehof-, Mädler- und Königshauspassage angebunden. ∎

**SEP RUF – BAUMEISTER DES NEUEN DEUTSCHLAND** Sep Ruf, geboren 1908 in München, war einer der bedeutendsten Architekten der Wiederaufbauzeit. Er hatte an der Technischen Universität München Architektur studiert und arbeitete seit 1931 als freier Architekt. Schon früh setzte er sich mit den Ideen des Bauhauses auseinander und hielt Kontakt zu Walter Gropius und Ludwig Mies van der Rohe. Ruf orientierte sich auch an internationalen Vorbildern und wurde so zum Wegbereiter der Moderne in der deutschen Nachkriegsarchitektur. Zu seinen bekanntesten Bauten zählen die Junkers-Siedlung in München, die Amerikanische Botschaft in Bonn-Bad Godesberg, das Germanische Nationalmuseum in Nürnberg, der Deutsche Pavillon zur Weltausstellung in Brüssel 1958, der Kanzlerbungalow für Ludwig Erhard in Bonn, Kirchenbauten in München und Fulda und die Hauptverwaltung der BHF-Bank in Frankfurt am Main. Sep Ruf starb 1982 in München.

## FUNKTIONALER NEUBAU
### »STADT DER MODERNE«
Zwischen 1928 und 1959 fanden unter Federführung von Le Corbusier mehrere Kongresse für Architekten und Stadtplaner statt, in denen Leitideen für eine neue Stadt ausgearbeitet wurden. Nach diesen musste eine moderne Stadt die Funktionen des Wohnens, Arbeitens, der Erholung und des Verkehrs erfüllen. Da diese getrennt voneinander stattfinden sollten, mussten ältere Städte dementsprechend »entflochten« werden.

OBEN Der Plenarsaal in der Frankfurter Paulskirche

MITTE LINKS Im Bundeshaus in Bonn fanden von 1949 bis 1999 die Plenarsitzungen des Deutschen Bundestags statt.

MITTE RECHTS Festliches Ensemble: Mendebrunnen und Oper auf dem Augustusplatz in Leipzig.

UNTEN LINKS Dem alten Leipziger Messegelände sieht man den Pragmatismus der Nachkriegsarchitekur besonders an.

UNTEN RECHTS An diesem Kamin im Innenhof des Kanzlerbungalows in Bonn wurde deutsche Geschichte geschrieben.

# 49

## ROMANTISCHES WELTERBE
## BURGEN UND SCHLÖSSER AM RHEIN

Den »schönsten Landstrich von Deutschland« nannte Heinrich von Kleist die Gegend zwischen Mainz und Koblenz, die er auf einer Rheinreise im Jahr 1801 gemeinsam mit seiner Schwester Ulrike besucht hatte. Nicht zu Unrecht …

Kleist war mit dieser Ansicht nicht alleine. Schon bald bereisten alle großen Romantiker das Rheintal, getrieben von der Freude an Exotischem, an Vergangenem, an Gespenstern und alten Burgen. Friedrich von Schlegel, Achim von Arnim, Clemens Brentano, Heinrich Heine, Ernst Moritz Arndt – sie alle entdeckten den »deutschen« Rhein auch als Gegenpol zur patriotischen Begeisterung Frankreichs. Nach den Befreiungskriegen, 1815 auf dem Wiener Kongress, wurden weite Teile des Rheins preußisch. Auch die Königsfamilie schloss sich der »Bewegung« an und erwarb zahlreiche Burgruinen, die sie in den Folgejahren zu Denkmälern »teutscher« Vergangenheit ausbauen ließ. Bis auf die Marksburg oberhalb Braubachs, die als einzige alle Kriege überdauert hatte und heute Sitz der Deutschen Burgenvereinigung ist, sind die Burgen am Mittelrhein alle Kreationen aus der Mitte des 19. Jh.s .

FAST 40 BURGEN und Schlösser säumen den Mittelrhein zwischen Bingen und Koblenz und bilden die »Burgengasse«. Als Kulturlandschaft Oberes Mittelrheintal ist sie seit 2002 UNESCO-Weltkulturerbe. Die meisten Burgen können besichtigt werden und laden ein, das mittelalterliche Leben hinter dicken Verteidigungsmauern genauer kennenzulernen.

MITTEN IM RHEIN liegt ein »steinernes Schiff« – der Pfalzgrafenstein, eine der ungewöhnlichsten Burgen überhaupt. König Ludwig der Bayer ließ sie 1327 als

Zollfeste mitten im Strom erbauen. Und eine Zollstation sollte die »Pfalz bei Kaub« bleiben bis 1866. Noch heute kann man mit einer kleinen Fähre übersetzen und sich im Inneren in die Welt der Zöllner und Handelsleute aus vergangenen Jahrhunderten versetzen. Berühmt wurde sie im Winter 1813/14, als Generalfeldmarschall Blücher mit den preußischen Truppen von Kaub kommend hier über den zugefrorenen Rhein marschierte und so das Ende Napoleons einläutete.

EINIGE KILOMETER stromaufwärts liegt auf der linken Rheinseite das kleine Städtchen Bacharach, vollständig von einer Stadtmauer mit mächtigen Türmen umgeben und überragt von Burg Stahleck, der zweiten großen Burganlage der Wittelsbacher am Mittelrhein. Ursprünglich war sie der am weitesten im Süden gelegene Besitz der Kölner Bischöfe. Im Orleansschen Erbfolgekrieg 1689 wurde die Anlage, wie alle anderen Burgen am Rhein auch, von den Truppen Ludwigs XIV. gesprengt und zum Abbruch freigegeben. Erst in den 1920er-Jahren begann der Wiederaufbau. Heute dient sie als Jugendherberge, nur der Burghof ist zu besichtigen. Unterhalb der Anlage stehen die romantischen Überreste der gotischen Wernerkapelle, die über einen kleinen Fußweg zu erreichen ist.

STROMABWÄRTS kommt bald Oberwesel in Sicht, die »Stadt der Türme und des Weines«, die wie Bacharach eine nahezu vollständig erhaltene mittelalterliche Umwehrung besitzt. Die ehemalige

SEIT DEM 12. JAHRHUNDERT thront die Schönburg bei Oberwesel über dem Rhein. Nach ihr ist sogar eine weiße Rebsorte – die »Schönburger« – benannt, die auch unterhalb der Burg wächst.

## IN KÜRZE

**LAGE**
Rheinland-Pfalz

**REGION**
zwischen den rechtsrheinischen Orten Kaub und Loreley und den linksrheinischen Orten Bacharach, Oberwesel, St. Goar bis Koblenz

**INFO** Loreley Besucherzentrum 56346 St. Goarshausen Tel. 067 71 59 90 93 www.loreley-besucher zentrum.de www.tal-der-loreley.de www.welterbe-mittelrheintal.de

Südlich von Bonn
steht der Rolands-
bogen, ein verblie-
benes Fenster der
Burg Rolandseck. Er
wurde im 19. Jh. zum
Inbegriff der Rhein-
romantik, als sich
die Studenten von
Bonn aus zu Fuß zum
Bogen aufmachten.
Am 28. Dezember
1839 stürzte der Bo-
gen ein. Durch einen
Spendenaufruf in der
»Kölnischen Zeitung«
gab Ferdinand Freilig-
rath den Anstoß zum
Wiederaufbau – was
1840 auch geschah
und den Beginn des
Denkmalschutzes im
Rheinland markiert.

Stiftskirche Unserer Lieben Frau und die ebenfalls katholische Pfarrkirche St. Martin zählen zu den eindrucksvollsten Kirchenbauten der Region. Über allem aber thront die vom Dichter Freiligrath als »der Romantik schönster Zufluchtsort am Rhein« bezeichnete Schönburg (Abbildung unten), die direkt mit dem Auto angefahren werden kann. Viel interessanter ist jedoch die Wanderung über den kleinen Grat, der im Stadtzentrum beginnt und sich oberhalb der Weinberge bis zur Burg erstreckt. Oben angekommen wird der Wanderer mit einem grandiosen Blick belohnt und – wenn er will – mit einer vorzüglichen Küche im Burghotel.

VORBEI AN DER LORELEY auf der anderen Talseite geht es nach St. Goar. Das kleine Städtchen drängt sich eng an die Felsen des Tals und wird von der mächtigen Burgruine »Schloss« Rheinfels überragt. Im 13. Jh. wurde sie die Residenz der Grafen von Katzenelnbogen. Später übernahmen die Landgrafen von Hessen die Burg und bauten sie zur Festung aus. Noch heute lässt sich anhand der erhaltenen Bauteile das Befestigungswesen der Spätrenaissance sehr gut nachvollziehen. Sowohl die Ruinen der mittelalterlichen Burg als auch die unterirdischen Gänge der Festung sind äußerst eindrucksvoll, allerdings sollten Besucher für alle Fälle eine Taschenlampe parat haben.

STOLZENFELS vor den Toren von Koblenz ist heute ein eigener Stadtteil der Universitätsstadt. Diese schenkte 1823 die damalige Burgruine dem preußischen Kronprinzen und späteren König Friedrich Wilhelm IV. Der preußische Oberlandesbaudirektor und königliche Architekt Karl Friedrich Schinkel wurde mit dem Wiederaufbau betraut. Als 1842 die größten Arbeiten abgeschlossen waren, hielt der König mit einem Fackelzug und in historischem Kostüm Einzug auf Burg Stolzenfels, die zweifelsohne als eines der schönsten Baudenkmäler des 19. Jh. bezeichnet werden darf.

KOBLENZ war dank seiner exponierten Lage am Zusammenfluss von Mosel und Rhein schon immer eine Garnisonsstadt. Nirgendwo wird dies deutlicher als auf dem Ehrenbreitstein, der grandiosen Verteidigungsanlage gegenüber der Altstadt auf der anderen Rheinseite. Selbst heute wird die seit dem 16. Jh. bestehende Festung in ihrer Größe in Europa nur noch von Gibraltar übertroffen. Die weit verzweigte Anlage wurde für die Bundesgartenschau 2011 generalsaniert und um moderne Architektur und zeitgemäße Gastronomie ergänzt. Hoch hinauf geht es vom linksrheinischen Konrad-Adenauer-Ufer an der Innenstadt mit Deutschlands größter Seilbahn bis zur Bergstation inmitten der erhaltenen Parkanlagen an der Festung. ∎

**DIE HOHENZOLLERN UND DIE RHEINROMANTIK** Zwischen Koblenz und Bingen befanden sich fünf Burgen im Besitz der preußischen Königsfamilie. 1823 schenkte die Stadt Koblenz dem preußischen Kronprinzen Friedrich Wilhelm die Ruine der Burg Stolzenfels. Im gleichen Jahr erwarb Prinz Friedrich Ludwig Burg Rheinstein. 1829 schenkte Kronprinz Friedrich Wilhelm seiner Gattin die Burgruine Stahleck (Bild rechts in der Mitte) oberhalb von Bacharach zwecks Wiederaufbau, der aber ausblieb. 1834 kaufte der Kronprinz Burg Sooneck, die bis 1862 zur Jagdburg ausgebaut wurde. Kronprinz Wilhelm, der spätere Kaiser Wilhelm I., erwarb 1843 Burg Rheinfels oberhalb von St. Goar. 1856–58 schließlich kam es zum Wiederaufbau des mittelalterlichen Mäuseturms bei Bingen, an dem der preußische König Friedrich Wilhelm IV. persönlich beteiligt war.

## MÄUSE UND MENSCHEN
### SAGENWELT MITTELRHEIN

Seit der Zeit der Rheinromantik im frühen 19. Jh. erfreut sich die Sagenwelt des Mittelrheins großer Beliebtheit. Zu den bekanntesten Sagen zählen »Die Loreley«, »Die feindlichen Brüder« der Burgen Sterrenberg und Liebenstein, die beim Aufteilen des väterlichen Erbes die blinde Schwester hintergingen, und die Sage vom gierigen Mainzer Bischof Hatto, der die armen Bauern verbrennen ließ. In Mäuse verwandelt, fraßen sie ihn auf dem Turm bei Bingen bei lebendigem Leibe auf.

OBEN Malerisch mitten im Rhein bei Kaub liegt die Burg Pfalzgrafenstein und wird von ihrer »größeren Schwester«, der Burg Gutenfels, bewacht.

MITTE Die Höhenburg Stahleck bei Bacharach verfügt über einen in Deutschland seltenen wassergefüllten Halsgraben, der nur die ungeschützten Seiten der Burg abriegelt.

UNTEN Die Schönburg von hinten gesehen. In der Burg gibt es ein Museum, das über den Burgenbau und den Denkmalschutz informiert.

# 50

## OBERSCHWÄBISCHER BAROCK
## KLEINODE IM ALPENVORLAND

Oberschwaben ist in vielerlei Hinsicht reich – unter anderem an barocker Architektur. Wie an einer Perlenkette reihen sich hier Schlösser, Kapellen, Kirchen, Abteien und prachtvolle Klosterbibliotheken aneinander.

Als der Dreißigjährige Krieg vorüber war, lag Oberschwaben in Trümmern. Aus dem nahen Italien importierte man den »modernen« Stil des Barock und mit ihm zunächst auch die Künstler. Es begann eine rege Bautätigkeit – und damit einhergehend ein Wettstreit um die größte Prachtentfaltung. Heute bewundern wir diese Gesamtkunstwerke aus Architektur, Malerei, Stuck und Bildhauerei – unsere Sinne »jubilieren«. So war es gedacht; zur Ehre Gottes und zur Stärkung der Gegenreformation brachte die barocke Kunst den Himmel auf die Erde. Und so bevölkern heute unzählige Engel Decken und Wände der prächtigsten Monumente – allein in der Basilika von Weingarten sind es mehr als 2500!

DIE EHEMALIGE Benediktinerabtei Wiblingen liegt seit 1927 auf Ulmer Stadtgebiet. Als das Kloster im 18. Jh. vorderösterreichisch wurde, begann man mit einer umfassenden Erneuerung der Baulichkeiten. Als Vorlage diente der Escorial-Palast in Madrid mit einer Kirche im Zentrum, umgeben von einem symmetrisch angelegten Geviert und Vorhöfen. Erst 1913–17 wurden die fehlenden Flügelbauten ergänzt – da war das ehemalige Kloster bereits eine Kaserne. Heute ist es vor allem der üppig ausgestattete Bibliothekssaal von 1744, der neben der Klosterkirche die Besucher anzieht (www.kloster-wiblingen.de).

DONAUAUFWÄRTS liegt Zwiefalten mit der Anlage des ehemaligen Benediktinerklosters Unserer Lieben Frau. Die Klosterkirche wird als einfache Pfarrkirche genutzt, ähnelt in ihren Ausmaßen allerdings eher einer Kathedrale. Das Zwiefalter Münster besitzt einen der größten Kirchenräume Deutschlands – der Bau ist 93 m lang, die beiden Türme seitlich des Chores sind ebenso hoch (www.zwiefalten.de).

DIE KLEINE GEMEINDE Steinhausen mit ihrer wunderschönen Dorfkirche gehört schon zu Bad Schussenried. Der Schussenrieder Reichsabt Didacus Ströbele war es, der die Steinhäuser Wallfahrtskirche St. Petrus und Paulus 1727 als Ovalkirche in Auftrag gab. Geplant, erbaut und stuckiert wurde die Kirche von Dominikus Zimmermann, sein älterer Bruder Johann Baptist Zimmermann war verantwortlich für die kunsthistorisch bedeutenden Deckenfresken. Der Bau gilt als eines der größten Meisterwerke des frühen Rokoko, einer Stilrichtung, die sich aus dem Spätbarock heraus entwickelte, die starren Symmetrien auflöste und sich spielerischer und weniger pompös gab (www.kg-steinhausen.de).

DIE KIRCHE ST. MAGNUS des ehemaligen Prämonstratenser-Chorherrenstifts im nahen Bad Schussenried wird seit 1803 als einfache Pfarrkirche genutzt. Die ältesten Teile der Kirche basieren auf einer spätromanischen Basilika, die um 1230 erbaut wurde. 1647 verbrannte ein Großteil des Klosters und der Wunsch nach einer barocken Vierflügelanlage kam auf. Letztlich reichte es dann nicht zum Kirchenneubau,

MIT IHRER REICHEN Ausgestaltung stellt die Kirche St. Alexander und St. Theodor des Benediktinerklosters Ottobeuren einen Höhepunkt des Oberschwäbischen Barock dar.

IN KÜRZE

LAGE
Baden-Württemberg, Bayern

REGION Von Ulm-Wiblingen im Norden bis Legau südlich von Memmingen

INFO
Allgemeine Information zur Oberschwäbischen Barockstraße: Oberschwaben-Tourismus GmbH
Neues Kloster 1
88427 Schussenried
Tel. 07583 92 63 80
www.oberschwaben-tourismus.de

Vor dem Barock wurden Engel als Jünglinge dargestellt, prachtvoll gekleidet oder im Habit eines Mönchs mit mächtigen Schwingen und einem Heiligenschein. Im Barock werden zusätzlich die auf hellenistische und byzantinische Vorbilder zurückgehenden Kinderengel (Putten) gezeigt, häufig in der Form, wie schon in der Antike der Liebesgott Eros/Amor abgebildet wurde. Eine Putte ist heute das Markenzeichen der Oberschwäbischen Barockstraße.

sondern »nur« zu einer barocken Modernisierung der ehemals romanischen Kirche. Zu den Hauptsehenswürdigkeiten gehören das prachtvoll geschnitzte barocke Chorgestühl, die aufwendigen Deckengemälde und der lichtdurchflutete Rokoko-Bibliothekssaal im Konventgebäude. Die ehemals rund 30 000 Bände umfassende Bibliothek ging jedoch größtenteils verloren (www.kloster-schussenried.de).
.

DIE BASILIKA ST. MARTIN UND OSWALD in Weingarten wurde 1956 von Papst Pius XII. zur »Basilica minor« erhoben. Mit einer Kuppelhöhe von 67 m und einer Länge von 102 m ist die frühere Stiftskirche das größte barocke Kirchenbauwerk in Deutschland und in ihren Ausmaßen exakt halb so groß wie der Petersdom in Rom. In ihr wird eine Heilig-Blut-Reliquie aufbewahrt, die den Mittelpunkt für eine der größten Reiterprozessionen Europas bildet, den »Blutritt«, der alljährlich am Blutfreitag, dem Freitag nach Christi Himmelfahrt, stattfindet (www.st-martin-weingarten.de).

VON WEITEM erkennt man den schlanken Turm der Memminger Kreuzherrenkirche im Stadtbild. Die Anfänge des dem Heiligen Geist geweihten Spitals gehen bis ins 13. Jh. zurück. Ende des 17. Jh. wurde die ursprünglich gotische Hallenkirche barockisiert und mit Wessobrunner Stuck in der Form ausgeprägter Akanthusranken ausgestattet (www.memmingen.de).

DIE KLOSTERANLAGE der Benediktinerabtei Ottobeuren wird aufgrund ihrer Pracht und Kunstschätze auch als »Schwäbischer Escorial« bezeichnet. Der nahezu quadratische Baukörper ist im Rahmen eines Klostermuseumbesuchs in Teilen zugänglich. Kaisersaal, Theater und die Klosterbibliothek mit mehr als 15 000 in Schweinsleder gebundenen Folianten belegen den ehemaligen Reichtum und die politische Macht der Abtei. Auch das Innere der Basilika St. Alexander und Theodor begeistert mit einer reichen Ausstattung – so gilt das Chorgestühl als eines der schönsten des süddeutschen Barock (www.abtei-ottobeuren.de).

DIE HEUTIGE Wallfahrtskirche Maria Steinbach in Legau wurde im Jahr 1749 unter dem Roter Abt Benedikt Stadelhofer erbaut. Ein wundertätiges Gnadenbild der »schmerzhaften Muttergottes« hatte einen so großen Zustrom von Gläubigen ausgelöst, dass die alte Kirche nicht mehr ausreichte und auf einem weithin sichtbaren Hügel das neue Gotteshaus gebaut werden musste. Bereits 1723 war der Gemeinde von Hermann Vogler, dem Abt der Prämonstratenserabtei Rot an der Rot, ein Kreuzpartikel geschenkt worden, der eine erste Wallfahrtswelle auslöste. Heute wird die Pfarrei von den Salvatorianern betreut; ein kleines Museum zeichnet die Entwicklung des Wallfahrtswesens in Maria Steinbach nach (www.maria-steinbach.de). ■

SAGE VON DER ›VOX HUMANA‹ Der Orgelbauer Joseph Gabler (1700–1771) soll vergeblich versucht haben, in Weingarten ein Orgelregister zu bauen, mit dem sich die menschliche Stimme nachahmen ließe. Eines Nachts soll ihm der Teufel die spezielle Metalllegierung eingeflüstert haben, Gabler musste ihm dafür aber seine Seele überschreiben. Das mit dieser Legierung gebaute Register klang dann tatsächlich wie eine menschliche Stimme, doch ertönte nur weltliche Musik, die viele Mönche zu weltlichen Genüssen verführte. Gabler gestand dem Abt die Tat. Er sollte darauf mitsamt dem Register verbrannt werden, nachdem er dafür Ersatz geschaffen hatte. Dies sei ihm allerdings so gut gelungen, dass der Abt ihn begnadigt habe.

## FERNAB DES ALLTAGS
### SCHLAFEN IM KLOSTER

Die unüberwindbaren Kloster-
mauern gehören in immer mehr
Klöstern Europas der Vergangenheit an. Viele Ordensgemein-
schaften betreiben mittlerweile
sogar eigene Gästehäuser im
Klosterareal. Die Möglichkeiten,
einen kurzen oder längeren
Urlaub in einem Kloster zu ver-
bringen, sind äußerst vielfältig.
Unter dem Stichwort »Atem
holen« bietet die Deutsche
Ordensobernkonferenz auf der
Website www.orden.de eine ge-
zielte Suche nach Angeboten an.

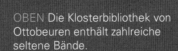

OBEN Die Klosterbibliothek von
Ottobeuren enthält zahlreiche
seltene Bände.

MITTE Eine barocke Skulpturen-
gruppe des Jüngsten Gerichts
ziert die Kanzel des Zwiefaltener
Münsters.

UNTEN LINKS Mächtig ragen die
beiden 93 m hohen Türme des
Münsters von Zwiefalten in den
Himmel.

UNTEN RECHTS Der Blick in
die barocke Kuppel der Basilika
St. Martin in Weingarten offenbart großartige Stuckarbeiten und
ein prächtiges Deckenfresko.

# NATURSCHAUSPIELE
## SPEKTAKULÄRE AUSSICHTSPUNKTE UND PANORAMASTRECKEN

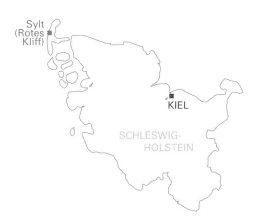

# 51

## SCHROFF, IMPOSANT UND FRAGIL
## ROTES KLIFF AUF SYLT

Einst war das steile Kliff für die Seefahrer das untrügliche Zeichen dafür, dass sie sich der Nordseeinsel Sylt nähern. Heute können Touristen von dort aus eines der spektakulärsten Naturereignisse verfolgen: die sogenannte ›Schwarze Sonne‹.

Das Rote Kliff ist das Wahrzeichen von Deutschlands prominentester Insel, und der Kliffweg an der Abbruchkante gilt als spektakulärster Wanderweg an der deutschen Nordseeküste. Die Uwedüne im Heide-Naturschutzgebiet »Dünenlandschaft auf dem Roten Kliff« bildet mit 52 m die höchste Erhebung aller Inseln im UNESCO-Weltnaturerbe Wattenmeer.

DIE SENKRECHT zum Sandstrand abstürzenden Sand- und Geschiebelehm-Wände des Roten Kliffs erheben sich auf einer Länge von gut drei Kilometern zwischen dem Haus Kliffende beim Nordseebad Kampen und dem Kurzentrum des Seebads Wenningstedt. Der rostrote Geschiebelehm, der dem Kliff den Namen gab, erhielt seine Färbung durch die Oxidation eisenhaltiger Bestandteile. Jahrhundertelang diente die markante Steilküste, die durch Sturmfluten und Erosion ständiger Veränderung ausgesetzt ist, der Schifffahrt als Seezeichen. Das Haus Kliffende in der Heide am Nordende des Kliffs wurde Anfang der ›Goldenen Zwanziger Jahre‹ errichtet, von Sylts erster Prominentenwirtin, der Schauspielerin Clara Tiedemann, geführt. Sturmfluten haben dem Kliff derart zugesetzt, dass das Haus mithilfe einer künstlichen Düne gesichert werden musste.

BERÜHMT GEMACHT haben das Rote Kliff auch die beiden Leuchttürme, der Kampener und das Quermarkenfeuer. Den Auftrag für den älteren und höheren (Bauwerkshöhe: 42 m) Kampener Leuchtturm erteilte König Frederik VII. von Dänemark 1853 mit der Vorgabe, ihn auf der höchsten Erhebung des Roten Kliffs zu errichten, daher der historische Name »Leuchtturm Rotes Kliff«. Die höchste Erhebung des Roten Kliffs ist die Uwedüne (52 m), der Leuchtturm wurde weiter östlich auf einem 22 m hohen Ausläufer des Kliffs errichtet. Seine heutige Tageskennung, den weißen Anstrich mit schwarzem Band, erhielt er in den 1950er-Jahren. Der zweite Leuchtturm ist das 11,50 m hohe achteckige Quermarkenfeuer Rotes Kliff in den Dünen nahe dem Haus Kliffende. Dies war der erste Betonturm an Deutschlands Küsten, er trägt jedoch schon seit der Eröffnung 1913 einen dezenten Klinkermantel unterhalb der weißen Laterne. Nachts wird er illuminiert.

DAS RESTAURANT »Sturmhaube« am Ausgangspunkt der Wanderung zum Roten Kliff weicht von der kaiserlichen Vorschrift ab: Anstelle von Klinkern hat der Rundbau eine fast durchgehende Fensterfront, sodass die Gäste die legendäre Aussicht genießen können. Von hier folgt der Weg der Kliffkante oberhalb des Kampener Hauptbadestrandes, zu dem das Kliff senkrecht abfällt. Nach Verlassen der Kliffkante strebt er in einer Heidefläche der Uwedüne zu. 109 Holzstufen führen zur Aussichtsplattform, die ein eindrucksvolles Panorama der Dünenwelt gewährt. Jenseits der Dünen im Süden führen die hohen Bausünden von Westerland den Geschmack der 1960er-Jahre vor Augen.

DIE ROSTROTE FARBE des Roten Kliffs beruht darauf, dass das Gestein einen hohen Anteil an oxidiertem Eisen aufweist.

IN KÜRZE

**LAGE** Schleswig-Holstein, Landkreis Nordfriesland, Gemeinde Kampen auf Sylt

**HÖHE** Uwedüne, 52 m

**ZUGANG** Parkplatz am Strandrestaurant »Sturmhaube«, Riperstig 1 in Kampen

**INFO** Tourismus-Service Kampen Hauptstr. 12 25999 Kampen Tel. 04651 469 80 www.kampen.de www.sylt.de

Die Leuchttürme
am Roten Kliff und
am Ellenbogen
können leider nicht
bestiegen werden.
Der einzige Sylter
Leuchtturm, der
als Aussichtsturm
fungiert, ist der
Hörnumer, der
von 1914 bis 1933
Deutschlands kleins-
te Schule beher-
bergte: In luftiger
Höhe paukten hier
jeweils zwei bis
fünf Schüler mit
Sylt-Amrum-Föhr-
Panorama auf einer
Düne im Süden
von Deutsch-
lands größter
Wattenmeer-Insel.

SYLTS HÖCHSTE ERHEBUNG, die Uwedüne, ist nach dem Keitumer Uwe-Jens
Lornsen (1793–1838) benannt, der für
ein von Dänemark unabhängiges ›Schles-
wigholstein‹ kämpfte, 1831 von Agenten
des dänischen Königs auf Sylt verhaftet
und in Kiel und Rendsburg in den Kerker
geworfen wurde. Vom Mittelalter bis
zum Deutsch-Dänischen Krieg 1864 gehörte die Insel, die einen Hering (dänisch
*sild*, daher der Name Sylt) im Wappen
führt, zum Königreich Dänemark, danach
zum Königreich Preußen.

VON DER UWEDÜNE führt der Weg zurück zur Kante des Roten Kliffs, wo sich
nun geradezu alpine Aussichten auftun.
Geländersicherungen gibt es keine, doch
der Weg ist so breit, dass ihn auch Wanderer mit Höhenangst begehen können.
Hinter einem Strandabstieg verschmälert
sich der Weg zum stellenweise sandigen
Pfad an der Kliffkante. Am Strandzugang
31 steht auf 100 Douglasienstämmen
am Klifffuß das Restaurant »Wonnemey-
er am Strand«, hier wechselt erneut der
Charakter des Kliffwegs: Nun wird er
überwiegend als Lattenweg geführt; er
vollzieht zahlreiche Auf- und Abstiege in
Stufen, schwingt sich noch einmal steil
hinauf mit Blick auf die Strände unten,
ehe er an einer Aussichtsplattform über
dem Wenningstedter Strand endet.

DAS ROTE KLIFF und der gesamte Norden von Sylt liegen auf Höhe der fest-
ländischen Südausläufer des dänischen
Wattenmeer-Nationalparks: Von Nord-
Sylt fällt der Blick hinüber zur Töndermarsch, dort ist an Herbstabenden das
Vogelflugphänomen der ›Schwarzen Sonne‹ (dänisch Sort Sol) zu beobachten, das
als eines der großartigsten Naturschau-
spiele der Erde gilt. Beobachtet man es
zum ersten Mal von Sylt aus, ist man ir-
ritiert, kann es nicht einordnen, weil man
es nicht kennt: Der Abendhimmel ist
schwarz von Vogelschwärmen. Am besten ist dieses Phänomen im Spätherbst
in der Töndermarsch mit Blick Richtung
untergehender Sonne zu beobachten.
Die Stare sammeln sich in der küsten-
nahen Marsch, um sich Energiereserven
für den Weiterflug anzufressen. Morgens
und abends fliegen die Schwärme, die
aus 100 000 und mehr Vögeln bestehen
können, zum ›Tanz‹ auf: Wie eine gigan-
tische schwarze Wolke schiebt sich der
Schwarm vor die untergehende Sonne.
Die Schwarze Sonne hat 2010 zur Gründung des dänischen Wattenmeer-Nationalparks geführt. Neben der Schwarzen
sind im Winterhalbjahr auch andere ›Sonnen‹ zu beobachten: die ›Weiße Sonne‹
(Hvid Sol) mit großen Schwärmen wilder
Schwäne und die ›Graue Sonne‹ (Grå Sol)
mit Zehntausenden Wildgänsen.  ■

KAISERLICH VERORDNETE REETDÄCHER Das kleine Nordseebad Kampen auf
Sylt besticht durch eine Mischung aus Eleganz, Exklusivität und dörflichem Flair
sowie durch eine traumhafte Lage zwischen den kilometerlangen Sandstränden am
Roten Kliff und den Ausläufern der Braderuper Heide. Im berühmtesten Friesendorf
stehen einige der teuersten Villen der Nordseeküste, alle sind reetgedeckt: Dank
einer kaiserzeitlichen Verordnung von 1912 mussten alle Häuser in Kampen in Klin-
kerbauweise mit Reetdach errichtet werden – eine Verordnung, die heute etwas
weniger streng gesehen wird, zumindest, was die Fassaden angeht. ›Reet‹ bezeichnet dabei das in meist sumpfigem Gelände und an Ufern wachsende Schilf. Um es
für die Dacheindeckung zu verwenden, muss es getrocknet werden. Reetdächer
müssen im Übrigen stark geneigt sein und einen Überstand aufweisen, damit Regenwasser nicht an den Hauswänden abfließt – denn Dachrinnen gibt es nicht.

OBEN Spaziergänger
genießen die Abend-
stimmung am Strand
vor dem Roten Kliff.

UNTEN Der Leuchtturm
List Ost auf der Halbin-
sel Ellenbogen ist nach
List West das zweit-
nördlichste Leuchtfeuer
Deutschlands.

## DEUTSCHES NORDKAP ELLBOGENSPITZE

Vom Roten Kliff aus ist im Norden das größte Wanderdünengebiet Deutschlands zu sehen, dahinter
erstreckt sich Richtung Rømø die Ellenbogenspitze, Deutschlands Nordkap. Die bei Stürmen oft einge-
sandete Ellenbogenstraße ist als nördlichste Straße Deutschlands eine Legende. An ihrem Ende nahe
Deutschlands nördlichstem Haus führt ein Weg durch die Dünen zum nördlichsten Strand des Landes.

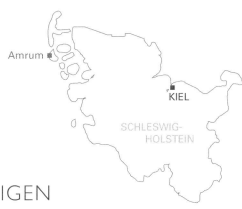

Amrum

KIEL

SCHLESWIG-
HOLSTEIN

# 52

## MÖWENBLICK AUF INSELN UND HALLIGEN
## DER AMRUMER LEUCHTTURM

Der weiß-rote Leuchtturm auf Amrum, ›großer Amrumer‹ genannt, ist das weithin sichtbare Wahrzeichen der Insel sowie der höchstgelegene Aussichtspunkt
im Nationalpark Schleswig-Holsteinisches Wattenmeer.

Leuchttürme sind als Symbole der Küste ›herausragende‹ Ausflugs-ziele par excellence, erkennbar auch bei Nacht und Nebel, wenn ihre Strahlenfinger über Meer und Heide huschen und durch die Dünen fahren. Der 1875 erbaute älteste Leuchtturm Nordfrieslands erhebt sich 41,80 m auf einer 25 m hohen Düne, sodass die Feu-erhöhe – und die Aussichtsgalerie – bei 63 m über Normalnull liegt.

WER DEN AMRUMER LEUCHTTURM ersteigen will, bezahlt Eintritt, auch für Kleinkinder werden Eltern mit einem Euro zur Kasse gebeten: Der zu Kaisers Zeiten nach höchsten Qualitätsmaßstäben errichtete Turm mit seinem mittler-weile auf 5 Mio. Euro geschätzten Lin-senapparat will unterhalten und gepflegt werden. Der Sockel ist 1,74 m hoch und 2 m dick. Die Außenwand besteht aus Vollsteinmauerwerk mit einer Stärke von bis zu 1,72 m. Die 16 Linsen und die fünfdochtige Lampe haben eine derart hohe Qualität, dass sie erst 1993 erneu-ert werden mussten – 118 Jahre nach Inbetriebnahme des Leuchtturms. Seine heutige Tageskennung, den rot-weißen Anstrich, erhielt er 1953.

DER LEUCHTTURM auf den Dünen ist ein guter Ausgangspunkt zur Erkun-dung der Amrumer Dünenkette auf dem Geestkern der Insel. Die meisten Dünen wurden erst im Mittelalter aufgeweht: Der Sand begrub Siedlungsplätze und fast die Hälfte der mühevoll eingesäten Getreidefelder. Wie die Sage berichtet,

erhoben sich die gewaltigen Sandmas-sen, nachdem die zum neuen Glauben bekehrten Amrumer unwissentlich ei-nen Wassermann, der tot am Strand ge-legen hatte, christlich begraben hatten. Erst als sie ihn wieder ausgruben und dem Meer zurückgaben, beruhigten sich die Sandstürme – doch die Dünen blie-ben bestehen.

IM JAHR 1696 begann die Befestigung der Dünen mit dem Verbot, Dünenhalme zu schneiden. Dank der im ausgehen-den 19. Jh. erfolgten Aufforstung sind auf den Wegen durch die Dünen oft-mals Kiefern zu bestaunen, die ein Alter von mehr als 100 erreichen. Auch dies ist eine Besonderheit der Insel Amrum: Hier rauscht es durch die Bäume wie im Schwarzwald oder im Harz.

UM DIE DÜNEN vor Tritterosion zu schüt-zen, wurden von den Inselorten zu den Aussichtsdünen und Stränden Lattenwe-ge angelegt. In die Wälder eingestreut sind zahlreiche Heideflächen, die im Spät-sommer in einem violetten Farbtraum wie in der Lüneburger Heide erstrahlen. Viele Dünen sind durch Panoramaplatt-formen erschlossen, allein zwischen dem Nebeler Strand und dem Seebad Norddorf gibt es fünf Aussichtsdünen, darunter Amrums höchste Düne ›A Siat-ler‹ (32 m, auf Deutsch ›Setzerdüne‹): Sie bietet einen einmaligen Rundblick über Norddorf und die als Vogelschutzgebiet ausgewiesene Amrumer Odde hinweg auf die Nachbarinsel Sylt sowie über das Wattenmeer bis nach Föhr.

EIN LATTENWEG führt durch die Amrumer Dünen-landschaft zum Leuchtturm Quermarkenfeuer südwestlich von Norddorf.

IN KÜRZE

**LAGE**
Schleswig-Holstein,
Landkreis Nordfriesland,
Gemeinde Nebel
auf Amrum

**HÖHE** 63 m über dem
mittleren Tidehoch-
wasser, Bauwerkshöhe
41,80 m über Gelände

**ZUGANG** Leuchtturm-
Parkplatz an der Straße
Uasterstigh in der
Gemeinde Nebel auf
Amrum.

**INFO** Amrum Touristik
Am Fähranleger
25946 Wittdün
auf Amrum
Tel. 04682 940 30
www.amrum.de

Auf dem Friedhof in Nebel liegt Hark Olufs (1708–54). Olufs wurde als Matrose bei Nantes von Sklavenhändlern gefangen genommen und, da seine Familie das Lösegeld nicht bezahlen konnte, auf dem Sklavenmarkt von Algier verkauft. Doch er stieg zum Kommandeur der Leibgarde des Beys auf und wurde schließlich freigelassen. Zurück auf Amrum verfasste er seine Autobiografie »Hark Olufs' besondere Aventüren«.

DER AMRUMER LEUCHTTURM lässt sich auf dem ›Tanenwai‹, dem Waldwanderweg auf der Dünenkette, mit der Vogelkoje Meeram und dem Leit- und Quermarkenfeuer Norddorf zu einer spannenden Wanderung verbinden. Mit acht Metern ist das nördlichste Amrumer Leuchtfeuer ein vergleichsweise kleiner Leuchtturm, die Feuerhöhe über dem mittleren Tidehochwasser beträgt jedoch 22 m, da der Turm 1905 auf einer Aussichtsdüne errichtet wurde. Die Jugendstilelemente des Turms tragen ebenso zu seiner Beliebtheit bei wie die herrliche Aussicht.

DAS QUERMARKENFEUER steht am Latten-Dünenwanderweg zwischen dem Kniepsand und der Vogelkoje Meeram. Der Weg führt durch eine weite Dünen- und Heidelandschaft, in der die Reste eines freigewehten Megalithgrabs daran erinnern, dass sich hier schon vor 4000 Jahren Menschen aufhielten. Archäologen legten hier auch die Relikte eines eisenzeitlichen Hauses aus der Zeit vor 2000 Jahren frei.

DAS SEEBAD NEBEL mit alten Reetdachhäusern und der romanischen Clemenskirche auf der Wattenmeerseite der Insel ist der Hauptort von Amrum. Nachdem sich

Nord- und Süddorf im Mittelalter auf den Standort für den Bau eines gemeinsamen Gotteshauses geeinigt hatten, entstand bei der ab 1236 errichteten Clemenskirche auch das Dorf Nebel; der Name bedeutet wahrscheinlich ›neue Siedlung‹ (analog zu Niebüll). Sehenswert auf dem Friedhof in Nebel sind die ›sprechenden‹ Grabsteine, in die die Lebensgeschichten der Verstorbenen eingemeißelt sind.

VON AMRUM fahren Ausflugsschiffe regelmäßig zu den Halligen (siehe Kasten unten), darunter auch zur Hallig Hooge, der ›Königin der Halligen‹. Das von einem niedrigen Sommerdeich geschützte Marscheneiland mit zehn Warften liegt zwischen den Inseln Pellworm und Amrum sowie den Halligen Langeneß, Japsand und Norderoogsand. Die Hanswarft ist die meistbesuchte und mit 180 mal 200 m größte Warft auf Hooge: Hier befinden sich das Heimat- und Halligmuseum, das Erlebniszentrum »Mensch und Watt« der Schutzstation Wattenmeer, die Gaststätte »Zum Seehund« und das Informationszentrum »Uns Hallig Hus«. Der ›Königspesel‹, eine Friesenstube aus dem 18. Jh., vermittelt mit seinen Fayencen die Wohnkultur der Seefahrer, und das Sturmflutkino führt in einem eindrucksvollen Kurzfilm ein Landunter vor. ■

MARSCHINSELN IM WATTENMEER Als Halligen werden Marschinseln ohne Winterbedeichung im nordfriesischen Wattenmeer bezeichnet. Da diese Inseln die mittlere Hochwasserlinie nur um 1 bis 2 m überragen, schütteten die friesischen Siedler darauf Warften, Warfen bzw. Wurten genannte künstliche Siedlungshügel auf. Bei winterlichen Sturmfluten ragen meist nur die Hügel mit den Wohn- und Wirtschaftsgebäuden aus dem Wasser. Die größte Hallig ist Langeneß mit 16 bewohnten Warften und einer Lorenbahnverbindung zum Festlandshafen Dagebüll. Einige Halligen besitzen einen niedrigen Sommerdeich, der das Grünland vor Überflutungen im Sommer schützt. Ebenso wie die mit hohen Seedeichen gesicherten Marschinseln Nordstrand und Pellworm sind die Halligen ein Teil des Marschlandes, das im Zusammenhang mit dem nacheiszeitlichen Meeresspiegelanstieg sowie durch Sturmfluten vom Festland getrennt wurde bzw. durch Schlickablagerungen der Nordsee entstand.

## RASTPLATZ FÜR VÖGEL
### VOGELKOJE MEERARM

Oberhalb des archäologischen
Geländes am Latten-Dünenwanderweg befindet sich in Wäldern
die Vogelkoje Meerarm, ein im
18. Jh. angelegter Fanggarten
für Enten. Heute wird sie als
Reservat für Rastvögel genutzt:
Um einen Teich herum erstreckt
sich ein Gehölz aus Pappeln,
Erlen, Moorbirken und Weiden,
ein Naturlehrpfad erläutert die
botanischen und historischen
Besonderheiten.

# 53

## KREIDEFELS IN DER BRANDUNG
## KÖNIGSSTUHL AUF JASMUND

Der Blick öffnet sich hier über weite Teile der Ostsee. Für den schwedischen König Carl XII. war der Königsstuhl angeblich eine Art Logenplatz, von dem aus er ein Seegefecht des Nordischen Kriegs beobachtete. Ein Logenplatz ist er bis heute.

Die Kreideklippen der Stubbenkammer mit dem Königsstuhl im Nationalpark Jasmund sind das Wahrzeichen Rügens. Der steil aus dem Meer aufragende Königsstuhl bietet eine überragende Aussicht auf die weiße Steilküste mit den Felsen der Kleinen und der Großen Stubbenkammer sowie auf die Ostsee, während ihm landseitig die Buchenwälder der Stubbenkammer und der sagenumwobene Herthasee vorgelagert sind. Teile dieser Buchenwälder gehören seit 2011 zum UNESCO-Weltnaturerbe »Alte Buchenwälder Deutschlands«.

IM »TAGEBUCH von seiner Reise nach Norddeutschland im Jahre 1796« beschreibt der Gelehrte Wilhelm von Humboldt (1767–1835) den Königsstuhl mit folgenden euphorischen Worten: »Von der Herthaburg an steigt man noch immer höher und höher. Nach und nach sieht man die See durch Bäume schimmern, und plötzlich steht man vor einer schwindelerregenden Tiefe im vollen Anblick derselben. Zwei fünftehalbhundert Fuß hohe Kreidewände lagern sich in vielfachen Säulen gegenüber, und in der Öffnung, die sie bilden, liegt das Meer vor dem Auge in seiner unermesslichen Größe da. Dies ist die Stubbenkammer. Es ist nicht möglich, einen einfacheren und erhabeneren Anblick zu finden, eine bloße Öffnung im Meer, aber die unendliche Ebene so frei und groß daliegend, und der Schauplatz, von dem man sie sieht, so kühn und fest gegründet, so wunderbar gestaltet durch die Winkel der Ecken und Felsen, so abstechend von Farben mit den weißen Kreidewänden gegen das blaue Meer, und so freundlich und schauervoll heilig durch den grünen, schattigen Wald, aus dem man soeben hervortritt.«

IN SÜDLICHER RICHTUNG fällt der Blick vom Königsstuhl über einen schluchtartigen Einschnitt hinweg auf die Felsen der Kleinen Stubbenkammer. Jenseits des Einschnitts links – hier soll sich einst der Seeräuber Klaus Störtebeker versteckt haben – zeigen sich die Felswände der Großen Stubbenkammer. Von der Hangkante oberhalb der beiden Einschnitte bieten sich die Profilansichten des Königsstuhls, die auch auf zahlreichen Aquarellen, Kreidezeichnungen und Ölgemälden seit der Zeit der Romantik dargestellt sind. Den ›klassischen‹ Blick hat man an der Viktoriasicht auf dem Hochuferweg.

SEINEN NAMEN hat der Königsstuhl einer Sage zufolge einem königlichen Wettstreit zu verdanken: Diejenigen Männer, die in alter Zeit die Königskrone erringen wollten, mussten diesen Felsen besteigen. Wer als Erster den Gipfel erreichte und auf einem dort bereitstehenden Stuhl Platz nahm, erhielt die Krone. Einer anderen Legende zufolge trägt der Felsen seinen Namen, weil König Carl XII. von Schweden hier während des Nordischen Kriegs einen Sessel habe aufstellen lassen, von dem aus er ein Gefecht seiner Flotte gegen die Dänen beobachtet haben soll.

SANFT PLÄTSCHERT die Ostsee an die Kreideküste von Jasmund mit dem im Morgenlicht leuchtenden Königsstuhl.

## IN KÜRZE

**LAGE** Mecklenburg-Vorpommern, Landkreis Rügen, Stadt Sassnitz

**HÖHE** 118 m

**ZUGANG** Parkplatz und Bushaltestelle ›Parkplatz Hagen‹ an der Straße von Sassnitz Richtung Altenkirchen. Bus Sassnitz–Hagen–Lohme; von dort knapp 30 Min. durch den Nationalpark zum Königsstuhl

**INFO** Nationalpark-Zentrum Königsstuhl Stubbenkammer 2 18546 Sassnitz Tel. 038392 66 17 66 www.koenigsstuhl.com

Das Nationalpark-
amt veranstaltet von
April bis September
täglich Führungen
zum Alten Torfmoor,
zum Herthasee und
zum Königsstuhl.
Dabei erfährt man
viel über die hiesige
Geologie, Archäo-
logie, Tier- und
Pflanzenwelt. Das
Nationalparkzent-
rum Königsstuhl ist
die zentrale Anlauf-
stelle des Natio-
nalparks Jasmund.
Mit Ausstellungen,
einer Multivisions-
schau u. a. weckt
es Verständnis für
die Bedeutung des
Nationalparks.

DER ZUGANG ZUM KÖNIGSSTUHL beginnt am Parkplatz Hagen. Kurz vor dem
Ziel erblickt man durch den Wald den Spiegel des sagenumwobenen Herthasees.
An seinem Ufer erhebt sich der von alten
Bäumen bestandene Ringwall der Herthaburg. Der See im Nationalpark Jasmund
ist mit elf Metern Rügens tiefster See.

SEIT DEN FORSCHUNGEN des Danziger
Historikers und Geografen Philipp Clüver
(1580–1622) wird der von alten Buchen
umgebene See mit dem Kult in Verbindung
gebracht, den der römische Geschichts-
schreiber Publius Cornelius Tacitus im
Zusammenhang mit der germanischen
Erdgöttin Nerthus beschreibt (siehe Kasten unten). Auch der Name ›Herthaburg‹
für die Ringwallanlage an diesem eiszeitli-
chen Schmelzwassersee geht auf Clüvers
Gleichsetzung von ›Nerthus‹ mit ›Hertha‹
zurück.

DER NATIONALPARK JASMUND umfasst
das höchstgelegene (161 m am Piekberg)
Gebiet der Insel Rügen. Seeseitig begrenzt
ihn die 10 km lange, bis zu 118 m aus der
Ostsee aufragende Kreidekliffküste mit
bekannten Felsformationen wie dem Königsstuhl und den Wissower Klinken (siehe rechts). Durch zahlreiche Zeichnungen
und Gemälde der Künstler Jacob Philipp
Hackert, Caspar David Friedrich und Carl

Gustav Carus wurde dieses Gebiet in der
Epoche der Romantik bekannt.

AUF DEN KALKBÖDEN der Stubnitz gedeihen 27 verschiedene, wunderschön
blühende Orchideenarten, darunter beispielsweise mehrere Arten von ›Frauen-
schuh‹. Ein herausragender Vertreter der
Tierwelt des Nationalparks ist sicherlich
der majestätische Seeadler. Landseitig
der Kliffkante erstrecken sich ausgedehnte Rotbuchenwälder mit Feuchtgebieten,
Mooren und zum Teil schluchtenartig
eingegrabenen Bachläufen; seit 2011
gehören Teile dieser Buchenwälder zum
UNESCO-Weltnaturerbe.

DER KIELER BACH bildet bei seiner
Mündung an der Kreideküste einen vier
Meter hohen Wasserfall. Megalithen wie
das jungsteinzeitliche Pfenniggrab, bron-
zezeitliche Opfersteine und der ›Herthaburg‹ genannte Burgwall beim Herthasee legen die weit verbreitete Deutung
nahe, dass dieses Gebiet über Jahrtausende hinweg von den Anwohnern als
kultisches Naturschutzgebiet diente. An
den Stränden am ausgewaschenen Fuß
der aktiven, von Schluchten und anderen
Erosionsformen geprägten Kliffen findet
man beim Spaziergang (Schreib-)Kreide,
Fossilien sowie Feuersteine (›Hexenfin-
ger‹ und ›Donnerkeile‹).  ■

HERTHASEE-SAGE In der germanischen Götterwelt hieß ›Mutter Erde‹ Nerthus. Den
Nerthuskult beschreibt der römische Historiker Tacitus in seiner Schrift »Germania« (um
98 v. Chr.): »Auf einer Insel des Weltmeers gibt es einen heiligen Hain, und dort steht
ein geweihter Wagen, mit Tüchern bedeckt. Einzig der Priester darf ihn berühren. Er be-
merkt das Eintreffen der Göttin…Dann werden Wagen und Tücher und…die Gottheit
selbst in einem entlegenen See gewaschen. Diener sind hierbei behilflich, und alsbald
verschlingt sie derselbe See.« Für die Helfer ist die Begegnung mit der Göttin der Sage
nach tödlich. Der Ufereinschnitt am Bohlensteg im Osten des Sees soll die Stelle sein,
wo der Wagen der Göttin in den See gefahren wurde, und die Herthaburg am Steilufer
sei Stätte für Fruchtbarkeitskulte gewesen. Wenn ein Wanderer bei Vollmond sehe, wie
›die weiße Frau‹ im See bade, habe sein letztes Stündlein geschlagen: Mit Gewalt ziehe
es ihn zum See, und sobald er das Wasser berühre, verschlingen ihn die Fluten.

**OBEN** Rügens Kreide-
felsen im Nationalpark
Jasmund sind perma-
nenter Erosion ausge-
setzt, und hie und da
kommt es deswegen
zu Felsabbrüchen.

**UNTEN** Der Bohlensteg
am sagenumwobenen
Herthasee.

## ERODIERTE KREIDEWAND WISSOWER KLINKEN

Die Wissower Klinken im Nationalpark Jasmund, am Hochuferweg bei Sassnitz, gehören zu
den malerischsten Felsformationen der Ostsee. Die beiden sanft geschwungenen, nach oben
spitz zulaufenden Kreidewände waren ursprünglich Teil einer geschlossenen Uferwand, im
Lauf von Jahrhunderten präparierten die Kräfte der Erosion die Spitzen heraus. Ungeachtet
zum Teil kolossaler Felsstürze ist noch ein bewundernswerter Rest von ihnen erhalten.

# 54

## PREUSSENS ARKADIEN AUF DEM PFINGSTBERG
## DAS BELVEDERE IN POTSDAM

Von Potsdams Pfingstberg bietet sich ein einmalig schöner Blick – und das nicht nur auf die reizvolle Havellandschaft, sondern auch auf die Schlösser und anderen Kulturdenkmäler, die ein in der Welt einmaliges Ensemble darstellen.

Das Potsdam-Berliner Park- und Schlösserensemble beiderseits der Havel ist Deutschlands größte UNESCO-Welterbestätten-Landschaft. Die Wirkung dieses von herausragenden Architekten und Künstlern gestalteten Gesamtkunstwerks mit seinem ›arkadischen‹ Gepräge, ›romantischen‹ Wegeführungen und mannigfaltigen Sichtbezügen macht das Gebiet an der seenartig erweiterten Havel zu einer besonders schönen Kultur- und Naturerlebnislandschaft. Zum Kulturerbe gehören neben den Parkanlagen von Sanssouci die Schlösser und Parks Babelsberg, Glienicke und Lindstedt, die Pfaueninsel, Schloss und Park Sacrow mit der Heilandskirche, die Russische Kolonie Alexandrowka und die Sternwarte am Babelsberger Park sowie das Belvedere auf dem Pfingstberg, das einen einmaligen Blick auf die Welterbelandschaft bietet.

DIE DURCH EINE Bogengalerie und einen offenen Aussichtsgang verbundenen Türme des Belvedere auf dem 96 m hohen Pfingstberg, der höchsten Erhebung Potsdams, sind die faszinierendsten Panoramapunkte des Schlösser-, Teiche- und Parkterrains an der Havel. Wie in einer mediterranen Landschaft schweift der

Blick von dem Prachtbau über die Wälder und Parks des Havellandes, auf die Pfaueninsel, über das Zentrum Potsdams und bis zum Fernsehturm auf dem Alexanderplatz.

DER PREUSSISCHE König Friedrich Wilhelm IV., der ›Romantiker auf dem Thron‹, skizzierte höchstpersönlich die Pläne für ein Aussichts-Lustschloss auf der die Havellandschaft beherrschenden Anhöhe. 1847–52 errichtete Ludwig Hesse den Bassinhof und die Rückfront mit den Türmen sowie die offenen Kolonnadengänge auf den Hofseiten. Nach der Entmündigung des Königs 1858 wurde das Projekt in reduzierter Form zu Ende geführt: Friedrich Stüler errichtete die von einer Kuppel überwölbte Pfeilerhalle als Entrée in den Bassinhof, Peter Joseph Lenné legte ab 1862 den Landschaftspark an, in den er den Pomona-Tempel (1801), das Erstlingswerk Friedrich Schinkels, einbezog.

ZU ZEITEN der sozialistischen DDR verfiel das Gebäude. Nach der deutschen Wiedervereinigung ermöglichten großzügige Spenden die glanzvolle Restaurierung. Der Bundespräsident eröffnete 2003 den Ostturm, seither sind wieder beide Türme zugänglich. ■

POTSDAMS SCHÖNSTE AUSSICHT genießen Besucher zweifellos vom italienisch inspirierten Belvedere auf dem 96 m hohen Pfingstberg aus.

### IN KÜRZE

**LAGE** Brandenburg, Stadt Potsdam, Am Pfingstberg/ Am Waldessaum

**HÖHE** 96 m

**ZUGANG** Parkplatz am Volkspark Potsdam an der Straße ›Esplanade‹ vor dem Tropenhaus Biosphäre, Anfahrt auf der B 2; Fußweg 7 Min. zum weiträumig autofreien Belvedere

**INFO** Förderverein Pfingstberg Große Weinmeisterstr. 45 A 14469 Potsdam Tel. 0331 20 05 79 30 www.pfingstberg.de

**SCHLOSS GLIENICKE** Ein Blickfang vom Belvedere aus ist Schloss Glienicke am gegenüberliegenden Ufer der Havel. Das Schloss wurde 1824 von Friedrich Schinkel in einem 1816/24–45 von Peter Joseph Lenné gestalteten Landschaftspark errichtet und ist Teil des Berlin-Potsdamer UNESCO-Weltkulturerbes. Heute bildet das Schloss den Rahmen für Konzerte klassischer Musik, im Sommer finden die Veranstaltungen in der Orangerie des Schlosses statt (www.konzerte-schloss-glienicke.de)

# 55

## SANDSTEINPLATEAU MIT PANORAMABLICK
### DIE BASTEI IN DER SÄCHSISCHEN SCHWEIZ

Von der fast 200 Meter hohen Felskanzel Bastei aus hat man eine phänomenale Sicht über die bizarre, schroffe Felsenlandschaft des Elbsandsteingebirges, die schon viele Maler und Dichter zu Werken und Lobeshymnen inspiriert hat.

Die Bastei über dem Elbtal gilt seit mehr als 200 Jahren als der berühmteste Aussichtspunkt des Elbsandsteingebirges. Der spektakuläre Blick von dort oben auf die höchsten ›Steine‹ und Berge der Sächsischen Schweiz gab zu Zeiten der Romantik den Ausschlag für die Entwicklung des Malerwegs als bedeutendste Reiseroute von Dresden aus durch die Felsenwelten beidseits der Elbe. Schriftsteller wie Carl Nicolai und Hans Christian Andersen haben die Basteiaussicht beschrieben, Maler wie Caspar David Friedrich und Johan Clausen Dahl verewigten die Felsenschluchten und Basteiwände in Gemälden und Stichen.

»WELCHE HOHE Empfindungen gießt das in die Seele! Lange steht man, ohne mit sich fertig zu werden. Schwer reißt man sich von dieser Stelle fort«, begeisterte sich Carl Heinrich Nicolai im Jahr 1801 in seinem »Wegweiser durch die Sächsische Schweiz« über die Basteiaussicht. Die geländergesicherte Felskanzel, die als Bastei in das Verteidigungswerk der Felsenburg Neurathen einbezogen war, stürzt auf drei Seiten senkrecht 194 m zur Elbe ab. Flussabwärts schweift der Blick an klaren Tagen bis Dresden, flussaufwärts zeigen sich der Basaltkegel des Rosenbergs in der Böhmischen Schweiz, der Lilienstein als ein Wahrzeichen der Sächsischen Schweiz, die Festung Königstein, die Schrammsteinkette und dahinter der Winterberg.

DIE ALS ›BASTEIAUSSICHT‹ bekannte Felskanzel ist nur einer von zahlreichen Orten, von denen aus sich atemberaubende Blicke in die Tiefe und unvergessliche Landschaftseindrücke bieten. Der Blick reicht von hier aus weit übers Land, in der Ferne erkennt man sogar den Hohen Schneeberg, mit 723 m die höchste Erhebung des Elbsandsteingebirges. Weitere hervorragende Aussichtspunkte sind die Basteibrücke, die die Bastei mit der Neurathener Felsenburg verbindet, die Ferdinandaussicht (über einen Abzweig am Zugang zur Basteibrücke), die Aussicht am Tiedge (benannt nach dem Dichter und Sänger Christoph Tiedge, über einen Waldpfad von Rathen aus zu erreichen), die Aussicht am Kanapee (von der Tiedge-Aussicht muss man einige Treppen steigen) sowie die Wehlsteinaussicht. Alle Aussichtspunkte sind gut ausgeschildert und von Rathen aus leicht zu erreichen.

DIE SÄCHSISCHE SCHWEIZ erstreckt sich als Teil des Elbsandsteingebirges beidseits der Elbe zwischen der Dresdner Elbtalweitung und der tschechischen Grenze. Von unterschiedlichen Materialien durchsetzt, sind die Sandsteinschichten verschieden anfällig gegenüber Verwitterung und Abtragung, und diesen unterschiedlichen Auswirkungen der Erosion verdankt die Sächsische Schweiz ihre enorme Formenvielfalt: Felstürme, Überhänge, Höhlen, Schluchten, Ebenheiten, Tafelberge, Sanduhren, Wabenverwitterung – bei der sich, meist an Überhängen, wabenartige Strukturen

DÄMMERUNG ÜBER DER BASTEI. Hier ist auch das Geländer der steinernen Basteibrücke zu sehen, die die 40 m tiefe Mardertelle-Schlucht überspannt. Der markante Tafelberg im Hintergrund ist der Lilienstein.

IN KÜRZE

**LAGE** Sachsen, Landkreis Sächsische Schweiz – Osterzgebirge, Gemeinde Lohmen

**HÖHE** 305 m

**ZUGANG** Bastei-Parkplatz an der Basteistraße im Süden der Gemeinde Lohmen; zugleich Bushaltestelle des Bastei-Busses. Zugang auch von Niederrathen aus (Fährüberfahrt), ab Ortsmitte ausgeschildert

**INFO** Tourismusverband Sächsische Schweiz Bahnhofstr. 21 01796 Pirna Tel. 03501 47 01 47 www.saechsische-schweiz.de und Nationalparkzentrum Sächsische Schweiz Dresdner Str. 2B 01814 Bad Schandau Tel. 035022 50 240 www.nationalpark-saechsische-schweiz.de

Das Elbsandsteingebirge ist ein Paradies für Kletterer, wenn auch das Klettern hier anderen Regeln unterliegt als etwa in den anderen Mittelgebirgen oder den Alpen. Grund ist der Sandstein: Er wird bei Feuchtigkeit porös und verliert an Festigkeit, Klettern im nassen Fels – etwa bei Regen – aber auch die Benutzung von Sicherungsmitteln aus Metall sind verboten. Beliebte Klettertürme und Felsnadeln bietet das Bielatal.

herausgebildet haben – und Wollsackverwitterung – hier handelt es sich um an den Kanten gerundete Felsblöcke, die sich wie Säcke übereinander türmen.

Der Kern der ›klassischen‹ Sächsischen Schweiz rechts der Elbe steht seit 1990 als Nationalpark unter Schutz. Er gliedert sich in die Vordere – näher an Dresden gelegene – und die Hintere Sächsische Schweiz. Die Vordere Sächsische Schweiz zwischen den Burgstädten Wehlen und Hohnstein umfasst mit dem Basteigebiet und der Felsenburg Neurathen die meistbesuchte Felsregion des Gebirges und mit dem Lilienstein den mächtigsten Tafelberg. Zu den Höhepunkten der weiter elbaufwärts gelegenen Hinteren Sächsischen Schweiz gehören das Kirnitzschtal, die Schrammsteinkette, die Affensteine, die Schluchten des Zschand sowie die Basaltkuppe des Großen Winterbergs. Das Nationalparkzentrum in der Kurstadt Bad Schandau präsentiert in Ausstellungen über Natur und Kultur sowie in Projekten und Veranstaltungen die Besonderheiten der Nationalparkregion Sächsische Schweiz.

DIE STEINERNE BASTEIBRÜCKE verbindet in luftiger Höhe den Aussichtsfelsen und Deutschlands größte Felsenburg: Neurathen. Die sagenumwobene Schlucht der Marter- bzw. Marderdelle, in der zahlreiche Schädel gefunden wurden, bildet den natürlichen ›Burggraben‹ zwischen der Bastei und der Felsenburg. 1851 wurde die 76,50 m lange Basteibrücke zwischen der Basteihochfläche und dem Neurathener Felsentor als steinerne Rundbogenbrücke errichtet. Etwa in ihrer Mitte erhebt sich der gewaltige Felsen der Großen Steinschleuder (Alte Schanze), der in das Verteidigungssystem der Felsenburg einbezogen war: Auf seiner Gipfelfläche stand eine Wurfmaschine, mit der über 50 kg schwere Sandsteinkugeln auf Angreifer katapultiert wurden; die Nachbildung einer mittelalterlichen Steinschleuder befindet sich auf dem Burggelände. Am basteiseitigen Ende der Brücke lohnt sich der Abstecher über Stegbrücken und Stufen zum Ferdinandstein, auf dem der österreichische Kaiser Ferdinand I. (1793–1875) den Blick auf die Felsenburg mit der Großen Steinschleuder, zum Großen Wehlturm, zur Kleinen Gans und hinab in den Wehlgrund genoss.

Die FELSENBURG NEURATHEN in den Basteifelsen zwischen Elbtal, Wehlgrund und Martertelle wurde 1361 zusammen mit der Burg Altrathen erstmals schriftlich erwähnt. Sie ist eine der bedeutendsten Felsenburgen Deutschlands. Die Doppelburg Alt- und Neurathen war hart umkämpft im deutsch-böhmischen Grenzgebiet. Während sich andere Burgen dieses Typs auf ein einziges Felsriff beschränken, nutzt Neurathen eine Vielzahl von Felstürmen, die südwärts fast 200 m zur Elbe abfallen. Die Felsen waren verbunden durch einen hölzernen Wehrgang, der am Neurathener Felsentor begann; der Wehrgang wurde auf einer Länge von 120 m von Sebnitzer Bergsteigern in Stahlkonstruktion neu errichtet, sodass die Besichtigung der Burg gefahrlos möglich ist. Einmalig ist vom Wehrgang die Aussicht in die Tiefe in die Felsszenerien des Wehlgrundes, aus dem sich der Talwächter erhebt, sowie die zu Mönch und Lokomotive und auf die Hintere Sächsische Schweiz mit den Schrammsteinen und dem Winterberg.

NACH SO VIEL NATUR tut vielleicht wieder etwas Kultur gut. Die im Felskessel des Wehlgrundes am Fuß der Basteihochfläche eingerichtete Felsenbühne Rathen ist ein eindrucksvolles Naturtheater für bis zu 2000 Zuschauer. ■

## QUELLE DER INSPIRATION
### KUNST UND TOURISMUS
Die Informationsstelle des Nationalparks Sächsische Schweiz im
historischen Schweizerhaus an der
Bastei vermittelt in einer Kunstaus-
stellung einen Einblick in die Vielfalt der künstlerischen Darstellungen der Sächsischen Schweiz seit
der Romantik. Außerdem werden
Dokumente zum Malerweg und
zur Entwicklung des Tourismus am
bekanntesten Aussichtsfelsen des
Elbsandsteingebirges gezeigt. Wer
länger bleiben möchte: Daneben
befindet sich das Vier-Sterne-Berg-
hotel »Bastei«.

OBEN UND MITTE Der gran-
diose Blick von der Bastei über
die grüne Umgebung und die
Elbe.

LINKS Die sogenannten Schwe-
denlöcher bei Rathen bilden
einen recht steilen Wanderweg,
der vom Amselsee in Rathen
zur Bastei führt, aber natürlich
auch für den Abstieg genutzt
werden kann. Der Name geht
auf den Dreißigjährigen Krieg
zurück, als sich hier Bauern vor
den Schweden versteckten.

# 56

## GIPFEL MIT RUNDUMBLICK
## DER GROSSE INSELSBERG IN THÜRINGEN

Er überragt den Kammrücken des Thüringer Waldes: der Große Inselsberg. Doch im zugehörigen Geopark kann man nicht nur in die Weite, sondern auch in die Tiefe blicken – und in Schauhöhlen die Berge sogar von innen erkunden.

Der Große Inselsberg am Rennsteig ist das Wahrzeichen des Thüringer Waldes, wegen seiner isolierten Hochlage galt er jahrhundertelang sogar als Thüringens höchster Berg – diese Ehre gebührt jedoch tatsächlich dem Großen Beerberg (983 m), der allerdings weniger exponiert steht. Etwa 100 Höhenmeter überragt die 916 m hohe Erhebung im Geopark »Inselsberg – Drei Gleichen« den Gebirgskamm. Ihre natürlichen Buchenwälder und Aussichtsplätze sowie die Gipfel-Gastronomie haben sie schon im 19. Jh. zu den Top-Wander- und Ausflugszielen Thüringens gemacht.

»UND WÄRE ICH NICHT, was ich bin, hier würde mein wirkliches Zuhause sein«, soll die 15-jährige spätere Queen Victoria, deren Mutter der Dynastie Sachsen-Coburg-Gotha entstammte, beim Anblick vom Inselsberg im Jahr 1834 gesagt haben. Bei klarer Sicht zeigen sich im Nordwesten die Wartburg, im Norden Hörselberge und Kyffhäuser, im Osten das malerische Burgenensemble der Drei Gleichen, im Süden und Südosten Schneeberg, Beerberg – mit 983 m der höchste Berg Thüringens –, Kickelhahn und Adlersberg sowie im Südwesten die Kuppen der Rhön. Bei sehr guten Wetterbedingungen soll man von hier aus sogar den Brocken im Harz sehen können, der sich gut 100 km nördlich erhebt. Geradezu legendär sind die spätherbstlichen und winterlichen Inversionslagen, wenn sich der Inselsberg wie eine Sonneninsel aus den Nebelniederungen erhebt.

EINER SAGE ZUFOLGE ankerte während der Sintflut die Arche Noah auf dem Inselsberg, allerdings verdankt der Gipfel, der vulkanischen Ursprungs ist, seinen Namen nicht seiner markanten Insellage: Namensgeberin war vielmehr der Fluss Emse, der in der Nordwestflanke des Bergs entspringt. Die ältesten überlieferten Namen der Erhebung sind Emmiseberg (1330), Encenberg (1420) und Emseberg (1528), ehe ab Mitte des 17. Jh.s der Name Inselberg fassbar wird, dem später ein ›s‹ eingefügt wurde. Herzog Ernst der Fromme von Sachsen-Gotha und Altenburg ließ 1649 – ein Jahr nach dem Ende des Dreißigjährigen Kriegs – das erste Gebäude auf dem Gipfel errichten, das achteckige Jagdhaus ›Octogon‹. Über der Tür ließ er die lateinische Inschrift »Mons Insularis« anbringen: Insel-Berg. Johann Wolfgang von Goethe übernachtete im Juli 1784 im ›Salon‹ des herzoglichen Jagdhauses und beobachtete am folgenden Morgen den Kampf der Sonne und der Wolken, diese Eindrücke hielt der Dichter natürlich schriftlich fest. 1836 wurde das Haus durch ein Unwetter zerstört.

DER INSELSBERG und seine Umgebung im Geopark »Inselsberg – Drei Gleichen« warten mit einer fast unerschöpflichen Fülle an herausragenden, einzigartigen Geotopen – der Begriff ist in Analogie zu Biotop gebildet und bezeichnet beispielsweise besonders markante Felsformationen, die Aufschlüsse über die Erdgeschichte erlauben – und Ausflugszielen auf. Der sagenumwo-

DIE VESTE WACHSENBURG aus dem 10. Jh. gehört zu den Drei Gleichen, die man vom Inselsberg aus überblicken kann. Von oben genießen Besucher einen Panoramablick über das Thüringer Becken.

In einem der größten Räume der Altensteiner Höhle, dem ›Dom‹, finden verschiedenste Konzerte statt und Kindertheatertruppen bringen hier Märchen auf die Bühne. Im 19. Jh. musizierte die Hofkapelle des Herzogs Georg I. von Sachsen-Meiningen in einem anderen Höhlenraum, dem sogenannten ›Musikplatz‹. Dort ist noch immer die Empore zu sehen, auf der die Musiker damals ihr Plätze einnahmen.

bene Gerberstein, auf dem eine mittelalterliche Burg gestanden haben soll und an dessen Nordfuß der Erbstrom entspringt, ist der am frühesten (933 und 1014) urkundlich erwähnte Berg auf dem Kamm des Thüringer Waldes. Der Trusetaler Wasserfall tost mit einer Fallhöhe von 50 m durch eine Granitwand in den Trusegrund; der höchste Wasserfall des Thüringer Waldes wurde 1865 künstlich unter der Teufelskanzel angelegt.

DIE UNTER NATURSCHUTZ stehende Ebertswiese ist die Quellwiese des Flüsschens Spitter und dank des Bergsees, des Berghotels »Ebertswiese«, der Pension »Bergseebaude« und der Trekkinghütten für Wanderer und Radwanderer ein attraktiver Zwischenstopp am Rennsteig. Die aus der feuchten Bergwiese austretende Spitter bildet gut einen Kilometer weiter nördlich den Spitterfall, den mit 19 m höchsten natürlichen Wasserfall Thüringens. Der Bergsee ist ein beliebter Badesee in einem aufgelassenen Steinbruch an der Ebertswiese.

EIN WEITERES HIGHLIGHT im Geopark ist die Marienglashöhle zwischen Friedrichroda und Tabarz. Zwischen 1778 und 1903 wurde hier Gips abgebaut, heute wird sie als geologisch-bergbaugeschichtliche Schauhöhle genutzt. Die glitzernden, durchsichtigen Gipskristalltafeln erreichen Längen von fast einem Meter und wurden früher u.a. als Schutz für Heiligen- und Marienbildchen verwendet, davon leitet sich denn auch der Name der Höhle ab. In der unteren Sohle befindet sich ein Höhlensee.

NACHDEM MAN sich an der Weite sattgesehen hat, könnte man auch der Altensteiner Höhle bei Schloss Glücksbrunn (1705), eine von einem Bach durchflossene Spalthöhle im Zechsteinriff des Alten Steyns, einen Besuch abstatten. Besichtigt werden kann sie im Rahmen einer Führung oder anlässlich eines der Höhlenkonzerte. Gegenüber dem Eingang der Altensteiner Höhle führt der Charlottenpfad durch die alten Wälder des Altensteiner Parks. Der ursprünglich in den Jahren 1798–1803 angelegte Garten wurde 1846–1852 von Hermann Pückler-Muskau und Peter Joseph Lenné zum englischen Landschaftspark umgestaltet.

DER GROSSE BEERBERG (983 m) am Rennsteig ist Thüringens höchste Erhebung. Die flache Gipfelpartie des erloschenen Vulkans mit alten Wetterfichten und einem der wenigen Kammmoore des Thüringer Waldes steht unter Naturschutz und darf nicht betreten werden. Der Rennsteig erreicht am Beerberg seinen höchsten Punkt (973 m). ∎

......................................................................

TRADITIONSREICHE GIPFELGASTHÖFE AUF DEM INSELSBERG Wie über die Schneekoppe im Riesengebirge verlief über den Inselsberg eine Staatsgrenze, und wie auf der Schneekoppe hatte hier jeder Staat sein eigenes Gasthaus. Auf hessischer Seite eröffnete 1810 die »Hessische Herberge«, die nach der Annexion des Gebiets durch Preußen (1866) in »Preußischer Hof« umbenannt wurde und heute als »Berggasthof Stöhr« in der vierten Generation geführt wird. Auf sachsengothaischer Seite wurde 1851 das Gasthaus »Stadt Gotha« eröffnet, der heutige Berggasthof »Stadt Gotha«. 1911 wurde das in Einzelteile zerlegte Wartburg-Gasthaus mit 200 Pferdegespannen auf den Inselsberg transportiert und dort als Bettenhaus des Gasthauses »Stadt Gotha« wieder aufgebaut. Dieses Fachwerkhaus wurde in den 1950er-Jahren im Schwerpunkt als Wanderherberge genutzt und ist die heutige Jugendherberge »Großer Inselsberg«.

......................................................................

## MALERISCHE BURGEN DIE DREI GLEICHEN

Die Drei Gleichen sind mittelalterliche Burgen auf drei exponierten Bergkegeln im Vorland des Inselsbergs.
Die Trias von Burg Gleichen, Mühlburg und Wachsenburg bildet eine derart herausragende Einheit, dass das
Gebiet 2006 in den Namen des Geoparks »Inselsberg – Drei Gleichen« aufgenommen wurde. Eine Sage
ist mit der Burg Gleichen verbunden, die zu Beginn des 13. Jh.s dem Grafen Ernst von Gleichen gehörte.
1228 geriet der Graf auf einem Kreuzzug in Gefangenschaft und lernte in der Sklaverei Melechsala lieben,
die Tochter eines Sultans. Schließlich floh er mit ihr nach Rom, wo der Papst ihm die Erlaubnis zur ›Zweibe-
weibtheit‹ erteilte. Eifersucht schien seine erste Gemahlin nicht zu kennen. Als er 1249 mit Melechsala zu
ihr zurückkehrte, freute sie sich sehr und hat sich mit der neuen Situation bestens arrangiert.

# 57

## EINZIGARTIGE FLUSSBIEGUNG
## DIE METTLACHER SAARSCHLEIFE IM SAARLAND

Ob vom Aussichtspunkt Cloef, den man zu Fuß erreicht, oder vom Deck eines Ausflugsschiffes aus betrachtet – die Stelle, an der die Saar den Bergen in einer engen Kurve ausweicht, ist aus jeder Perspektive ein einzigartiges Naturerlebnis.

Die Saarschleife ist die eindrucksvollste Flusswindung Deutschlands. Auf zehn Kilometern Länge sucht sich der Fluss mit einer 180-Grad-Wende seinen schluchtartigen Weg zwischen bewaldeten Steilhängen aus hartem Hunsrückquarzit. Zwischen Besseringen am oberen und Mettlach am unteren Ende der Schleife beträgt die Luftlinienentfernung nur zwei Kilometer, der Fluss macht dazwischen aber etliche Umwege. Ein einzigartiger Blick auf dieses Naturwunder im Naturpark Saar-Hunsrück öffnet sich am Aussichtspunkt Cloef beim Luftkurort Orscholz auf 200 Höhenmeter über dem Fluss.

SPEKTAKULÄRE STEILHANGPFADE, atemberaubende Felsbalkone und urwüchsige Natur: Die rund 16 km lange Saarschleife-Tafeltour von Mettlach zur Burg Montclair, mit der Fähre durch die Saarschleife und hinauf zum Aussichtspunkt Cloef, ist die Top-Tour im Bann der Saarschleife und zählt zu den Wanderperlen des Saarlands. Sie ist als ›Traumschleife‹ Bestandteil des Saar-Hunsrücks-Steigs, der als Premiumwanderweg zu den attraktivsten Fernwanderwegen Deutschlands gehört.

AUSGANGSPUNKT ist das an der Saarschleife gelegene Mettlach, das mit der barocken ehemaligen Benediktinerabtei, in der die Konzernzentrale der Villeroy & Boch AG sowie ein Keramikmuseum untergebracht sind, dem romanischen Alten Turm und dem englischen Landschaftspark ein bedeutendes Klosterensemble in veränderter Form bewahrt hat. Von der Mettlacher Pfarrkirche St. Lutwinus aus erreicht man auf einem ausgeschilderten Höhenweg (Kochmütze als Symbol) die Burgruine Montclair, die – außer montags – besichtigt werden kann. Weiter geht es steil bergab zur Saar, wo Radfahrer und Wanderer zwischen April und Oktober mit der Fähre übersetzen können (montags Ruhetag). Wieder führt der Weg bergauf, der Kochmütze folgend erreichen wir den Aussichtspunkt Cloef, von hier aus hat man den schönsten Blick über die Saarschleife. Der Weg führt weiter saarabwärts an alten Holztransportrinnen entlang durch das Naturschutzgebiet Wellesbachtal, bis wir die Brücke über die Saar erreichen, über die wir mit Mettlach, dessen Fußgängerzone und der Kirche St. Lutwinus zum Ausgangspunkt der Rundtour zurückkehren. ■

180-GRAD-WENDE EINES FLUSSES: Die Saarschleife gilt als Wahrzeichen des Saarlands. Vom Aussichtsplatz Cloef hat man einen wunderbaren Blick auf dieses Naturphänomen.

## IN KÜRZE

**LAGE** Saarland, Landkreis Merzig-Wadern, Gemeinde Mettlach

**LÄNGE** 16 km Rundweg

**HÖCHSTER PUNKT** 348 m

**ZUGANG**
Von Mettlach aus Pfarrkirche St. Lutwinus Rundweg »Tafeltour«; direkter Zugang zum Aussichtspunkt Cloef »Parkplatz an der Cloef« unterhalb von Orscholz, Ortsteil der Gemeinde Mettlach (5 Min. Fußweg)

**INFO** Tourist Information Orscholz
Cloef-Atrium
66693 Mettlach
Tel. 06865 911 50
www.tourist-info.mettlach.de

**NATURPARK SAAR-HUNSRÜCK** Der Naturpark Saar-Hunsrück umfasst 2055 km² zwischen Saar, Mosel und Nahe im Saarland und in Rheinland-Pfalz. Vom Schengener Dreiländereck an der Obermosel erstreckt sich das Fluss- und Bergland ostwärts bis zur Edelsteinstadt Idar-Oberstein. Wahrzeichen des Naturparks sind die Mettlacher Saarschleife und der Quarzitrücken des Schwarzwälder Hochwaldes, des höchsten Hunsrück-Bergrückens mit dem Aussichtsturm auf dem Erbeskopf (816 m). Informationszentren gibt es in Hermeskeil und Weiskirchen sowie im Hunsrückhaus am Erbeskopf.

# 58

## TRAUMHAFTES BERGPANORAMA
## DER BELCHEN – KÖNIG DES SCHWARZWALDS

Der Belchen im Südschwarzwald ist die imposanteste Berggestalt des höchsten deutschen Mittelgebirges: Nach Feldberg und Herzogenhorn ist er nur der dritthöchste Gipfel, dennoch gilt er als schönster und als ›König des Schwarzwalds‹.

Aus allen Himmelsrichtungen führen Wanderwege auf die Kuppe des Belchen, der steil aus Tälern aufragt, die wie das Münstertal im Westen und das Wiesental im Osten 1000 m bzw. 900 m niedriger liegen. Das ganze Jahr über lockt der Berg mit seiner phänomenalen Aussicht viele Wanderer und Wintersportler an. Der mächtigste, von fast allen Höhen des Hoch- und Südschwarzwalds aus sichtbare Kamm des Belchen neigt sich ins Wiesental. Bequemer als auf Schusters Rappen lässt sich der Berg von der kleinen Gemeinde Aitern aus mit der Seilbahn erklimmen, aus deren Gondeln man schon mal das Bergpanorama genießen kann.

DIE UNTER NATURSCHUTZ stehenden Bergwiesen auf der Belchen-Kuppe mit Gipfelkreuz bieten eine überragende Aussicht auf weite Teile von Süd- und Hochschwarzwald, auf die Rheinebene mit dem Kaiserstuhl und zu den Namensvettern im Dreiländereck: Großer Belchen (französisch Grand Ballon), Elsässer Belchen (Ballon d'Alsace) und Kleiner Belchen (Petit Ballon) in den Südvogesen sowie Belchenflue im Schweizer Jura. Bei winterlichen Inversionslagen schweift der Blick über den Jura hinweg bis zu den Alpen. Auch die felsendurchsetzten Flanken bieten einmalige Ausblicke.

DER BELCHEN befindet sich am Knotenpunkt verschiedener Landschaftsformen, an denen er jeweils Anteil hat. Im Nord-

westen erstreckt sich der Breisgau mit der Universitätsstadt Freiburg, im Südwesten weiten sich die Rebfluren des Markgräflerlandes, das weitläufige Feldbergmassiv im Nordosten markiert den höchsten Punkt des Hochschwarzwalds und der deutschen Mittelgebirge, im Südosten befinden sich die Täler und Höhenzüge des Hotzenwaldes auf dem Gebiet der ehemaligen Reichsabtei Sankt Blasien.

UNTER DEN ZAHLREICHEN Belchen-Bergen und -Orten im Schwarzwald, in den Vogesen und im Schweizer Jura haben die fünf höchsten Belchen-Gipfel sagenhafte Berühmtheit erlangt als mutmaßliche Sonnen-Beobachtungsstätten eines vorgeschichtlichen Kalendersystems. Die Namen dieser Berge gehen auf die indoeuropäische Silbe ›bel‹ = ›glänzen, strahlen, brennen‹ zurück, von der sich der lateinische Name des keltischen Gottes Bel[enus] ableitet; Bel[enus] wurde von den Römern als ›keltischer Apoll‹ interpretiert. Von den fünf höchsten Belchen-Bergen (die französische Bezeichnung ›Ballon‹ ist eine relativ junge Wortschöpfung, die sich auf die kuppel- bzw. ballonförmigen Rundungen dieser Berge bezieht) lassen sich an den Hauptwendepunkten des Jahres die Sonnenauf- und -untergänge jeweils über einem der anderen Belchen beobachten. Deshalb gehen Forscher davon aus, dass die Belchen-Berge von der Jungsteinzeit bis in gallorömische Zeit als Sonnenbeobachtungs- und -kultstätten fungiert haben. Lehrtafeln auf dem Ballon d'Alsace erläutern die astronomischen Zusammen-

MÄRCHENHAFTE SZENERIE: Bei Inversionslage verhüllt Nebel die Täler unterhalb des Belchen.

IN KÜRZE

LAGE Baden-Württemberg, Naturpark Südschwarzwald, am Schnittpunkt der Gemeinde Münstertal im Landkreis Breisgau-Hochschwarzwald sowie der Gemeinde Kleines Wiesental und dem Gemeindeverwaltungsverband Schönau im Landkreis Lörrach

HÖHE 1414 m

ZUGANG Belchen-Seilbahn ab Belchenhotel »Jägerstüble« in Aitern, Obermulten 3

INFO Belchenland Tourismus Gentnerstr. 2 79677 Schönau im Schwarzwald Tel. 07673 91 81 30 www.schwarzwaldregion -belchen.de

Im Sommer
werden am Bel-
chen jeden zweiten
Sonntag Sonnen-
aufgangswanderun-
gen veranstaltet:
Sie beginnen in
der magischen
Dämmerung vor
Tagesanbruch, der
Zeit der Feen. Nach
ca. eineinhalb Stun-
den ist man oben,
wo es nach dem
Sonnenaufgang im
Panoramarestaurant
»Belchenhaus« ein
üppiges Frühstücks-
buffet mit Alpen-
blick gibt. Zurück
ins Tal geht es dann
bequem mit der
Belchen-Seilbahn.

hänge. Der Elsässer Belchen 73 km westlich des Schwarzwälder Belchens war damals der zentrale Beobachtungspunkt im Belchen-Fünfeck. Zur Frühjahrs- und zur Herbst-Tagundnachtgleiche ist auf dem Elsässer Belchen zu beobachten, wie die Sonne über dem Schwarzwälder Belchen aufgeht, umgekehrt ist am Abend der Tagundnachtgleichen auf dem Schwarzwälder Belchen zu sehen, wie die Sonne hinter dem Elsässer Belchen versinkt. Frühaufsteher können dieses Phänomen auch heute noch an den entsprechenden Tagen genießen.

DER ›KÖNIG DES SCHWARZWALDS‹ liegt im Südwesten des Naturparks Südschwarzwald. Der 2000 gegründete Naturpark befindet sich in der sonnenverwöhntesten Region Deutschlands zwischen dem Kaiserstuhl-Vulkan an der Grenze zu Frankreich und dem Hochrheintal an der Grenze zur Schweiz, zwischen der Wutachschlucht, dem ›Grand Canyon‹ Südwestdeutschlands, und den Triberger Wasserfällen. Von spektakulären Felsszenerien und Wildwasserbächen in Schluchten spannt sich der Bogen seiner Naturparadiese zu den Pflanzenoasen auf Feldberg, Herzogenhorn und Belchen, von Urwäldern, romantischen Seen und den Quellen der Donau bis hin zu Wallfahrtsorten mit Alpenblick. Der Park ist zugleich ein Kulturparadies, in dem sich im ›Dreiländereck‹ Deutschland, Frankreich und die Schweiz facettenreich begegnen.

DER LUFTKURORT Münstertal liegt am Nordwestfuß des Belchenmassivs in einem Gebirgstal, aus dessen Wiesen der Neumagen in die Staufener Bucht hinausfließt. Seine Sohle befindet sich auf nur etwa 400 m über Normalnull, während der Belchen das Tal um 1000 steile Höhenmeter überragt und entsprechend fulminante Blicke in die Weite und die Tiefe gewährt. Einen Besuch lohnt das dortige Kloster Sankt Trudpert, die älteste rechtsrheinische Benediktiner-Niederlassung am Oberrhein. Als malerischer, einzeln stehender Gebäudekomplex schmiegen sich die vom habsburgischen Baumeister Peter Thumb (1738–1749) errichteten Barockgebäude in den Wiesenhang zu Füßen des Belchen-Massivs. Während der Napoleonischen Kriege wurde das Kloster 1806 aufgehoben, seit 1920 befindet es sich im Besitz einer im Elsass gegründeten Schwesterngemeinschaft, die hier in einer Oase der Stille wirkt und Gäste begrüßt, die zur Ruhe kommen, Kraft schöpfen, zu sich selbst und zu Gott finden wollen (www.kloster-st-trud pert.de). Im frühen Mittelalter war das Kloster im Übrigen sehr reich, da es die Grundherrschaft über das Talgebiet besaß und sich auch im Besitz der damals noch ertragreichen Silberbergwerke befand. Heute ist es Ausgangspunkt eines Wanderwegs auf den Belchen: Wo der Pfad oben im Steilhang durch die Wälder führt, lädt eine Bank an »Sankt Trudperts Brünnele« zur Rast ein. ■

DIE LEGENDE VOM HL. TRUDPERT Benannt ist das im Münstertal gelegene Kloster St. Trudpert nach dem iroschottischen Benediktiner Trudpert, der im Jahr 604 aus dem damals schon vergleichsweise zivilisierten Elsass ins Tal des Flusses Neumagen – das heutige Münstertal – wanderte und auf einem Hügel in der Wildnis am Fuß des Belchen-Massivs eine Einsiedelei gründete. Der Legende zufolge war seinen Knechten das Gebiet zu wild und einsam, und sie erschlugen den Mönch. So hat Trudpert die Kuppe des Bergs, zu dem er gewandert war und an dessen Fuß er sich niederlassen wollte, wohl nie betreten; 1698 wurde über der legendären Mordstätte die kuppelüberwölbte Sankt-Trudpert-Kapelle des Klosters errichtet.

OBEN Im Spätherbst und im Winter kann man an klaren Tagen vom Belchen die Alpengipfel sehen.

UNTEN Morgendlicher Nebel hüllt die Belchenflanke ein.

## WANDERER-TRANSPORT BELCHENBUS UND SEILBAHN

Der Belchenbus ist der Wanderbus auf den Strecken rund um den Belchen. Vom Bahnhof Urmünstertal und von Schönau im Wiesental fährt er zur Talstation der Belchen-Seilbahn in Aitern-Multen. Deren Gondeln schweben in fünf Minuten die 300 m hoch zur Bergstation neben dem Gasthof »Belchenhaus«. Von dort führt ein Naturlehrpfad zum Belchengipfel, auf dem eine Orientierungstafel die Punkte im Blickfeld benennt.

OBEN Der Herzogstand spiegelt sich im ruhigen Wasser des Walchensees.

UNTEN Blick auf den Gipfel des Herzogstand. Links im Hintergrund der Kochel- und rechts der Walchensee.

## GRÖSSTER GEBIRGSSEE DER WALCHENSEE

Der Walchensee ist mit einer Fläche von 16,4 km² der größte deutsche Gebirgssee. Er ist bei Seglern und Surfern ebenso beliebt wie bei Badegästen und gehört zu den saubersten Seen Oberbayerns. Das smaragdfarbene, glasklare Wasser hat Trinkwasserqualität, die Wassertemperatur liegt im Sommer durchschnittlich bei 18 bis 22 °C. An den vielen flachen Zonen am rundum begehbaren, unverbauten Ufer laden zahlreiche Kiesstrände zum Sonnen und Schwimmen ein: Badeplätze findet man in Walchensee, Urfeld und Einsiedl, auf der Halbinsel Zwergern, zwischen Urfeld und Sachenbach sowie am Walchensee-Südufer. Das Walchenseekraftwerk, das erste (1924 errichtete) große elektrische Speicherkraftwerk, nutzt den natürlichen Höhenunterschied zwischen Walchen- und Kochelsee.

# 59

## LIEBLINGSBERG DER KÖNIGE
## DER HERZOGSTAND IN OBERBAYERN

Hoch in den bayerischen Voralpen thront der Herzogstand, einer der ›Hausberge‹ Münchens. Eine grandiose Rundumsicht über Berge und Täler belohnt den, der sich vom Walchensee aufgemacht hat, um den Gipfel zu erklimmen.

Wegen der schönen Ausblicke, der raschen Erreichbarkeit mit der Seilbahn und der Gastronomie am Gipfel gehört der Lieblingsberg des bayerischen ›Bergsteigerkönigs‹ Maximilian II. und seines Sohns Ludwig II. zu den meistbesuchten Bergen der bayerischen Voralpen. Eine Fülle von Wandermöglichkeiten für unterschiedlichste Ansprüche wird hier geboten. Die meisten folgen dem Europäischen Fernwanderweg 4 und dem nach dem König benannten Maximiliansweg. Der Maximiliansweg ist Teil des Alpen-Fernwanderwegenetzes Via Alpina.

VOM GIPFEL ÜBERBLICKT man im Norden die oberbayerische Seenplatte, daran anschließend die Stadt München, die 75 km entfernt ist; im Osten die Benediktenwand, die Tegernseer Berge, Wilder Kaiser und Rofan; nach Süden hin die Tauern mit Großglockner und Venediger, das Karwendel über dem Walchensee; in der Lücke zwischen Karwendel und Wetterstein sind die Stubaier Gletscher (Grenze nach Italien) auszumachen. Im Südwesten liegt das Wettersteingebirge mit Dreitorspitze und Deutschlands höchstem Berg, der Zugspitze. Im Westen zeigen sich im Hintergrund die Ammergauer und Allgäuer Berge.

DIE HERZOGSTANDBAHN überwindet in vier Minuten 791 Höhenmeter von der Talstation in Walchensee zur Bergstation am Fahrenbergkopf. Während der Schwebefahrt mit der Kabinenbahn bietet sich ein Blick auf den grünblau schimmernden Walchensee, einen der tiefsten (über 192 m) und größten deutschen Gebirgsseen (16,4 km$^2$).

VON DER SEILBAHNBERGSTATION führt der bequeme ›Panoramaweg‹ zum ganzjährig bewirtschafteten Herzogstandhaus, an dem der Weg zum Herzogstandgipfel und zum Heimgarten beginnt. Die Gratwanderung vom Herzogstand zum Heimgarten ist eine der schönsten Wanderungen der Alpen sowie Teil des Europäischen Fernwanderwegs 4 und des Maximilianswegs.

MAXIMILIAN II. ließ 1857 auf dem Herzogstand ein Jagdhaus errichten und 1859 einen Reitsteig zum Fahrenbergkopf anlegen. Sein Sohn Ludwig II. gab 1866 den Auftrag für ein eigenes Königshäuschen mit acht Zimmern oberhalb des Jagdhauses und für die Ausschmückung der umliegenden drei Gipfel mit Pavillons, um auch bei Regen trockenen Fußes das Panorama genießen zu können. Nach dem plötzlichen Tod des ›Märchenkönigs‹ im Starnberger See gingen die Berghäuser in die Pacht des Alpenvereins über. 1896 schlug in die Jagdhütte von Maximilian II. der Blitz ein, sie wurde ein Opfer der Flammen. 1990 brannten auch das Herzogstand-, das Bettenhaus und das ehemalige Königshaus bis auf die Grundmauern nieder und wurden nicht mehr rekonstruiert; stattdessen wurde 1992 in der Nähe des alten das heutige Herzogstandhaus in 1575 Metern Höhe errichtet. ■

### IN KÜRZE

**LAGE** Oberbayern, Landkreis Bad Tölz-Wolfratshausen, Gemeinde Kochel am See

**HÖHE** 1731 m

**ZUGANG** Parkplatz an der Talstation der Herzogstandbahn (809 m) in Walchensee, Ortsteil der Gemeinde Kochel am See

**INFO** Tourist Information Kochel am See Bahnhofstr. 23 82431 Kochel am See Tel. 08851 338 www.kochel.de und www.herzogstand bahn.de

# 60

## INBEGRIFF DER HOCHROMANTIK
## KÖNIGSSEE UND WATZMANN IN BAYERN

Der Königssee mit seinem einzigartigen Echo, das Bootsführer ihren Passagieren gern mit der Trompete demonstrieren, liegt eingebettet inmitten hoch aufragender Berge – eine Traumkulisse, die in zahllosen Filmen genutzt wurde.

Die Gipfel der Berchtesgadener Alpen sind Bergsteigern vorbehalten, der Königssee zu Füßen des Watzmann-Massivs jedoch ist allen zugänglich und damit auch der Blick zur Wallfahrtskirche Sankt Bartholomä und auf die Ostwand der Watzmann-Südspitze, die ›Bartholomäwand‹. Kein Wunder, dass diese Ansicht seit den Zeiten der Romantik in zahllosen Gemälden, Stichen und Radierungen dargestellt wurde und sich das Ensemble aus smaragdgrünem See, den Zwiebeltürmen des Gotteshauses und den in eisige Höhen himmelwärts strebenden Wandfluchten zum berühmtesten Motiv der bayerischen Alpen entwickelt hat. Nur wenn er vom See aus ›erschaut‹ wird, spricht der Watzmann in seiner legendären Sprache: Der Watzmann ›ruft‹.

DER FJORDARTIG schmale Königssee zwischen Watzmann, Jenner und Hagengebirge ist das Herzstück des Nationalparks Berchtesgaden, des ersten Alpen-Nationalparks (1978) und zweiten deutschen Nationalparks. Der smaragdgrüne See, dessen Wasser Trinkqualität hat, wird seit Königs Zeiten von umweltfreundlichen, leisen Elektro-Ausflugsbooten befahren, die an den Hauptausgangspunkten für leichte und schwierige Wanderungen anlegen. Von der Anlegestelle Königssee in Schönau mit Blick auf den westlich der Nordbucht aufragenden Grünstein fahren diese Ausflugsschiffe etwa jede halbe Stunde nach Sankt Bartholomä und weiter nach Salet Obersee. Es empfiehlt sich, früh

auf den Beinen zu sein, denn bei schönem Wetter ist der See als Ausflugsziel sehr beliebt und es kann zu Wartezeiten an den Anlegestationen kommen. In der Saison, die von Ende April bis Mitte Oktober dauert, beginnt der Bootsverkehr bereits zwischen 8 und 9 Uhr.

DIE FAHRT von Königssee Seelände bis Sankt Bartolomä dauert etwa 35 Minuten. Die von Weitem sichtbare Wallfahrtskirche Sankt Bartholomä wurde 1134 auf dem halbinselartig in den Königssee hinausreichenden Schwemmkegel am Fuß der Watzmann-Ostwand errichtet. Im 17. Jh. erhielt sie ihre heutige Gestalt mit den roten Kuppeldächern. Dort beginnt als einer der schönsten Ausflüge die Wanderung zur Eiskapelle am Fuß der Watzmann-Ostwand, die etwa zwei Stunden dauert. Von der Nationalpark-Informationsstelle führt der Wanderweg aufwärts zur Waldkapelle der ›Wetterheiligen‹ Johannes und Paulus, verschmälert sich und leitet zuletzt über Geröll zum Eisgraben. Die Wanderung ist zwar nicht besonders schwierig, setzt aber gutes Schuhwerk voraus, weshalb von den vielen Ausflüglern, die hauptsächlich an den Uferwegen spazieren, hier nur noch eine Minderheit unterwegs ist.

DIE EISKAPELLE ist eine Eishöhle: An der Stirnseite eines ganzjährig existierenden, in seiner Größe wechselnden Firnfeldes befindet sich der gletschertorartige Eingang zu einer geräumigen, mehrere Meter hohen und Dutzende

DAS WATZMANN-MASSIV von Norden aus in der Morgensonne. Von links nach rechts erkennt man Watzmannfrau, Watzmannkinder und schließlich den mächtigen Großen Watzmann.

IN KÜRZE

LAGE Oberbayern, Landkreis Berchtesgadener Land, Gemeinde Schönau am Königssee

HÖHE Königssee 602 m

ZUGANG Bootsanleger Königssee (605 m) an der Nordbucht des Sees in Schönau am Königssee

INFO
Tourist Information am Königssee
Seestr. 3
83471 Schönau am Königssee
Tel. 08652 65 59 80
www.koenigssee.de

Lohnend ist der Abstecher zum Aussichtspunkt Malerwinkel: Von der Schiffsanlegestelle Seelände führt der Weg an historischen Bootshäusern und Schiffshütten vorbei zum Aussichtspunkt (Rundweg etwa 1½ Stunden, ca. 4 km und 100 Höhenmeter). Belohnt wird man durch einen herrlichen Blick über den Königssee nach Sankt Bartholomä und hinauf zum Steinernen Meer sowie zur Schönfeldspitze in Österreich.

von Metern tiefen Höhle, deren Form und Größe sich im Wechsel der Jahreszeiten ständig verändern – einmal ist die Höhle kurz, dann wieder lang, bei anderer Witterung wird sie durchtost von Schmelzwassern, zuweilen kann sie trocken sein, und an anderen Tagen ist nicht einmal der Eingang zu finden. Genährt wird das Firnfeld durch den Lawinenschnee der Watzmann-Ostwand. Das Betreten dieser ›Eiskapelle‹ ist lebensgefährlich, da die Höhle vor allem während der Schneeschmelze und bei sommerlichen Temperaturen jederzeit in sich zusammenstürzen kann. Vor langer Zeit hat sich doch jemand hineingewagt. Die erste bekannte Begehung erfolgte 1797 durch den Gelehrten Wilhelm von Humboldt und den Geologen Leopold von Buch. Wie Humboldt berichtet, ließen sich die beiden über den Königssee zum Wallfahrtsort Sank Bartholomä rudern und stiegen dann – es ist dieselbe Route wie heute – im Dolomit des Eisgrabentals auf: »Hier in einem Winkel zwischen den abgeschnittenen zwei- und dreitausend Fuß hohen Felsen rinnt der Bach dieses Thals aus einem prächtigen Eisgewölbe hervor, das der Witterung trotzend sich immerwährend erhält. Ein dämmerndes Licht erhellte das Innere; tropfen- und stromweis kamen Bäche von der hohen Decke herab, aus kleinen Öffnungen in milchweißem, durchscheinendem opalähnlichem Eise.« Rund 175 m tief begaben sich die Forscher in die Eiskapelle.

VON SALET an der Südspitze des Sees, der Endstation der Elektroboote, erreicht man das zweite herausragende Ausflugsziel am Königssee, den Röthbachfall, der in zwei Stufen knapp 400 Meter durch den Talschluss über dem Obersee herabtost. Von der Schiffsanlegestelle Salet führt der Weg am kleinen Mittersee vorbei zum Obersee. Gesteinstrümmer zeugen von einem Bergsturz, der

den glasklaren Obersee (613 m) vom Königssee abtrennt. Am Südufer des Obersees führt der Wanderpfad, der sich zwischendurch vorübergehend in einen drahtseilgesicherten Steig verwandelt, stellenweise hoch über dem Wasserspiegel weiter zur Fischunkelalm, die im Sommer bewirtschaftet ist. Hier bietet sich ein schöner Blick zurück über den See hinweg zum Watzmann. Am oberen Ende der Alm taucht der schmale Weg schließlich in den Wald ein und führt noch gut 20 Minuten aufwärts, ehe man den durch die Felswand brausenden Röthbachfall hört und sieht.

DER WATZMANN, der zentrale Bergstock der Berchtesgadener Alpen, gerät auf allen Wegen immer wieder in den Blick. Die schon von Berchtesgaden aus zu beobachtenden ›Watzmanngesichter‹ mit König Watzmann, der Königin und ihren sieben Kindern sind die bekanntesten Berggesichter der Alpen und tief verwurzelt in der Welt der Sagen. Mit bis zu 2713 m Höhe ist der Watzmann Deutschlands zweithöchstes Gebirgsmassiv nach dem Wettersteingebirge mit der Zugspitze; die Watzmann-Ostwand ist mit 1800 m die höchste Bergwand der Ostalpen. Die Watzmann-Gipfel sind, von Berchtesgaden aus gesehen, rechts die Mittelspitze (2713 m) alias König Watzmann, links der Kleine Watzmann (2307 m) alias Watzmannfrau und zwischen den beiden die Watzmannkinder, von denen die Sage sieben kennt, während der Deutsche Alpenverein seit dem 19. Jh. von Ost nach West nur fünf Watzmannkinder zählte; ein kürzlich erschienener Alpenvereinsführer »Berchtesgadener Alpen alpin« präsentierte ein sechstes Watzmannkind. Wie groß die Familie letztlich sein mag, kümmert den von der faszinierenden Kulisse begeisterten Wanderer wenig – für ihn ist es kein Thema, er (oder sie) genießt. ■

OBEN In Kürze erreicht
das Elektroboot die
Anlegestelle bei der
Wallfahrtskapelle Sankt
Bartholomä.

UNTEN Eingebettet
zwischen den schroffen
Berchtesgadener Alpen
liegt der Königssee.

### EINE WILDE FAMILIE DIE WATZMANN-SAGE

Die Sage gibt es in mehreren Varianten, die sich im Kern gleichen: Einst lebte vor Urzeiten ein rauer und
wilder König, der Watzmann hieß. Er war sehr grausam und verbreitete Furcht und Schrecken. Menschliche Regungen waren ihm fremd, und Gleiches galt für sein nicht minder raues Weib und seine Kinder.
Seine Lieblingsbeschäftigung war die Jagd. Als er bei einer Jagd mit seinem Ross eine Bauernfamilie nie-
dertrampelte, verfluchte ihn die Bäuerin, Gott möge ihn in Stein verwandeln. Gott hatte ein Einsehen und
erfüllte ihren Wunsch. Die Erde tat sich unter fürchterlichem Getöse und wildem Heulen auf, Feuer schoss
aus dem Abgrund und verwandelte den König und seine Familie in Stein. Im Übrigen: Die ›Familienansicht‹
der Gebirgsgruppe ergibt sich am deutlichsten von Norden aus.

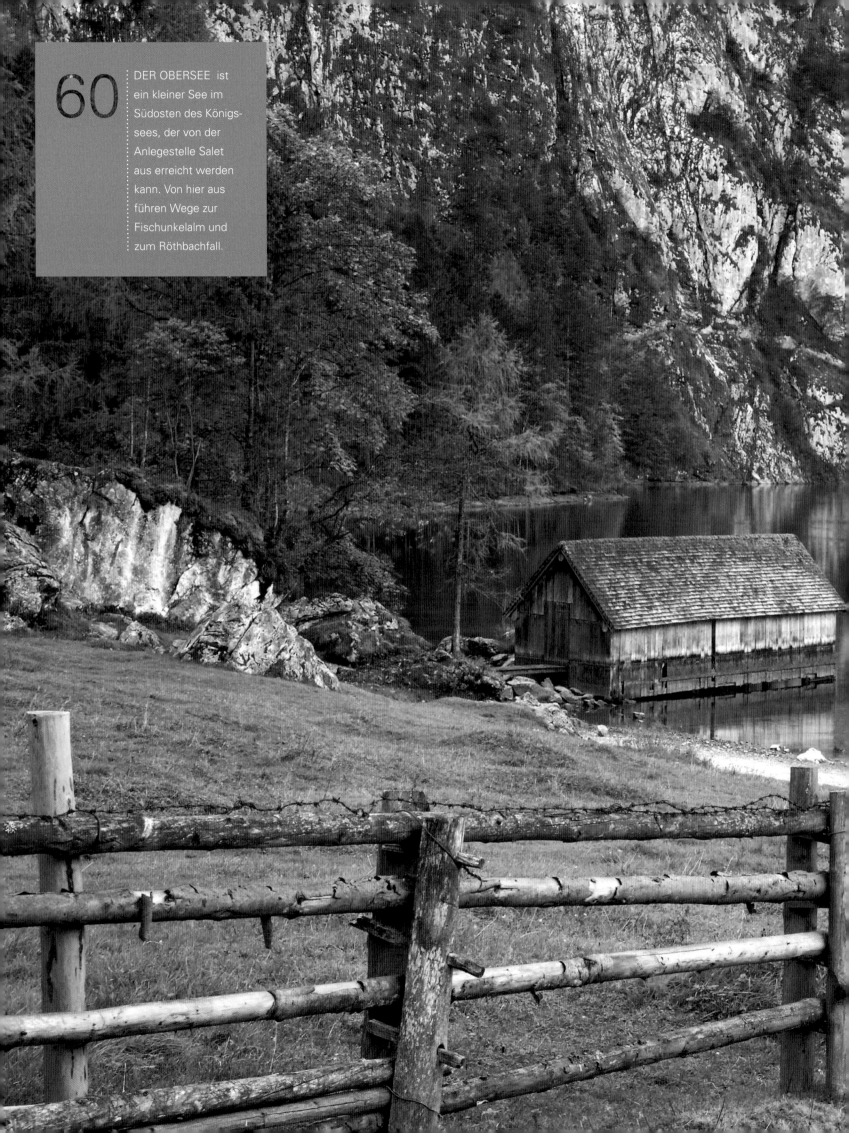

**60** DER OBERSEE ist ein kleiner See im Südosten des Königssees, der von der Anlegestelle Salet aus erreicht werden kann. Von hier aus führen Wege zur Fischunkelalm und zum Röthbachfall.

# REISEN IN DIE VERGANGENHEIT
## SCHAUPLÄTZE DER DEUTSCHEN GESCHICHTE

### INNOVATIVE BAUWEISE
### DIE NORDDEUTSCHE BACKSTEINGOTIK

In der zweiten Hälfte des 12. Jh.s verbreitete sich der Backstein – der aus Lehm oder Ton gebrannte Ziegel – als Baustoff von den Niederlanden bis in das Baltikum. Er prägte besonders das Stadtbild der neu gegründeten Städte. Da im Ostseeraum viele dieser Stadtgründungen mit der Hanse in Zusammenhang standen, wurden die in Backstein errichteten Bauwerke der Gotik geradezu zu einem Charakteristikum der Hansestädte. Die Backsteingotik entwickelte einen eigenen Architekturstil mit farbig glasierten Ziegeln und Formsteinen. Typisch sind die schmuckvollen Schaufassaden mit ihren Giebeln aus Spitzbogenblenden und Maßwerk. Die Repräsentationsbauten, wie Kirchen, Rathäuser und Stadttore, wirken oft wuchtig und erreichen beachtliche Ausmaße.

Lübeck ■

SCHLESWIG-
HOLSTEIN

Stralsund ■
Rostock ■
Wismar ■
■ SCHWERIN
MECKLENBURG-VORPOMMERN

# 61

## WISMAR, ROSTOCK UND STRALSUND
## DIE HANSESTÄDTE MECKLENBURG-VORPOMMERNS

Zahlreiche Spuren der einst mächtigen Hanse finden sich in vielen deutschen Städten. Bei einem Spaziergang durch die schön renovierten Altstädte von Wismar, Rostock und Stralsund taucht man ein in die Atmosphäre jener Zeit.

**W**ie auf einer Perlenkette reihen sich die alten Hansestädte an der Küste der Ostsee aneinander. Im Jahr 1160 verlieh der Sachsenherzog Heinrich der Löwe Lübeck das Soester Stadtrecht, das mit umfangreichen Handelsprivilegien einherging. Damit legte er gleichsam den Grundstein für einen Städtebund, der den Handel im Norden Europas über Jahrhunderte dominieren sollte. Neben Lübeck entwickelten sich Wismar, Rostock und Stralsund ab Mitte des 13. Jh.s zu den wichtigsten Städten des wendischen Quartiers, eines regionalen Zusammenschlusses innerhalb der Hanse.

ALLE DREI HANSESTÄDTE haben ihren Ursprung in den Marktsiedlungen deutscher Kaufleute, die in der zweiten Hälfte des 12. Jh.s bei bestehenden slawischen Dörfern angelegt wurden. Zu Beginn des 13. Jh.s erhielten sie das Stadtrecht nach dem Vorbild Lübecks. Ihren wachsenden Wohlstand zeigten die Kaufleute in schmucken Wohn- und Handelshäusern sowie Repräsentationsbauten. Da Naturstein an der norddeutschen Küste weitgehend fehlte, verwendete man die in Italien entwickelte Backsteintechnik zum Bauen. Die Rathäuser, Stadttore und Kirchen erreichten für die damaligen Zeiten zum Teil eine monumentale Größenordnung.

DIE HISTORISCHEN Altstädte Stralsunds und Wismars sind schön renoviert und besitzen viele mittelalterliche Gebäude in der charakteristischen Architektur der Backsteingotik. Sie lassen zudem die typische Anlage der Seehandelsstädte der Hanse in ihren Grundrissen erkennen. Obwohl die Innenstadt Rostocks im Zweiten Weltkrieg durch Luftangriffe schwer beschädigt wurde, sind noch eine Reihe typischer Bauten und Teile der Befestigungsanlagen aus der Hansezeit erhalten. Und wenn im Juli oder August zahlreiche alte Windjammer zur Hanse Sail in Rostock eintreffen und am Kai des Stadthafens liegen, dann gewinnt man im Gewühl der Besucher einen Eindruck davon, wie damals das geschäftige Treiben im Hafen ausgesehen haben könnte.

DIE HÄUSERFRONTEN der Altstadtgassen Wismars sind fast vollständig erhalten. Es ist die einzige Hansestadt im Ostseeraum, die in dieser Größe und Geschlossenheit erhalten geblieben ist. Das Zentrum der Stadt bildet der große quadratische Marktplatz mit der Wasserkunst. Von dem zwölfseitigen Brunnenhaus aus wurden die Häuser der Stadt von etwa 1570 bis ins 19. Jh. hinein über Leitungen mit Trinkwasser versorgt. Die Gaststätte »Alter Schwede« an der Ostseite mit ihrem pfeilergegliederten Staffelgiebel wurde um 1380 erbaut und gilt als das älteste Haus, das in seiner ursprünglichen Form erhalten blieb. Einer der schönsten Backsteinbauten der Stadt ist das um 1450 errichtete Archidiakonat im Marienkirchhof mit dem zinnenbekrönten Staffelgiebel und reicher Blendgliederung. Von den großen, in der Hansezeit gebauten Kirchen blieb nur die riesige Kirche der

### IN KÜRZE

**LAGE**
Mecklenburg-Vorpommern

**BESONDERHEIT**
Die »Historischen Altstädte von Stralsund und Wismar« wurden 2002 zusammen in die Welterbeliste der UNESCO aufgenommen.

**INFO**
Tourist-Information Wismar-Stadthaus Lübsche Straße 23 a 23966 Wismar Tel. 03841 194 33 www.wismar.de/ Tourismus-Welterbe

Tourist-Information Rostock Stadtzentrum Universitätsplatz 6 18055 Rostock Tel. 0381 381 22 22 www.rostock.de

Tourismuszentrale der Hansestadt Stralsund Alter Markt 9 18439 Stralsund Tel. 03831 25 23 40 www.stralsundtourismus.de

Die Vitalienbrüder ent-
standen, als Mecklen-
burg im Krieg gegen
Dänemark 1389–1392
verarmte Adlige mit
Kaperbriefen aus-
stattete. Wismar und
Rostock hielten zu
Mecklenburg und
dienten als Basis.
Da die Hanse aber
Dänemark unterstütz-
te, wurden auch ihre
Schiffe gekapert. Die
Bruderschaft wurde
1398 aus der Ostsee
verjagt und trieb
daraufhin ihr Unwe-
sen in der Nordsee.
Ihre letzten Führer,
Klaus Störtebeker und
Godeke Michels, wur-
den 1402 hingerichtet.

Seefahrer und Kaufleute, St. Nikolai, unversehrt. Die Fabelwesen und Masken an
den Giebeln sowie die Figuren von Maria
und dem heiligen Nikolaus sind aus in Formen gebrannten Ziegeln gefertigt. Der Innenraum gilt als einer der Höhepunkte der
norddeutschen Backsteingotik.

IN ROSTOCK sind noch große Teile der
alten Stadtbefestigung zu sehen. An einigen Stellen wurde sie rekonstruiert und
zeigt den Zustand zur Hansezeit. Die im
13. Jh. noch sehr schlichte Gestaltung
der Stadttore – wie sie am Kuhtor, dem
ältesten der Tore, noch heute zu sehen
ist – änderte sich im 14. und 15. Jh. Der
wachsende Reichtum Rostocks wurde
nun schon an den Stadttoren gezeigt und
so bekam etwa das Kröpeliner Tor einen
54 m hohen Turm und das Steintor eine
schmucke Schaufront. Wie man mit glasierten Backsteinen Fassaden zierte, zeigt
besonders schön das um 1470 erbaute
Wohnhaus des Bürgermeisters Kerkhoff.
Das Haus Ratschow, das einem reichen
Kaufmann gehörte, sticht hingegen durch
seinen fein gegliederten Blendschmuck
im mit Zinnen bekrönten Staffelgiebel
ins Auge. Nicht auslassen sollte man die
Marienkirche. Die Patriziats- und Rats-
pfarrkirche überragt mit ihren wuchtigen
Ausmaßen die Giebelhäuser des Neuen
Markts. Die ursprüngliche Hallenkirche
von etwa 1230 erhielt im Laufe der Zeit
zahlreiche Anbauten und wurde ab etwa
1400 in eine dreischiffige Basilika um-

gebaut. Ihr 1290 gegossener bronzener
Taufkessel ist knapp drei Meter hoch und
reich verziert. Er gehört zu den bedeutendsten Kunstwerken aus dieser Zeit in
Norddeutschland.

EIN SPAZIERGANG durch die an historischen Gebäuden reiche Altstadt Stralsunds ist ein Erlebnis. Seit 1990 wurden
die meisten der unter Denkmalschutz stehenden Bauten renoviert. Das aus dem
frühen 14. Jh. stammende Rathaus wurde für viele Rathäuser des Ostseeraums
stilbildend. Seine verspielte, prunkhafte
Nordfassade ist ein besonders prächtiges Beispiel für die »Sundische Gotik«,
die sich etwa ab 1330 als eigenständige
Variante der Backsteingotik entwickelte.
Dicht am Rathaus steht die 1360 vollendete Nikolaikirche, deren ursprüngliche
farbige Gestaltung der Pfeiler und Wände
restauriert wurde. Die Reliefs des Ge-
stühls der Nowgorodfahrer zeigen Jagd-
szenen aus Russland und den Verkauf
von Pelztieren an hanseatische Händler.
Belege für die vielfältigen Handelsbeziehungen der Stralsunder Kaufleute sind
auch der Altar der Bergenfahrer und das
Ahussische Gestühl. Ein besonders gut
erhaltenes Beispiel eines Bürgerhau-
ses ist das Mitte des 14. Jh.s erbaute
Wulflamhaus, mit dem Repräsenta-
tionszwecken dienenden Saal im ersten
Stock und der durch polygone Pfeiler,
Schmuckformen und glasierte Back-
steine verzierten Fassade.   ■

.........................................................................

MUSEUMSHAUS STRALSUND IN DER MÖNCHSTRASSE In einem der ältesten
Häuser von Stralsund in der Mönchstraße 38 ist heute ein äußerst sehenswertes
Museum untergebracht. Das sogenannte Krämerhaus wurde 1320 errichtet, die
beiden auffälligen Vorbauten stammen aus dem 18. Jh. Das Gebäude wurde von
der Deutschen Stiftung Denkmalschutz umfassend saniert und ist heute Teil des kul-
turgeschichtlichen STRALSUND MUSEUMS. Von außen ist das spätgotische Haus
eher unscheinbar, doch es vermittelt einen wunderbaren Überblick über die typische
Bauweise historischer Häuser und über die Lebensumstände ihrer einstigen Bewohner über mehrere Jahrhunderte hinweg.

.........................................................................

LINKS In diesem Teil des Hafens von Stralsund liegen Segelboote vor Anker. Im Hintergrund ist die St.-Nikolai-Kirche zu sehen.

UNTEN LINKS Die Universität Rostock am Universitätsplatz ist die älteste Universität des Ostseeraums.

UNTEN RECHTS Die prachtvolle Fassade des Gasthauses »Alter Schwede« in Wismar. Der Name erinnert daran, dass die Stadt 1632 von den Schweden erobert wurde und bis 1803 unter schwedischer Herrschaft stand.

**61** DIESER SÄULEN-GANG gehört zum Heiliggeistkloster in Stralsund, der größten Wohltätigkeitseinrichtung der Stadt. Der Gebäudekomplex in der Nähe des Hafens steht unter Denkmalschutz.

DER GROTTENSAAL des
Neuen Palais im Park von
Sanssouci bildete den offiziellen
Zugang zur Wohnung des
Königs im nördlichen Erdge-
schoss des Hauptgebäudes.
Die fünf großen Fenstertüren
öffnen sich zum Parterrebereich
vor dem Schloss.

# 62

## EIN REFUGIUM FÜR KUNST UND KULTUR
## SANSSOUCI – DER MUSENTEMPEL FRIEDRICHS II.

»Ich kann den Krieg nicht leiden«, sagte der große Feldherr und ließ sich Schloss Sanssouci bauen. Friedrich II., genialer militärischer Führer, zugleich passionierter Musiker und Förderer von Kunst und Wissenschaft, brauchte ein Refugium.

Glanz und Gloria, Disziplin, Drill und Militarismus führen zum Aufstieg Preußens vom kleinen Fürstentum zur europäischen Großmacht und das prunkvolle Neue Palais Friedrichs II. soll zeigen, dass er nun ein Großer ist. Er lässt das gewaltige Bauwerk nach dem Siebenjährigen Krieg errichten, als Denkmal seines militärischen Triumphs, als Symbol seiner neu gewonnenen Macht und als Beleg für die ungebrochene Kraft und Leistungsfähigkeit des preußischen Staates. Der König nennt es auch seine »Fanfaronade«, seine Prahlerei. Hier werden prominente Gäste in verschwenderisch ausgestatteten Zimmerfluchten untergebracht und in von Gold, Silber und Kristall überbordenden Sälen rauschende Feste gefeiert. Hier wird repräsentiert und die Größe Preußens und seines Herrschers demonstriert, hier wird der Kampf um Ruhm mit friedlichen Mitteln weitergeführt. Nur wohnen, das tut Friedrich II. hier selten. Wer dem musischen, der Kunst und den Wissenschaften zugeneigten Friedrich näher kommen will, muss vom Neuen Palais durch den Park zur Großen Fontäne spazieren und von dort über die Freitreppe mit ihren 132 Stufen zum Schloss Sanssouci hinaufsteigen. Das war sein liebster Zufluchtsort und es ist wohl wie kein anderes Schloss mit seiner Person verbunden.

SCHON 1744 HAT FRIEDRICH den Bau der Weinbergterrassen mit der Freitreppe angeordnet und 1745 dann den Auftrag für den Barockgarten mit der Fon-

täne erteilt, der sich unten anschließt. Nach den beiden Kriegen um Schlesien sucht er einen friedlichen Ort, ein Idyll, in das er sich zurückziehen und in zwangloser Umgebung mit seinen Vertrauten und Gästen diskutieren und musizieren kann. Begeistert von der wunderbaren Aussicht vom Hügel, entscheidet er, oberhalb der Terrassenanlage eine kleine, eingeschossige Sommerresidenz bauen zu lassen. Aber seinem Hofarchitekten Georg Wenzeslaus von Knobelsdorff, ein Getreuer seit den Tagen in Schloss Rheinsberg, gefallen Friedrichs selbst gezeichnete Entwürfe nicht. Das Schloss sollte weiter vorne an der Kante stehen, sollte höher sein, sollte weithin sichtbar die Landschaft dominieren. Und ein Keller fehlt auch! Die Auseinandersetzung wird vehement geführt, doch der König lässt sich von seinen Plänen nicht abbringen. Er will keinen Prunk, nichts Repräsentatives. Er will hier nicht auf seine Untertanen herabschauen und auch nicht über eine Prachttreppe zu ihnen hinabsteigen. Hier soll alles ebenerdig sein, auf einer Höhe. Er will barfuß aus dem Schlafzimmer in den Garten hinausgehen, ohne Treppe. Sein Arbeitszimmer, seine Bibliothek und sein Musikzimmer, das ist alles, was er hier braucht. Das Schloss soll ein Ort der Kunst und Kultur werden, der Begegnung von Naturwissenschaftlern, Philosophen und Musikern. Auf den Terrassen sollen Weinreben und Feigenbäume wachsen, Symbole dessen, was er sich als aufgeklärter Herrscher herbeiwünscht – ein Leben in Frieden.

## IN KÜRZE

### LAGE
Brandenburg, Landeshauptstadt Potsdam im Westen von Berlin

### INFO
Stiftung Preußische Schlösser und Gärten Berlin-Brandenburg Postfach 60 14 62 14414 Potsdam Tel. 0331 969 40 www.spsg.de

Sanssouci Schloss Sanssouci Maulbeerallee 14469 Potsdam. Das Schloss kann zwischen 10 und 17 Uhr, im Sommer auch bis 17.30 Uhr besichtigt werden (Montag ist Ruhetag). Der Park ist ganzjährig geöffnet und frei zugänglich.

KONZERTE
Im barocken Schloss-
theater des Neuen
Palais finden regelmä-
ßig Kammerkonzerte
statt – meist mit
Werken aus der Zeit
Friedrichs II.

Friedrich, der Musi-
ker – er spielte nicht
nur leidlich Flöte, er
komponierte auch
passabel. 121 Flöten-
sonaten, vier Kon-
zerte, drei Sinfonien
und mehrere Opern-
arien sind erhalten.
Die Musikwissen-
schaftlerin Sabine
Henze-Döring zeigte,
dass Friedrich II. auch
die Entwicklungen
im Musikgeschehen
seiner Zeit genau ver-
folgte und entgegen
landläufiger Meinung
die komische Oper
und deutsche Sänge-
rinnen schätzte. Sogar
als Opernintendant
war er erfolgreich.

»Wenn ich dort sein werde, werde ich ohne Sorge sein. – Quand je serai là, je serai sans souci.« Und so nennt er das Schloss dann auch: Sanssouci.

KNOBELSDORFF MUSS nachgeben. Er arbeitet die Skizzen, wie von Friedrich gewünscht, aus und errichtet in nur zwei Jahren, von 1745 bis 1747, das Rokoko-Schlösschen, das aus dem Hauptbau und zwei äußerst schlicht gehaltenen Seitenflügeln besteht. Die Eingangshalle und der Marmorsaal mit der zentralen Kuppel teilen den Hauptbau in der Mitte. Im Westteil werden die vertrautesten Gäste untergebracht, Friedrich belegt den Ostteil mit der Bibliothek sowie Schlaf-, Arbeits-, Empfangs- und Konzertzimmer. Hier wird er künftig von Ende April bis Anfang Oktober in Friedenszeiten wohnen. Hier trifft sich seine »Tafelrunde« zum Gedankenaustausch, sein philosophischer Zirkel mit bedeutenden Geistesgrößen seiner Zeit, zu dem etwa der italienische Schriftsteller und Kunsthändler Graf Algarotti und der französische Denker und Schriftsteller Voltare gehören. Und hier finden abends intime Konzerte statt mit seinem Flötenlehrer Johann Joachim Quantz, seinem Kammermusikus Carl Philipp Emanuel Bach und Franz Benda, dem ersten Violinisten seiner Kapelle. Adolph Menzel hat es stimmungsvoll in seinem Gemälde «Das Flötenkonzert Friedrich II. in Sanssouci« 1852 dargestellt. So wie er es sich gewünscht hat, tritt er von seinen Zimmern direkt in den Garten hinaus und wandelt, begleitet von seinen geliebten Hunden, die Terrassenanlage hinab und durch den barocken Ziergarten. Den Garten erweitert er nach und nach durch einen Nutzgarten mit 3000 Obstbäumen und Treibhäusern, in denen exotische Früchte wie Melonen, Orangen, Pfirsiche und Bananen wachsen. 1764 lässt er dann noch östlich des Schlosses die Bildergalerie für seine Gemäldesammlung errichten und 1774 die Orangerie westlich des Schlosses in das Gästehaus Neue Kammern umbauen. Sanssouci ist zum geistigen und musischen Zentrum des Hofes geworden.

AM 17. AUGUST 1786 stirbt der »Alte Fritz«, unter Gicht und Rheuma leidend, im Sessel seines Arbeitszimmers im geliebten Schloss. Im letzten von ihm verfassten Testament von 1769 verfügte er: »Ich habe als Philosoph gelebt und will als solcher begraben werden, ohne Gepränge, ohne feierlichen Pomp. Ich will weder geöffnet noch einbalsamiert werden. Man bestatte mich in Sanssouci auf der Höhe der Terrassen in einer Gruft, die ich mir habe herrichten lassen.« Der Nachfolger, sein Neffe Friedrich Wilhelm II., ignoriert diesen Wunsch und ließ ihn in der Garnisonskirche in Potsdam neben dem Vater, Friedrich Wilhelm I., beisetzen. Erst nach einer Odyssee, die durch das Ende des Zweiten Weltkriegs ausgelöst wurde, ruhen seine sterblichen Überreste nun seit 1991 in der Gruft auf der oberen Schlossterrasse. ■

JOHANN SEBASTIAN BACH UND DAS MUSIKALISCHE OPFER Anfang Mai 1747 folgt Bach einer Einladung nach Sanssouci. Abends spielt ihm der König ein kompliziertes Thema vor und bittet ihn, es als dreistimmige Fuge auszuführen. Eine Herausforderung, die Bach gerne annimmt und mit Bravour aus dem Stegreif löst. Am nächsten Tag legt der König nach und bittet ihn, daraus eine sechsstimmige Fuge zu komponieren, eine äußerst knifflige Aufgabe. Zurück in Leipzig macht sich Bach ans Werk. Nach zwei Monaten liefert er dem König die Fuge in drei und sechs Stimmen, ergänzt durch Kanons und eine Triosonate, und widmet das Werk Friedrich II. als »Musikalisches Opfer«.

DIE OBERE TERRASSE von
Schloss Sanssouci mit dem
Grab Friedrichs II. Der Preußenkönig wollte nur im engsten
Kreis in Potsdam beerdigt
werden, ein Wunsch, der ihm
allerdings erst im August 1991
erfüllt wurde. Eine einfache
Steinplatte schmückt seine
letzte Ruhestätte.

# 63

## AUF DEN SPUREN DES GROSSEN REFORMATORS
## DIE WIRKSTÄTTEN MARTIN LUTHERS

Eisleben im Jahr 1483: Beim Ehepaar Hans und Margarete Luder kündigt sich Nachwuchs an. Am 10. November wird ein Junge geboren und am nächsten Tag in der St. Petri-Pauli-Kirche auf den Namen des Tagesheiligen Martin getauft ...

Keiner ahnte zu diesem Zeitpunkt, welch epochale und folgenreichen Umwälzungen dieser Junge in den kommenden Jahrzehnten auslösen würde ... Im Frühjahr nach Martins Geburt zog die Familie nach Mansfeld, wo der Bergbau boomte und Hans Luder es vom einfachen Hauer bis zum Hüttenmeister und zu einigem Wohlstand brachte. Seit 1490 besuchte Martin in Mansfeld die Stadtschule, 1497 wechselte er an die Domschule in Magdeburg, 1498 an die Georgenschule in Eisenach und wohnte dort bei der Familie Cotta, wo sich heute das Lutherhaus befindet. Zum 500-jährigen Reformationsjubiläum im Jahr 2017 wurde die dortige Ausstellung zu einem modernen Museum ausgebaut. Im Mittelpunkt stehen der Schüler, Pädagoge und Bibelübersetzer Luther sowie die Entwicklung des evangelischen Pfarrhauses in Deutschland.

ZUM STUDIUM zog es Luther – irgendwann hatte er sich entschlossen, seinen Namen mit »th« zu schreiben – 1501 nach Erfurt an die 1392 gegründete, drittälteste Universität Deutschlands. Mit seinen 20000 Einwohnern galt Erfurt seinerzeit als Großstadt. 1505 schloss Luther das philosophische Grundstudium mit dem Magister ab. Eigentlich wollte er nun ein Jurastudium absolvieren, doch bei einem schweren Gewitter am 2. Juli bei Stotternheim kurz vor Erfurt gelobte er – aus Dankbarkeit, überlebt zu haben – Mönch zu werden und setzte dies auch unverzüglich in die Tat um: Am 17. Juli trat er in das streng asketische Kloster der Augus-

tiner-Eremiten in Erfurt ein. Nach Noviziat und Mönchsgelübde wurde er 1507 zum Priester geweiht. Danach begann er das Studium der Theologie. Alljährlich erstrahlt der Domplatz im Glanz unzähliger Laternen, wenn die Erfurter am 10. November mit einem ökumenischen Martinsfest den Geburtstag ihres berühmten Studenten feiern. Das Evangelische Augustinerkloster zu Erfurt ist heute Veranstaltungszentrum und Herberge. Im ehemaligen Schlafsaal der Mönche befindet sich die Dauerausstellung »Bibel – Kloster – Luther« und die rekonstruierte Lutherzelle.

IM NOVEMBER 1510 begleitete Luther einen Mitbruder auf eine halbjährige Reise nach Rom. Kaum nach Erfurt zurückgekehrt, wurde Luther im Herbst 1511 von seinem Orden nach Wittenberg versetzt, wo er vor der Romreise bereits ein Jahr lang studiert hatte. Fortan lebte er im dortigen Augustinerkloster. 1512 erhielt er seinen Doktortitel und unterrichtete als Professor an der Universität zu Wittenberg, die zu Lebzeiten Luthers zur wichtigsten Universität Deutschlands aufsteigen sollte. 1514 wurde er Prediger an der Stadtkirche, in den Jahren 1515 bis 1518 beaufsichtigte er als Distriktvikar zehn Klöster seines Ordens. In diesen Jahren fand Luther im sogenannten »Turmerlebnis« zu seiner Rechtfertigungslehre.

AM 31. OKTOBER 1517 veröffentlichte er seine 95 Thesen zum Ablass und verschickte sie an Gelehrte und hohe Geistliche. Dieser Tag gilt als Gründungsdatum der evangelischen Kirche. Ob Luther nun

LUTHERS STUDIERSTUBE auf der Wartburg in Eisenach. An diesem Tisch übersetzte er die Bibel ins Deutsche.

IN KÜRZE

LAGE Sachsen-Anhalt (Eisleben, Wittenberg), Thüringen (Eisenach, Erfurt)

INFO
Luthergedenkstätten in Sachsen-Anhalt und Thüringen:
www.martinluther.de
www.luther-in-thueringen.com

Martin Luther Geburtshaus
Lutherstr. 15
06295 Lutherstadt Eisleben
Tel. 03491 4 20 31 71

Lutherhaus Wittenberg
Collegienstr. 54
06886 Lutherstadt Wittenberg
Tel. 03491 4 20 31 71

Lutherhaus Eisenach
Lutherplatz 8
99817 Eisenach
Tel. 03691 298 30
www.lutherhaus-eisenach.de

Luthers wichtigster Weggefährte, der 14 Jahre jüngere Philipp Melanchthon, lehrte ebenfalls an der Wittenberger Universität und wohnte in der Nähe Luthers. Das schöne Bürgerhaus im Renaissancestil würdigt heute in der Ausstellung »Ad fontes« (zurück zu den Quellen) den Humanisten und politisch geschickten Wegbereiter der Reformation. Im Mittelpunkt des Museums steht das Studier- und Sterbezimmer.

tatsächlich die Thesen zusätzlich an die Tür der Schlosskirche genagelt hat, ist umstritten. Ihr Echo war jedoch immens und sie verbreiteten sich in Windeseile im ganzen Land. Aus der Kritik am Ablasshandel entwickelte sich in den kommenden Jahren eine grundsätzliche Kritik an der Kirche.

DER KONFLIKT spitzte sich zu: 1518 musste sich Luther in einem Ketzerprozess vor Kardinal Cajetan am Rande des Augsburger Reichstags rechtfertigen. Im Sommer 1520 folgte die Bannandrohungsbulle von Papst Leo X., die Luther demonstrativ zusammen mit Kollegen und Studenten am 10. Dezember vor dem Elsterstor in Wittenberg verbrannte. Rom antwortete einen Monat später mit dem endgültigen Ausschluss Luthers aus der römischen Kirche. Auf dem Reichstag zu Worms im April 1521 widerrief Luther seine Lehren nicht und so wurde im Wormser Edikt die Reichsacht über Luther und seine Anhänger verhängt. Luthers Leben war gefährdet. Auf der Heimreise ließ ihn sein Landesherr, Kurfürst Friedrich der Weise, am 4. Mai in einem fingierten Überfall auf die Wartburg in Sicherheit bringen. Zehn Monate später kehrte Luther nach Wittenberg zurück, das bis zum Lebensende seine Hauptwirkungsstätte blieb.

NACH AUFHEBUNG des Klosters überließ der Kurfürst Luther das stattliche Gebäude in Wittenberg, das ihm fortan zusammen mit Katharina von Bora, die er am 13. Juni 1525 heiratete, als Wohnsitz diente. Die Familie Luther glich einem Unternehmen: mit zehn Angestellten, eigener Landwirtschaft und Kost und Logis für 10 bis 20 Studenten, geführt von seiner emsigen Frau Käthe, die zwischen 1526 und 1534 sechs Kinder zur Welt brachte. Sein Wohnhaus, das Lutherhaus, ist heute das größte reformationsgeschichtliche Museum der Welt.

LUTHER wurde in den 1540er-Jahren zunehmend von Krankheiten geplagt. Anfang 1546 reiste er noch einmal in seine Geburtsstadt. Er sollte dort Streitigkeiten des Grafen von Mansfeld schlichten. Am 18. Februar starb er mit 62 Jahren in Eisleben. Auch sein Sterbehaus ist heute der Öffentlichkeit zugänglich. Die Beisetzung erfolgte, begleitet von Tausenden von Anhängern, am 22. Februar in der Wittenberger Schlosskirche.

BEREITS 1693 richtete die Stadt Eisleben in Luthers Geburtshaus eine Gedenkstätte ein. Zu Beginn des neuen Jahrtausends wurde sie restauriert und erweitert und erzählt heute in der Ausstellung »Von daher bin ich – Martin Luther und Eisleben« von dem religiösen und wirtschaftlichen Umfeld, in das Luther hineingeboren wurde. Die Luthergedenkstätten in Eisleben und Wittenberg gehören seit 1996 zum UNESCO-Weltkulturerbe. ∎

IM SCHUTZ DER BURGEN In seinem geheimen Versteck auf der Wartburg mimt Luther, um nicht entdeckt zu werden, als Junker Jörg den Ritter, lässt sich das Haar und einen Bart wachsen und findet sich nur schwer mit der neuen Situation ab. Einsamkeit ist ihm noch nie gut bekommen. Um sich abzulenken, übersetzt er in nur wenigen Wochen das Neue Testament ins Deutsche. Noch heute erinnert die Lutherstube in der Wartburg an diese große Leistung und die Geburt der deutschen Schriftsprache. Noch ein zweites Mal zog sich Luther für eine Weile auf eine Burg zurück: Das Zimmer auf der Veste Coburg, in dem sich der Geächtete von Frühjahr bis Herbst 1530 in gebührendem Abstand vom Augsburger Reichstag aufhielt, kann ebenfalls besichtigt werden.

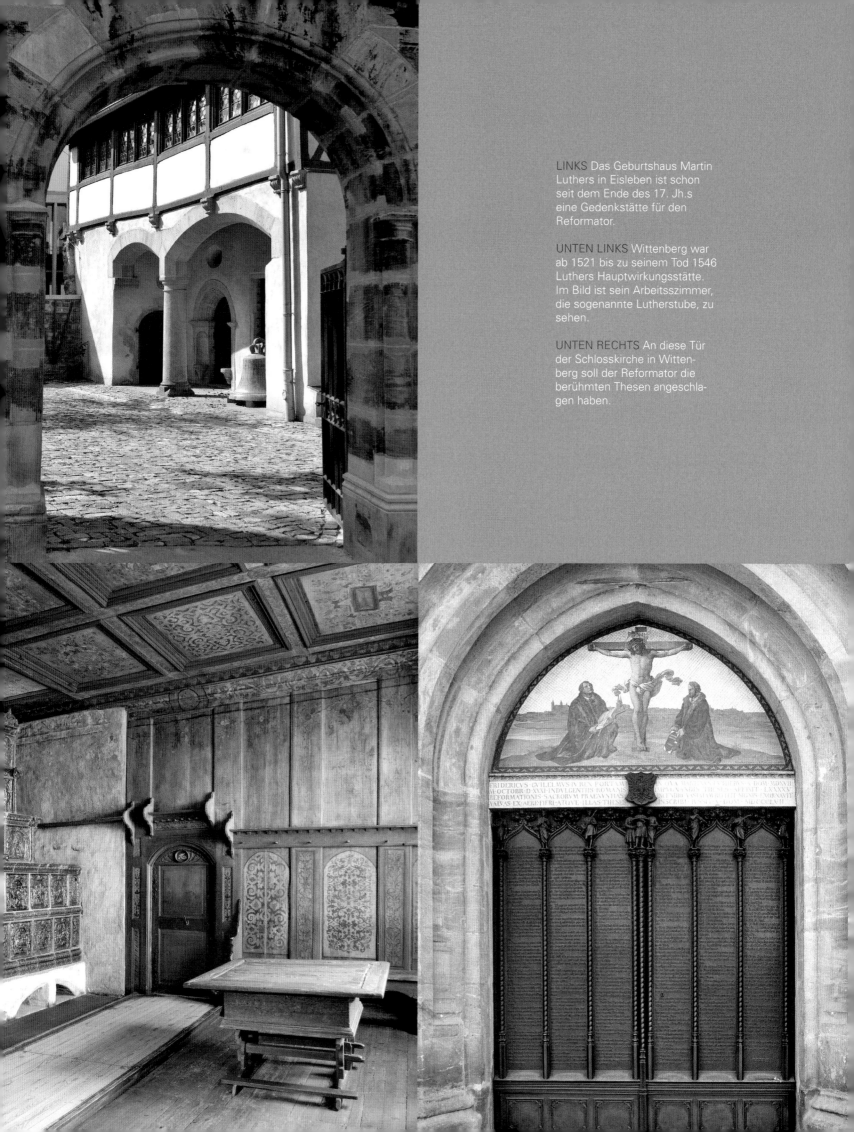

LINKS Das Geburtshaus Martin Luthers in Eisleben ist schon seit dem Ende des 17. Jh.s eine Gedenkstätte für den Reformator.

UNTEN LINKS Wittenberg war ab 1521 bis zu seinem Tod 1546 Luthers Hauptwirkungsstätte. Im Bild ist sein Arbeitszimmer, die sogenannte Lutherstube, zu sehen.

UNTEN RECHTS An diese Tür der Schlosskirche in Wittenberg soll der Reformator die berühmten Thesen angeschlagen haben.

# 64

## PARADIESISCHE OBERLAUSITZ
## DER MUSKAUER PARK DES FÜRSTEN PÜCKLER

Der »grüne Fürst« gehört sicher zu den schillerndsten Persönlichkeiten des 19. Jh.s . Er war nicht nur Abenteurer und Schriftsteller, sondern gestaltete auch einen der schönsten Landschaftsgärten Europas, wenn nicht der Welt.

### IN KÜRZE

#### LAGE
Sachsen (Oberlausitz bei Bad Muskau); in Sachsen liegt etwa ein Drittel des Parks, seit 1945 verläuft die deutsch-polnische Grenze durch den Park, sodass zwei Drittel östlich der Lausitzer Neiße liegen. Die Parkteile sind durch eine Brücke verbunden.

#### GRÖSSE 750 ha

#### BESONDERHEIT
Der Park ist eine der wenigen staatenübergreifenden UNESCO-Welterbestätten.

#### INFO Stiftung
»Fürst-Pückler-Park Bad Muskau« Tourismuszentrum Muskauer Park Neues Schloss 02953 Bad Muskau Tel. 035771 631 00 www.muskauer-park.de

Exzentriker, Lebemann, Kosmopolit sind Bezeichnungen, mit denen Hermann Fürst von Pückler-Muskau oft belegt wird. Er galt als wortgewandt und erwarb sich einen gewissen Ruf als Verfasser von Gesellschaftskritiken und Reisebüchern. Gleichzeitig erhob er die Landschaftsarchitektur zur Kunstform und wurde zum bedeutendsten deutschen Landschaftsgestalter seiner Zeit.

GEBOREN wird Pückler 1785 auf Schloss Muskau. Mit sieben Jahren steckt ihn der mürrische Vater zur pietistischen Erziehung in eine »herrenhutische Heuchelanstalt«, wie Pückler später schreiben sollte. Vier Jahre später wechselt er auf das für seine Reformpädagogik bekannte Philanthropium in Dessau. Ein Jurastudium in Leipzig bricht er ab, um von 1802 bis 1806 als Offizier im sächsischen Garde du Corps zu dienen. Es folgen Reisen nach Italien und in die Provence, bis 1811 sein Vater stirbt und er sein Erbe in Muskau antritt. Den Befreiungskrieg gegen Napoleon verbringt er als sächsischer Stabsoffizier, ist Verbindungsmann zum russischen Zaren und kurze Zeit Militärgouverneur von Brügge.

NACH DEM KRIEG fährt Pückler zum ersten Mal nach England und ist von den im Stil des Regency angelegten Landschaftsgärten begeistert. Die Parks gehen ihm nicht mehr aus dem Kopf. 1815 fängt er an, bei Schloss Muskau Äcker und Wälder aufzukaufen und einen für die damalige Zeit außergewöhnlichen Landschaftsgarten anzulegen, bei dem er jedoch einen völlig eigenen Stil entwickelt. Obwohl die Szenerien des Parks genau auf ihre Wirkung durchdacht sind, erscheinen sie völlig natürlich. Pückler nutzt geschickt die bestehende Landschaft des Muskauer Faltenbogens und die Auenlandschaft der Neiße. Er ergänzt sie durch zusätzlich angelegte Vorsprünge und Wasserläufe, entwässert Wiesen, leitet die Neiße um, versetzt ein ganzes Dorf und pflanzt im Laufe der Zeit 800 000 Bäume und 42 000

**GELDMANGEL**
DAS NEUE SCHLOSS
Das Neue Schloss sollte nach Plänen des Architekten Karl Friedrich Schinkel klassizistisch umgebaut werden, doch es fehlte das Geld. Den Stil der Neorenaissance verdankt es späteren Besitzern.

**FÜRST PÜCKLER, DER GESELLSCHAFTSKRITIKER** In Briefen an Lucie von Hardenberg berichtete Pückler von seinen Erlebnissen während der Englandreise von 1826 bis 1829. Darin sezierte er schonungslos und scharfsinnig Gesellschaft und Politik in England. Als sie unter dem Pseudonym »Briefe eines Verstorbenen« als Buch erschienen, wurden sie in Deutschland, Frankreich, England und den USA zum Bestseller. Unter dem Titel »Tutti Frutti« ließ er danach noch mehrere Bände mit pikanten Einblicken in das Gesellschaftsleben des deutschen Adels folgen.

Sträucher. Mit seinen vielen Gewässern und weiten Sichtachsen, der großräumigen und abwechslungsreichen Gestaltung gilt der Muskauer Park als Meisterwerk der Landschaftsarchitektur. Er dient weltweit als Vorbild für viele Parks. Doch die Muskauer Bürger schütteln nur den Kopf und zweifeln an Pücklers Verstand.

DA IHM SEIN VATER auch einiges an Schulden hinterließ, verfügt Pückler nie über wirklich großes Vermögen. Die Reste davon setzt er buchstäblich in den Oberlausitzer Sand. Um an Geld für sein Projekt zu kommen, heiratet er 1817 die neun Jahre ältere und bereits geschiedene Lucie von Hardenberg, die Tochter des preußischen Staatskanzlers Hardenberg. Sie ist von seinen Ideen fasziniert und unterstützt ihn leidenschaftlich. Es dauert nicht lange, dann ist auch ihr Vermögen aufgebraucht. 1826 willigt sie in die Scheidung ein, um für eine wohlhabende Nachfolgerin Platz zu machen, bleibt aber bis zu ihrem Tod seine Lebensgefährtin. Pückler macht sich auf »Brautschau«, er hofft, im gartenbesessenen England eine reiche Erbin zu finden. Nach drei Jahren kommt er ohne Erfolg zurück und die Arbeiten am Park müssen eingestellt werden. 1834 hält er es in der preußischen Provinz nicht mehr aus. In der Hoffnung, als Reiseschriftsteller reich zu werden, macht er sich auf eine ausgedehnte Nordafrika- und Orientreise, die schließlich sechs Jahre dauern wird. Seine Abenteuer füllen mehrere Bände, nur der finanzielle Erfolg bleibt aus.

WEGEN DER SCHULDEN muss Pückler 1845 Muskau verkaufen. Seine Karriere als Landschaftsarchitekt ist damit jedoch nicht beendet. Er arbeitet noch an der Gestaltung des Parks Babelsberg in Potsdam sowie an Parks in Neuhardenberg, Weimar und Paris mit. Der Verkauf ermöglicht ihm zudem ab 1846 den Park von Schloss Branitz, seinem letzten Wohnsitz, anzulegen. Dort wird er auch bestattet, nachdem sein Körper zuvor – wie von ihm gewünscht – in Säure aufgelöst wurde. ■

LINKS AUSSEN Neugotische Orangerie im Fürst-Pückler-Park

LINKS Das Neue Schloss im zwischen 1815 und 1845 angelegten Fürst-Pückler-Park

RECHTS Eine der zahlreichen Fußgängerbrücken im Park

# 65

## AUF DEN SPUREN DER WETTINER
## SACHSENS HERRSCHERFAMILIE

Sie haben Burgen und Schlösser gebaut, standen früh aufseiten der Reformation, wurden aber auch wieder – heimlich – katholisch, wenn es dem Erhalt und der Erweiterung der Macht diente. Dem Silber verdanken sie ihren Aufstieg.

Namensgeberin der Dynastie von Markgrafen, Kurfürsten und Königen Sachsens ist die Burg Wettin bei Halle. Der eigentliche Beginn der Dynastie wird auf 1089 datiert, als der römisch-deutsche Kaiser Heinrich IV. den Grafen Heinrich I. von Eilenburg mit der Mark Meißen belehnte. Heinrich I. durfte sich nun Markgraf nennen und die Reichsburg Meißen, die Albrechtsburg, wurde neue Stammburg der Wettiner. Das spätgotische Schloss beherbergt heute ein Museum.

IM JAHR 1168 kam es zu einer folgenschweren Entdeckung. In der Nähe des heutigen Freiberg stieß man auf Silber, das dank der Zehntenregelung über viele Jahrhunderte den Reichtum der Dynastie begründete. Kein Wunder, dass der damalige Markgraf den Namen Otto der Reiche (1156–1190) trug. In einem Lehr- und Schaubergwerk erfahren heutige Besucher alles über die lange Tradition und die Verfahren der Silbergewinnung.

OFT STERBEN HERRSCHER so früh, dass ihre Nachfolger noch in den Kinderschuhen stecken – so trat Heinrich der Erlauchte (1221–1288) als sechsjähriger Junge die Nachfolge an, allerdings unter Vormundschaft. Als 15-Jähriger wurde er für mündig erklärt. Heinrich der Erlauchte war der erste, der sich Dresden als Residenz wählte. Die Dynastie gewann immer mehr an Einfluss und so erlangte Friedrich der Streitbare (1381–1428) die Kurwürde, den höchsten Rang unter den Reichsfürsten. Er war nun einer von sieben Kurfürsten, die den römisch-deutschen König wählten. Friedrich der Streitbare gründete 1409 die Universität Leipzig.

ENDE DES 15. JAHRHUNDERTS wurde der Herrschaftsbereich auf zwei Hauptlinien verteilt, die ernestinische Linie, benannt nach Ernst (1461–1486) und die albertinische Linie, abgeleitet von Albrecht dem Beherzten (1464–1500), dem jüngeren Bruder von Ernst. Die Kurwürde blieb zunächst bei der ernestinischen Linie. Der Name Sachsen für den Herrschaftsbereich stammt aus dieser Zeit. Durch einen geschickten Winkelzug gelang es Moritz (1541–1553) aus dem albertinischen Zweig, sich in den Glaubenskriegen auf die Seite des katholischen Kaisers gegen seine protestantischen Verwandten zu stellen. Die protestantische Allianz erlitt eine Niederlage, die Kurwürde fiel nun der albertinischen Linie zu, außerdem konnte Moritz seinen Herrschaftsbereich vergrößern. Alle Kurfürsten und späteren Könige entstammen seither dieser Linie. Sachsen blieb allerdings protestantisch.

DAS BAROCKZEITALTER brachte mit August I., im Volksmund auch ›August der Starke‹ genannt, einen neuen Höhepunkt. Während seiner Herrschaft wurde Dresden ausgebaut. Er war der Bauherr des Zwingers, des Taschenbergpalais und von Schloss Moritzburg sowie Großsedlitz. Legendär sind seine zahlreichen Mätressen, auch wenn es de facto »nur« acht waren, mit denen er gleichwohl acht außereheliche Kinder zeugte. August I. strebte nach höheren Weihen. Er wollte König

AN DER WAND des zum Stallhof gehörenden langen Ganges in Dresdens Augustusstraße spaziert man an dem monumentalen Fürstenzug entlang, auf dem 35 Herrscher in einer Art Triumphzug in historischer Kleidung und Montur gezeigt werden.

IN KÜRZE

LAGE Sachsen

INFO
Dresden:
Staatliche Schlösser,
Burgen und Gärten
in Sachsen
Stauffenbergallee 2a
01099 Dresden
Tel. 0351 5 63 91 10 01
www.schloesserland-
sachsen.de

Meißen:
Staatliche Schlösser,
Burgen und Gärten
in Sachsen
Domplatz 1
01662 Meißen
Tel. 03521 470 70
www.schloesserland-
sachsen.de

Freiberg:
Stadt- und
Bergbaumuseum
Am Dom 1
09599 Freiberg
Tel. 03731 20 25
www.museum-
freiberg.de

In der über 800-jährigen Geschichte der Wettiner gibt es auch dunkle Flecken. Schon der Name Albrecht II., der Entartete (1265–1307), verrät, dass es sich um das schwarze Schaf der Familie handelt. Ihm werden wilde Ehen nachgesagt, Verschwendungssucht und seelische Rohheit. Gift tötete Albrecht den Stolzen (1190–1195), Christian I. (1586–1591) starb an den Folgen der Alkoholsucht und kaltes Bier erwies sich für seinen übergewichtigen Sohn Christian II. (1591–1611) als fatal.

von Polen werden. Er musste reichlich Bestechungsgeld an den polnischen Adel zahlen und zum Katholizismus konvertieren, was im protestantischen Sachsen nur heimlich geschehen konnte. 1697 wurde er in Krakau zum König von Polen gekrönt. Sein Nachfolger Friedrich August II. war an den Regierungsgeschäften wenig interessiert (dafür war sein Berater Heinrich Graf von Brühl zuständig). Zwischen 1739 und 1751 ließ er die Hofkirche errichten, die als Kuriosum einen zweistöckigen Prozessionsumgang erhielt – eine Fronleichnamsprozession im Freien wäre im protestantischen Dresden auch unmöglich gewesen. Friedrich August II. tat sich als Sammler hervor: So erwarb er das wohl berühmteste Gemälde Dresdens, die »Sixtinische Madonna« von Raffael, heute ein Glanzstück in der Gemäldegalerie Alter Meister.

SEIN SOHN FRIEDRICH CHRISTIAN starb nach nur 74 Tagen im Amt 1763. Dessen Sohn Friedrich August III. trat die Nachfolge an und sollte 59 Jahre herrschen – die längste Regentschaft aller Wettiner. Sachsen war 1806 dem Rheinbund, der militärischen Allianz deutscher Staaten mit Frankreich, beigetreten. Von Napoleons Gnaden wurde Friedrich August III. zum König Friedrich August I. befördert und Sachsen damit Königreich. Nachdem die Alliierten Frankreichs in der Völkerschlacht bei Leipzig von den Verbündeten Preu-

ßen, Österreich, Russland und Schweden vernichtend geschlagen wurden, verlor Sachsen zwei Drittel seines Territoriums und etwa ein Drittel seiner Bevölkerung. In die Regentschaft seines Sohnes Friedrich August II. (1836–1854) fiel der Bau der Semperoper – benannt nach dem Baumeister Gottfried Semper, heute eines der ersten Opernhäuser Europas. Richard Wagner war ab 1843 zum Hofkapellmeister bestellt worden. Wagner und Semper sympathisierten mit der damals aufkeimenden Demokratiebewegung. Während des Dresdner Maiaufstands 1849 ließ der sächsische König Soldaten auf die Demonstranten schießen – es gab viele Tote. Semper und Wagner mussten fliehen.

1854 TRAT EIN SCHÖNGEIST die Nachfolge an, König Johann, der unter dem Namen Philalethes eine Übersetzung von Dantes »Divina Commedia« herausbrachte. 1830 kam Schloss Weesenstein im Müglitztal südlich von Dresden, eines der schönsten Schlösser Sachsens, in den Besitz der Wettiner, das Johann auch zeitweilig als Residenz nutzte – heute ist es Museum und kultureller Veranstaltungsort. Der letzte König Friedrich August III. legte 1918 die Krone nieder – seine Nachkommen tragen seither wieder den Titel Markgrafen von Meißen. Über 800 Jahre Regentschaft waren zu Ende – doch deren Spuren sind bis heute unübersehbar. ∎

FÜRSTENZUG IN DRESDEN Aus 24 000 fugenlos in Zementmörtel zusammengesetzten Fliesen aus Meißner Porzellan, die bei 1380 °C gebrannt wurden, setzt sich die 1907 fertiggestellte, etwa 100 m lange monumentale Bildfolge der Wettiner Fürsten zusammen. Das Konzept für diese Hommage an die sächsischen Regenten zwischen 1123 und 1904 stammt von Wilhelm Walther (1826–1913). Soweit es die Quellenlage ermöglichte, bemühte man sich um Porträtähnlichkeit und historische Genauigkeit bei Kleidung, Rüstung und Waffen. Dies trifft erstmals für Friedrich den Streitbaren (1381–1428) zu – der Reiter im Bild links –, mit dem die Wettiner die Kurwürde erlangten. Den Schluss des Zugs bilden Vertreter aus Kunst und Wissenschaft, Handwerk, Bergbau und Bauernschaft. Wilhelm Walther hat sich selbst als letzte Figur dargestellt, die nicht eigentlich mitmarschiert, sondern den Betrachter anblickt.

## DAS WEISSE GOLD
### BÖTTGER UND DIE ALCHIMIE

Der Apothekerlehrling Johann Friedrich Böttger (1682–1719) verwandelte angeblich Silber in Gold, die Kunde verbreitete sich rasch und weckte Begehrlichkeiten. Der sächsische Kurfürst August der Starke konnte schließlich Böttger gefangen nehmen und hoffte nun, dass er die leeren Staatskassen wieder auffüllen würde. Gold hat Böttger in der Meißner Albrechtsburg keines hergestellt, stieß aber bei seinen Versuchen auf das Porzellan.

OBEN RECHTS Die erste europäische Porzellanmanufaktur wurde 1710 durch August den Starken in der Meißener Albrechtsburg eröffnet. Friedrich Böttger – den August der Starke gefangen hielt und erst 1714 aus der Gefangenschaft entließ – wurde der erste Administrator.

OBEN LINKS Die detailreiche Rokokokanzel der katholischen Hofkirche gestaltete 1722 der Bildhauer Baltasar Permoser.

OBEN Das von August dem Starken als Lust - und Jagdschloss erbaute Schloss Moritzburg beherbergt eine der größten Jagdtrophäensammlungen Europas.

LINKS August der Starke kam 1706 in den Besitz von Schloss Pillnitz bei Dresden und schenkte es seiner Mätresse Gräfin von Cosel. 1718 entzog er ihr das Schloss allerdings wieder, nachdem sie in Ungnade gefallen war. Ab 1720 ließ er es im barockem Stil umgestalten.

GVILELMVS II FRIDERICI III FILIVS GVILELMI MAGNI NEPOS
ANNO REGNI XV IN MEMORIAM ET HONOREM PARENTVM
CASTELLVM LIMITIS ROMANI SAALABVRGENSE RESTITVIT

IMPERATORI
ROMANORVM

# 66

## RÖMISCH-GERMANISCHES LEBEN
## AUF DER DEUTSCHEN LIMESSTRASSE

Zimperlich durfte man nicht sein. Oder gar unter Platzangst leiden. Acht Commilitones teilten sich den engen Raum, ausgefüllt mit 60 cm breiten und nur 1,60 m langen Betten. Als Zudecke dienten Strohsäcke ...

N ein, hier handelt es sich nicht um ein neues studentisches Wohnmodell in Zeiten mangelnden Wohnraums. Die Commilitones sind Soldaten im Dienste Roms. Stationiert in einem der vielen Kleinkastelle entlang des Limes, der die römische Provinz Obergermanien von den freien Germanen trennt. Um den Komfort noch zu steigern, befand sich in dem Schlafraum außerdem eine Feuerstelle, auf der man gemeinsam Mahlzeiten zubereitete.

DIESES ANSCHAULICHE BEISPIEL antiken Kasernenlebens findet man auf rheinland-pfälzischem Boden im »Limeskastell Pohl« bei Holzhausen. 2011 eröffnet, zählt es bereits zu den etablierten Projekten der 2005 zum UNESCO-Welterbe erhobenen »Deutschen Limes-Straße«. Nur von der Chinesischen Mauer getoppt, erstreckt sich die zweitlängste Befestigungsanlage der Welt auf 550 km von Rheinbrohl am Rhein bis Kehlheim an der Donau. Über 900 Wachtürme, 100 größere Kastelle und zahlreiche Kleinkastelle säumten ihren Weg.

ÜBER ANDERTHALB Jahrhunderte erstrecken sich die Auseinandersetzungen der Supermacht Rom mit den germanischen Nachbarn. Ihre größte Niederlage erfährt sie 9 n. Chr. in der Schlacht im Teutoburger Wald, die alle Pläne einer Erweiterung des Reichs Richtung Osten zunichte macht. Waren damit Rhein und Donau – der ›nasse Limes‹ – endgültig als Grenze des römischen Reichs definiert? Nicht ganz.

KAISER DOMITIAN gelingt es in den 80er-Jahren des ersten Jahrhunderts, die Chatten im heutigen Hessen zu besiegen und somit über die Rheingrenze hinaus etwas Land für das Reich zu gewinnen. Und so das Trauma von der verlorenen Schlacht im Teutoburger Wald ein Stück weit zu kompensieren. Zwei neue Provinzen werden ausgerufen: Nieder- und Obergermanien. Münzen kommen in Umlauf mit der Prägung »Germania caput«, Germanien ist besiegt. Was natürlich mehr als übertrieben war. Unter seinem Nachfolger, Kaiser Trajan, beginnt der Aufbau einer Grenzbefestigung zwischen Rhein und Donau, die – nach weiteren Gebietsgewinnen – bis ins Jahr 260 Bestand haben sollte.

WER AUF DER Limesstraße von Norden her startet, erreicht kurz vor Holzhausen den Limespark Pohl – die Rekonstruktion eines für die Frühzeit des Limesbaus typischen Kleinkastells. Zurückversetzt in das 2. Jh. n. Chr., steht man vor einem archaisch anmutenden 2,80 m hohen Erdwall, der einen rechteckigen Platz umgibt. Gekrönt wird der Wall von einer umlaufenden Brüstung. Von diesem Wehrgang führt eine Brücke auf den vorgelagerten 14 m hohen Wachturm, der einen weiten Blick über die ganze Anlage gewährt. Im Innern des Erdwalls sieht man drei u-förmig angelegte Kasernen – auch diese, wie der Turm, aus Holz gebaut.

80 SOLDATEN waren im Pohler Kastell kaserniert – keine Römer, sondern Hilfssoldaten aus den eroberten Gebieten des Römischen Reichs. »Selbst ist der Mann«

DIE LATEINISCHE INSCHRIFT am Eingang besagt, dass die Rekonstruktion des Römerkastells Saalburg im Taunus, Hessen, unter Wilhelm II. veranlasst wurde.

IN KÜRZE

LAGE
Rheinland-Pfalz, Hessen, Baden-Württemberg, Bayern

LÄNGE
410 km (des Teilabschnitts)

BESONDERHEIT
Längste Grenzbefestigung der Welt nach der Chinesischen Mauer

INFO Verein Deutsche Limesstraße e. V.
St.-Johann-Straße 5
73430 Aalen
Tel. 07361 52 82 87 23
www.limesstrasse.de

1965 stieß man bei Ausgrabungen in den Ruinen des Römerkastells Echzell auf Tausende von Bruchstücken bemalten Putzes in den Resten eines antiken Hauptmannquartiers. Zusammengefügt ergaben die Puzzleteile Szenen der griechisch-römischen Mythologie, die in der Saalburg zu sehen ist. Dort rekonstruierte man auch das standesgemäße Speisezimmer eines Kommandanten, wie es damals wohl ausgesehen haben mag.

war die Devise: Neben ihrer eigentlichen Hauptaufgabe, der Kontrolle des nahegelegenen Limesdurchgangs, nahmen sie auch viele andere Aufgaben wahr. Sie waren Polizisten und Zöllner, Straßen- und Wegebauer und Konstrukteure von Kastellen und Grenzbefestigungen. Auch das Baumaterial schafften sie selbst herbei. Teilweise unterhielten Kastelle sogar eigene Ziegeleien und Steinbrüche. Nach getaner Arbeit wartete kein gedeckter Tisch auf die Männer. Jetzt standen noch Mahlen des Getreides, Backen und Kochen auf dem Programm. Für ihren Dienst an der Grenze bezogen die Soldaten Sold, mit dem sie aber Ausrüstung und Verpflegung selbst bezahlen mussten. Nach 25 Dienstjahren lockten schließlich der verdiente Ruhestand, das römische Bürgerrecht und das Recht zu heiraten – sofern man diesen Tag überhaupt erlebte. Für Ausgleich sorgten Badehäuser und Gaststätten im *vicus*, einer dem Kastell vorgelagerten zivilen Lagersiedlung, in der auch Handwerker und Angehörige der Soldaten lebten. Im Hinterland befanden sich zahlreiche Gutshöfe, *villae rusticae*, größere Dörfer erhielten das Marktrecht. So war ein Kastell mit seiner Nachfrage nach Dienstleistungen und Lebensmitteln immer auch ein bedeutender Wirtschaftsfaktor in der Region.

EIN KASTELL ungleich größeren Kalibers erwartet den Limesreisenden auf hessischem Boden: die Saalburg bei Bad Homburg. Unter Wilhelm II. rekonstruiert und von 2003 bis 2009 erweitert und zu einem Archäologiepark ausgebaut, beherbergte die Anlage in Steinbauweise einst 600 Reiter und Fußsoldaten. Innerhalb der Kastellmauern zeugen die großzügigen Maße des wiederaufgebauten Stabsgebäudes (*principia*) und des Kommandantenwohnhauses (*praetorium*) von der Macht, die hier konzentriert war. Des Weiteren finden sich hier Nachbauten von Getreidespeicher (*horreum*), Werkstattgebäude (*fabrica*) und beispielhaft zwei Soldatenunterkünften (*centuriae*). Alle größeren Kastelle waren ähnlich aufgebaut.

»LIMES« bezeichnete ursprünglich einen Heerweg, für den man Schneisen in den Wald geschlagen hatte und der von Türmen aus bewacht wurde. Verstärkt wurde der Limes durch einen Palisadenzaun. Dafür wurden zwei bis drei Meter lange Eichenstämme einmal längs gespalten, oben zugespitzt und in den Boden gerammt. Daneben erschwerten Gräben und Wälle ein Überschreiten der Grenze.

UM 150 LIESS Kaiser Antonius Pius die Holztürme durch Steintürme ersetzen. Auch Kastelle wurden nun meist in Stein ausgeführt. Im heutigen Süddeutschland, das bereits anderthalb Jahrhunderte zuvor erobert und zur Provinz Rätien ausgerufen worden war, verschob sich die Grenze immer mehr nach Norden. Schnurgerade zieht sie sich über weite Strecken durch die Landschaft, ohne Rücksicht auf die topografischen Gegebenheiten!

ZU EINER 160 KM LANGEN und zwei bis drei Meter hohen Bruchsteinmauer wurde

RÖMISCHE BAUKUNST – RESTE EINER FUSSBODENHEIZUNG Ausgrabungen in Saalburg bei Bad Homburg haben die Grundmauern eines alten Römerkastells freigelegt. Das Klima in den nördlichen Teilen des Römischen Reichs war deutlich kühler, weshalb die Gebäude auch über eine Heizung verfügen mussten. Wie raffiniert die Bauwerke damals bereits ausgestattet waren, zeigen die Reste einer Fussbodenheizung, eines Kanalsystems unter der Bodenabdeckung, in dem offenbar heißes Wasser für angenehme Raumtemperaturen sorgte.

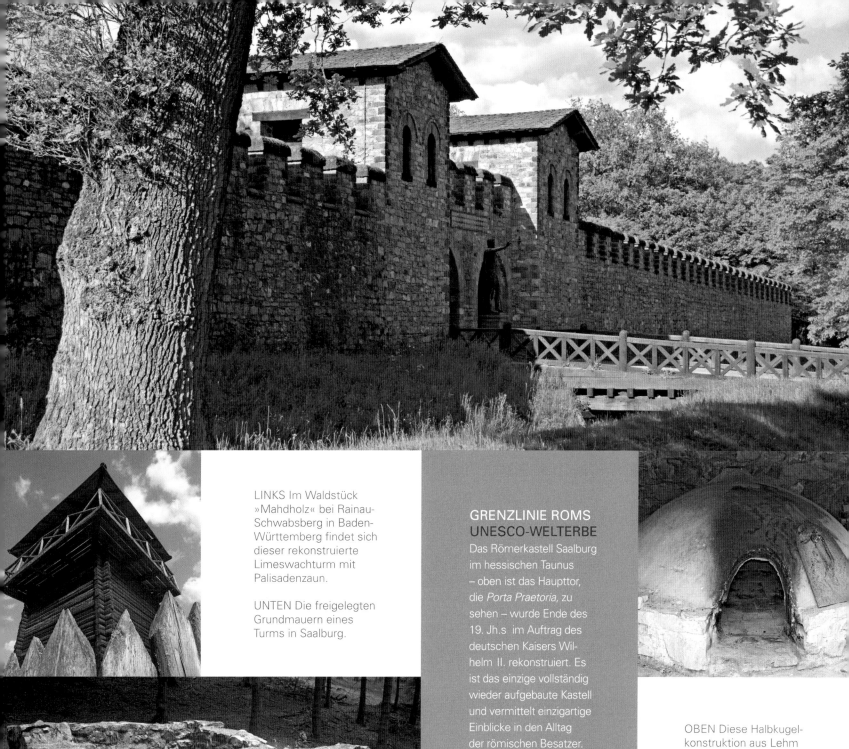

LINKS Im Waldstück »Mahdholz« bei Rainau-Schwabsberg in Baden-Württemberg findet sich dieser rekonstruierte Limeswachturm mit Palisadenzaun.

UNTEN Die freigelegten Grundmauern eines Turms in Saalburg.

RECHTS Das Römerkastell Saalburg bei Bad Homburg wurde als archäologischer Park ausgebaut. Im angeschlossenen Museum ist dieser gut erhaltene römische Lederschuh zu sehen.

### GRENZLINIE ROMS
#### UNESCO-WELTERBE

Das Römerkastell Saalburg im hessischen Taunus – oben ist das Haupttor, die *Porta Praetoria*, zu sehen – wurde Ende des 19. Jh.s im Auftrag des deutschen Kaisers Wilhelm II. rekonstruiert. Es ist das einzige vollständig wieder aufgebaute Kastell und vermittelt einzigartige Einblicke in den Alltag der römischen Besatzer. Wie hoch das technische Niveau der Römer war, belegt auch die schnurgerade Strecke zwischen Miltenberg (Hessen) und Lorsch (Baden-Württemberg) – wie die römischen Bauleute diese nahezu perfekte Gerade auf diesem langen Abschnitt geschafft haben, ohne über entsprechende Messinstrumente zu verfügen, ist bis heute ein Rätsel geblieben. Der obergermanisch-raetische Limes zählt seit 2005 als Teil des Welterbes „Grenzen des Römischen Reiches" zum UNESCO-Weltkulturerbe.

OBEN Diese Halbkugelkonstruktion aus Lehm diente als Brotbackofen – zu sehen in Saalburg.

UNTEN Rekonstruktion eines Palisadenzauns im Rotenbachtal bei Schwäbisch-Gmünd, Baden-Württemberg.

RÖMISCHES BUFFET
Im Saalburgmuseum kann man unter anderem die römische Esskultur genussreich für sich entdecken (www.saalburg museum.de).

Nach einer niederbayerischen Sage versprach Christus dem Teufel ein eigenes Herrschaftsgebiet. Es sollte den Raum umfassen, den der Teufel in einer Nacht mit einer Steinmauer umbauen konnte. Unter den Händen des gierigen Teufels wurde die Mauer immer länger und länger. Doch beim Hahnenschrei war sie noch nicht geschlossen und somit das eigene Reich hinfällig. Wutentbrannt zertrümmerte der Teufel die Mauer und zog von dannen.

der rätische Limes unter Kaiser Commodus (180–192) ausgebaut. Ein gewaltiges Bauwerk, das nachfolgenden Generationen unheimlich war und im Volksmund ›Teufelsmauer‹ genannt wurde.

EINE 1000 MANN starke Reitertruppe – die größte nördlich der Alpen zu Limeszeiten – ließ Antonius Pius ins heutige Aalen in Baden-Württemberg verlegen. Vom Reiterkastell selbst sieht man heute nur noch die Grundmauern des Stabsgebäudes sowie die Teilrekonstruktion einer Reiterbaracke. Zwei bis drei Kavalleristen teilten sich eine Unterkunft, die aus einem Wohnraum und einer Schlafstelle bestand. Gleich nebenan war der Pferdestall. Jeder Soldat hatte zwei Pferde, die damals nicht größer als ein größeres Pony waren.

GUT ANDERTHALB Jahrhunderte schützt der Limes vor feindlichen Übergriffen. Das 2. Jh. ist eine Zeit des Friedens und blühenden Wirtschaftslebens. Doch gegen Ende des Jahrhunderts kriselt es im Römischen Reich und auch das reale Klima verschlechtert sich: Es wird kälter und die Ernteerträge sinken. In Rätien

wird die Bevölkerung zudem durch eine Pestepidemie drastisch dezimiert. Überfälle aus dem freien Germanien mehren sich. Die Verteidigung gestaltet sich immer schwieriger. Als ein Hobbygärtner 1979 beim Graben auf einen bedeutenden Schatz stieß, war dies der Auslöser für den Bau eines neuen Römermuseums, das heute unter dem Namen Limes-Informationszentrum Weißenburg den bayerischen Teil des Limes repräsentiert. Hier kann auch eine der größten Thermenanlagen Süddeutschlands und das imposante Nordtor des Kastells, das 1989/90 rekonstruiert wurde, besichtigt werden.

SPÄTESTENS 260 müssen die Römer den obergermanisch-rätischen Limes aufgeben. Alemannen überschreiten den Limes, um dauerhaft den Südwesten Germaniens zu besetzen Der »Triumphbogen« bei Dalkingen fällt den Flammen zum Opfer. Zurück bleiben die zerstörten militärischen Bauten, die nachfolgenden Bauherren als Steinlager dienen. Noch heute findet man in so mancher mittelalterlichen Kirche antike Steine verbaut und mit etwas Glück entdeckt der Limesreisende sogar eine römische Inschrift. ■

BEDEUTENDSTER SCHATZFUND Doch wohin mit den kostbaren Besitztümern, wenn ein germanischer Beutezug droht? Man vergräbt ihn. So auch in Weißenburg, am östlichen Rand des Limes. 1979 stößt ein Hobbygärtner beim Anlegen eines Spargelbeets auf einen außerordentlichen Schatz: Über 150 Gegenstände aus Bronze, Silber und Eisen wurden einst in der Nähe der ehemaligen Thermenanlage des Reiterkastells Biriciana im Boden versteckt. Was die flüchtenden Kastellbewohner zurücklassen mussten, ist heute der größte römische Schatzfund Deutschlands: neben Werkzeug und wertvollen Alltagsgegenständen auch sehr kunstvoll gearbeitete Bronzestatuetten römischer Götter, silberne Votivtafeln und Parademasken. Man nimmt an, dass der Schatz zum Inventar eines oder mehrerer Heiligtümer gehörte.

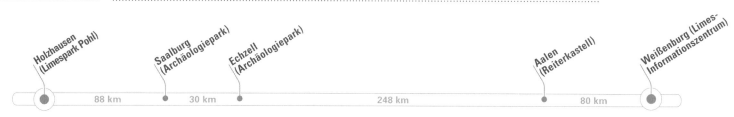

Holzhausen (Limespark Pohl) — 88 km — Saalburg (Archäologiepark) — 30 km — Echzell (Archäologiepark) — 248 km — Aalen (Reiterkastell) — 80 km — Weißenburg (Limes-Informationszentrum)

OBEN Rekonstruierte Steinschleuder im Limes-museum Aalen.

UNTEN Im Freilicht-bereich des Aalener Limesmuseums befindet sich dieses römische Relief, das drei Fluss-nymphen darstellt.

## LIMESERLEBNIS RÖMERTAGE IN AALEN

Unter dem Motto »Spaß mit römischer Geschichte« vermittelt das auf dem Kastellareal von Aalen gelegene größte Römermuseum Süddeutschlands anschaulich, wie es sich damals an der Limes-grenze lebte. Alle zwei Jahre, zu den Römertagen, verwandelt sich der Archäologiepark in einen römischen Grenzort mit Marktständen, Tavernen, Handwerkern und Schauvorführungen römischer Reitersoldaten. Auch Fußsoldaten und freie Germanen tummeln sich im antiken Ambiente.

# 67

BAYERN

Zwiesel ■
Mauth ■ Drei-
Waldkirchen ■ sessel-
Passau ■ berg

MÜNCHEN ■

## KUNST IM WALD
## AUF DER GLASSTRASSE DURCH OSTBAYERN

Viel geändert hat sich das Handwerk seit dem Mittelalter nicht: Wie seit Jahrhunderten formen die Glasbläser die glühende Schmelze zu kunstvollen Glasobjekten. Dabei zusehen kann man ihnen auf einer Fahrt durch den Bayerischen Wald.

Leuchtendes Rot und tiefdunkles Blau, metallisches Schimmern und funkelnder Schliff – in fantastischen Farben und Formen präsentieren sich im Passauer Glasmuseum die edlen Erzeugnisse einer uralten Handwerkskunst. Die Sammlung residiert mitten in der barocken Altstadt, die auf einer schmalen Landzunge zwischen Donau und Inn gelegen ist. Baumeister aus Italien gestalteten sie im 17. Jh. mit südlicher Leichtigkeit, die Stadt selbst ist aber weitaus älter. Hier, wo Inn und Ilz in die Donau münden, siedelten vor über 2000 Jahren Kelten auf dem Altstadthügel. Später übernahmen die Römer den Donauhaufen und bewachten im Kastell Batava den Limes. Danach kamen die Bajuwaren, seitdem schreibt Passau quasi bayerische Geschichte. Ein Spaziergang in der Altstadt führt durch steile Gassen zum Dom St. Stephan, dessen riesiger Innenraum zum Klang der größten Domorgel der Welt mit Fresken und Stuck barock erstrahlt. Gleich daneben künden am Residenzplatz Patrizierhäuser und die Neue Bischöfliche Residenz von Passaus Bedeutung als Handels- und Kirchenstadt. Am Donaukai entert man schließlich eines der bereitliegenden Ausflugsschiffe, denn den besten Blick auf die bezaubernd italienisch anmutenden Fassaden der Altstadt hat man vom Wasser. Auf dem Strom schippert man zum Dreiflüsseeck und blickt hinauf zur Wallfahrtskirche Mariahilf sowie zur Veste Oberhaus hoch über dem Ufer.

EINEN WEITEN BLICK genießt man auch auf der Hochstraße von Passau nach Tittling, wo das Museumsdorf Bayerischer Wald einen Eindruck vom einst harten Leben in der Region vermittelt. 150 restaurierte Höfe, Mühlen und Sägen, bunte Bauerngärten und alte Haustierrassen sind hier versammelt. Wer nun der alten Handelsroute zwischen Passau und Böhmen weiter folgt, erreicht östlich von Tittling den Kurort Waldkirchen, einst eine wichtige Station am Goldenen Steig. Das Gold, das hier durch den Wald und über die Berge transportiert wurde, strahlte weiß: Salz aus den Alpen war die heiß begehrte Ware im benachbarten Böhmen. Der Geschichte des berühmten Handelsweges widmet sich in Waldkirchen ein informatives Museum.

DURCH WALD, Wiesen und Felder gelangt man nach Haidmühle am 1333 m hohen Dreisesselberg. Er heißt nach bizarren Felsformationen unterhalb des Gipfels, die drei Türmen aus übereinandergestapelten Sitzkissen gleichen. Mit Blick auf Böhmen, Bayern und Österreich sollen einer Sage zufolge einst die Herrscher der drei Länder über die Grenzen ihrer Reiche verhandelt haben. Vom nahen Philippsreut führte der Weg des ›weißen Goldes‹ nach Böhmen, dem Weg des Glases folgt man von dem hübschen Urlaubsort an der Grenze zu Tschechien Richtung Norden entlang der wildromantischen Naturlandschaft des Nationalparks Bayerischer Wald. In Mauth sagt man kurz den Fischottern in ihrem Haus Grüß Gott, bevor man in Sankt-Oswald-Riedlhütte den gläsernen Maibaum bestaunt. Seit über 500 Jahren wird in der Gemeinde Glas produziert und in den Hütten kann man noch heute den Glas-

PASSAU in Niederbayern – im Bild ist eine der schmalen Gassen zum Dom zu sehen – bildet im Süden den Einstieg in die Glasstraße, die mehrere Abzweigungen zulässt und im Norden bis nach Waldsassen in der Oberpfalz führt.

IN KÜRZE

LAGE Bayern, Niederbayern

LÄNGE der Teilstrecke 150 km

START Passau (312 m)

ZIEL Zwiesel (585 m)

INFO Tourismusverband Ostbayern e. V.
Im Gewerbepark D 04
93059 Regensburg
Tel. 0941 58 53 90
www.die-glasstrasse.de

Museum Goldener Steig
Büchl 22
94065 Waldkirchen
Tel. 08581 92 05 51
www.waldkirchen.de

Glasmuseum Frauenau
Am Museumspark 1
94258 Frauenau
Tel. 09926 94 10 20
www.glasmuseum-frauenau.de

Zwischen Donau und Moldau waren jahrhundertelang der Goldene Steig ab Passau und der Böhmweg ab Deggendorf stark frequentierte Handelswege. Nach Böhmen brachten die Säumer auf Pferden und in Kraxen Salz und Waren aus dem Süden, zurück gelangten von dort Getreide und andere Lebensmittel. Die ab dem Mittelalter bedeutenden Routen kann man heute auf gut markierten Wegen in verschiedenen Etappen nachwandern.

bläsern zusehen, wie sie mit ihren Pfeifen Kunstvolles aus Glas zaubern. Über die (Glas-)Geschichte des Ortes und der Region informieren das Waldgeschichtliche Museum und ein unterhaltsamer Themenwanderweg. Auf dieser 17 km langen Spurensuche gelangt man sogar zu einem Goldwaschplatz.

GANZ IM ZEICHEN DES GLASES steht auch Frauenau: Sein exzellentes Glasmuseum spannt einen eindrucksvollen Bogen von der Frühgeschichte bis heute. Spektakuläre Kunstwerke von 20 international bekannten Künstlern entdeckt man auf einem Spaziergang durch die Gläsernen Gärten. Der Werkstoff Glas zeigt hier sein ungeahntes künstlerisches Potenzial. Genießen sollte man auch die Aussicht auf die bewaldeten Höhen des Bayerischen Waldes und in der Kirche Mariä Himmelfahrt den Blick nach oben. Dort sieht man durch das illusionistische Deckenfresko gleichsam direkt in einen sehr bayerischen Rokokohimmel.

DAS NAHE ZWIESEL wurde angeblich von Goldwäschern gegründet, heute ist der Luftkurort die heimliche Hauptstadt des Bayerischen Waldes und ein bedeutendes Zentrum der Glasindustrie. Seit knapp

600 Jahren wird hier Glas produziert, in Hütten und Galerien in allen erdenklichen Variationen verarbeitet und verkauft. Zwiesel ist aber auch bekannt für sein obergäriges Dampfbier aus Gerste – die Brauerei heißt Besucher gerne willkommen. In Regen lagerte früher das Bier in tiefen, eiskalten Kellern in der Pfleggasse. Mit einem Führer darf man die jahrhundertealten kühlen Katakomben besichtigen. Der Luftkurort am Schwarzen Regen wartet zudem mit einer riesigen Sammlung von Schnupftabakgläsern im »Fressenden Haus« auf. Trotz seines irritierenden Namens ist der Turm der Burgruine Weißenstein ganz ungefährlich. Sensationeller ist jedoch am Fuß des markanten Burgberges der Gläserne Wald. Dessen blau, grün, weiß und braun schimmernde Bäume »wachsen« bis zu acht Meter hoch, und keiner gleicht dabei dem anderen. In Regen kann man sich nun entscheiden: Wer weiter auf der Glasstraße reisen möchte, macht sich auf Richtung Norden bis Neustadt an der Waldnaab im Oberpfälzer Wald. Wer es den Salzhändlern vergangener Jahrhunderte gleichtun möchte, wählt wie sie die Route des Böhmwegs und gelangt über Bischofsmais in Deggendorf wieder an die Donau. ◾

NATIONALPARK BAYERISCHER WALD Deutschlands ältester Nationalpark wurde 1970 eröffnet, seitdem darf sich hier die Natur auf einem immer größeren Gebiet wieder ganz natürlich geben. In der wilden Waldlandschaft, die sich hier ohne menschliche Eingriffe entwickelt, leben seltene Zeitgenossen wie Luchs und Auerhuhn, Wildkatze und Wanderfalke. Sie fasziniert alljährlich Hunderttausende Besucher. Das über 24 000 ha große Gebiet erschließen zahlreiche Wander- und Radwege, Loipen und Schneeschuhstrecken. Erlebnispfade führen durch Moore und besonders eindrucksvolle Urwaldgebiete. Im Nationalparkzentrum Lusen zwischen Neuschönau und Altschönau wurden mehrere Großgehege zu einem Tierfreigelände zusammengefasst. Ungewöhnliche Perspektiven bietet der Baumwipfelpfad bei Neuschönau (www.baumwipfelpfad.de).

LINKS AUSSEN
Eine alte Wallfahrtskapelle im Museumsdorf Bayerischer Wald bei Tittling

Passau — 23 km — Tittling — 24 km — Waldkirchen — 20 km — Dreisesselberg — 26 km — Philippsreut — 14 km — Mauth — 36 km — Frauenau — 7 km — Zwiesel

## ZERBRECHLICH
### DIE KUNST DES GLASBLASENS

Unter großer Hitze werden Glasstäbe erhitzt und mit Blasrohren und Blasebalg durch Drehung in der Flamme zu gleichmäßig geformten schönen Hohlgefäßen gestaltet. Verschiedene Zusatzstoffe sorgen dabei für Färbungen oder spezielle Oberflächen. Die grundlegende Technik war bereits im alten Rom bekannt – eines der Zentren dieser Kunst in Deutschland ist seit Jahrhunderten der Bayerische Wald.

OBEN In der Kristallglasmanufaktur Theresienthal in Zwiesel werden u. a. Glasgefäße hergestellt. Der Begriff »Kristallglas« wird für hochwertige Gläser verwendet, die bestimmte Metalloxide enthalten. Allerdings handelt es sich nach wie vor physikalisch gesehen um Glas, also um eine amorphe, keine kristalline Struktur.

LINKS Eine glühende Glaskugel wird mit bunten Glasscherben verziert.

BADEN-
WÜRTTEMBERG

STUTTGART ■

Trochtel-
fingen
Hechingen ■
Sigmaringen

# 68

## PREUSSENS SCHWÄBISCHE WURZELN
# DIE HOHENZOLLERN IN WÜRTTEMBERG

Den kleinen hohenzollerschen Fürstentümern Hechingen und Sigmaringen, seit 1850 südlichster Regierungsbezirk Preußens, gelang es, sich durch geschickte Politik als katholische Exklaven inmitten protestantischer Länder zu behaupten ...

Die Landschaft des oberen Donautals ist rauh, geprägt von tief eingeschnittenen Tälern und Felsen, die typisch sind für die steilabfallende Traufzone der Schwäbischen Alp. Bis zu 400 m Sprunghöhe sind hier keine Seltenheit. Vorgelagert im Hohenzollerngraben, einer geologischen Verwerfungszone, erhebt sich der Hohenzollern (855 m) – auch ›Zoller‹ genannt. Der Zoller gilt als ein Zeugenberg, ein durch Erosion von der Umgebung abgetrennter Berg, der geologisch die ursprüngliche Ausdehnung der Gesteinsschichten belegt. Ein Zeugenberg ist die imposante Erhebung noch in einem anderen Sinne: Die Stammburg der Hohenzollern, eines der mächtigsten deutschen Fürstengeschlechter, krönt seinen Gipfel.

DIE BURG HOHENZOLLERN befindet sich auf der Gemarkung Bisingen bei Hechingen im Zollernalbkreis. Das schwäbische Hochadelsgeschlecht der Grafen von Zollern wird erstmals 1061 erwähnt. 1192 kommt es zur Spaltung in eine fränkische und eine schwäbische Linie. Der fränkischen Linie entstammen zwischen 1701 bis 1918 alle preußischen Könige, die seit 1871 zugleich deutsche Kaiser waren. Seit dem 16. Jh. war der Herrschaftsbereich dieser Linie protestantisch. An der kleineren schwäbischen Linie ging die Reformation spurlos vorüber, sie blieb katholisch. Und so gab es bis 1849 im heutigen Baden-Württemberg zwei selbstständige Fürstentümer, die Stammlande des Grafen von Zollern Hohenzollern-Hechingen und das Fürs-

tentum Hohenzollern-Sigmaringen. In der Zeit der napoleonischen Besetzung Anfang des 19. Jh.s konnten nur die guten Beziehungen der Fürstin Amalie Zephyrine von Hohenzollern-Sigmaringen zur französischen Kaiserin Joséphine verhindern, dass die beiden kleinen Fürstentümer dem damals neu entstandenen Königreich Württemberg zugeschlagen wurden. Sie blieben unabhängig und bekamen sogar noch die in ihrem Bereich liegenden, durch die Säkularisation aufgehobenen Klöster zugesprochen.

DOCH DIE UNABHÄNGIGKEIT währte nur wenige Jahrzehnte. Im Umfeld der Unruhen von 1848/49, marschierten preußische Truppen in Hechingen ein. Die Fürsten von Hohenzollern-Hechingen und Hohenzollern-Sigmaringen dankten ab, sodass die beiden Fürstentümer als Hohenzollersche Lande an das Königreich Preußen fielen – als Exklave die südlichste Bastion des Königreichs Preußen. Den Fürsten der schwäbischen Linie wurden jedoch zahlreiche Privilegien zuerkannt.

DEM PREUSSISCHEN KÖNIG Friedrich Wilhelm IV. war in der Folge der Wiederaufbau des Stammschlosses in Hechingen ein besonderes Anliegen. Er beauftragte den preußischen Baumeister und Schinkel-Schüler Friedrich August Stüler mit dem Projekt. Da nun in den katholisch geprägten hohenzollerschen Landen immer mehr protestantische Beamte und Soldaten tätig waren, wurde 1857 auch der Bau der evangelischen Kirche St. Johannes in Hechingen beschlossen. Der

DAS PRÄCHTIGE Sigmaringer Hohenzollernschloss in herbstlicher Stimmung. Es beherbergt heute ein Museum und ist Schauplatz von Konzerten, Theateraufführungen und anderen kulturellen Veranstaltungen.

IN KÜRZE

LAGE
Baden-Württemberg

LÄNGE
Hohenzollernroute
150 km

INFO
Hohenzollern-
Schloss Sigmaringen
Karl-Anton-Platz 8
72488 Sigmaringen
Tel. 07571 72 92 30
www.hohenzollern-
schloss.de

Burg Hohenzollern
72379 Burg
Hohenzollern
Tel. 07471 24 28
www.burg-hohen
zollern.com

Nach der Landung der Alliierten in der Normandie im Juni 1944 wurde auf Befehl Hitlers die gesamte Vichy-Regierung unter Marshall Pétain und Ministerpräsident Pierre Laval ins Sigmaringer Hohenzollernschloss zwangsverlegt. Von Oktober 1944 bis zum 21. April 1945 war Sigmaringen Sitz des »État français«, mehrere Hundert französische Soldaten und Milizionäre lebten damals in Sigmaringen. Das Schloss war exterritoriales Gebiet.

aufwendige Umbau der Burg im Stil der Neogotik und Neorenaissance war 1867 abgeschlossen und wurde von dem preußischen König und späteren deutschen Kaiser Wilhelm I. am 3. Oktober feierlich eingeweiht. Um die Anlage herum sind überlebensgroße Statuen der preußischen Könige und Kaiser platziert, darunter auch die Friedrichs des Großen. Die Burg befindet sich heute im Privatbesitz der beiden hohenzollerschen Linien, wird aber für Ausstellungen, Konzerte und andere kulturelle Veranstaltungen genutzt. Sie ist allein schon dank der exponierten Lage und hervorragenden Aussicht eine Besucherattraktion ersten Ranges.

IN HECHINGEN beginnt die Hohenzollernroute. Nach dem Besuch der Burg lohnt eine Besichtigung der Klosterkirche des ehemaligen Klosters Stetten in Hechingen-Stetten, die Ende des 13. Jh.s erbaut und im 18. Jh. im Barockstil umgestaltet wurde. Im Mittelalter befand sich im Kloster die Begräbnisstätte der Grafen von Zollern. Außerdem sehenswert: Die Ende des 18. Jh.s im Louis-Seize-Stil gebaute Stiftskirche St.Jacobus, das Wahrzeichen von Hechingen, und das 1818/19 errichtete Neue Schloss, das den Fürsten als Stadtresidenz diente (heute beherbergt es die Sparkasse). Westlich von Hechingen lässt sich zumindest von außen das schöne, im Rokoko-

Stil gehaltene Jagd- und Lustschloss Lindlich bewundern – es ist allerdings in Privatbesitz.

ÜBER TROCHTELFINGEN mit seiner schönen geschlossenen Altstadt aus Fachwerkhäusern und dem Hohen Turm, einem Überbleibsel der ehemaligen Stadtbefestigung, gelangt man schließlich nach Sigmaringen. Dort überragt das mächtige Hohenzollernschloss die ehemalige Residenzstadt. Nach einem Brand wurde es 1908 im Erscheinungsbild von 1660 wieder aufgebaut. Heute beherbergt das Schloss ein Museum, in dem Themenführungen die über 1000-jährige Geschichte der Hohenzollern und den Alltag des Lebens am Hofe nahebringen. Ein Besuch der großen Waffenhalle, mit ihren über 3000 Exponaten die größte private Waffensammlung Europas, ist Teil jeder Führung. Darüber hinaus gibt es auch spezielle Programme für Kinder.

DIE NÄCHSTE STATION auf der Tour führt über Beuron mit seinem Kloster, der Erzabtei Beuron, nach Balingen mit seinem um 1935/36 rekonstruierten Zollernschloss von 1255, das malerisch an einem Stauwehr der Eyach liegt und heute ein Museum für Waage und Gewicht beherbergt. Nach Balingen schließt sich der Kreis und wir erreichen Hechingen, den Ausgangspunkt der Rundtour. ∎

FÜRSTLICHER PARK INZIGKOFEN Der Landschaftsgarten im Stil der Romantik westlich von Sigmaringen wurde zwischen 1811 und 1829 von Fürstin Amalie Zephyrine, der ›Retterin der Hohenzollern‹, zu beiden Seiten der Donau angelegt. Eine schöne Wanderung durch den Park führt von Laiz, einem Ortsteil von Sigmaringen, aus zum Inzighofener Park mit der Teufelsbrücke über eine 20 m tiefe Schlucht, dem 29 m hohen Amalienfelsen, dem Aussichtpunkt Känzele und den Grotten – ein Weg mit zahlreichen Aussichtspunkten.

| Hechingen | | Trochtelfingen | | Sigmaringen | | Beuron (Erzabtei Beuron) | | Balingen | | Hechingen |
|---|---|---|---|---|---|---|---|---|---|---|
| | 30 km | | 33 km | | 33 km | | 38 km | | 16 km | |

## KUNSTSCHULE IM KLOSTER
### DER MEISTER VON BEURON

1803 fiel im Zuge der Säkularisation die Beuroner Erzabtei an Hohenzollern-Sigmaringen. Eine Stiftung der Fürstin Katharina von Hohenzollern-Hechingen ermöglichte 1862 den Neubeginn klösterlichen Lebens. Benediktinermönche bezogen die barocke Anlage. 1868 trat der Architekt, Bildhauer und Maler Peter Lenz der Kongregation bei und begründete dort die »Beuroner Kunstschule«. Es ging Lenz und seinen Mitstreitern um die Erneuerung christlicher Kunst, weg von gefühligem Kitsch hin zu klaren Formen und Symmetrien.

LINKS Die von den Beuroner Künstlern neugestaltete Gnadenkapelle

UNTEN LINKS Denkmal von Fürst Karl Anton von Hohenzollern in Sigmaringen

UNTEN RECHTS Die Stammburg der Hohenzollern bei Hechingen

# 69

## EIN AUSFLUG IN DIE STEIN- UND BRONZEZEIT
## DAS PFAHLBAUMUSEUM UNTERUHLDINGEN

Johannes Äppli staunte nicht schlecht, als er an einem Wintertag im Jahr 1854 seinen Blick über den Zürichsee schweifen ließ: Eine Ansammlung von Pfosten ragte aus dem See. Wer hatte sie dort hingestellt? Und was hatten sie für eine Funktion?

Was Oberlehrer Johannes Äppli in der Nähe des kleinen Schweizer Ortes Obermeilen sah, war nichts weniger als der Rest eines steinzeitlichen Dorfes – errichtet auf den Pfählen von Eichenstämmen. Der extrem niedrige Wasserstand des Sees hatte sie im wahrsten Sinne des Wortes aus den Tiefen der Vergangenheit an die Oberfläche gebracht. Eine Sternstunde der Archäologie. Denn unter Luftabschluss kann organisches Material, das sonst schon längst verrottet wäre, im Schlamm des Seebodens erhalten bleiben. Und uns faszinierende Einblicke in längst vergangene Zeiten gewähren.

DIESE ENTDECKUNG war der Auslöser eines regelrechten Pfahlbaufiebers. Überall im Alpenraum wurde nun nach weiteren Überresten prähistorischer Dörfer auf Stelzen gesucht. Und gefunden! Bis heute konnte man 500 Seeuferdörfer lokalisieren. Was veranlasste

die Menschen damals, so nah am Wasser zu bauen? Denn einfach war das Leben dort nicht. Immer wieder hob und senkte sich der Wasserspiegel. Vor allem im Frühjahr, zur Schneeschmelze, konnte Hochwasser die Dörfer überfluten. Auch halten Eichenpfosten im Wasser nur rund 20 Jahre und müssen dann ausgetauscht werden. Waren die Menschen aufgrund knapper werdender Siedlungsplätze in Richtung See gedrängt worden? War es die Lage an wichtigen europäischen Handelsstraßen? Oder war es einfach praktisch, gleich vor der Haustür die Angel ins Wasser zu halten und auf die nächste Mahlzeit zu warten?

WIR WISSEN ES NICHT und können nur spekulieren. Aber die im Wasser konservierten Reste prähistorischer Siedlungen geben uns eine Vorstellung davon, wie solche Dörfer damals ausgesehen haben mögen. Ein Puzzle mit vielen fehlenden Teilen, dessen

### OFFENE FRAGEN
#### HÜTTEN AUF STELZEN
Was unsere Vorfahren zu dieser aufwendigen Siedlungsform veranlasst hat, ist noch immer nicht völlig geklärt. Ging es ihnen um den Schutz vor Feinden oder wilden Tieren?

HAST DU MAL FEUER? Während wir die Frage mit einem einfachen Griff zum Feuerzeug beantworten, beherrschten unsere Vorfahren noch die hohe Kunst des Feuerschlagens: Schlägt man Feuerstein und Pyrit aneinander, entstehen Funken, die einen Zunderschwamm, eine Art steinzeitlicher Grillanzünder, zum Glimmen bringen. Auf leicht brennbarem Material wie Stroh oder Holzspäne und mit vorsichtigem Pusten konnte so ein Feuer entfacht werden. Ganz schön schwierig? Steinzeitmann Uhldi zeigt den Besuchern des Pfahlbaumuseums, wie es geht.

Bild durch immer bessere und feinere Untersuchungsmethoden nach und nach ergänzt wird.

RICHTIG SPANNEND wird es, wenn man die Ergebnisse solcher Ausgrabungen hautnah erleben und anfassen kann. 1922 bis 1940 entstanden in Unteruhldingen am Bodensee die ersten Rekonstruktionen von Pfahlbauten, zahlreiche weitere sollten folgen. Holzstege führen den Besucher über das Wasser und von Haus zu Haus. Ein Blick in die Hütten zeigt, wie man damals eingerichtet war und welche Gerätschaften unseren Vorfahren zur Verfügung standen. Originalfunde kann man im angeschlossenen Museum besichtigen. Seit 1954 befindet sich hier auch ein Forschungsinstitut für Vor- und Frühgeschichte.

DIE PFAHLBAUTEN führen in die Jahre 4000–800 v. Chr., in die Jungstein- und Bronzezeit. Die Menschen nördlich der Alpen folgten bereits seit Mitte des 6. Jahrtausends v. Chr. nicht mehr als Jäger und Sammler großen, wandernden Herden, sondern waren sesshaft geworden. Sie bauten Getreide, Linsen, Bohnen, Erbsen und Ölsaaten an. Als Haustiere wurden Schafe, Ziegen, Rinder und Schweine gehalten. Daneben gab es auch schon ein differenziertes Handwerk mit Töpfern, Werkzeugmachern, Schmuckherstellern, Bronzegießern etc.

AM 27. JUNI 2011 wurde das Pfahlbaumuseum in Unteruhldingen – zusammen mit 111 Pfahlbaufundstätten im Alpenraum – zum Weltkulturerbe ausgerufen. Es ist ein aktives Museum, das das Leben in der Steinzeit lebendig werden lässt. Schüler können Schwirrhölzer, Kalkstein-Perlen, Feuersteinmesser und vieles mehr herstellen. Museumsmitarbeiter zeigen wichtige Fertigkeiten der Steinzeitmenschen wie Feuer machen, Feuersteinklingen schlagen oder fischen – faszinierend nicht nur für Kinder, ein Erlebnis für die ganze Familie. ◾

Das Museum ist eine Spielwiese experimenteller Archäologie. So wurden 1996 beim Bau des »Hornstaad-Hauses« lediglich Werkzeuge aus der Steinzeit benutzt. 2006 zogen sogar 13 Männer, Frauen und Kinder für acht Wochen in drei Pfahlhäuser, um hautnah zu erfahren, wie es sich vor 5500 Jahren lebte. Gecoacht, beobachtet und untersucht wurden sie dabei von 30 Wissenschaftlern. Das Ergebnis war die vierteilige ARD-Doku »Steinzeit. Das Experiment«.

LINKS Die rekonstruierten Pfahlbauten im Freilichtmuseum Unteruhldingen sind alle über Stege zugänglich.

RECHTS Für die Dächer verwendete man Strohmatten.

# 70

# SCHWANENRITTER UND MÄRCHENKÖNIG
## NEUSCHWANSTEIN UND LINDERHOF LUDWIGS II.

Ein Fantast? Ein Technikfreak? Mit Unsummen von Geld und neuester Technik ließ König Ludwig II. von Bayern in seinen Schlössern Neuschwanstein und Linderhof eine Traumwelt aus mittelalterlichen Sagen und Legenden errichten.

Szenen der Ritter- und Sagenwelt begleiten schon seine Kindheit. Der am 25. August 1845 geborene Ludwig verbringt den größten Teil seiner Jugend in Schwangau bei Füssen. Sein Vater, Maximilian II., hat dort eine Burgruine gekauft, die romantisch auf einem Hügel vor dem Alpenkamm thront. Die Ruine ließ er nach den Entwürfen des Theatermalers Domenico Quaglio im neogotischen Stil zum Wohnschloss Hohenschwangau umbauen und Zimmer und Säle mit Darstellungen aus mittelalterlichen Sagen ausschmücken, darunter der vom Schwanenritter Lohengrin. Der kleine Ludwig fühlt sich dort sehr wohl und ist von den Gemälden begeistert. 1861 werden in München die Opern »Tannhäuser« und »Lohengrin« von Richard Wagner aufgeführt. Ludwig ist hingerissen, die Gemälde füllen sich mit Leben.

ALS SEIN VATER 1864 überraschend stirbt, wird er mit 18 Jahren als Ludwig II. König von Bayern. Sein Eifer bei den Regierungsgeschäften wird allerdings von seinem Kabinett ausgebremst. 1866 drängt es ihn dazu, an der Seite Österreichs gegen Preußen in den Krieg zu ziehen. Die Niederlage empfindet er als eine persönliche Demütigung. Zudem beschneidet der von Preußen auferzwungene Bündnisvertrag die Souveränität Bayerns. Frustriert über die Begrenzungen seiner Herrschergewalt zieht sich Ludwig II. aus der Öffentlichkeit zurück und flüchtet in die mittelalterlich-romantische Heldenwelt seiner Fantasie, die durch die Opern Wagners genährt wird. Sein Leben widmet

er fortan dem Wunsch, diese Traumwelt Gestalt werden zu lassen. In seinem Tagebuch schreibt er: »Oh, es ist notwendig sich solche Paradiese zu schaffen, solche poetischen Zufluchtsorte, wo man auf einige Zeit die schauderhafte Zeit, in der wir leben, vergessen kann.« Und so entwirft er Pläne für zahllose Schlösser, inspiriert auch durch den Besuch der wiederaufgebauten Wartburg 1867. In ihnen will er sich wie sein großes Vorbild, der Sonnenkönig Ludwig XIV., als uneingeschränkter Herrscher fühlen.

DAS BERÜHMTESTE der Projekte wird das Märchenschloss Neuschwanstein. Durch ständige Änderungen an den Plänen bekommt es immer gewaltigere Dimensionen. Die technischen Herausforderungen sind immens und erfordern den Einsatz neuester Bautechnik. Von außen das romantische Ideal einer Ritterburg wird es innen zu einer einzigen traumhaften Opernkulisse auf höchstem technischen Niveau. Das gesamte Haupthaus, den Palas, erwärmt eine Zentralheizung. Die Fensterscheiben besitzen eine bis dahin unbekannte Größe. Überall gibt es fließendes Wasser, die Toiletten besitzen automatische Spülungen. Die Rufanlage für die Bediensteten ist elektrisch und in seinem Arbeitszimmer steht eines der ersten Telefone Bayerns. Da er ungestört von seinen Dienern essen will, kommt der gedeckte Esstisch über einen Aufzug in das Speisezimmer. Die prachtvollen Wandgemälde im Schloss zeigen Gestalten des Mittelalters und Bilderzyklen nordischer Sagen, die Wagner in seinen Opern bear-

SCHLOSS LINDER-HOF bei Ettal im heutigen Landkreis Garmisch-Partenkirchen war Ludwigs II. liebstes Schloss, hier verbrachte er die meiste Zeit. Im Bild links das dortige Spiegelzimmer.

IN KÜRZE

**LAGE** Bayern, Neuschwanstein bei Füssen im Regierungsbezirk Schwaben, Linderhof und Herrenchiemsee im Regierungsbezirk Oberbayern

**INFO**
Eintrittskarten für Neuschwanstein gibt es nur beim Ticket-Center Neuschwanstein-Hohenschwangau
Alpseestr. 12
87645 Hohenschwangau
Tel. 08362 93 08 30
www.neuschwanstein.de

Schloss- und Gartenverwaltung Linderhof
Linderhof 12
82488 Ettal
Tel. 08822 920 30
www.schlosslinderhof.de

Schloss- und Gartenverwaltung Herrenchiemsee
83209 Herrenchiemsee
Tel. 08051 688 70
www.herrenchiemsee.de

Christian Jank (1833–1888) arbeitete als Bühnenmaler an den Kulissen für die Aufführung der Oper »Lohengrin« von 1861 mit. Er begeisterte König Ludwig II. damit so sehr, dass dieser ihn beauftragte, die Entwürfe für Schloss Neuschwanstein zu zeichnen. Außer mit der Ausstattung Schloss Linderhofs wurde Jank später auch mit Ideenskizzen zu Schloss Falkenstein betraut, das der König in der Nähe Neuschwansteins bauen lassen wollte.

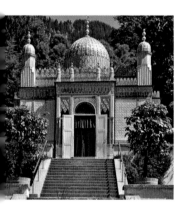

DER MAURISCHE KIOSK im Park von Schloss Linderhof

beitete: Der Sängersaal ist der Sage von Parsifal gewidmet, das Wohnzimmer den Erlebnissen Lohengrins, im Schlafzimmer wird Tristan und Isolde gehuldigt, das Arbeitszimmer zeigt das Leben Tannhäusers und die Wandgemälde der Vorplätze Szenen aus den Sagen von Sigurd und Gudrun. Und überall taucht der Schwan auf, Wappentier der Grafen von Schwangau und Reittier Lohengrins.

IM PRUNKVOLLEN Thronsaal zeigt Ludwig II. seine Vorstellungen von Königtum: Eine mit Sternen geschmückte Kuppel dominiert die Decke. Könige, die zwölf Apostel und Christus bevölkern die Wände. Den Fußboden bildet ein Mosaik mit Pflanzen und Tieren. Und in der erhöhten Apsis an der Rückwand will er thronen, als gerechter und allmächtiger Mittler zwischen Gott und Welt, wie sein Idol König Ludwig XIV., dem die Hauskapelle geweiht ist. Auch eine kleine Grotte lässt er einbauen, die an den Hörselberg der Tannhäuser-Sage erinnern soll.

EINE KÜNSTLICHE GROTTE hat auch Schloss Linderhof, das kleinste und liebste seiner Schlösser und das einzige, dessen Fertigstellung 1886 er noch erlebt hat. Die Wände der Venusgrotte sind mit Szenen aus Wagners »Tannhäuser« bemalt und die größte der drei Tropfsteinhöhlen hat sogar einen kleinen Wasserfall mit Teich, auf dem er sich in einem Muschelkahn herumfahren lässt. Die Beleuchtung mit elektrischen Lampen kann er zwischen verschiedenen Farben umschalten. Strom kommt aus einem nahen Maschinenhaus, dem ersten Elektrizitätswerk Bayerns.

TECHNISCHE FINESSEN gibt es auch hier, etwa ein Tischleindeckdich, und man findet Reminiszenzen an die nordischen Sagen der Wagneropern und den Sonnenkönig. Die Decke des Speisesaals zieren Szenen aus dem Hof von Versailles, die Wände von Kabinetten die Porträts französischer Höflinge und Hofdamen und das Treppenhaus eine Prunkvase der Manufaktur von Sèvres. An der Nordseite des Schlosses stürzt eine Wasserkaskade in ein Bassin mit Neptungruppe, das Blumenbeet davor ist in Form einer bourbonischen Lilie angelegt. Und die Büste der französischen Königin Marie Antoinette bildet in einer grottenartigen Nische den Mittelpunkt einer Terrassenanlage mit Venustempel. Im englischen Teil des Parks stößt man auf die Hundinghütte, nach einem Motiv aus der Oper »Walküre«, und auf die Einsiedelei des Gurnemanz aus dem »Parsifal«.

VON SEINEN weiteren Plänen konnte er nur noch Schloss Herrenchiemsee in Angriff nehmen. Doch von den 70 Zimmern seines Versailles, seiner Hommage an den Sonnenkönig, werden nur 20 fertiggestellt, darunter der fast 100 m lange Spiegelsaal. Er stirbt, von seinem Kabinett entmündigt und entmachtet, am 13. Juni 1886 im Starnberger See bei Schloss Berg. Sein mysteriöser Tod liefert Stoff für Mythen und Legenden. ■

.............................................................................

RICHARD WAGNER – LIEBLINGSKOMPONIST VON LUDWIG II. Die Aufführungen von »Tannhäuser« und »Lohengrin« 1861 begeisterten ihn so sehr, dass er als frisch gebackener König Richard Wagner 1864 nach München holte und dessen enorme Schulden bezahlte. Als sich Wagner in Regierungsgeschäfte einmischte, musste er auf Druck von Ludwigs Kabinett München 1865 wieder verlassen, doch wurde er bis zu seinem Tod 1883 vom König gefördert, der auch die Finanzierung des Bayreuther Festspielhauses sicherte. Ab 1872 ließ sich Ludwig II. Wagners Opern in Privatvorstellungen ganz alleine vorführen.

.............................................................................

### RITTERROMANTIK
### DER SÄNGERSAAL
Der Sängersaal im obersten Stock von Neuschwanstein war der Raum, der Ludwig II. am meisten am Herzen lag. Mit 270 m² ist er der größte Saal des Schlosses. Als Vorbild diente der Sängersaal der Wartburg. In letzterem soll der berühmte Sängerstreit ausgetragen worden sein, den Wagner im »Tannhäuser« aufgriff. Für Konzerte war er allerdings nie gedacht, sondern als begehbares Denkmal für die Ritter- und Minnekultur des Mittelalters.

OBEN LINKS Die Türme von Schloss Neuschwanstein.

OBEN An dieser Stelle bei Schloss Berg am Starnberger See soll Ludwig II. ins Wasser gegangen sein und Selbstmord begangen haben – bis heute sind die wahren Umstände ungeklärt.

LINKS Blick auf die Südfassade von Schloss Linderhof, im Vordergrund die goldene Figur Flora mit vier Putten.

# KULINARISCHE ENTDECKUNGSTOUREN
## DAS BESTE FÜR LEIB UND SEELE

# 71

## FISCHBRÖTCHEN TRIFFT SCHAMPUS
## AUF SYLT MEER UND MEHR GENIESSEN

Genau in dem Moment, wenn die rot glühende Sonne im Meer versinkt, knallen in Kampen die Korken. Das Rote Kliff glüht wie heißes Eisen, Wellen rauschen, Möwen kreischen und kreisen über der Gischt. Gläser klingen, die Party beginnt.

So lieben feierfreudige Einheimische und Gäste die Insel Sylt, die wie eine riesige Sandbank vor der schleswig-holsteinischen Westküste liegt. Kulinarisch bietet das Eiland alles, vom Fischbrötchen an der Hafenbude bis zum Luxusmenü im Fünf-Sterne-Superior-Hotel. Die Star- und Sterne-Köche von Sylt heißen Johannes King (»Söl'ring Hof« in Rantum), der mit zwei Michelinsternen dekoriert ist, und Holger Bodendorf (»Bodendorf's« im Landhaus Stricker in Tinnum), der sich einen Michelinstern erkocht hat.

DAS GESCHMACKSERLEBNIS wirkt schon deshalb besonders intensiv, weil man praktisch mitten in der Natur isst, in einem Restaurant mit Meeresblick Seeteufelfilets verspeisen kann, während hinter der Fensterscheibe gerade schwarze Wolken aufziehen und Sturm meterhohe Wellen aufpeitscht, die krachend an die Promenade branden. Seeteufel gilt als Feinschmeckerfisch, der wegen seines weißen, festen, grätenfreien Fleischs geschätzt wird. Hering kommt in zig Zubereitungsarten auf die Teller: gebraten, eingelegt in eine Sauce aus Sahne, Zwiebeln und Äpfeln oder um saure Gurken gerollt. Wegen des niedrigen Preises für Heringe lohnt sich der Fang für einheimische Fischer kaum noch. Auch die meisten anderen in Sylter Restaurants servierten Fische wurden nicht gerade vor Sylt gefangen. Dagegen kann man manchmal Krabben fangfrisch vom Kutter in den Häfen von List und Hörnum kaufen.

DIREKT AUS DER REGION stammt das Fleisch von Sylter Lämmern. Schafherden ziehen über die Deiche und fressen salz- und jodhaltiges Gras, das ihrem Fleisch eine besondere Würze verleiht, beispielsweise mit Pfefferbohnen gereicht, entzückt es Gourmets. Aus dem Untergrund mitten in den Rantumer Dünen sprudelt Mineralwasser (»Sylt Quelle«), reich an natürlichem Jod, Magnesium und mit nur wenig Natrium. Selbst Sylter Bier ist zu haben (»Sylter Hopfen«), das robuste Getreide für die feinperlige, vollmundige Spezialität mit einem Alkoholgehalt von 7,1 Prozent wächst bei Keitum. Und im selben Ort stehen seit 2009 auf dem nördlichsten Weinberg Deutschlands 10 Meter über dem Meeresspiegel Sylts erste Reben. Die daraus gewonnenen Weißweine der Sorten Rivaner und Solaris werden unter der Bezeichnung »55° Nord«, entsprechend dem Breitengrad der Insel, in limitierter Anzahl angeboten. Aber Achtung, unter gleichem Namen ist bereits ein Riesling »für die Insel«, aber nicht aus Sylter Trauben, auf dem Markt.

DAS SYLT-KLISCHEE von Schampus, Schickimickis und dicken Schlitten wird bis heute in keinem anderen Ort so reich bedient wie in Kampen, dem ›heimlichen St. Tropez des Nordens‹. Auf der Promi-Promenade »Strönwai« tingelten einst Gunter Sachs und Persiens Exkaiserin Soraya vom Restaurant »Gogärtchen« zum Club »Pony«. Strönwai heißt übersetzt schlicht Strandweg, er sieht aus wie eine gewöhnliche Dorfstraße und

DÜNEN UND STRAND im warmen Abendlicht in der Nähe von List im Norden der nordfriesischen Insel Sylt.

### IN KÜRZE

LAGE
Schleswig-Holstein, Nordfriesische Inseln

HÖCHSTER PUNKT
Uwe-Düne (52 m) bei Kampen

INFO Sylt Marketing Stephanstr. 6 25980 Westerland Tel. 04651 820 20 www.sylt.de

In der Blidselbucht bei List wachsen in Netzsäcken, die auf Eisentischen verankert sind, pazifische Felsenaustern. Die Spezialität aus Deutschlands einziger Austernzucht wird unter dem Namen »Sylter Royal« vermarktet. Profis genießen die Tierchen mit dem leicht nussigen und salzigen Geschmack roh direkt aus der Schale. Manche geben einen Spritzer Zitronensaft dazu, mögen sie gedünstet oder mit Käse überbacken.

wird allgemein Whiskymeile genannt, weil Whisky hier lange Zeit der Modedrink war. Im Sommer kommen nach wie vor illustre Gäste, die heute allerdings Wodka als Longdrink bevorzugen, gern mit einem Schuss Champagner. Mehrere Millionen Euro teure Reetdachhäuser, Nobelboutiquen und Juweliere reihen sich am Straßenrand wie Perlen auf einer Schnur.

DAS ROTE KLIFF ist Kampens und auch Sylts eigentlicher Edelstein; vier Kilometer ist es lang und fällt stellenweise 30 Meter senkrecht zum Strand ab. Der markante schwarz-weiße Leuchtturm Rotes Kliff in den Dünen am südlichen Ortsrand heißt im Volksmund ›Langer Christian‹. Dänemarks König Friedrich VII. gab 1853 den Bauauftrag, doch warum Christian? Man erzählt sich, dass ein Mitglied des Hamburger Thalia-Theaters die Bezeichnung aufgebracht habe, weil für ihn eben alle dänischen Könige »Christian« hießen. Die Insulaner nehmen es mit den Namen dänischer Könige nicht so genau.

THOMAS MANN schrieb nach einem Urlaub in Kampen: »An diesem erschütternden Meere habe ich tief gelebt.« Dieses und ähnliche Statements zogen weitere Künstler an, irgendwann folgten die Betuchten, ließen bei Kampen die Hüllen fallen und der Hype war nicht mehr zu

bremsen. Im Haus »Kliffende« logierten unter anderem Emil Nolde und Ernst Rowohlt. Brigitte Bardot aalte sich splitternackt am Strandabschnitt »Buhne 16«, wo schon Max Frisch wie Adam schwimmen ging und ausrief: »Man badet hier nackt und das ist herrlich!« Der Literaturkritiker Marcel Reich-Ranicki war weniger begeistert von dem »Quadratkilometer Schamhaar«. Und Romy Schneider beschrieb es einmal so: »In jeder Welle hängt ein nackter Arsch«.

VON KAMPEN auf Höhe des Westerwegs kann man gut über die zum Radweg umfunktionierte Trasse der stillgelegten Inselbahn nach List radeln. Wie eine Schwanzflosse gewinnt Sylt auf Höhe des Listlands an Breite. Die Dünenlandschaft steht seit 1923 unter Naturschutz. Langsam aber stetig bläst der dominante Westwind die Sandberge gen Osten.

IN LIST PULSIERT DAS LEBEN am Hafen, hier ankern Jachten, Fischkutter und Ausflugsschiffe. Stündlich starten in der Saison die Fähren zur dänischen Insel Rømø. Der meiste Trubel herrscht jedoch rund um Goschs Fischbuden und Restaurants. Naturfreaks fahren noch weiter in den Norden, am Königshafen entlang, auf den weniger frequentierten »Ellenbogen«, eine Landzunge mit den beiden einsamen Leuchttürmen List-West und List-Ost. ■

..........................................................................................................

AM ANFANG WAR DER AAL Der 1941 im nordfriesischen Tönning geborene Jürgen Gosch begann seine Karriere als Maurer, der nach Feierabend Aal am Sylter Strand verkaufte. »Die nördlichste Fischbude Deutschlands« eröffnete er 1972 in List und lockt seitdem mit Fischbrötchen, Bratfisch und Backfisch scharenweise Touristen an. Weil Jürgen Gosch anfangs keinen Alkohol ausschenken durfte, kreierte er die »Wahre Fischsuppe«: hochprozentigen Korn mit Zitronenbrause, serviert in kleinen Plastikschälchen. Mittlerweile betreibt Gosch mehrere Restaurants auf Sylt (u. a. in einer umgebauten ehemaligen Lagerhalle für Boote am Lister Hafen), auf dem Festland (u. a. in Hamburg, Berlin, Frankfurt, München) sowie auf dem Kreuzfahrtschiff »Mein Schiff«. (Deutschlands nördlichste Fischbude, Am Hafen, 25992 List, Tel. 04651 87 04 01, www.gosch.de).

..........................................................................................................

LINKS Luxus mit ein wenig Understatement, das entspricht dem norddeutschen Naturell. Der Speiseraum des Zwei-Sterne-Restaurants »Söl'ring Hof«.

MITTE LINKS Kleine, süße Verführungen – beim Dessert zeigt sich die Liebe zum Detail.

MITTE RECHTS Der Sternekoch Johannes King in seinem Reich, der Küche des »Söl'ring Hofs«.

UNTEN LINKS Typisch für die Vegetation in den Dünen von Sylt ist der oft über einen Meter lange Strandhafer.

## JOHANNES KING
### STERNENREICH

Der 1963 im Schwarzwald geborene Johannes King ist seit 2000 Küchenchef im Dorint Söl'ring Hof in Rantum auf Sylt. »Sterne« hat er bereits früh gesammelt, einen ersten bekam er für seine Kochkünste 1993, als er noch in Berlin als Küchenchef tätig war. Auf Sylt folgte 2004 der zweite Stern. Wer einige der Tricks des Meisters lernen möchte, der kann bei ihm einen Kochkurs buchen, den zum Abschluss ein großes Galadiner krönt (www.soelring-hof.de).

# 72

## TEEKULT UND SEEMANNSKOST
## VON GREETSIEL ZUM ORT NORDEN

Es knistert ganz leise, wenn der Tee über die Kluntjes, die Kandisstücke, fließt und die Zuckerkristalle zerspringen. Der Duft von Nelken, Zimt, Vanille und Orange erfüllt die Luft, auf dem Tee breitet sich ein Wulkje, ein Sahnewölkchen, aus.

Jetzt bloß nicht umrühren!, lautet die goldene Regel der ostfriesischen Teezeremonie. Wer rührt, dem entgeht das dreistufige Geschmackserlebnis: erst die kühle Sahne, dann der heiße, herbe Tee und schließlich der süße Grund um den halb geschmolzenen Kandisklumpen. Die ›Teetied‹ – Teezeit – wird in der guten Stube zelebriert, die mit ihrer niedrigen Decke wie eine Kajüte wirkt. Die Wände sind weißblau gekachelt, im Stövchen glimmt ein Licht – die Ostfriesen lieben es »kommodig«, also gemütlich. Spätestens nach drei Tassen (»Dree sind Ostfreesenrecht«) stellt sich eine tiefe Gelassenheit ein. Entspannend wirkt sich auch die Weite der flachen Küste aus: »Da sieht man morgens schon, wer nachmittags zum Tee kommt«, scherzen die Ostfriesen.

DASS DIE OSTFRIESEN viel Tee trinken, ist aber kein Witz. Mit fast 300 Litern pro Kopf und Jahr sind sie Weltmeister in dieser Disziplin, während sich Deutschlands Otto-Normalverbraucher mit 26 Litern Schwarz- und Grüntee begnügt. Das ausgiebige Teetrinken begann wohl im 16. und 17. Jh., als unter dem Einfluss des Protestantismus und der Nachbarn Niederlande und England der in Ostfriesland bis dato ebenfalls vorherrschende Alkoholgenuss abebbte.

KRÄFTIGE ASSAMS aus dem gleichnamigen indischen Bundesstaat, gemischt mit Darjeelings und Ceylons, werden in Ostfriesland bevorzugt. Lieblingsmarken sind Bünting, Onno und Thiele. Die Teetester der Firmen haben die schwierige Aufgabe, die Sorten so zu mischen, dass »echter« Ostfriesentee dabei herauskommt. Im Gegensatz zum Wein, bei dem jeder Jahrgang eine besondere Note haben darf, muss der Tee immer schmecken wie gewohnt.

DAS ›PILS IN DER BRANDUNG‹ ist Ostfrieslands zweite flüssige Spezialität, gebraut in Jever nahe Wilhelmshaven. Durch besonders weiches Brauwasser und einen hohen Hopfengehalt erreicht das Bier von der Waterkant seinen »friesisch herben« Geschmack. Friesisch herb schmecken auch Ostfrieslands Nationalgerichte, die ursprünglich kreiert worden waren, um ausgehungerte Matrosen zu beglücken. Gourmets erscheinen sie gelegentlich etwas gewöhnungsbedürftig.

GANZ OBEN auf der Speisekarte steht Grünkohl, der einerseits wegen seines hohen Gehalts an Vitamin C und andererseits wegen seiner Unempfindlichkeit gegen Frost geschätzt wird; so gehört er zu den wenigen Gemüsesorten, die im Winter frisch aus dem Garten in den Topf wandern können. Der schmackhafte Kohl wird nach Omas Hausrezept blanchiert, zerkleinert, mit Zwiebeln angedünstet und unter Zugabe von Speck, Hafergrütze, Senf und Pinkelwurst geschmort.

LABSKAUS gehört ebenfalls zu den Traditionsgerichten an der Nordsee. Nach einem alten Rezept lassen die Küsten-

TEEPROBE in Aurich. Die Qualität der Teemischung wird vom Importeur sorgfältig geprüft. Das Aroma und der Geschmack müssen stimmen, erst dann kommt der Tee in den Handel.

IN KÜRZE

LAGE Niedersachsen, im Landkreis Aurich von Greetsiel nach Norden in der Nordwestecke Deutschlands

INFO Ostfriesland Tourismus
Ledastr. 10
26789 Leer
Tel. 0491 91 96 96 60
www.ostfriesland.de

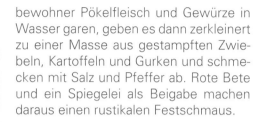

Altfriesisch geht
es in Poppinga's
Bäckerei in Greetsiel
zu; sie ist Museum,
Teeladen und
Teestube in einem.
Teile der Einrichtung
stammen aus dem
19. Jh., so etwa der
Verkaufstresen und
die Butzenbetten – Al-
koven – der einstigen
Besitzer. Der Tee wird
im Service »Ostfrie-
sische Rose« auf dem
Stövchen serviert.
Sielstr. 21
26736 Greetsiel
Tel. 04926 13 93
www.poppingas-alte-
backerei-greetsiel.de

bewohner Pökelfleisch und Gewürze in Wasser garen, geben es dann zerkleinert zu einer Masse aus gestampften Zwiebeln, Kartoffeln und Gurken und schmecken mit Salz und Pfeffer ab. Rote Bete und ein Spiegelei als Beigabe machen daraus einen rustikalen Festschmaus.

WEM DIESE LEIBSPEISEN zu deftig sind, hat vielleicht eher Freude an dem Nachtisch Rote Grütze. Das köstliche Kompott aus Johannisbeeren, Himbeeren und Sauerkirschen wird mit Rotwein, Zucker und Zimt aufgekocht und mit kalt angerührter Speisestärke angedickt. Je nach Süßhunger oder Zuckerverträglichkeit gönnt man sich ergänzend dazu Vanillesauce, Schlagsahne, Eis und/oder frisch gebackene Waffeln.

NACH DEM MAHL unterstützt Sightseeing die Verdauung, beispielsweise in Greetsiel, einem der schönsten Orte Ostfrieslands. Zwei Windmühlen, von Kastanienbäumen gesäumte Kanäle, kopfsteingepflasterte Gassen, Giebelhäuser dicht an dicht um einen malerischen Hafen und bunte Krabbenkutter – da strömen und staunen die Besucher. Weiter westlich am Deich steht der Pilsumer Leuchtturm. Das gelb-rot geringelte tonnenförmige Seezeichen diente als Kulisse in Otto Waalkes' Film »Otto – Der Außerfriesische«.

ÜBER DEN DEICH bläst ein kräftiger Wind, meist aus Richtung Westen, weshalb sich die Bäume gen Osten krümmen. Sie werden ›Windlooper‹ genannt, als liefen sie mit dem Wind davon. Ostfriesland ist Tagtraumland. Man möchte die Arme ausbreiten und sich über das Watt auf die Inseln in dunstiger Ferne treiben lassen. Landeinwärts erheben sich Warfendörfer aus Marsch und Moor, Klappbrücken überspannen die Kanäle, Windmühlen säumen den Wegesrand – der Übergang in die Niederlande ist fließend.

VON GREETSIEL nach Norden sind es mit dem Fahrrad etwa 18 km. Die kürzeste Strecke führt über Leybuchtpolder und dann – wie die Friesenroute »Rad up Pad« – über Westercharlottenpolder und den Altendeichsweg. Eine Variante über den Störtebeker-Ort Marienhafe folgt schon ab Greetsiel der Friesenroute, was allerdings die Tourlänge verdoppelt. In Norden, der nordwestlichsten Stadt Deutschlands, zeugen prächtige Bürgerhäuser am Marktplatz von Zeiten wirtschaftlicher Prosperität, als die Stadt im 16. Jh. ein bedeutender Handels- und Hafenort war. Deichbau und Verlandung schoben das Wasser mehr und mehr weg von Norden. Heute besitzt der 4 km nördlich gelegene Ortsteil Norddeich einen Hafen, von dem aus die Fähren nach Juist und Norderney ablegen. ∎

GIEBELHÄUSER IN GREETSIEL Das kleine Dorf Greetsiel, heute ein Ortsteil von Krummhörn im Landkreis Aurich/Niedersachsen, kann auf eine über 600-jährige Geschichte zurückblicken. Greetsiel gehört zu den Orten in Ostfriesland, die ihren ursprünglichen Charakter als Fischerort am besten bewahrt haben. Viele der Giebelhäuser stammen aus dem 17. Jh. Im Hafen liegen bis zu 25 Krabbenkutter, Ostfrieslands größte Kutterflotte.

›IS TEETIED‹ – TEE-ERLEBNIS IN GREETSIEL Vor der Tür weist eine Kapitänsfigur mit Pfeife den Weg in die urige Teestube in Greetsiel. Dunkles Holz, wuchtige Bilder und blauweiße Tischdecken erinnern an Großmutters Zeiten, ebenso traditionell ist die Küche. Zum Ostfriesentee gibt es selbst gebackenen Kuchen oder – herzhafter – Matjes und Labskaus.

LINKS Der Pilsumer Leuchtturm auf dem Nordseedeich wurde 1890 fertiggestellt. Den markanten Anstrich bekam der Turm 1973.

RECHTS Wirsingkohl und deftige Wurst – ein Klassiker in Ostfriesland.

RECHTS Britische Seeleute nahmen 2011 in Wilhelmshafen an einem Rekordversuch im Labskausessen Teil – es hätten 10 613 Portionen verspeist werden müssen – der bestehende Rekord konnte jedoch nicht eingestellt werden.

LINKS Labskaus ist ein in ganz Nordeuropa gängiges einfaches Seefahrergericht auf Pökelfleischbasis.

RECHTS Schafe in der Nähe von Pilsum.

UNTEN Die Zwillingsmühlen von Greetsiel.

## RUND UM DEN TEE
### TEEMUSEUM

Im Teemuseum in Norden, der nordwestlichsten Stadt auf dem deutschen Festland, kann das Teetrinken auf Ostfriesisch erlernt werden. Immer am Mittwoch und am Samstag, jeweils um 14 Uhr, ist die Teilnahme an einer Teezeremonie möglich; eine Anmeldung ist nicht erforderlich. Das Museum klärt über die verschiedenen Teeanbaugebiete und den Teehandel sowie über die Herstellung der ostfriesischen Teemischungen auf. Zudem werden die Trinksitten der klassischen Teetrinkerländer vermittelt und es ist seltenes Porzellan zu sehen. Am Markt 36, 26506 Norden, Tel. 04931 121 00, www.teemuseum.de

# 73

## LUTHERS LUKULLISCHE GENÜSSE
## KULINARISCHE ZEITREISEN IN THÜRINGEN

»Mehr Met soll er bringen, mehr Met!«, ruft die Tafelrunde nach dem Becherknecht. Der Spielmann zupft wild die Klampfe, der Mundkoch wirbelt die Kelle und die Tische biegen sich unter meterlangen Fleischspießen, Klößen und Erdapfelecken.

Beim »Luther-Schauspiel« im Hotel »Eisenacher Hof« in Eisenach wird das Gastvolk ins 16. Jh. zurückversetzt. Selbst ein Luther-Double kreuzt auf, hält eine Tischrede, und zum Nachtisch gibt es »eyn bratepflin«, einen flambierten Bratapfel. Das Hotel liegt unterhalb der Wartburg, wo der Reformator im Winter 1521/22 das Neue Testament ins Deutsche übertrug.

»WENN ICH WÜSSTE, dass morgen die Welt untergeht, würde ich heute noch ein Apfelbäumchen pflanzen!« – dieser Spruch soll ebenfalls von Martin Luther stammen. Dem zu Ehren kreierte die Natur- und Feinkost-Manufaktur »Kulinarische Zeitreisen« den Fruchtaufstrich »Luthers gewürzte Äpfel« aus Äpfeln, verfeinert mit Berberitze (Sauerdorn), Zitrone, Pfeffer, Zimt, Ingwer und Muskat. Der Delikatessenhersteller aus Heichelheim bei Weimar hat sich auf Rezepturen vergangener Jahrhunderte spezialisiert, will »Geschichte leicht verdaulich« machen und muss dabei viel rekonstruieren und ausprobieren. Je älter die Rezeptquellen, desto mehr unterscheiden sich Gewichte und Maße von Region zu Region und desto weniger genaue Mengenangaben gibt es. Das sieht dann gelegentlich auch einmal so aus: »Nimm so viel Mehl, wie du meinst, dass es genug sei, und wirf ettlicher Eier hinzu.«

EIN ROSENAUFSTRICH aus einem Auszug von Rosenblüten, Wein und Rosenwasser ist der Landgräfin Elisabeth gewidmet. Die später heilig Gesprochene

kam im Jahr 1211 auf die Wartburg, wurde mit dem Landgrafen Ludwig IV. von Thüringen verheiratet und stellte ihr Leben in den Dienst an Kranken und Armen. Ein ›Rosenwunder‹ geschah, als sie Brot für Bedürftige aus der Burg schmuggeln wollte. Der Landgraf bemerkte die ungewöhnlichen Rundungen unter dem Kleid seiner Frau, öffnete es – und stellte fest, dass sich die Brote in Rosen verwandelt hatten. Elisabeth gilt in der katholischen Kirche als die Patronin von Thüringen und Hessen.

ÜBER DIE GESCHICHTE des Kartoffelanbaus und Thüringens kugelrunde Volksspeise klärt das Kloßmuseum in Heichelheim bei Weimar auf. Neben alten Quetschen und Pressen gehören der wohl weltgrößte begehbare Kloß – Durchmesser: 4 m – und ein Kuschelkloß aus Plüsch zu den Exponaten. Im benachbarten Imbiss kann man sich Variationen wie Meerrettichklöße schmecken lassen (Hauptstr. 3, 99439 Heichelheim, Tel. 03643 4 41 22 23, www. thueringer-kloss-welt.de).

IM NAMEN DER KLÖSSE steigt alljährlich im Juli in Meiningen, wo die weichen Kugeln »Hütes« heißen, das Hütesfest mit Umzug und einem Volksschmaus auf dem Marktplatz und in Restaurants. Der Sage nach hat die heidnische Göttin Holle den Meiningern das Kloßrezept übermittelt, ein Ereignis, das auf dem Fest nachgespielt wird; an den Bürgermeister sind dabei Holles Worte gerichtet: »Hier hast du das Rezeptum, hüt es!«.

OBEN Während des Lutherfestes in Eisenach gibt es Marktstände wie aus der Zeit des Reformators.

UNTEN Thüringer Rostbratwürste auf dem Grill.

### IN KÜRZE

**LAGE** Thüringen, Thüringer Wald, Ilm-Kreis, südlich von Erfurt und Ilmenau, nördlich von Eisfeld, östlich von Suhl; die Pilzsteig-Tour führt von Gehren nach Neustadt am Rennsteig.

**INFO**
Thüringer Tourismus GmbH, Willy-Brandt-Platz 1 99084 Erfurt Tel. 0361 374 20 www.thueringen-entdecken.de

In Thüringen ist die Bratwurst kein Lebensmittel, sondern vielmehr eine Frage der Weltanschauung. Meist hat jeder »seinen« Bratwurststand, an dem die Wurst einfach am besten schmeckt, und »seinen« Metzger, bei dem das köstliche Grillgut exklusiv erworben wird. Sogar bei der Zubereitung gibt es Unterschiede: Echte Kenner lassen vor dem Rösten einen Sud aus Bier, Senf und Zwiebelringen auf die Wurst einwirken.

SEINE BEKANNTESTE Spezialität feiert der Freistaat mit dem »Bratwurstanbiss« auf dem Erfurter Domplatz zu Beginn der Grillsaison, inklusive Showgrillen, Wursttheater und Wurstrodeo. An Ständen von Metzgern aus verschiedenen Ecken Thüringens können Besucher regionale Unterschiede erschmecken. In einem Halbmarathon bringen die Wurstkönigin und der Bratwurstkönig ein symbolisches Grillfeuer aus dem Bratwurstmuseum in Holzhausen nach Erfurt. Das Museum veranschaulicht Geschichte, Herstellung und kulturellen Stellenwert des krossen Grillguts (www.bratwurstmuseum.de).

UM EIN GEMÜSE dreht sich alles bei Weimars größtem Volksfest, dem Zwiebelmarkt, der seit 1653 jedes Jahr im Oktober stattfindet. Die Besucher verputzen Unmengen von Zwiebelkuchen und -suppen, Bewerberinnen um das Amt der Marktkönigin müssen harte Prüfungen wie das tränentreibende Schneiden der vielhäutigen Bolle bestehen. Johann Wolfgang von Goethe soll sich auf dem Markt mit Zwiebelrispen (Zwiebelzöpfen) eingedeckt und diese an seinem Schreibtisch befestigt haben.

NASCHWERK aus der Goethezeit imitieren Konditoren des Weimarer Cafés »Charlotte«, darunter Meringues mit Welscher Nuss – eine Baiserspezialität – und Anisgebäck sowie Gateaux à la Princesse (Scherfgasse 3, 99423 Weimar, Tel. 03643 90 22 79, www.goethepavillon. de). Das Café ist im Palais Schardt eingerichtet, dem Elternhaus der Charlotte von Stein, einer Freundin Goethes. Dort werden literarisch-musikalische Abende veranstaltet, auch zu kulinarischen Themen wie »Goethe und der Wein«.

WANDERN mit kulinarischem Bezug macht der 21 km lange »Pilzsteig« (www.pilzsteig.de) im Thüringer Wald möglich. An mehreren Stellen informieren Schautafeln über essbare Pilze und Kräuter und ihre positive Wirkung auf den Menschen. Die Route, zertifiziert als Heilwanderweg, führt von Gehren über den Langen Berg zum Europäischen Pilzpark in Gillersdorf und weiter über den Aussichtspunkt Vordere Haube und die Mondscheinwiese nach Neustadt am Rennsteig. Heilend und erbauend dürfte der Weg in mehrerlei Hinsicht wirken: durch die Bewegung in schöner Natur und durch die Pflanzen am Wegesrand, aus denen sich ein wohltuender Tee zaubern lässt. Doch der eindeutige Clou an der Pilzsteig-Tour: Angeblich durchquert der Pilzsteig ein Gebiet »mit besonderen Energiefeldern«, die regenerierend auf das menschliche Energiefeld wirken könnten. ∎

BIER WIE VOR 100 JAHREN In der unter Denkmalschutz stehenden Museumsbrauerei Schmitt in Ilmtal-Singen, nordöstlich von Ilmenau, wird Bier wie vor 100 Jahren gebraut. In dieser kleinsten Brauerei Thüringens treibt eine Dampfmaschine das Rührwerk an, das Bier wird in Eichenholzfässern gelagert, die Etiketten werden noch von Hand auf die Flaschen geklebt. Die kleine Anlage ist mehrteilig und wurde in einem Sandsteinhang errichtet. Das Brauhaus befindet sich im Erdgeschoss und ist ein Steinbau, darüber erhebt sich als Fachwerkkonstruktion das Obergeschoss, in dem sich Braukessel und andere für die Bierherstellung notwendige Gerätschaften befinden. Die technologische Ausstattung stammt bis heute aus der Zeit zwischen 1885 und 1930. Gruppen können sich bei einer Führung das traditionsreiche Handwerk erklären lassen und der zwischen Teichen gelegene Biergarten lädt ein zum Trinkgenuss im Freien (www.brauerei-schmitt.de).

## DIE MISCHUNG MACHT'S
THÜRINGER KLÖSSE

Der originale Thüringer Kloß besteht zu zwei Dritteln aus rohen und zu einem Drittel aus gekochten Kartoffeln. Die gekochten werden zerrührt, die rohen gerieben und gepresst, anschließend werden beide Massen vermengt und gestampft. In die Mitte gibt die Köchin noch geröstete Weißbrotwürfel (Weckbröckle) hinein (www.thueringer-kloss-welt.de).

OBEN RECHTS Schon Goethe soll sich mit Zwiebelrispen (Zwiebelzöpfen) vom Weimarer Markt eingedeckt haben.

RECHTS Ein Lutherdarsteller in historischem Gewand sorgt beim Lutherschmaus im Hotel »Eisenacher Hof« für die richtige Atmosphäre.

UNTEN Der Lutherschmaus wird auch musikalisch stilgerecht auf zeitgenössischen Saiteninstrumenten untermalt.

OBEN Reben müssen vor Räubern geschützt werden. Große Netze halten Vögel von den Trauben fern.

UNTEN LINKS Mancher Rotwein gewinnt, wenn er länger ruhen kann. Einige besonders wertvolle Flaschen lagern im Weingut Meyer-Näkel in Dernau.

UNTEN RECHTS Die Weingüter der Ahr bieten oft auch Ausbildungsplätze für angehende Winzer und Winzerinnen an, die das traditionsreiche Handwerk und die heute üblichen modernen Methoden von erfahrenen Kellermeistern lernen.

# 74

# SCHLEMMEN IM ROTWEINPARADIES
## WANDERN UND GENIESSEN IM AHRTAL

Über dem Abgrund in schwindelnder Höhe hängt die »Bunte Kuh« – das Wahrzeichen der Region, das permanent mit Stahlankern vor dem Absturz bewahrt werden muss. Rund um den Felsvorsprung, der einem Tierkopf ähnelt, wird Wein angebaut.

Die Burgundertrauben glitzern im Sonnenlicht wie später der Wein bei Kerzenschein im Glas. Die 89 km lange Ahr schlängelt sich von Blankenheim »durch Wiesen hinab, von Wäldern gekühlt, zu Bergen voll Reben mit funkelndem Wein« – so steht es an der Quelle geschrieben. In der Gegend sind 558 ha mit Reben bestockt, davon 86 % mit roten Sorten, was den mit Abstand höchsten Rotweinanteil einer deutschen Weinregion ergibt.

DURCHS »TAL DER ROTEN TRAU-BEN« führt oberhalb der Weinorte der beliebte Rotweinwanderweg, dem man sogar ein eigenes Lied komponiert hat: »Er ladet zum Wandern so wunderbar.« Der Weg führt von Altenahr bis Bad Bodendorf, kurz vor der Mündung der Ahr in den Rhein. Die spektakulärste Talpartie liegt zwischen Altenahr und Walporzheim (heute ein Ortsbezirk von Bad Neuenahr-Ahrweiler), wo sich der Fluss durch eine bizarre, schluchtartig enge Felslandschaft windet. Wer sich zwischendurch ein Gläschen genehmigen möchte, steigt einfach ins nächste Dorf zum Schoppen-Stopp hinab. Beispielsweise in Rech, wo sich das Tal weitet, eine alte Bogenbrücke über die Ahr führt und „Der Pinot Noir Verrückte von der Ahr" (Gault Millau 2018) zu Hause ist: Alexander Stodden vom über 400 Jahre alten Weingut Jean Stodden (Rotweinstr. 7, www.stodden.de) zuhause ist. In großer Konstanz produziert er außergewöhnlich kraftvolle, fruchtige und vielfach ausgezeichnete Spätburgunder.

WEINVERKOSTER bescheinigen vor allem dem Frühburgunder aus dem Recher Herrenberg und dem Spätburgunder aus dem Ahrweiler Rosenthal ein imposantes Aroma. Der Weinbau in Steillagen ist mühsam, doch wirkt sich das Mikroklima des engen Tals förderlich aus. So schützt der Wald oberhalb der Rebstöcke vor Kälte, während Schieferböden, Felsen und Mauern Wärme speichern und in kühlen Nächten an die Trauben weitergeben.

IM NACHBARORT Dernau liegt die nächste berühmte Adresse für Wein-Feinschmecker, das Weingut Meyer-Näkel (Friedenstr. 15, www.meyer-naekel.de). Werner Näkel gewann unter anderem den Deutschen Rotweinpreis und wurde im Weinguide Gault Millau als Winzer des Jahres ausgezeichnet. Als er das elterliche Weingut übernahm, war die Region noch ein regelrechter Tummelplatz für trinkfreudige Reisegruppen. Wein galt Kegelfreunden, Wanderclubs und Gesangsvereinen als Erfrischungsgetränk und musste vor allem zweierlei sein: alkoholreich und lieblich.

»WER AN DER AHR war und weiß, dass er an der Ahr war, war nicht an der Ahr«, lautet ein anno 1980 von Weinreisenden geprägter und seitdem gern zitierter Spruch. Näkel aber setzte von Anfang an auf Spitzenklasse, etwa durch Handlese sowie den Ausbau der jungen Weine in Barriques, was ihnen eine feine Holznote verleiht. Das zahlte sich aus. Heute leiten die Töchter Dörte und Meike Näkel das Unternehmen. Die charaktervollen Rot-

## IN KÜRZE

**LAGE** Rheinland-Pfalz. Das Ahrtal ist ein Seitental des Rheins und zweigt auf Höhe von Remagen linksrheinisch gen Westen ab. Die vorgeschlagene Tour führt von Altenahr nach Walporzheim, ein Ortsteil von Bad Neuenahr-Ahrweiler.

**LÄNGE** 18 km (Teilstrecke des 35 km langen Rotweinwanderwegs)

**INFO** Ahrtal-Tourismus Hauptstr. 80 53474 Bad Neuenahr-Ahrweiler Tel. 02641 91 71 76 www.ahrtal.de

Zwischen Ahrweiler
und Walporzheim
informiert auch ein
Weinbaulehrpfad
über die Geheimnis-
se des Weinbaus an
der Ahr. Der 4 km
lange Weg beginnt
unterhalb des
Hotel Restaurants
»Hohenzollern«. Auf
31 Schautafeln er-
fährt der Wanderer,
welche Rolle das
Klima, die Beschaf-
fenheit des Bodens
und die Bodenbe-
arbeitung spielen
und was der Winzer
mit den Reben
machen muss, da-
mit sie gute Erträge
bringen.

weine begeistern nach wie vor die Ex-
perten, vor allem Spätburgunder aus der
Lage Walporzheimer Kräuterberg.

EINE BESONDERHEIT ist Näkels Weißwein »Illusion« aus roten Spätburgun-
dertrauben (Blanc de Noirs). Durch vor-
sichtiges, gezieltes Pressen bleibt der
ausschließlich in der Traubenhaut vorhandene Farbstoff ausgeschlossen, und es
kann ein weißer Wein gewonnen werden. Zum Weingut gehört das Restaurant
»Hofgarten« gegenüber der Kirche. Dort
sitzt man im begrünten Innenhof bei einer
deftigen Vesper, z. B. mit Eifeler Schinken
oder Neuenahrer Rauchfleisch und einem
köstlichen Hauswein.

DER ROTWEINWANDERWEG führt
hinter Dernau um die Ruine des Klosters Marienthal, weiter oben liegt der
Eingang zum ehemaligen Regierungs-
bunker (heute ein Museum). Am Aussichtspunkt Fischley hat man einen guten Blick auf die Talenge bei der »Bunten
Kuh«. Zu dem Felsvorsprung in Form
eines Tierkopfs gibt es zahllose Legenden; der banalsten zufolge hatte man die
Truppen des französischen Sonnenkö-
nigs Ludwigs XIV. falsch verstanden. Als
diese hier den Ahrwein probierten, ur-
teilten sie: »C'est bon de goût!« (»Vom
Geschmack her ist der gut!«), was die

Einheimischen als »bunte Kuh« hörten.
Um nach der Wanderung bei einem ex-
quisiten Feinschmeckermenü wieder zu
Kräften zu kommen, gibt es zwei Optio-
nen zur Einkehr. Auf der kürzeren Route,
die in Walporzheim endet, ist das Restaurant »Brogsitter Sanct Peter« das Ziel
(Walporzheimer Str. 134, www.sanct-
peter.de). Ob in Wanderschuhen oder
elegant – in dem seit 1246 bestehenden
und mit einem Michelin-Stern prämier-
ten historischen Gasthaus sind alle willkommen.

WER NOCH EINE ETAPPE anhängt,
kann in Steinheuers Restaurant »Zur Alten Post« in Heppingen, einem Ortsteil
von Bad Neuenahr-Ahrweiler, speisen
(Landskroner Str. 110, www.steinheuers.
de). Das Haus von Chefkoch Hans-Ste-
fan Steinheuer zieren die Bestnote im
Gault Millau und zwei Michelin-Sterne.
Schon ein Auszug aus der Speisekarte lässt einem das Wasser im Munde
zusammenlaufen: Parmesan-Chip mit
Kopfsalatherzen und Jahrgangssardine,
Wolfsbarsch mit Pulpo, Tomatensud,
Bohnen und Poweraden, Ahrtaler Rehrü-
cken mit Pfifferlingen, Spitzkohl, Mispel
und Quarkknödel sowie Falsche Erdbee-
re mit Orange und Basilikum. Steinheuer
bietet im Übrigen auch Kochkurse in der
hauseigenen Kochschule an. ■

WINZERGENOSSENSCHAFT MAYSCHOSS-ALTENAHR Die erste handelsgericht-
lich eingetragene Winzergenossenschaft der Welt wurde 1868 in Mayschoß gegründet. 18 Winzer schlossen sich damals zusammen, um Lagerhaltung und Vermarktung
ihrer Weine zu erleichtern. 2009 erfolgte die Fusion mit der Winzergenossenschaft
Walporzheim, der zweitältesten Winzergenossenschaft in Deutschland (Gründungs-
jahr 1871). Zusammen bewirtschaftet die heutige Genossenschaft, zu der über
400 Winzerinnen und Winzer gehören, eine Anbaufläche von 150 Hektar. Im Keller-
gewölbe der Winzergenossenschaft ist ein kleines Weinbaumuseum eingerichtet, es
werden Weinseminare und -proben angeboten. Bei geführten Wanderungen bekommen Gäste einen Einblick in die Arbeit der Winzer im Jahreskreis. Tradition verpflichtet, und so zählt die DLG die Vereinigung zu den besten Weinerzeugern Deutschlands.
(Ahrrotweinstr. 42, 53508 Mayschoß, Tel. 02643 9 36 00, www.wg-mayschoss.de).

LINKS Die 85 km lange Ahr
ist ein linker Nebenfluss des
Rheins, der sich in mehreren
engen Schleifen tief in das
Schiefergebirge eingeschnitten
hat – wie hier bei Altenahr.

UNTEN LINKS Der Sternekoch
Stefan Steinheuer vor seinem
Restaurant »Zur Alten Post« in
Bad Neuenahr-Ahrweiler.

UNTEN RECHTS Weinkeller in
Dernau, Weingut Meyer-Näkel.
Die Weine der Kellerei wurden
mehrfach prämiert und stehen
auch im Sternerestaurant
Hans Stefan Steinheuers auf
der Karte.

# 75

## LIEBLINGSRIESLING DER QUEEN
## IM RHEINGAU ZUR »WIEGE DER WEINKULTUR«

Glocken klingen über den Weinbergen bei Rüdesheim am Rhein, wenn die Ernte beginnt. Frauen in Haube und blauem Gewand ziehen durch die Rebzeilen der Abtei St. Hildegard und lesen knackige Trauben.

Der köstliche Wein aus Schwesternhand wird im Klosterladen verkauft. Dort gibt es auch Dinkelprodukte, Gewürze und Tee (Klosterweg, www.abtei-st-hildegard.de). Die im Jahr 1900 gegründete Abtei führt die Tradition des Klosters fort, das Hildegard von Bingen im Rüdesheimer Stadtteil Eibingen gegründet hatte, von dem aber nur noch die Weinkeller unter der Pfarrkirche erhalten sind.

TRUBEL HERRSCHT in der Drosselgasse in Rüdesheim, wo sich Weinlokal an Weinlokal reiht. Einheimische sagen, die Gasse sei so eng, damit das angeheiterte Völkchen auf dem Nachhauseweg rechts und links eine Stütze hat. Von hier ist es nicht weit zum »Geist des Weines«, man muss nur ein paar Hundert Meter am Rhein entlang zum Asbach Besucher Center gehen (Ingelheimer Str. 4, 65385 Rüdesheim am Rhein, Tel. 06722 49 73 45, www.asbach.de). Dort wird über die Geschichte und Herstellung des bekannten Weinbrands informiert. Im Asbach-Laden ist der Hochprozentige in raren Variationen erhältlich. Der bernsteinfarbene Asbach duftet nach Honig und Blüten und erinnert geschmacklich an Pflaumen und Nüsse.

IN RÜDESHEIM ist außerdem der »Winzer des Jahres 2011« (Gault Millau) zu Hause: Johannes Leitz vom Weingut Josef Leitz (Theodor-Heuss-Str. 5, www.leitz-wein.de). Der Leitzsche Riesling »Magic Mountain« besticht durch feine Mineralität, der Riesling vom Berg Roseneck mit feiner Kräuterigkeit und dem mineralischen, vom Quarzitboden geprägten Charakter.

RHEINABWÄRTS im Rüdesheimer Stadtteil Assmannshausen steht die »Krone«; das Hotel entwickelte sich im 19. Jh. zu einer Art Dichterherberge. »Wer fürstlich trinken will und schmausen, der ziehe hin nach Assmannshausen«, sagte man damals, und Ferdinand Freiligrath, Theodor Fontane, Gottfried Keller und Gerhart Hauptmann folgten dem Ruf. Auf dem bläulichen Taunus-Phyllitschiefer gedeihen exzellente Spätburgunder, der samtigherbe Rotwein vom Höllenberg etwa. Der höllisch gute Tropfen leitet seine Lagenbezeichnung allerdings harmlos von Halde – Steillage – ab.

SEIT LANGEM befinden sich unter den Rheingaubesuchern auch einige gekrönte Häupter. In Hochheim am Main, ganz im Südosten der Weinregion, pflückte die englische Königin Victoria während einer Reise im Jahr 1845 einige Trauben und war »very amused«; sie ließ sich fortan mit Hochheimer Wein versorgen und wusste im hohen Alter, warum sie so fit geblieben war: »Good Hock keeps off the Doc« (»Guter Hochheimer macht den Arzt entbehrlich«). »Hock« wurde weltweit zum Synonym für guten deutschen Riesling. Ein kunstvoll gestaltetes Etikett ziert bis zum heutigen Tag jede Flasche Wein aus den Trauben des nach der huldvollen Besucherin benannten Königin-Victoria-Bergs.

ALS JUNGWINZERIN stieg Theresa Breuer 2004 im Alter von 20 Jahren in die Leitung des Weinguts Georg Breuer in Rüdesheim am Rhein ein. Ihr Anliegen ist ein naturnaher, nachhaltiger Weinbau.

IN KÜRZE

LAGE Hessen, am rechten Ufer des Rheins, westlich von Wiesbaden, von Rüdesheim bis Kloster Eberbach. Die vorgeschlagene Route ist eine Teilstrecke der 70 km langen Rheingauer Riesling Route von Lorch bis Flörsheim.

LÄNGE 19 km

START Rüdesheim

ZIEL Kloster Eberbach

INFO Rheingau-Taunus Kultur und Tourismus Haus der Region 65375 Oestrich-Winkel Tel. 06723 60 27 20 www.rheingau.com

Auf der 1973 eröffneten »Rheingauer Riesling Route« fährt man in einem Zickzackkurs zu den Weinorten des Rheingaus zwischen Wicker, dem »Tor zum Rheingau«, und Lorchhausen. Die etwa 70 km lange Route ist gut ausgeschildert, ein weißer Kelch auf grünem Hintergrund markiert den Weg. Doch es ist nicht der exzellente Wein allein, die Fahrt lohnt auch wegen der zahlreichen Sehenswürdigkeiten auf der Strecke.

RIESLINGREBEN besetzen in der Weinregion über 81 % der 3134 ha Anbaufläche. Qualität statt Masse lautet die Philosophie vieler Winzer; die Durchschnittserträge liegen unter, die Preise über dem Bundesdurchschnitt. Vor allem das Kiedricher Familienweingut Robert Weil bringt das gute Renommee des Rheingauer Rieslings voran (Mühlberg 5, www.weingut-robert-weil.com). Chefwinzer Wilhelm Weil, der Urenkel des Gründers, und sein Team gehören zu den weltbesten Weinerzeugern. Ihre edelsüßen Spezialitäten bieten ein intensives, lang anhaltendes Geschmackserlebnis. Eine Flasche Riesling Trockenbeerenauslese aus dem Gräfenberg wurde einmal für 4300 Euro versteigert.

DIE WEINORTE verbindet die Rheingauer Riesling Route, ausgeschildert mit einem Römerkelch auf einer Strecke für Autos und einer Variante über Wanderwege. Der Wanderweg führt von Rüdesheim über Marienthal nach Johannisberg. Dieser Ort wurde schon als ›Balkon‹, Symbol und Krönung des Rheingaus bezeichnet, weil das gelbe Schloss gar so malerisch über den Rebenreihen thront. Von der Aussichtsterrasse hat man einen Panoramablick auf die berühmten Weinlagen bis nach Rheinhessen. Ein Platz für Reben, meinte Karl der Große, der eines schönen Winters von seinem Palast auf der anderen Rheinseite Richtung Rheingau blick-

te, wo just am Johannisberg der Schnee zuerst schmolz. 1000 Jahre später wurde hier die Spätlese ›erfunden‹: Da sich der Johannisberg damals im Besitz der Fürst-Äbte von Fulda befand, war es Usus, dass ein Bote aus Fulda den Startbefehl zur Weinlese überbrachte. 1775 verspätete sich der Meldereiter; die Trauben waren schon überreif, wurden aber trotzdem geerntet und verarbeitet – und entwickelten sich zu einem Spitzenwein.

WEITER ÖSTLICH, am Waldesrand oberhalb des Steinbergs bei Hattenheim, liegt das Kloster Eberbach, die ›Wiege der Weinkultur‹. Warum ein Eber das Wappentier der Abtei ist? 1136 suchte der Zisterziensermönch Bernhard von Clairvaux in der Gegend einen Platz für ein neues Kloster. Im Kisselbachtal sprang plötzlich ein Eber aus dem Dickicht und wühlte die Erde auf – für den großen Mystiker das Zeichen zum ersten Spatenstich. Seine Mönche hatten Rotweinstöcke aus Burgund im Gepäck und bauten bald vom Rheingau aus ein kleines Weinimperium auf. Seit 1803 ist das Kloster in weltlichem Besitz. Die schmucken mittelalterlichen Gewölbehallen können besichtigt werden; zudem finden dort Konzerte, Schlemmerfeste sowie Weinversteigerungen und Weinprämierungen statt. Unter dem Motto »Ein Rendezvous mit der Ewigkeit« lassen sich im Kloster auch jedes Jahr viele Paare trauen. ◾

DIE ETWAS ANDERE GASTSTÄTTE Franz Keller, der Besitzer und Küchenchef des Restaurants »Die Adler Wirtschaft« in Hattenheim, gehört zu den gefragtesten Köchen Deutschlands. Der »Adler« ist dabei kein Luxusrestaurant, es gibt keine umfangreiche Speisekarte. Bei der kleinen, täglich neu zusammengestellten Speiseauswahl (z. B. »Ziegenkäsepraline mit Aprikosen, Birnen, Blattsalaten und Honig-Balsamico-Vinaigrette«) verfolgt Keller das Konzept »vom Einfachen das Beste«. Es werden keine vorverarbeiteten Produkte und Zutaten verwendet. Zum Essen wird immer eine Flasche Wein gereicht. Die angebotenen Weine sucht Keller jedes Jahr selbst aus und lässt sie eigens für den »Adler« abfüllen. Die Preise sind ebenfalls moderat, ein Grund mehr für die Beliebtheit des Restaurants (www.franzkeller.de).

LINKS Holzfässer im Weinkeller des Schlosses Johannisberg im Rheingau.

MITTE LINKS Das Weingut Kloster Eberbach in Hattenheim, zu dem auch die berühmte Lage Steinberg gehört, wird von Dieter Greiner geleitet.

MITTE RECHTS Burgruine Ehrenfels westlich von Rüdesheim ist eine Hangburg aus dem 12. Jh.; sie gehört seit 2002 zum UNESCO-Weltkulturerbe Oberes Mittelrheintal.

UNTEN RECHTS Eine Auswahl von Weinen der Weinkellerei der Abtei St. Hildegard, Rüdesheim.

# 76

## BIER AUF BIER, DAS RAT ICH DIR!
## BRAUEREI-HOPPING IN OBERFRANKEN

*Es ploppt und zischt und klingt und prostet aus allen Ecken des Gartens im Schatten hoher Linden. Zum fröhlichen Stimmengewirr huschen Kellnerinnen im Dirndl von Tisch zu Tisch, in der Hand einen Seidla-Kranz.*

Die randvollen Humpen fassen einen halben Liter Gerstensaft, der unter einer sahnigcremigen Schaumkrone goldgelb leuchtet und von den Gästen im Biergarten schon sehnlichst erwartet wird. In Oberfranken ist die Versuchung groß, ein Seidla nach dem anderen zu leeren, und dafür gibt es mindestens vier gute Gründe: der gute Geschmack der Biere, die Biervielfalt vom obergärigen Vollbier über das Rauchbier bis zum Schwarzbier, die große Brauereidichte – rund 200 Biermacher in Oberfranken, davon ein Drittel in der Fränkischen Schweiz – und die Animation allerorten, Wanderungen von Brauhaus zu Brauhaus zu unternehmen. So erhalten in Bamberg Teilnehmer der »Bierschmecker-Tour« Rucksack, Stadtplan, Steinkrug und fünf Gutscheine zur Füllung desselben, wobei unter acht Braustätten gewählt werden kann (Bamberg Tourismus & Kongress Service, Geyerswörthstr. 5, 96047 Bamberg Tel. 0951 2 97 62 00, www.bamberg. info).

IN AUFSESS in der Fränkischen Schweiz erhalten die Auszeichnung »Ehrenbiertrinker der Weltrekordbrauereien« diejenigen Wanderer, die auf einem 14 km langen Rundkurs Brauereien abklappern und sich jeweils einen Stempel in einen Wanderpass drücken lassen (Gemeindeverwaltung: Tel. 09198 99 88 81, www.aufsess.de, www.brauereiweg.de). In der kleinen Gemeinde kommen auf 1470 Einwohner vier Biermacher – hier herrscht die größte Brauereidichte der

Welt, was das ›Guinnessbuch der Rekorde‹ im Jahr 2000 halbamtlich vermerkte. Die Route führt durch eine Landschaft von Felsen, Feldern und Wäldern im Aufseßtal vorbei an Burg Unteraufseß, Schloss Oberaufseß und der Neuhauser Mühle. Unterwegs lädt die Brauerei Rothenbach zu einem Zwickl, einem unfiltrierten Kellerbier mit feiner Hefe, die Brauerei Stadter zu einem gut gehopften, würzigen Landbier, die Brauerei Reichold zu ihrem süffigen, aber nicht zu süßen Lagerbier und »Kathi-Bräu« zu einem köstlichen, amberfarbenen Lagerbier.

GERSTENSAFT steht in der Region zudem auf der Zutatenliste vieler Speisen: Es gibt Bierrisotto, Zucchini im Bierteig und Lamm in dunkler Bockbiersauce. Auch vor dem Nachtisch macht das Bier nicht halt, etwa vor Bierschaum mit Erdbeeren oder vor in Weißbier marinierten Pfirsichen. Bierwürste sind ebenfalls zu haben, die heißen allerdings nur so, weil sie gut zu Bier passen – den Gerstensaft enthalten sie nicht.

BRATWURST, die bekannteste essbare Spezialität (Ober-)Frankens, hat in fast jedem Ort eine etwas andere Rezeptur und Würzmischung. Küchenphilosophen wollen sogar einen Unterschied zwischen Bratwürsten aus katholisch geprägten Winkeln und evangelischen Bratwürsten herausschmecken. Letztere seien gröber und hätten einen geringeren Brätanteil. Ob ein Zusammenhang mit protestantischem Purismus

FRISCH VOM FASS schmeckt es am besten. Bierausschank in der Gaststube der Mahr's Bräu in Bamberg.

IN KÜRZE

**LAGE** Bayern, Regierungsbezirk Oberfranken. Aufseß liegt in der Fränkischen Schweiz zwischen Bamberg und Bayreuth. Der Rundweg zu den »Weltrekordbrauereien« verläuft von Aufseß nach Sachsendorf und über Hochstahl und Heckenhof zurück nach Aufseß

**LÄNGE** 14 km

**INFO** Tourismusverband Franken Pretzfelder Str. 15, 90425 Nürnberg Tel. 0911 94 15 10 www.frankentourismus.de

Die Brauerei »Kathi
Bräu« in Heckenhof
bei Aufseß galt
lange Jahre als
Deutschlands kleins-
te Brauerei. Sie ist
zwar noch immer
nicht wirklich groß,
aber doch dank ihrer
Beliebtheit vor allem
auch als Bikertreff
inzwischen etwas
gewachsen. Das
Erbe der inzwischen
verstorbenen Kathi
Meyer hält Brauerei-
chef Alois Maxemili-
an Schmitt weiter in
Ehren. Das legendä-
re dunkle Lagerbier
ist noch immer
unübertroffen.

besteht, bleibt deshalb so umstritten wie die Frage, ob die Protestanten- oder die Katholikenwurst nun besser schmeckt und woher der älteste historische Bratwurstnachweis stammt, ob aus Franken oder aus Thüringen.

DIE BERÜHMTE Coburger Bratwurst ist jedenfalls von gröberer Natur, besteht zu einem Viertel aus Kalb- oder Rindfleisch und wird über einem Feuer aus Kiefernzapfen gebraten, was ihr schon einen würzigen Geschmack verleiht, den Pfeffer, Salz, Muskat und Zitrone verfeinern. Sie kommt in einer vertikal, nicht horizontal aufgeschnittenen Semmel auf den Teller und sollte so lang sein wie der Marschallstab des Heiligen Mauritius auf dem Coburger Rathausgiebel: 31 cm. Die Figur des Stadtpatrons als Maßgeber für die Leibspeise der Coburger nennt der Volksmund folgerichtig ›Bratwurstmännle‹.

SELBST FÜR LECKERMÄULER ist Oberfranken ein Mekka, genauer gesagt Ludwigsstadt im Norden des Frankenwalds, wo die »Confiserie Burg Lauenstein« feinste, von Hand geformte und verzierte Trüffel- und Pralinenspezialitäten fertigt. Im Sortiment sind außergewöhnliche Kombinationen wie Waldmeister-Trüffel, Zartbitterschokolade mit Cayennepfeffer, Rosmarin und Limette oder die Trüffelcreme Erdbeer-Balsamico. Doch auch eine Hommage an die Region etwa in Form einer Vollmilch-Krokant-Brezn oder in Form von Biertrüffeln im Zartbittermantel mit 13,75 % Bier, Bierbrand und Malzextrakt kommt nicht zu kurz. In der gläsernen Manufaktur der Confiserie Burg Lauenstein können Besucher dabei zusehen, wie die süßen Kunstwerke entstehen, selbst in die Rolle eines Chocolatiers schlüpfen und eigene Pralinen gestalten (Fischbachsmühle, Tel. 09263 97 50 10, www.lauensteiner.de).

IN WIRSBERG nahe Kulmbach kann man Gast von Fernsehkoch Alexander Herrmann sein. Der Gourmetküche des »Herrmann's Romantik Posthotel« geben saisonale und regionale Einflüsse Profil; so stehen neben bayerischen Garnelen ein lackierter und geflämmter Stör sowie gerösteter Lammbauch mit Kaffir-Limette auf der Speisekarte. In Gourmet-Workshops zeigt der Chefkoch Tricks der Spitzengastronomi und gibt Anregungen für eine »Sterneküche für zu Hause« (Marktplatz 11, Tel. 09227 20 80, www.alexander-herrmann.de). ∎

RAUCHBIER – GLÜCK IM UNGLÜCK? Eine der Legenden über die Entstehung dieser seltenen Biergeschmacksvariante berichtet, dass das gelagerte Malz eines armen Brauers bei einem Brand wohl so stark dem Rauch ausgesetzt war, dass es den Rauchgeschmack angenommen habe. Da der arme Kerl das Malz nicht wegwerfen konnte, braute er es zu Bier und wider Erwarten kam der rauchige Geschmack gut an. Wie auch immer, das Aroma von frisch Geräuchertem, das diese Bierrarität trägt, entsteht heute durch das Trocknen bzw. Räuchern des Malzes über offenem Feuer. Zwei Bamberger Brauereien bieten die Spezialität gleich in mehreren Sorten an: die urige Brauerei »Spezial« und die Schlenkerla-Brauerei in ihrer historischen Wirtsstube. Einige Brauereien bieten das Bier auch mit dem traditionellen Bügelverschluss an, darunter die Brauerei Rittmayer aus Hallerndorf bei Forchheim, deren Biere in den letzten Jahren mehrfach ausgezeichnet wurden (www.rittmayer.de).

LINKS Ungespundetes
Bier in der rustikal einge-
richteten Brauereigast-
stätte – am Stammtisch
gibt es nichts anderes.

MITTE Die bunt bemalte
Häuserfassade des alten
Rathauses in Bamberg –
die Säulen wirken täu-
schend echt, sind aber
tatsächlich nur gemalt.

LINKS Eine süße
Verführung: die auf Burg
Lauenstein hergestellten
feinen Pralinen.

RECHTS Feuchtfröhliche
Runde mit Rauchbier und
Brez'n.

# 77

## VOM SAUMAGEN ZUM PARADIESGARTEN
## PFÄLZER DELIKATESSEN

Außen pieksen die runden Stachelpakete, ihre zweite Schale ist aber ganz glatt; in Kinderhänden werden sie zu Skulpturen, in Küchen zu Knödeln; Destillateure verwandeln sie in Brand, Brauer in Bier … richtig: Die Rede ist von Edelkastanien.

Keschde, wie Edelkastanien in der Pfalz genannt werden, zählen zu den wichtigsten Spezialitäten der Region. Am Haardtrand, dem Ausläufer des Pfälzer Waldes zur Rheinebene, ist im Juni schon von Weitem ein hellgelb leuchtendes Band zu sehen, wenn sich die länglichen Blüten der Kastanien geöffnet haben. Zur Reifezeit im Oktober feiern die Pfälzer ihre Keschde, wie sie fallen, dann werden bei kulinarischen Tagen in Hauenstein, Annweiler am Trifels und an der Villa Ludwigshöhe Kastanien in allen Variationen gereicht. Aus den Dörfern ziehen Einheimische und Gäste in Karawanen los, um Kastanien zu sammeln und die Fundstücke anschließend zu rösten und zu verspeisen.

EIN KESCHDEWEG führt durch Kastanienwälder von Hauenstein über Annweiler, Edenkoben und Maikammer nach Neustadt. Das Hambacher Schloss, das sich im Neustädter Ortsteil Hambach über Reben und ›Keschdebääm‹ – Kastanienbäume – erhebt und allgemein als ›Wiege der deutschen Demokratie‹ bekannt ist, wurde anfangs schlicht ›Keschdeburg‹ genannt.

»CASTANEA SATIVA«, so der botanische Name, war früher das nahrhafte, kalorienreiche Brot der Armen, feiert mittlerweile aber als Delikatesse ein Comeback und landet immer wieder auf Speisekarten guter Restaurants wie der des »St. Urban« im Nobelhotel »Deidesheimer Hof« (Am Marktplatz, www.

deidesheimerhof.de). Dort wird Pfälzer Landhausküche mit Tradition und Pfiff geboten. Das Pfälzer Lieblingsgericht – Saumagen – findet sich auf der Speisekarte unter der Rubrik »Klassiker« und kommt mit Bratwurst, Leberknödeln, Sauerkraut und Kartoffelpüree auf den Tisch.

Helmut Kohl, der sechste Bundeskanzler der Bundesrepublik, der in Ludwigshafen-Oggersheim gewohnt hat, ging zu Lebzeiten gern mit seinen internationalen Gästen im »Deidesheimer Hof« essen und machte den ›Saumaache‹ zum Staatsgericht. Ins Gästebuch des »Deidesheimer Hofs« haben sich u.a. König Juan Carlos, Jacques Chirac, Königin Elizabeth II. und Michail Gorbatschow eingetragen. Seitdem die Staatsgäste ausbleiben, bildet die Geißbockversteigerung wieder den Jahreshöhepunkt.

SEIT DEM 14. Jh. führt jeden Pfingstdienstag das jüngste Brautpaar aus dem Nachbarort Lambrecht einen Geißbock durch den Wald zur Versteigerung vor das Deidesheimer Rathaus. Mit dem Bock zollen die Lambrechter Tribut für Weiderechte auf Deidesheimer Grundbesitz. Die Versteigerung hat sich zu einem kleinen Volksfest entwickelt, bei dem auch sportliche Einlagen wie Trachtentanz und Fassschlüpfen nicht fehlen dürfen. Passend zum Ereignis hat die in Deidesheim ansässige Confiserie-Manufaktur »Biffar« Geißbockpralinen kreiert, Trüffelpralinen in Geschmacksrichtungen wie Vollmilch mit Ziegenmilch und

PFÄLZER SAUMAGEN, hier stolz präsentiert von Metzger Klaus Hambel aus Wachenheim, wurde spätestens durch Helmut Kohl überregional bekannt.

IN KÜRZE

LAGE Rheinland-Pfalz. »Deutsche Weinstraße«: am Rand der Rheinebene und des Pfälzerwaldes zwischen der Rhein-Neckar-Region und dem Elsass von Schweigen nach Bockenheim. Der Wanderweg verläuft nahezu parallel.

LÄNGE
85 km (Ferienstraße)
96 km (Wanderweg)

HÖCHSTER PUNKT
273 m (Ferienstraße)
353 m (Wanderweg)

INFO Pfalz Touristik
Martin-Luther-Str. 69
67433 Neustadt
an der Weinstraße
Tel. 06321 391 60
www.pfalz.de

Zartbitter mit Ziegenmilch sowie Ziegen-frischkäse (www.biffar.com).

IM MÄRZ zieren rosarote Mandelblüten die Landschaft, wenn andernorts noch Winter herrscht. Das milde Klima lässt selbst Fei-gen gedeihen, die wiederum zu Spezialitä-ten wie Feigennudeln und -likör verarbeitet werden. Über weinbewachsene Hügel, vorbei an Weinlagen, die »Herrgottsacker«, »Mandelgarten« oder »Paradiesgarten« heißen, zu Weinorten mit rebenumrankten Höfen und mediterranen Gärten führt die bekannte Touristikroute »Deutsche Wein-straße« zwischen dem Deutschen Weintor im Süden bei Schweigen-Rechtenbach und Bockenheim (85 km). Alternativ kann man die Gegend auf einem halbwegs par-allel verlaufenden »Wanderweg Deutsche Weinstraße« (96 km) in 3 bis 5 Tagesetap-pen erkunden.

VON DEIDESHEIM geht es unterhalb bewaldeter Hänge nördlich nach Wa-chenheim. Von der im Jahr 1156 erbau-ten Wachtenburg kann man den Blick über das Wein- und Sektstädtchen und über das Rebenmeer bis zur Rheinebene schweifen lassen. Die 1888 gegründete Sektkellerei Schloss Wachenheim machte den Ort bekannt. Am Marktplatz steht das Stammhaus mit seinen weitläufigen Kel-lergewölben und einem Kellereimuseum (www.schloss-wachenheim-pfalz.de).

FREUNDE GUTER WURST gehen zu Metzgermeister Klaus Hambel, früher Kohls Hauslieferant. Jeden Freitag ist hier Saumagentag, dann wird schlacht-frischer Saumagen gegart und gefüllt (Hintergasse 1, www.metzgerei-ham bel.de). Zu Hambels Spezialitäten, die auf Bestellung bundesweit verschickt werden, gehören Saumagen in Maul-taschen, Saumagen mit Pfifferlingen, Schafskäse oder Spargel und Saumagen mit Kastanien – das sind gleich zwei Na-tionalgerichte in einem. Dazu ein Glas Wein – mehr Pfalz in Mund und Magen geht kaum.

DAS WEINGUT Dr. Bürklin-Wolf in Wa-chenheim gehört zu den besten Erzeu-gern trockener Rieslinge in Deutsch-land (Ringstr. 4, www.buerklin-wolf.de). Die großartigen Tropfen zeichnen sich durch ihre Aromenfülle und ihre inten-siv mineralische Note aus. Hoch gelobt sind vor allem die Rieslinge aus den La-gen Deidesheimer Hohenmorgen, Fors-ter Jesuitengarten und Forster Kirchen-stück. Und noch weiter nördlich an der Weinstraße, in Bad Dürkheim, hat eine weitere, vielfach ausgezeichnete Erzeugergemeinschaft ihr angestamm-tes Domizil, die Winzergenossenschaft »Vier Jahreszeiten« (Limburgstr. 8, www.vj-wein.de). Neben Weinproben werden hier geführte Weinbergwande-rungen und Seminare angeboten. Für die Reben der dortigen Lagen sind die Basalteinlagerungen im Boden beson-ders günstig, die die Sonnenwärme gut speichern. ■

BEIM KARTENSPIEL VERLOREN Das Weingut Odinstal in Wachenheim wurde zu Anfang des 19. Jh.s vom damaligen Bürgermeister Johann Ludwig Wolf einge-richtet. Beim Kartenspiel im Spielzimmer des heutigen Weinguts J. L. Wolf Erben verlor er das Anwesen jedoch an einen anderen Gutsbesitzer aus Wachenheim. Seit 1998 gehört das Gut Thomas und Ute Hensel. Die Weinberge in einer der höchsten Einzellagen der Pfalz (bis 350 m) werden ökologisch und biologisch-dynamisch be-wirtschaftet, die Trauben sehr spät geerntet. Als Spitzenwein gilt der Riesling »Basalt«, erdig, mineralisch mit Hefe- und Nuss-Aromen (www.weingut-odinstal.de).

LINKS Burg Wachten-
burg in Wachenheim
wurde erstmals 1257
urkundlich erwähnt.

RECHTS Im Deideshei-
mer Hof wurden viele
der internationalen Gäste
Helmut Kohls verköstigt.

DEIDESHEIMER HOF

RECHTS In der Schatz-
kammer des Weinguts
Bassermann-Jordan
wird diese Lage von
altem Wein aufbewahrt.

UNTEN Edle Pralinen
werden in der Patisserie
Rebmann in Leinsweiler
noch von Hand geformt.

RECHTS Gebratene Sau-
magenscheiben, klassisch
kombiniert mit Sauerkraut
und Kartoffelpüree.

UNTEN Edle mediterrane
Küche kommt im Sterne-
Restaurant L.A. Jordan
in Deidesheim auf den
Tisch.

## SAUMAGEN
### PFÄLZER KÜCHENPOESIE

Was steckt eigentlich
alles in dem ›gefüllten
Dudelsack‹ oder dem
›herrlichsten Gedicht
Pfälzer Küchenpoesie‹,
wie der Saumagen in der
Pfalz auch genannt wird?
Rezeptvariationen von
der vegetarischen Fül-
lung bis zum getrüffelten
Milchferkelmagen sind
im Umlauf. Hier ein typi-
sches Rezept: Mageres
Schweinefleisch mit
Mett und Kartoffel-
stücken vermischen, mit
Pfeffer, Salz, Koriander,
Majoran und Muskat
würzen und das Ganze
in den vorher gereinigten
Saumagen füllen. Die
Öffnungen zubinden und
diesen für ca. 3 Stunden
in 70 °C heißem Wasser
sieden. Anschließend
abtropfen lassen, in
Scheiben schneiden und
falls gewünscht in Butter
knusprig braten. Dazu
passen Sauerkraut und
Kartoffelpüree.

Langenburg ■
Schwäbisch Hall ■
Vellberg ■

■ STUTTGART

BADEN-
WÜRTTEMBERG

# 78

## MEHR ALS MAULTASCHEN
## OMAS KÜCHENGARTEN IN HOHENLOHE

Im Korb liegen schon zwei als Unkraut geächtete Delikatessen: Geißfuß (Giersch), der ein petersilienähnliches Aroma hat, und das nach jungem Mais schmeckende Sternenkraut (Vogelmiere). Was fehlt noch für ein leckeres Wildkräutermenü?

### IN KÜRZE

**LAGE** im Nordosten
von Baden-
Württemberg bei
Schwäbisch Hall

### INFO
Hohenlohe und
Schwäbisch Hall
Tourismus
Münzstr. 1
74523 Schwäbisch
Hall
Tel. 0791 755 74 44
www.hohenlohe-
schwaebischhall.de

Löwenzahn und Brennnessel, weiß Jürgen Andruschkewitsch, der regelmäßig mit einer Kolonne von Hobbyköchen durch Wald und Flur rund um Eschenau zieht. Die Teilnehmer lernen, in Vergessenheit geratene, essbare Pflanzen zu bestimmen und zuzubereiten. In Andruschkewitschs Restaurant »Rose« in Vellberg-Eschenau feiern auch die raren Getreide Emmer, Einkorn und Kamut sowie die Gemüsesorten Weiße Bete und Kardone – der Artischocke ähnlich – ein glanzvolles Comeback. Die ungewöhnlichen Zutaten werden mit Küchenklassikern wie Hohenloher Rinderrippen kombiniert (Ortsstr. 13, www.eschenau-rose.de).

HOHENLOHE heißt der Landstrich, in dem wir uns befinden. Er ist geprägt von der Jagst, die am Rand der Ostalb entspringt, erst nord-, dann westwärts das grüne Kernland durchfließt, um bei Bad Friedrichshall im Neckar aufzugehen. Den von Kornfeldern umwogten Orten setzen

zahlreiche Schlösser die Krone auf: Seit dem 13. Jh. war Hohenlohe das Herrschaftsgebiet einer Fürstenfamilie, die sich nach einer Burg beim fränkischen Uffenheim nannte und die Region mit einem dichten Netz von Adelssitzen überzog.

AUFMERKSAM auf Pflanzen der Gegend macht auch die Wanderroute »Kräuter und Beeren am Wegesrand« (Markierung »WK«, 19 km). Der Rundkurs führt von Vellberg über Eschenau, Hausen und Dörrenzimmern durch das Naturschutzgebiet Unteres Bühlertal, vorbei an senkrechten Muschelkalkfelsen. Schautafeln entlang der Strecke lehren, welchen Gaumenschmaus man aus wilden heimischen Gewächsen machen kann, so etwa eine lecker gewürzte Salatsauce mithilfe des Kleinen Wiesenknopfs, Marmelade und Likör aus der Schlehe oder Tee aus den scharlachroten Früchten des Weißdorns.

DIE ›SCHIMMERNDE‹ wird der 51 km lange Fluss Bühler genannt, der seine

LINKS Salate mit Wildkräutern, gesammelt auf der Kräuterroute von Vellberg aus.

RECHTS Schwarzer Kopf, schwarzes Hinterteil und Schlappohren sind typisch für diese Landschweine aus Hohenlohe.

RAUCHENDE ÖFEN Auf dem Gelände des Hohenloher Freilandmuseums in Wackershofen bei Schwäbisch Hall wogen neben den alten Getreidesorten Emmer und Einkorn die Färbepflanzen Krapp (für Rot) und Waid (für Blau) im Wind. Fast 70 Gebäude aus fünf Jahrhunderten wurden hierher versetzt (www.wackershofen.de). Beim Backofenfest steigt Rauch aus den Bauernhäusern auf und der Duft von Grünkernküchle und anderen Traditionsgerichten schwebt durchs Museumsdorf.

Quelle bei Abtsgmünd-Pommertsweiler im Ostalbkreis hat und nordwärts zwischen den Limpurger und Ellwanger Bergen fließt, um bei Geislingen in den Kocher zu münden. Auf den Bauernhöfen in Hohenlohe tummeln sich Schweine mit schwarzem Kopf, Schlappohren und dunklem Hinterteil – Schwäbisch-Hällische Landschweine. In den 1980er-Jahren war diese Landtierrasse vom Aussterben bedroht, dann nahmen sich Hohenloher Bauern ihrer an und begannen mit der Wiederaufzucht. Das dunkle Fleisch des Borstenviehs hat einen kräftigen Geschmack und ist mittlerweile in der Spitzengastronomie gefragt, ebenso wie das der Limpurger Rinder, der ältesten noch existierenden württembergischen Rinderrasse. Bœuf de Hohenlohe nennt man das Mastvieh auf den Weiden in den Tälern von Bühler, Kocher und Jagst. Der Name stammt aus dem 19. Jh., als das Fleisch selbst in Frankreich beliebt war und Rinder und Ochsen von Hohenlohe bis nach Paris getrieben wurden.

FEINE FLEISCHGERICHTE und delikate Hohenloher Spezialitäten bereitet Maître Hans-Harald Reber in seinem Restaurant »Rebers Pflug« vor den Toren von Schwäbisch Hall: Schwäbische Nudelflecken mit gebratenen Pfifferlingen oder gekochten Tafelspitz vom Albrind an Meerrettich-Schnittlauch-Sauce. Das Restaurant mit angeschlossenem Hotelbetrieb ist in einem alten Landgasthof untergebracht, Gemüse und Kräuter kommen ganz frisch aus dem eigenen Bauerngarten (Weckriedener Str. 2, www.rebers-pflug.de).

EXZELLENTER KÄSE findet sich bei Berit und Norbert Fischer in der Schafskäserei Langenburg im gleichnamigen Städtchen, 34 km nördlich von Schwäbisch Hall. Die in Bioqualität hergestellten Käsespezialitäten begeistern Feinschmecker und Küchenchefs. Mehrmals prämiert ist z. B. der Roque-Blue, ein Edelschimmelkäse. Fischers Hartkäse reift über ein halbes Jahr im Gewölbekeller (Breberweg 2, www.schafkaese.com). ■

Oberhalb von Jagsthausen thront die Burg Götz von Berlichingens. Im Burgmuseum ist das Original seiner berühmten eisernen Hand zu sehen, im Restaurant nebenan können mittelalterliche Rittermahle gebucht werden (Schloßstr. 20, Tel. 07943 9 43 65).

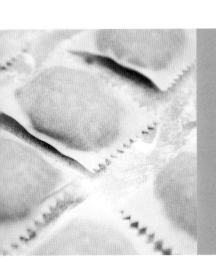

LINKS Die klassischen Maultaschen sind mit einer Mischung aus Brät, Spinat, Zwiebeln und eingeweichten Brötchen gefüllt.

RECHTS Die Jagst, der längste Nebenfluss des Neckar, bei Langenburg.

# 79

## DER LOCKRUF DES KUCKUCKS
## ZUM HOCHGENUSS IN DEN SCHWARZWALD

Vielen, die sonst nichts über Deutschland wissen, ist »Black Forest« ein Begriff. Liegt es an der leckeren gleichnamigen Torte oder am Exportschlager Schwarzwalduhr, bei der stündlich ein Kuckuck hervorlugt und pfeift – ein Lockruf …

Er lockt ins Schlaraffenland, wo Schinken und Honig das Aroma von Tannen tragen und Kirschen in schnapsgetränkter Sahne baden. Zwischen den bewaldeten Steilhängen, blumenbunten Wiesen und klaren Bächen des Schwarzwalds kann man vor allem zwei Dinge sehr gut: wandern und schmausen. Und macht eine Wanderung nicht gleich doppelt so viel Spaß, wenn am Ende der Tour durch den düsteren Tann eine herzhafte Vesper wartet? Diese wird auf einem Holzbrett angerichtet und besteht aus Brot mit knuspriger Kruste, Speck, Schinken, Blut- und Leberwurst. Manche gönnen sich dazu ein Viertele Wein, ein Bier, einen Obstschnaps oder ein Stück Kirschtorte, die in fast allen Rasthöfen mit ihren holzgetäfelten Stuben unter dem tief heruntergezogenen Walmdach angeboten wird.

ECHTER SCHWARZWÄLDER SCHINKEN ist die krönende Delikatesse eines Vesperbretts. Damit das Schweinefleisch von der Hinterkeule seinen unnachahmlichen Geschmack erhält, wird es mit Pfeffer, Salz, Kümmel, Knoblauch, Koriander, Senfkörnern und Wacholderbeeren eingerieben und anschließend an der frischen Luft getrocknet. Ein noch kräftigeres Aroma erhält der Schinken schließlich durch Räuchern über Tannenreisig, was ihn außerdem haltbar macht.

AUF DER SUCHE nach dem besten Schinken der Region wird der prämierte und in der Spitzengastronomie beliebte »Edelräucherschinken« des Räucherspezialisten Pfau in Herzogsweiler sicher zu den Favoriten gehören. Pfaus Sortiment umfasst u. a. Kirschwassersalami. Details der Fertigung erfahren Besucher während einer Besichtigung (Anmeldung unter Tel. 07445 64 82, Alte Poststr. 17, www.pfau-schinken.de).

FÜR DIE SCHWARZWÄLDER Kirschtorte, die man sogar in Amerika – dort als »Black Forest Cake« – kennt, wird bis heute um Details des Originals gestritten. Jeder Konditor vertraut dem Rezept eines anderen »Erfinders«, schichtet seine Anzahl von Sahne-Frucht-Biskuit-Etagen aufeinander oder spendiert eine zusätzliche Schicht Schokoladencreme. Die einen geben das Kirschwasser nur zu den Früchten, die anderen nur zur Sahne, und wieder andere tränken alles mit Schnaps. In Todtnauberg im Südschwarzwald findet alle zwei Jahre ein Kirschtortenfestival statt, bei dem professionelle Zuckerbäcker und Hobbykonditoren um die Wette backen. Hier werden handwerklich die Maßstäbe gesetzt: Die Kirschen sollten warm gebunden sein, die Kirschwassermenge ist ebenfalls limitiert. Ansonsten sind der Fantasie wenig Grenzen gesetzt – und am Schluss werden die süßen Kunstwerke für einen guten Zweck verputzt.

DOCH KIRSCHWASSER schmeckt auch ohne Torte. In Staufen am Eingang des Münstertals, 20 km südlich von Freiburg, gewinnt das renommierte Familienunternehmen Schladerer das Destillat

ALS DEKORATIVER ABSCHLUSS der Schwarzwälder Kirschtorte werden Kirschen – z. B. Schattenmorellen aus dem Glas – auf der Sahne platziert.

IN KÜRZE

**LAGE** im Westen und Südwesten von Baden-Württemberg

**INFO**
Zur Region um Baiersbronn, dem ›Sternedorf‹: Baiersbronn Touristik Rosenplatz 3 Tel. 07442 841 40 www.baiersbronn.de

Zur Region gesamt: Schwarzwald Tourismus Heinrich-von-Stephan-Straße 8 b 79100 Freiburg Tel. 0761 89 64 60 www.schwarzwald-tourismus.info

Die Badische Wein-
straße führt von
Baden-Baden aus
bis Weil am Rhein
nahe der Grenze
zur Schweiz. Die
gut 200 km sind
in sieben Teil-
strecken unterteilt,
vom Ortenaukreis
über den Breisgau,
Kaiserstuhl, Tuniberg
bis zum Markgräfler
Land im Südwesten.
Vorherrschend ist
Weißwein mit den
Sorten Ruländer
(Grauburgunder)
und Müller-Thurgau;
bei Rotwein domi-
niert Spätburgunder
(www.badische-
weinstrasse.de).

aus den süßen Kirschsorten Dollensepp-
ler, Schwarze Schüttler und Benjaminler,
die in der Vorbergzone in Höhenlagen von
knapp 300 m wachsen. Die Brennerei begeistert auch mit Spezialitäten wie dem
»Zibärtle«, das aus der seltenen Zibarte
gewonnen wird, einer im Südschwarzwald wild wachsenden kleinen Pflaumen-
art. Nach mehrfacher Destillation auf der
kupfernen Brennblase und sechs bis acht
Jahren Reifezeit besticht der Edelbrand
mit süßlichem Duft, leicht scharfem Geschmack und Marzipanaroma. Bei einer
Führung durch die Maischehalle, den Fil-
trationskeller sowie die Brennerei wird
den Besuchern die Wandlung der Früchte in Obstler nähergebracht (Anmeldung
unter Tel. 07633 8 32 20, Alfred-Schlade-
rer-Platz 1, www.schladerer.de).

AUSGEZEICHNETE BIERE produziert die
Brauerei in Alpirsbach, beispielsweise
das »Spezial« mit hohem Stamm-
würzegehalt und markant malzigem
Geschmack. Unfiltriert und naturtrüb
kommt das Kloster Zwickel direkt aus
dem Braukeller in die Flasche. Im Brau-
laden sind zudem Bierschnaps, Biersenf
und Biergelee zu erwerben und nach
Vereinbarung wird ein Blick über die
Schulter des Biersieders gewährt (Marktplatz 1, Tel. 07444 670, www.alpirsba
cher.de/brauwelt).

DAS SCHWARZWÄLDER MEKKA für
Feinschmecker liegt im Murgtal, in Baiersbronn im Landkreis Freudenstadt. Der
Ort verfügt gleich über mehrere Weltklas-
serestaurants, die insgesamt mit acht
Michelin-Sternen prämiert sind. Im Restaurant »Schwarzwaldstube« des Hotels
»Traube Tonbach« wird der Gaumen z. B.
mit einer gefüllten Rotbarbe mit krossen
Knoblauchschuppen verwöhnt. Die anderen Restaurants der »Traube Tonbach«
machen die gute Küche für ein breiteres
Publikum attraktiv; so werden in der
»Bauernstube« schwäbische Spezialitäten wie etwa Spätzle und Maultaschen
serviert (Tonbachstr. 237, Tel. 07442
49 26 65, www.traube-tonbach.de). Im
Restaurant »Bareiss« des gleichnamigen
First-Class-Hotels kreiert der mit drei Michelinsternen ausgezeichnete Küchenchef Claus-Peter Lumpp hervorragende
Speisen. Frisch geräucherte Forelle,
Speckpfannkuchen und andere Leckerei-
en der Region bietet das Restaurant
»Dorfstuben« im selben Haus (Hermine-
Bareiss-Weg, Ortsteil Mitteltal, Tel.
07442 4 70, www.bareiss.com). Der Dritte im Bunde ist Jörg Sackmann, der für
das Restaurant »Schlossberg« des familieneigenen Hotels »Sackmann« (Murg-
talstr. 602, Ortsteil Schwarzenberg, Tel.
07447 28 92 50, www.hotel-sackmann.
de) einen Michelin-Stern erkocht hat. ■

ABSTECHER ZUR BADISCHEN SPARGELSTRASSE Die Kurfürsten von der Pfalz
ließen schon im 17. Jh. im Garten ihrer Schwetzinger Sommerresidenz die weiße
»liebliche Speis für Leckermäuler« (Hieronymus Bosch) züchten. Schwetzingen entwickelte sich zur Spargelhauptstadt und ist heute Ausgangsort der Badischen Spar-
gelstraße. Die 136 km lange Touristikroute führt über Anbauorte der Rheinebene nach
Karlsruhe und Scherzheim bei Baden-Baden, immer wieder vorbei an endlosen Reihen von Sandwällen, in denen das »königliche Gemüse« kälte- und lichtgeschützt
vorzüglich gedeiht. Die zerbrechlichen Stängelchen werden ab Mitte April bis zum
Johannistag, dem 24. Juni, gestochen (»Bis Johanni – nicht vergessen – sieben Wochen Spargel essen!«). Sie werden am Straßenrand, auf Bauernhöfen und Märkten
verkauft und in Restaurants köstlich zubereitet. In mehreren Orten entlang der Route,
u. a. in Schwetzingen, werden zur Erntezeit zu Ehren des Spargels Feste gefeiert.

OBEN RECHTS Über Tannen- und Fichtenhölzern geräucherter Schwarzwälder Schinken ist eine Delikatesse. Er ist der in ganz Europa meistverkaufte geräucherte Rohschinken.

LINKS Nach dem Drei-Sterne-Menü in einem der Toprestaurants in Baiersbronn empfiehlt sich ein Spaziergang durch das Tal der Murg, die als rechter Rheinnebenfluss nicht immer so wenig Wasser führt wie im Bild.

BAYERN

MÜNCHEN

Lindau  Lindenberg  Oberstaufen

# 80

## FETTE TAGE AN DER KÄSESTRASSE
### EINMAL SENN IM ALLGÄU SEIN

Der hellbraunen Kuh schmecken die frischen Kräuter offenbar prächtig, die sie
von der saftig-grünen Bergwiese zupft. Und die vorbeiwandernden Ausflügler
bekommen beim Gedanken an die Käsespezialitäten aus Alpenmilch Hunger.

Es gibt klassische Fragen, die schon Generationen von Kindern beschäftigt haben und die auch in der »Sendung mit der Maus« immer wieder auftauchen. »Wie kommen die Löcher in den Käse?« gehört ganz ohne Zweifel dazu. Und nirgends sonst wird das Geheimnis so anschaulich gelüftet wie im Allgäu, wo gleich eine ganze Reihe von Schaukäsereien dazu einlädt, sich die Käseproduktion aus der Nähe anzusehen.

WÜRZIG UND SÜSS riecht die Luft um den blank polierten Kupferkessel. Der Käsermeister – der Senn – gibt frische Rohmilch hinein, aus ihr soll einmal mattgelber, geschmeidiger Allgäuer Bergkäse mit erbsengroßen Löchern und pikantem Geschmack werden. Nach der Erwärmung der Milch auf 32 °C kommt Kultur, also Milchsäurebakterien und Lab (aus Kälbermägen gewonnenes oder mikrobiell hergestelltes Enzym) dazu, die Milch wird dick wie Pudding. Mit der sogenannten Käseharfe zerschneidet der Senn die wabbelige Masse, die Molke trennt sich vom Käsebruch. Dann werden die Bruchstücke mit einem Tuch aus dem Kessel gehoben, in Formen gegeben und gepresst. Die Größe der Stücke und die Menge der entzogenen Molke sind wichtige Herstellungsfaktoren: Sie bestimmen, ob ein Weich- oder ein Hartkäse entsteht.

GUT DING will Weile haben und so badet der Käse nach dem Pressen über einen Tag lang in Salzwasser, um Rinde

anzusetzen. Schließlich ruht und reift er mindestens vier Monate im Gärkeller. Regelmäßig pflegt der Käsermeister die Laibe, bürstet sie mit Salzwasser ab, wendet sie und prüft den Geruch. Während der Reifung verwandeln Milchsäurebakterien den Milchzucker und dabei entsteht unter Bläschenbildung Kohlendioxid – so kommen die Löcher in den Käse! Ihre Größe hängt dabei von der Menge der Bakterien, der Festigkeit des Teigs, der Lagerdauer und der Lagertemperatur ab.

IN GEORG GRÜNDLS Käseschule in Thalkirchdorf, einem Ortsteil von Oberstaufen, schlüpfen Gäste in die Rolle eines Senns und können unter Anleitung selbst einen Weichkäse fertigen (Kirchdorfer Str. 7, Tel. 0172 8 90 87 38, www.kaeseschule.de). Sie rühren, schneiden, portionieren, pressen, probieren und feiern, falls alles gelingt, ihre »Käsertaufe« mit einem Heuschnaps. Georg Gründl stellt außerdem eine einzigartige Spezialität her: Käsepralinen, Trüffel mit Chili oder Ananas.

ZWISCHEN OBERSTAUFEN und Scheidegg liegt die Hauptstrecke der »Allgäuer Käsestraße«, deren nördlichste Ausläufer bis in die Region um Wangen und Isny führen. Auf mehreren Rundkursen verbindet die Touristikroute Käsereien und Gasthäuser, die Käsegerichte kreieren. Die Landschaft prägen Berge und Wiesen, Bauerndörfer und Einödhöfe mit blumengeschmückten Balkonen. Dass die Gegend reich an Blumen, Grä-

DIE KÄSEMASSE wird in ein Tuch gehüllt, dann presst der Käser die Molke heraus, die über die Rinne in der Holzplatte abfließt.

IN KÜRZE

LAGE Bayern und Baden-Württemberg. Die »Westallgäuer Käseroute« liegt im Voralpenland zwischen Bodensee und Allgäuer Alpen.

LÄNGE 150 km, vorgeschlagene Teilstrecke von Lindenberg bis Oberstaufen: 37 km verteilt auf 5 Etappen

HÖCHSTER PUNKT 860 m

START/ZIEL Lindenberg im Allgäu

INFO
Allgäu GmbH
Allgäuer Str. 1
87435 Kempten
Tel. 08323 802 59 31
www.allgaeu.info

Mit dem Stamm-haus in Lindenberg-Goßholz und drei kleinen Dorfsen-nereien in Stie-fenhofen-Hopfen, Gestratz und Grü-nenbach sind die Baldauf Sennereien an der Allgäuer Käsestraße ver-treten. Besondere Sorten sind der Lin-denberger Weinkä-se, ein Schnittkäse, der eine Woche in einem Rotweinbad reift, und der Wild-blumenkäse, der in einer Blütenmasse gewälzt wird, was ihm ein »blumiges« Aroma verleiht.

sern und Kräutern ist, kommt nicht nur den Kühen, ihrer Milch und dem Käse zugute, sondern wird auch zur Bereitung von köstlichen Tees, aromatischen Ge-würzmischungen und Räucherwerk ge-nutzt.

EINEM MEER aus tausend Farbtupfern und Düften gleicht der Allgäuer Kräuter-garten »Artemisia« im Dorf Hopfen bei Stiefenhofen. Artemisia ist der Gattungs-name des Beifuß, benannt nach der Göttin Artemis, der Heil und Leben spendenden Erdenmutter. Kräuterfrauen und -männer bauen hier selten gewordene Pflanzen wie Eisenkraut, Odermennig und Goldru-te nach Ökorichtlinien an. Sie ernten und trocknen behutsam Blüten und Blätter und mischen daraus Tees und Räucher-werk, z. B. den Gewürzkräutertee »Würze des Allgäus« aus Bergbohnenkraut, Majo-ran, Petersilie, Spitzwegerich, Beifuß und Dost oder die Räuchermischung »Blüten-zauber« mit Blüten aus dem Garten und Weihrauch. Die Teemischungen werden zu selbst gebackenem Kuchen in der hauseigenen Teestube kredenzt (88167 Stiefenhofen im Allgäu, Ortsteil Hopfen, Hopfen 29, Tel. 08386 96 05 10, www.artemisia.de).

WER EIN GASTHAUS im Süden oder Osten, also im bayerischen Teil der Regi-on, betritt, wird neben Käsespezialitäten

alle bekannten Nationalgerichte des Frei-staats auf der Speisekarte finden. Ganz oben steht Bayerisch Kraut (Weißkraut), das roh oder gekocht und mit Kümmel gewürzt zu Fleischgerichten verzehrt wird. Dazu gibt es Semmelknödel, die aus Brötchen, Eiern, Zwiebeln und Ge-würzen geformt werden. Nicht zu ver-gessen natürlich die Weißwurst, um die die Bajuwaren einen wahren Kult veran-stalten. Sie dürfe das Zwölf-Uhr-Läuten nicht erleben, soll also vormittags ver-putzt werden – ein Brauch aus Zeiten, in denen sie roh verkauft wurde und schnell zu verderben drohte. Beim Ver-zehr ist das Auszuzeln erlaubt, bei dem der Inhalt mehr oder weniger geräusch-voll aus der Haut gesogen wird. Unbe-dingt dazu gehören süßer Senf und eine Brezn, die landestypische Bezeichnung für Laugenbrezel – und in aller Regel auch ein Weißbier.

HISTORIKER BEZWEIFELN allerdings die gern zitierte Entstehungsgeschichte der Weißwurst, dass nämlich Metzger-meister Sepp Moser sie an Fasching im Jahr 1857 im Münchner Gasthaus »Zum ewigen Licht« erfand. Schon weil ähn-liche Würste viel früher in Küchen ande-rer Gegenden Europas auftauchten und etwa eine französische Rezeptur aus dem 14. Jh. eine zumindest hochgradig verwandte »Boudin« beschreibt. ∎

DIE »OBERE MÜHLE« – EINE TYPISCHE ALLGÄUER KÄSEREI Ziegen- und Schaf-käse, feine Weißschimmel- und Rotschmierkäse, würzigen Bergkäse und Emmen-taler, gereift im Felsenkeller, bietet die »Obere Mühle« im Oberallgäu. Im zugehö-rigen Restaurant mit Kachelofen werden Traditionsgerichte lecker und mit viel Käse zubereitet, etwa die ›Allpen-Trilogie‹ von Maultasche, Kässpatzen und Käsknödel (Ostrachstr. 40, 87541 Bad Hindelang-Oberdorf, www.obere-muehle.de).

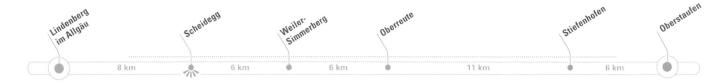

LINKS Der Pfad mit dem schönen Panorama führt zum Prinz-Luitpold-Haus im Hintersteiner Tal bei Bad Hindelang – eine schöne Wanderung nach dem Besuch der »Oberen Mühle« in Bad Hindelang.

RECHTS Blühende Allgäuer Almwiese mit Nutznießer.

MITTE Auf einer Alpe schöpft die Bäuerin den Rahm der Abendmilch mit einer Schöpfkelle ab, um daraus Butter herzustellen.

## KÄSESPÄTZLE
### DEFTIGE SPEZIALITÄT

Der Käse spielt auch sonst eine wichtige Rolle in der Allgäuer Küche. Besonders typisch sind Käsespätzle, eine gehaltvolle Mischung aus Spätzle und Käse – meist Emmentaler –, gemischt mit etwas Romadur oder Gorgonzola. Die heißen Spätzle und der geriebene Käse werden übereinander geschichtet. Damit der Käse besser zerfließt, wird das Ganze in den Backofen geschoben. Auf den Tisch kommt das Gericht mit Röstzwiebeln.

## ROTWEINSORTEN IM AHRTAL

**DORNFELDER** Der tiefrote Dornfelder entwickelt ein fruchtig-kräftiges Bukett nach Himbeeren und Kirschen. **LEMBERGER** Die in Österreich auch Blaufränkisch genannte Rebsorte treibt früh aus und liefert tiefroten bis schwarzroten Wein mit viel Tannin, kräftiger Säure und Kirscharoma. **PORTUGIESER** Von süffig-leichtem, mildem Charakter ist der hellrote Portugieser, der nicht aus Portugal, sondern aus Österreich stammt. **SCHWARZRIESLING** Die rote Rebsorte gehört zur Burgunderfamilie, treibt spät aus und reift schnell. Hellrote Farbe, samtiger Geschmack mit feiner Säure, Aroma von Waldbeeren. **SPÄTBURGUNDER** Den König der roten Trauben brachten im 7. Jh. Mönche aus Burgund, wo er Pinot Noir heißt, nach Deutschland. Die Weine sind rubinrot und begeistern mit Brombeer- und Kirschtönen.

## WEISSWEINSORTEN IM RHEINGAU

**BACCHUS** Einen Hauch von Johannisbeere oder Muskat ver-strömen die Weine der nach dem römischen Weingott benannten Rebe. **GRAUBURGUNDER/RULÄNDER** Die Grauburgunderrebe, in Frankreich Pinot Gris, bringt körperreiche Weißweine mit würzigem Unterton hervor. **KERNER** Der frühreife, blumige Wein wurde in Weinsberg (Württemberg) aus Trollinger und Riesling gezüchtet. **MÜLLER-THURGAU** Das frühreife Gewächs, das mit Muskattönen betört, will jung getrunken werden. Hermann Müller aus dem Thurgau (Schweiz) kreierte 1882 diese Weißweinrebe aus den Sorten Riesling und Gutedel. **RIESLING** Die Königin des Weißweins besticht mit Pfirsicharoma und markanter Säure. **SILVANER** Kraftvoll, würzig, süffig mundet Silvaner. Die Weißweinrebe soll aus Kaukasien oder Transsilvanien stammen. **WEISSBURGUNDER** Der hellste aller Burgunder (Pinot Blanc) ist leicht und frisch und jung zu trinken.

## OBERFRÄNKISCHE BIERSORTEN

**EISBOCK** Untergäriges, dunkles Starkbier mit malzigem, süßlichem Geschmack, 25 % Stammwürze, 9 % Alkohol. Durch Einfrieren wird dem mit einer Extraportion Malz gebrauten Bier Wasser entzogen, dadurch steigt der Alkoholgehalt. **KELLERBIER** Auch Zwickelbier genannt, naturtrüb und unfiltriert, mit vollmundiger, dezent hopfenbitterer Geschmacksnote, 12 % Stammwürze, 5 % Alkohol. **SCHWARZBIER** Tiefdunkles Bier mit cremefarbenem Schaum, malzaromatischem, leicht röstaromatischem und hopfenbitterem Geschmack, über 11 % Stammwürze, 5 % Alkohol. **UNGESPUNDETES** Unfiltriertes Vollbier mit Nachgärung in unverschlossenen Lagertanks, wobei Kohlensäure entweicht. Malzbetonter, herber Geschmack, 12,5 % Stammwürze, 5 % Alkohol. Bestell-Code: »a U!« **WEISSBIER** Obergäriges Vollbier, Weizenmalzanteil von mindestens 50 %, als alkoholfreie Variante z. Z. sehr in Mode.

## ALLGÄUER KÄSESPEZIALITÄTEN

**BACKSTEINKÄSE** Traditionsreicher, pikanter Rotschmierkäse, backsteinähnlich in Form und Farbe. **BERGKÄSE** Hartkäse aus roher Kuhmilch, dunkelgelbe bis bräunliche Rinde, mattgelber Teig, spärliche, erbsengroße Lochung, je nach Alter mild bis intensiv würzig im Geschmack. **EMMENTALER** Markant nussartiges Aroma, außen goldgelb und glatt, innen mattgelb, viele kirschgroße Löcher. Das Herstellungsverfahren stammt aus dem Schweizer Emmental. **SENNALPKÄSE** Rohmilchkäse von nussartigem, bisweilen leicht rauchigem Geschmack, wenige, erbsengroße Löcher, hergestellt zwischen Mai und Oktober in den Sennalpen, die in über 800 m Höhe liegen. **WEISSLACKER** Halbfester, speckiger Käse in Würfelform mit hohem Salzgehalt und pikantem bis scharfem Geschmack. Eine lackartige Schmiere bedeckt die weiß-gelbe Oberfläche.

## BADISCHES KÜCHENLEXIKON

**BADISCHER SAUERBRATEN** Rindfleisch wird drei Tage lang in Essig und Rotwein eingelegt und dann im Topf geschmort. **BIBBELISKÄS** Quark mit Schnittlauch und Zwiebeln, gern zu Brägele gereicht. **BRÄGELE** Bratkartoffeln (mit Schmalz, Speck und Zwiebeln zubereitet). **KRATZEDE** In Stücke zerteilte (zerkratzte) Omelettes. **KNÖPFLE** Spätzleteig in Knopfform, in Baden und Schwaben gleichermaßen gern gegessen. **RIEBELESUPP** Mehl-Eier-Teig zwischen den Handflächen reiben und in Fleischbrühe bröseln. **SCHÄUFELE** Schulterstück vom Schwein, gepökelt, geräuchert und in einem Sud aus Wein und Gewürzen erhitzt. **SCHUPFNUDELN/BUBESPITZLE** Nudeln aus Kartoffelteig in Form kleiner Würstchen, gegart und danach mit Speck und Sauerkraut in Schmalz geröstet. **WEISSTANNENHONIG** Eine von Rindenläusen produzierte, von Bienen gesammelte und aufbereitete Delikatesse.

# MÄRKTE UND FESTE
## TRADITIONELLES LEBEN, GELEBTE TRADITION

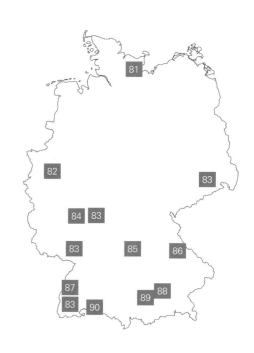

# 81

## SEGEL SETZEN UND FEIERN!
## DIE TRAVEMÜNDER WOCHE

Landratten vergnügen sich auf der Bummelmeile am Hafen, zu Wasser kämpfen Segler Regatten aus. Abendliches Highlight ist die Laser-Feuerwerks-Show, die den Hafen und den Windjammer »Passat« farbenfroh in Szene setzt.

Die Travemünder Woche ist mit hochkarätigen Sportveranstaltungen zu Wasser und den Festlichkeiten zu Land die schönste Regattaserie der Welt und nach der Kieler Woche die weltweit zweitgrößte Segelsportveranstaltung. Zehn Tage lang messen sich bis zu 2000 Segel-Athleten aus 20 Nationen vor dem mondänen Ostseebad in Kraft, Mut, Ausdauer und Geschicklichkeit und tragen in mehreren Bootsklassen Europa- und Weltmeisterschaften aus. Die Kais, Molen und Promenaden an der vor allzu rauem Wellengang geschützten Bucht an der Mündung der Trave verwandeln sich in diesen Tagen in eine maritime Festzone mit Prominenz aus Kultur, Sport, Gesellschaft und Politik.

EINE WETTFAHRT der Segler Hermann Wentzel und Hermann Dröge in der Lübecker Bucht im Jahr 1889 bildete den Ursprung der Travemünder Woche, kurz ›TW‹ genannt. Die Hamburger Kaufmänner vereinbarten als Gewinn eine Flasche Lübecker Rotspon: Schon Friedrich der Große ließ diesen in Eichenfässern der Hansestadt nachgereiften edlen Tropfen seinem Gast Voltaire zum Hirschragout kredenzen und 1806 soll Napoleon während der Besetzung Lübecks verwundert gefragt haben, wie ein aus Bordeaux eingeführter Rotwein an der Ostsee besser schmecken könne als im Herkunftsland.

MIT ROTSPON als Siegprämie bewiesen Wentzel und Dröge guten Ge-

schmack: Die Travemünder Woche etablierte sich jedes Jahr Ende Juli fest im Veranstaltungskalender weit über die Grenzen Norddeutschlands hinaus. Auf Initiative des segelsportbegeisterten Kaisers Wilhelm II. hin wurde bereits 1898 im Lübecker Rathaus der Lübecker Yacht-Club (LYC) gegründet, der die Travemünder Woche bis heute ausrichtet. Der Rotspon-Cup ist daher seit 2004 als Politiker-Regatta ein fester, publikumswirksamer Bestandteil der Travemünder Woche: Das Lübecker Stadtoberhaupt tritt dabei gegen die Bürgermeister anderer norddeutscher Städte an. 2009 gewann der Hamburger Ole von Beust die Sechs-Liter-Flasche Rotspon, 2011 schlug der Lübecker Bernd Saxe den Kieler Torsten Albig: »Es ging nicht um politische Rivalität, sondern um den gemeinsamen Spaß, aber es bringt natürlich Spaß zu gewinnen«, erklärte Saxe, hatte dabei aber durchaus die traditionelle Konkurrenz der beiden größten Regattastädte der Welt vor Augen.

TRAVEMÜNDE VERDANKT seinen Aufstieg zum Seebad vor allem dem über vier Kilometer langen, feinsandigen Strand an der Mündung der Trave in die Lübecker Bucht. An dieser strategisch wichtigen Flussmündung gründete Graf Adolf III. von Holstein 1189 ein Fischerdorf, 1320/29 erwarben Lübecker Kaufleute den Ort, der 1713 Stadtrechte und 1802 wiederum auf Betreiben hanseatischer Kaufleute den Titel ›Seebad‹ erhielt: Damit glänzte ›Lübecks schönste Tochter‹ neben Heiligendamm (1797)

IN KÜRZE

LAGE
Hansestadt Lübeck, Stadtteil Travemünde, Schleswig-Holstein

TERMIN Ende Juli

INFO
Welcome Center und Touristbüro Lübeck und Travemünde Holstentorplatz 1 23552 Lübeck Tel. 0451 889 97 00 www.luebeck.de und www.travemuender-woche.com

Kieler Woche (Ende Juni) www.kieler-woche.de

TEAMWORK ist bei den meisten Segelregatten der Travemünder Woche gefragt. Alljährlich nehmen bis zu 2000 Segelsportler daran teil.

Der Windjammer
»Passat« im Priwall-
hafen ist das Wahrzei-
chen von Travemün-
de. An seinem 100.
Geburtstag erwiesen
ihm Großsegler aus
aller Welt und 270 000
Gäste ihre Reverenz.
Die Viermast-Stahl-
bark lief 1911 vom
Stapel und wurde
im Frachtverkehr
zwischen Europa und
Südamerika einge-
setzt. Sie umsegelte
39-mal das Kap
Hoorn, umrundete
1932 und 1948 die
Welt und gewann sie-
benmal die Weizenre-
gatta von Australien
nach Europa.

und Norderney (1800) im Dreigestirn der deutschen Seebäder und avancierte nach den Napoleonischen Kriegen zur erlesenen Sommerfrische für Gutbetuchte.

DIE PIANISTIN Clara Wieck war in Travemünde zu Besuch und schrieb 1840, kurz vor der Hochzeit mit Robert Schumann, begeistert von einer Fahrt »in einem kleinen Boote mit drei Segeln ... und obgleich mir's etwas ängstlich war, so habe ich doch gejauchzt vor Entzücken«. Als Zuschauerin bei den heutigen Segelregatten wäre sie vermutlich weniger ängstlich, aber genauso begeistert gewesen. Die Travemünder Woche wird ausgerichtet vom Lübecker Yachtclub zusammen mit den Hamburger Partnervereinen Norddeutscher Regatta Verein und Hamburger Segel-Club. Traditionell eröffnet eine Rede des Vorsitzenden des Lübecker Yacht Clubs die Veranstaltung, die er – dem internationalen Publikum geschuldet – auf Deutsch und Englisch hält. Ein Feuerwehrschiff spritzt dann gewaltige Wasserfontänen in die Luft.

WÄHREND DER ZEHN TAGE finden etwa 350 Wettfahrten in über 30 Bootsklassen statt. Auf besonders großes Publikumsinteresse stoßen die sehr schnellen Katamaran-Rennen in der Segel Arena Trave, die täglich ausgetragen werden. Die meisten Regatten lassen

sich vom Strand oder von der Mole aus gut beobachten (Fernglas empfohlen). Noch bessere Sicht bieten allerdings Regattenbegleitfahrten in entsprechenden Schiffen, die man vorbuchen kann.

BEGLEITET werden die Sportveranstaltungen landseitig von einem großen Volksfest mit umfangreichem Programm. Musikdarbietungen finden traditionell auf der muschelförmigen Festivalbühne im Brügmanngarten statt. In der Trelleborgallee, entlang der Promenade und unter dem Leuchtturm wird an Verkaufsständen alles angeboten, was das Herz begehrt: Kulinarisches aus aller Welt, maritime Souvenirs und allerlei Kunsthandwerk auch aus der Region. An die Kinder ist natürlich ebenfalls gedacht. Hüpfburgen für die Kleinsten fehlen ebensowenig wie allerlei Spiel und Spaß und Mitmachangebote für die etwas Älteren. Wer kann, der darf natürlich auch segeln: Wettbewerbe für den Nachwuchs sind Teil des Programms.

AM ABEND beschließt eine »Passat Laser Show Performance« mit Feuerwerk effektvoll den jeweiligen Tag. Der Lichterglanz umspielt dabei den Windjammer »Passat«, das Wahrzeichen Travemündes. Dann kann das Nachtleben beginnen. Den Abend des letzten Tages krönt ein großes Höhenfeuerwerk. ∎

KIELER WOCHE Eine von Hamburger Seglern organisierte Freundschaftsregatta legte 1882 den Grundstein zur Kieler Woche. Schon ab 1883 wurde die Kieler Regatta jährlich ausgetragen. Sie avancierte zur bedeutendsten internationalen Segelsportveranstaltung, anders als im zivilen Travemünde setzte sie jedoch rüstungspolitische Akzente, modernste Kriegsschiffe bildeten den Rahmen. Nach dem Zweiten Weltkrieg ließen die Briten 1945 die Kieler Woche als »Kiel Week« wieder aufleben – Deutsche durften allerdings damals nicht teilnehmen. Das ärgerte die Kieler, und 1947 organisierte Oberbürgermeister Andreas Gayk eine Gegenveranstaltung, die »Septemberwoche: Kiel im Aufbruch«. 1949 wurden die beiden Veranstaltungen zusammengelegt. An Glanz gewann die Kieler Woche, als 1972 anlässlich der Olympischen Sommerspiele die Großseglerparade eingeführt wurde, heute ist die Kieler Woche die größte Regattaserie der Welt.

LINKS Junge Segler in einem Howie-Cat kämpfen konzentriert um den Sieg bei einer Travemündener Regatta.

UNTEN LINKS Der Lübecker Bürgermeister Bernd Saxe präsentiert nach dem Rotspon-Cup-Rennen 2011 seine Siegesprämie: eine Sechs-Liter-Flasche Lübecker Rotspon.

UNTEN RECHTS Boote der nationalen Klasse »14 Fuß Dinghi« in voller Fahrt. Während der Travemünder Woche werden Regatten in den verschiedensten Bootsklassen ausgetragen.

# 82

## FROHSINN – DIE FÜNFTE JAHRESZEIT
## DER RHEINISCHE KARNEVAL

Jecken tanzen auf den Straßen und in Festsälen, Narren stürmen die Rathäuser, Karnevalsprinzen übernehmen die Macht: Die ›tollen Tage‹ von Weiberfastnacht bis Aschermittwoch sind angebrochen.

Der Karneval im Rheinland verbindet Traditionen der jahrhundertealten Fastnacht mit der nach den Napoleonischen Kriegen bis ins Detail geregelten Karnevalsordnung, die bis heute gültig ist. Köln, Düsseldorf und Mainz sind die Hochburgen des rheinischen Karnevals, die Weiberfastnacht entstand der Überlieferung zufolge in Bonn. »Jede Jeck is anders« lautet ein rheinisches Karnevalsbekenntnis zu Toleranz und Vielfalt, und: »Jet jeck simmer all« – »Etwas jeck sind wir alle.«

ALS ›HÖHEPUNKT IM HÖHEPUNKT‹ des rheinischen Karnevals gilt der Rosenmontag. Der seit 1823 veranstaltete Kölner Rosenmontagszug, ›d'r Zoch‹, ist der größte und älteste Karnevalsumzug in Deutschland. Der Zug aus Prunk- und Persiflagewagen, Kutschen, Traktoren, Musikkapellen und Pferden bewegt sich vier Stunden lang auf dem knapp sieben Kilometer langen Zugweg, an dem mehr als eine Million Menschen feiern und von den Wagen geworfene ›Kamelle‹ zu erhaschen versuchen: 150 Tonnen Süßigkeiten, 700 000 Tafeln Schokolade, über 300 000 ›Strüßjer‹ (kleine Blumensträuße), Stoffpuppen usw.

ALS DIE FRANZÖSISCHE Revolutionsarmee 1794 in Köln einmarschierte, endete die Geschichte der freien Reichsstadt Köln, ihr Name wurde französisiert, mit der Aufhebung der Klöster erlosch die Tradition der Pfaffenfastnacht, und aus ehemals freien Bürgern wurden Untertanen. Weitere tief greifende Änderungen erfolgten während der Napoleonischen Kriege, 1798 hoben die Besatzer die mehr als 400 Jahre alte Kölner Universität auf, die zu den größten Bildungsinstituten im Heiligen Römischen Reich gezählt hatte. Als das Morden und Brennen endlich ein Ende hatte, wurde Köln 1815 dem Königreich Preußen zugeschlagen. Das Ende der französischen Besatzung nach zwei Jahrzehnten führte zu einem sprunghaften Anstieg ungeordneten Karnevalstreibens, das zeitgenössische Berichte als »zügellos, ausschweifend und rüpelhaft« beschrieben. Nach den Umbrüchen der napoleonischen Ära konnte es die alte Form der Fastnacht nicht mehr geben, und die Kölner Bürgerschaft suchte eine neue Form, auch in Sorge, dass das Königreich Preußen das als rüpelhaft bezeichnete Treiben ganz verbieten könnte.

1822 RIEFEN BÜRGER das »Festordnende Comité« ins Leben und dieses begründete den modernen rheinischen Karneval: Rosenmontagsfestzug mit dem Einzug des Helden Carneval, Einsetzung eines Karnevalsprinzen und Kappensitzungen mit Maskenball, 1827 kamen die Büttenreden hinzu, und als 1829 in Aachen ein Festkomitee mit elf Mitgliedern aufgestellt wurde, beschränkte auch Köln die Mitgliederzahl des Festrats auf einen Elferrat und verlegte den Termin für die die nächste ›Session‹ (Saison) vorbereitende Generalsitzung auf den 11. 11. jeden Jahres. Der Held Carneval trug anfangs kaiserliche Tracht, da sich die Kölner Bürger

IN KÜRZE

LAGE Mittelrhein und Niederrhein in Nordrhein-Westfalen und Rheinland-Pfalz

TERMINE Weiberfastnacht (›Unsinniger Donnerstag‹) bis Aschermittwoch

INFO
www.koelnerkarneval.de
www.mainzer-fastnacht.de
www.karneval-in-duesseldorf.de

LOGENPLÄTZE
Den Kölner Rosen-
montagszug kann
man auch bequem
von Tribünen aus be-
trachten. Plätze sind
jedoch rar (www.
koelnerkarneval.de).

Der Kölner Volks-
schauspieler
Willi Millowitsch
(1909–1999), Leiter
des familieneigenen
Millowitsch-Theaters,
gehörte zu den
erfolgreichsten Inter-
preten von ausgelas-
senen Karnevalslie-
dern im Rheinland.
Titel wie »Ich bin
ene Kölsche Jung«
oder auch »Schnaps,
das war sein letz-
tes Wort« gehören
nach wie vor zum
Standardrepertoire
der Kölner Jecken
und werden bei fast
jeder Karnevalsveran-
staltung zum besten
gegeben.

ihrer Tradition als freie Reichsstädter verpflichtet fühlten, die nur dem Kaiser gegenüber zur Rechenschaft verpflichtet sind
und ihm ihre Unabhängigkeit verdanken.

DIE NARRENZAHL 11.11. wurde als ein
Symbol der Normüberschreitung ange-
sehen und griff zugleich die Tradition des
Martinstages auf, einem Hauptfest des
Wirtschaftsjahres: Am Martinstag, dem
11.11., beginnt seit dem frühen Mittelalter die winterliche Lichterzeit, spätestens an Martini standen Kühe, Ziegen und
Schafe im warmen Stall, Löhne wurden
gezahlt und Martinsgänse gebraten. Diese und andere Martinsbräuche wurden
im Rheinland zum Karnevals-Auftakt umgestaltet: Am 11.11. beginnt seit dieser
Zeit die Karnevalsaison. Bis zur Festle-
gung auf den 11.11. hatte der Termin
für die vorbereitende Generalsitzung
am Montag nach Laetare stattgefun-
den. Laetare (lateinisch: Freue dich!) ist
der Sonntag mitten in der Fastenzeit; er
wird auch ›Rosensonntag‹ genannt, da
an diesem Tag die vom Papst verliehe-
ne Auszeichnung ›Tugendrose‹ geseg-
net wurde. So wurde aus dem Montag
nach dem Rosensonntag in der Fastenzeit der karnevalistische Rosenmontag
vor Aschermittwoch. Rosenmontag und
Weiberfastnacht wurden zur ›Klammer‹
des tollen Treibens.

DER MAINZER CARNEVAL-VEREIN
wurde 1838 während der konservativen
Metternich-Ära des Deutschen Bundes
gegründet und organisiert bis heute den
Rosenmontagszug und die Fastnachtssitzung »Mainz bleibt Mainz, wie es singt
und lacht«. Im Februar 1838 fand der erste
Rosenmontagszug statt, zur Zeit des Vor-
märz in den 1840er-Jahren gewann dieser
Umzug die politisch-satirische Komponen-
te, die inzwischen prägend für die Mainzer
Fastnacht ist. Bis zur Märzrevolution 1848
förderten Karnevalsgesellschaften im ganzen Rheinland die Verbreitung von libera-
len und demokratischen Ideen.

»LACHE UNTER TRÄNEN« lautete das
Motto der ersten Nachkriegs-Fastnacht
1946 in der zu 80 Prozent von Bomben
zerstörten Domstadt. 1955 übertrug
der Südwestfunk unter dem Motto
»Mainz wie es singt und lacht« erstmals eine Mainzer Fastnachtssitzung
im Fernsehen. Damit begann der bun-
desweite Erfolg des singenden Mainzer Dachdeckermeisters Ernst Neger
(1909–1989): Seine Interpretation von
»Heile heile Gänsje« wurde ein Symbol
des Trostes während des Wiederauf-
baus und blieb auch in den 1960er-Jah-
ren fester Bestandteil der Mainzer Fas-
senacht. Ebenso populär wurden viele
seiner Stimmungslieder.　■

DIE WEIBERFASTNACHT eröffnet im Rheinland donnerstags um 11 Uhr den Stra-
ßenkarneval. An diesem inoffiziellen Feiertag stürmen in den Karnevalshochburgen
maskierte Frauen die Rathäuser und übernehmen für einen Tag die Macht. Ihren Ursprung hat die Weiberfastnacht im Bonner Stadtteil Beuel, wo 1824 die Wäscherinnen aufbegehrten, als ihre Männer mit der gewaschenen und geplätteten Wäsche,
aber ohne sie rheinaufwärts zum Kölner Karneval fuhren und kräftig mitfeierten. Die
Beueler Wäscherinnen gründeten daraufhin das bis heute existierende Beueler Da-
menkomitee und organisierten eigene Veranstaltungen, die einen Tag lang die Herrschaft der Männer infrage stellten. Die Beueler ›Wiever‹ trugen erstmals Gedanken
der Frauenemanzipation in den Karneval, die Weiberfastnacht trat ihren Siegeszug im
gesamten Rheinland an. Seit 1957 erstürmen mehr als ein Dutzend Beueler Damen-
komitees an Weiberfastnacht gemeinsam das Rathaus.

LINKS Wichtige Elemente des Kölner Karnevalsumzugs sind die traditionellen Musikgruppen und die Bürgergarde Blau-Gold, eine Karnevalsgesellschaft in Köln-Ehrenfeld.

MITTE Auch die Zuschauer am Rand der Karnevalszüge maskieren sich mit fantasievollen Kostümen und Perücken.

UNTEN Kölle, Alaaf! Am Karnevalssamstag schlagen die Roten Funken ihr rot-weißes Biwak für ihre Freiluftsitzung auf und schenken Freibier aus.

OBEN Deutschland ist berühmt für seine Weißweine, an erster Stelle den Riesling, die international hohes Renommee genießen.

UNTEN LINKS Bei der Auswahl des richtigen Weins soll einmal eine schwarze Katze geholfen haben, indem sie auf eines der angebotenen Fässer sprang. Der Wein »Zeller Schwarze Katz« hat daher seinen Namen. Die Brunnenfigur erinnert an diese Begebenheit.

UNTEN RECHTS Nach einem anstrengenden Tag der Weinlese in Oberwesel stoßen Erntehelfer mit einem Glas Weißwein an.

# 83

## FESTZÜGE, FEUERWERKE, WEINKÖNIGINNEN
## WEINFESTE VON DER MOSEL BIS SACHSEN

Wo Wein angebaut wird, da gibt es von Baden bis Schwaben, von Weinfranken bis Dresden auch immer etwas zu feiern. Jede Region hat hier ihre eigenen Bräuche, bei denen auch mal ein Bürgermeister zeitweise abgesetzt werden kann.

Winzerfeste sind die Volksfeste der Weinanbaugebiete. Das beginnt im Frühjahr mit der Vorstellung des jeweils neuen Jahrgangs und endet im Herbst nach der Weinlese in den beliebten Besenwirtschaften, in denen neuer Wein und Federweißer zusammen mit einer rustikalen Brotzeit serviert werden.

DIE MOSEL ist das größte Steillagenweinland und das größte Rieslinganbaugebiet weltweit – Weinfeste gibt es hier zuhauf. Mehr als 200 000 Besucher zieht allein das Weinfest der Mittelmosel in Bernkastel-Kues an. Fünf Tage lang hat der Bürgermeister hier keine Befugnisse: Die Regentschaft übt die Weinkönigin ›Mosella‹ aus. Vor 2000 Jahren machten die Römer den Weinanbau an Mosel und Oberrhein heimisch. Die ersten Weinfeste werden im April gefeiert: Blütenfeste wie das Fest des Roten Weinbergpfirsichs in Cochem und Weinvorstellungen wie die Nacht der jungen Weine rund um den Zeller Schwarze-Katz-Brunnen oder die Traben-Trarbacher Jungweinprobe, auf der die Weingüter den neuen Jahrgang präsentieren.

NEUMAGEN erhebt den Anspruch, der älteste Weinort Deutschlands zu sein. Der kleine Ort ist Teil der Ortsgemeinde Neumagen-Dhron, die zur Verbandsgemeinde Bernkastel-Kues gehört. Neumagen gilt wegen seiner mehr als 1000 archäologischen Funde aus der Antike als ›Pergamon an der Mosel‹. In den Fundamenten des Römerkastells wurden Reste von 40 Grabdenkmälern aus dem 1. bis 3. Jh. ergraben, darunter das Neumagener Weinschiff, das Grabmal eines Weinhändlers in der Form eines mit Weinfässern beladenen Moselschiffs. Das nachgebaute römische Weinschiff »Stella Noviomagi« steht im Zentrum des Weinschifffestes von Neumagen.

EINE IN PIESPORT entdeckte römische Kelteranlage aus dem 4. Jh. ist die größte erhaltene Anlage ihrer Art nördlich der Alpen, das Römische Kelterfest im Oktober lockt alljährlich Tausende Besucher an. Auch die Römische Weinstraße an den Moselschleifen zwischen Schweich und Leiwen führt durch pittoreske Winzerdörfer, in die einst die Römer den Weinanbau brachten. Die meisten Dörfer tragen im Ursprung lateinische Namen, so ist das Winzerdorf Detzem benannt nach dem zehnten (lateinisch: *decem*) Meilenstein moselabwärts von Trier, und das Weindorf Longuich war in römischen Zeiten ein *longus vicus*, ein ›langes Dorf‹.

DAS WEINFEST in Winningen im Landkreis Mayen-Koblenz gilt als das älteste Winzerfest Deutschlands, seine Ursprünge verlieren sich in der Zeit nach der Reformation. Die edle Weinkönigin und die spritzig feurige Weinhex' eröffnen Ende August das bunte Treiben rund um den Weinhexbrunnen im Fachwerkortskern. Zehn Tage lang fließt Moselwein aus dem Weinhexbrunnen, zum Fest gehören Trachtenumzüge, Heimatabende mit Tanz

Eine Sonderregelung erlaubt es Winzern, ihren eigenen Wein in einem bestimmten Zeitraum abgabenfrei auszuschenken. Diese Einrichtung wird je nach Region als Strauß- oder Besenwirtschaft bezeichnet. Der Ausschank findet meist in den Räumlichkeiten des Winzers, in Scheunen oder Weinkellern statt. Geboten werden neben dem Wein einfache Speisen wie z. B. Maultaschen (in Schwaben) oder Schlachtplatte (Blut- und Leberwurst mit Sauerkraut).

und Musik und die Krönung der Weinkönigin, ehe das Feuerwerk »Die Mosel im Feuerzauber« die weinseligen Tage ausklingen lässt. Wie bei den meisten Weinfesten hat die Folklore einen handfesten geschichtlichen Hintergrund. Der Weinhexbrunnen erinnert an die Hexenverfolgungen im 17. Jh.

VON DER MOSEL IN DIE PFALZ – der Dürkheimer Wurstmarkt ist das größte Weinfest der Welt, seine traditionsreiche Geschichte steht beispielhaft für viele Weinfeste in Deutschland, deren Wurzeln bis ins Mittelalter zurückreichen. Die 19000 Einwohner der Solekurstadt an der Deutschen Weinstraße empfangen am zweiten und dritten Septemberwochenende mehr als eine halbe Million Gäste auf den Brühlwiesen. Am Rand der Festwiesen steht an der Sankt-Michaelis-Allee das größte Weinfass der Welt: Das Dürkheimer Fass hat einen Durchmesser von 13,5 m und ein Volumen von 1,7 Millionen Litern und beherbergt eine Weinstube. Die Wurstmarkt-Eröffnung in historischen Kostümen erinnert an die Anfänge des Marktes, der 1417 als Michaelismarkt – benannt nach dem Schutzheiligen des Heiligen Römischen Reiches – anlässlich der Wallfahrt auf den Dürkheimer Michelsberg erstmals erwähnt wird. Die ›Schubkärchler‹ in drei Dutzend historischen, mit

Stoffplanen überdachten Weinständen erinnern an die Marketender, die jahrhundertelang ihre Waren in Schubkarren zum Markt brachten. Die Rebhänge des Michelsberges erstrecken sich nördlich der Brühlwiesen. Da die wirtschaftliche Bedeutung des Michaelismarktes schon zu Beginn der Neuzeit weitaus größer als der kirchliche Aspekt war, gab es während der landesherrlichen Reformation keine tief greifenden Änderungen: Spengler, Sattler, Krämer, Schuh- und Hutmacher, Woll- und Leinentuchhändler, Drechsler und Kürschner boten weiterhin ihre Waren an, auch Zuchttiere wie Ochsen, Pferde und Schweine wurden verkauft. Die Bezeichnung ›Wurstmarkt‹ löste in den 1830er-Jahren den Namen Michaelismarkt ab; sie nahm Bezug darauf, was der deutsche Michel zur Zeit des Biedermeier am liebsten auf dem Dürkheimer Markt aß: Pfälzer Würste in allen Variationen bilden bis heute einen wesentlichen Bestandteil des gastronomischen Angebots. An die Stelle der ›Schubkärchler‹ und ihrer Waren trat mehr und mehr das Vergnügen in den Vordergrund. Heute dreht sich an den Brühlwiesen das 50 m hohe Riesenrad »Jupiter«, die Achterbahn »Euro-Coaster« saust mit bis zu 100 km/h über den Wurstmarkt, und den ultimativen Kick bietet »XXL«, die mit einer Flughöhe von 45 m höchste transportable Schaukel der Welt.  ■

WEINANBAU IM NORDOSTEN Nach der deutschen Wiedervereinigung wurde auch im sächsischen Elbland die seit 800 Jahren bezeugte Weinkultur wieder belebt. Seit 1991 feiert Radebeul auf dem Dorfanger von Kötzschenbroda das »Herbst- und Weinfest«, das sich zum Volksfest mit zuletzt mehr als 50 000 Besuchern entwickelt hat. Wie Hessen, Pfalz, Baden, Württemberg usw. wirbt auch das kleinste deutsche Weinanbaugebiet mit einer ›Weinstraße‹, die auf 60 km Pirna, Dresden, Radebeul, Meißen und Seußlitz verbindet. Die Weinstraße lässt sich kombinieren mit einer Fahrt auf den Elbausflugsdampfern sowie dem Sächsischen Weinwanderweg, der durch die Hänge rechts der Elbe zu den schönsten Weinbergen und Aussichtspunkten, Weinkellern, Schlössern und Parks des Sächsischen Elblandes führt. Manchmal direkt an der Elbe, meist auf halber Höhe oder an der Abbruchkante über dem Tal verbindet er auf 92 km die Perlen des sächsischen Weinlandes.

## WEINFEST AUF TOURNEE
### STUTTGARTER WEINDORF

In den Weinbaugebieten Baden-Württembergs wird gefeiert, jeder Ort hat hier sein eigenes Weinfest. Überregional bekannt und inzwischen fest etabliert ist das jährlich Ende August stattfindende Stuttgarter Weindorf (Bild unten rechts). Mitten in der Landeshauptstadt bieten Winzer an über 100 Weinständen ihre Weine an – die roten Klassiker wie Trollinger und Lemberger dürfen dabei nicht fehlen. Dazu gibt es schwäbische Spezialitäten. Seit 1986 wird Ende Juni bis Mitte Juli ein Ableger des Weindorfs in Hamburg aufgebaut, im Gegenzug findet auf dem Stuttgarter Marktplatz ein Ableger des Hamburger Fischmarkts statt.

UNTEN LINKS Hier wird deutlich, was man beim Weinfest in Bernkastel-Kues in Rheinland-Pfalz auch unter einem Glas Wein verstehen kann.

# 84

## ROMANTISCHE SOMMERNÄCHTE
## »RHEIN IN FLAMMEN« IM MITTELRHEINTAL

Hunderttausende säumen die Rheinufer zwischen Koblenz und Oberwesel und lassen sich von dem farbenfrohen Schauspiel aus Europas größtem, magisch beleuchteten Schiffskorso, Feuerwerken und Musik bezaubern.

Die Veranstaltungsserie »Rhein in Flammen« präsentiert sich mit Feuerwerken und Flotten illuminierter Linienschiffe auf dem Mittelrhein, der als ein Inbegriff deutscher Romantik gilt.

AM ERSTEN SAMSTAG im Juli sammeln sich rund 50 beleuchtete Schiffe bei Trechtingshausen und durchfahren zwischen ›brennenden‹ Burgen das Binger Rheinknie bis Rüdesheim, während am Ufer und auf den Höhen Großfeuerwerke gezündet werden. Von Trechtingshausen mit Burg Reichenstein geht die Fahrt an Burg Rheinstein und dem Rotweindorf Assmannshausen vorbei zum Binger Mäuseturm und nach Rüdesheim, dem südlichen Tor zum UNESCO-Welterbe Oberes Mittelrheintal. Hoch über der Stadt thront am Rheinsteig die eiserne Germania auf dem Niederwald-Denkmal. Das Monumentaldenkmal erhebt sich auf einem der besten Aussichtspunkte des Mittelrheintals: Rheingau, Nahemündung und das Tor zum Mittelrhein liegen zu Füßen. Assmannshausen, bekannt für seinen Rotwein, ist für Millionen internationaler Gäste das deutsche Weindorf schlechthin.

AM ZWEITEN AUGUSTSAMSTAG geht es dann weiter bei Spay am Bopparder Hamm, wo sich Europas größter Schiffskonvoi formiert. 1956 fand hier die Premiere von »Rhein in Flammen« mit 30 Schiffen statt; mehr als 80 Schiffe waren es bei der Jubiläumsveranstaltung 2005. In Zweierpaaren fahren die beleuchteten Dampfer flussabwärts an Schlössern, Felsen, Burgen und Fachwerkstädten vorbei, die von bengalischem Feuer in Rot getaucht werden: Auf der Hunsrückseite des Tals erstrahlen Spay und der Rhenser Königsstuhl, rechts Braubach mit der Marksburg, der einzigen unzerstörten Ritterburg am Rhein. Gegenüber von Schloss Stolzenfels mündet in Lahnstein die Lahn in den Rhein. Nach weiteren 17 km formieren sich die Schiffe an der Mündung der Mosel am Deutschen Eck am Fuß der Festung Ehrenbreitstein. Dank der einmaligen Aussicht auf Mosel und Rhein sowie auf die Höhen von Eifel und Hunsrück gehört die ursprünglich bischöfliche Festung zu den meistbesuchten Panoramaplätzen der Bundesrepublik.

IM SEPTEMBER findet »Rhein in Flammen« zu Füßen der Loreley, des berühmtesten Rheintalfelsens, statt. Am zweiten Samstag des Monats fahren rund 50 mit bunten Lichtern geschmückte Schiffe von Sankt Goar rheinaufwärts zum rot angestrahlten Loreley-Felsen und nach Oberwesel, wo die Gäste mit einem synchron zur Musik abgefeuerten Großfeuerwerk empfangen werden. Eine Woche später liegen zwischen den Schwesterstädten Sankt Goar und Sankt Goarshausen 50 bis 60 Schiffe und warten auf den Einbruch der Dunkelheit: In der »Nacht der Loreley« steigen die Leuchtgarben von fünf Großfeuerwerken in den Himmel – von Burg Rheinfels bei Sankt Goar, von Burg Katz bei Sankt Goarshausen sowie vom Ponton zwischen den Städten. ■

OBEN Blick vom Rheinsteig aus auf einen Schiffskorso und ein Feuerwerk während der Veranstaltung »Rhein in Flammen«.

UNTEN Das farbenfrohe Spektakel kann man auch von Linienschiffen aus bewundern.

## IN KÜRZE

**LAGE**
Rheinland-Pfalz im Oberen Mittelrheintal

**TERMINE** Bonn am ersten Samstag im Mai, Rüdesheim–Bingen am ersten Samstag im Juli, Spay–Koblenz am zweiten Samstag im Aug., Sankt Goar–Oberwesel am zweiten Samstag im Sept., Sankt Goar–Sankt Goarshausen am dritten Samstag im Sept.

**INFO** Rheinland-Pfalz Tourismus Löhrstr. 103–105 56068 Koblenz Tel. 0261 91 52 00 www.rhein-in-flammen. com

Schiffskarteninfo für die beteiligten Linienschiffe bekommt man über Tel. 0179 250 67 57 www.rheinfeuerwerk.de

BAYERN

■ Nürnberg

MÜNCHEN
■

# 85

## WEIHNACHTLICH GLÄNZET DIE STADT
## DER NÜRNBERGER CHRISTKINDLESMARKT

Es ist kalt, bunte Lichter funkeln und die ausgeatmete Luft wird zu weißem Nebel. Ein Duft von Zimt, Sternanis, geriebenen Zitronenschalen und Gewürznelken steigt in die Nase, der erste Glühwein wärmt die Finger und die Seele.

Der Christkindlesmarkt in der historischen Altstadt von Nürnberg ist Deutschlands berühmtester Weihnachtsmarkt mit jährlich mehr als zwei Millionen Besuchern aus aller Welt. Eine große Gruppe besonders treuer Fans kommt sogar regelmäßig aus dem fernen Japan. Am Freitag vor dem ersten Advent eröffnet das Nürnberger Christkind den Markt mit der feierlichen Rezitation des ›Prologs‹. Bei dieser Zeremonie erlöschen um 17.30 Uhr die Lichter auf dem Hauptmarkt, aller Augen richten sich auf die Empore der Frauenkirche: Dort erscheint, angekündigt von Posaunenklängen, im Scheinwerferlicht das Christkind.

DAS CHRISTKIND ist die Symbolfigur von Deutschlands berühmtestem Weihnachtsmarkt. Seit 1969 wird es von den Nürnbergern alle zwei Jahre neu gewählt: Es muss aus Nürnberg stammen, weiblich, blond, mindestens 1,60 m groß und zwischen 16 und 19 Jahre alt sein, den Prolog auswendig können und über Schwindelfreiheit verfügen – immerhin muss der Spruch ja von der Empore der Kirche aus aufgesagt werden. Das Christkind im weißgoldenen Gewand ist Nürnbergs Botschafterin, es gibt Interviews, tritt im Fernsehen auf und repräsentiert die alte Reichsstadt auch auf den Weihnachtsmärkten anderer Städte.

DIE FIGUR des jugendlichen Christkindes als weihnachtlicher Gabenbringer ist eine Schöpfung Martin Luthers (1483–1546). Bis zur Reformation gab

die Kirche in Rom den Gestaltungsrahmen für das weihnachtliche Geschehen vor, wenn auch stets unter Einbeziehung lokalen Volksbrauchtums: Sankt Nikolaus brachte am 6. Dezember Geschenke, sofern die Kinder artig gewesen waren, und an Weihnachten lag das Jesuskind (nicht das Christkind) in einem Lichtermeer von Kerzen in der Krippe. Martin Luther lehnte die in der katholischen Kirche übliche Heiligenverehrung ab und beendete so die Tradition des schenkenden Nikolaus. Er ersetzte ihn durch den ›heiligen Christ‹ und verlegte den Termin der Bescherung vom 6. Dezember auf Weihnachten. In allen Gebieten, die Luthers Reformation unterstützten, so auch in der damaligen Reichsstadt Nürnberg, ersetzte die zuweilen androgyn, zuweilen weiblich dargestellte Gestalt des Christkindes das Jesuskind und den Nikolaus. Die Geschenke wurden deshalb bis ins 19. Jh. nicht Weihnachtsgeschenke genannt, sondern Christgeschenke. Der dementsprechend Christkindlesmarkt genannte Markt in Nürnberg und sein ebenfalls im Gefolge der Reformation entstandener Namensvetter in Straßburg entwickelten sich seit dieser Zeit zu den größten Weihnachtsmärken Europas.

DIE TRADITION der vorweihnachtlichen Verkaufsmesse auf dem Nürnberger Hauptmarkt reicht deshalb bis ins 16. Jh. zurück, dem Zeitalter der Reformation. Damals bot sie den Bürgern die Möglichkeit, sich für den Winter mit allen möglichen Gebrauchsgütern einzudecken. Ebenso wie der Weihnachts-

IN KÜRZE

LAGE
Nürnberg, Zentrum von Mittelfranken, zweitgrößte Stadt Bayerns

TERMINE
Eröffnung am Freitag vor dem ersten Advent

INFO www.christ kindlesmarkt.de

Der Nürnberger Lebkuchen ist ein weltweit bekanntes, weihnachtliches Gebäck, das zu einem großen Teil aus Mandeln, Hasel- und Walnüssen besteht. Der typische bitter-süßliche Geschmack beruht auf Orangeat und Zitronat sowie einer Gewürzmischung aus Anis, Ingwer, Koriander, Nelken, Piment und Zimt. Geschenkpakete mit echtem Nürnberger Lebkuchen bestellt man im Internet unter (www.lebkuchen-schmidt.com).

baum entwickelte sich der Weihnachtsmarkt bald zum festen Bestandteil des vorweihnachtlichen Brauchtums. Im Jahr 1628 wird der Christkindlesmarkt erstmals schriftlich erwähnt: Der Boden einer 19 Zentimeter langen, mit Blumen bemalten Spanholzschachtel, die das Germanische Nationalmuseum in Nürnberg bewahrt, zeigt die mit schwarzer Tinte aufgetragene Inschrift »zum Kindles-Marck überschickt 1628«. Der alljährliche Markt entwickelte sich bald zu einem wichtigen Wirtschaftsfaktor, eine Liste aus dem Jahr 1737 belegt, dass fast alle Nürnberger Handwerker in der Budenstadt vertreten waren; 140 Händler waren damals berechtigt, Waren anzubieten.

NACH EINER ZWANGSPAUSE durch den Zweiten Weltkrieg wurde der Christkindlesmarkt 1948 in der Altstadt, die während des Zweiten Weltkriegs völlig zerstört worden war, neu begründet. Hatte bisher ein Rauschgoldengel die Messe eröffnet, so wurde nun die Aufgabe dem Christkind übertragen. Der damalige Chefdramaturg des Theaters Friedrich Bröger verfasste einen Prolog, der seither in mehrfach überarbeiteter und modernisierter Version vom Nürnberger Christkind gesprochen wird. Die Nähe zum Theater erklärt auch, dass bis 1968 die Christkinder von Nürnberger Schauspielerinnen dargestellt wurden.

IN WEIHNACHTLICHEM Ambiente bieten heute 200 Händler auf dem Nürnberger Christkindlesmarkt in 180 mit rot-weißem Stoff dekorierten Holzbuden auf die festliche Zeit abgestimmte Waren an. Nürnberger Lebkuchen, Früchtebrot, Back- und Süßwaren gehören ebenso dazu wie Rauschgoldengel, Krippen und Krippenfiguren, Kerzen, Christbaumschmuck sowie Spielzeug und Kunstgewerbe. Nürnberger Rostbratwürste und Glühwein dienen der Stärkung während des Marktbummels, beliebte Mitbringsel sind die Nürnberger Zwetschgenmännle, Figuren aus getrockneten Pflaumen. Speziell für Kinder wurde ein ›Sternenhaus‹ eingerichtet, in dem die kleinen Besucher ein weihnachtlichhimmlisches Kulturprogramm erwartet: Theater, Märchen, Puppenspiel, Ballett, klassische und moderne Musik.

DER ERFOLG des Nürnberger Christkindlesmarkts beruht auf seiner geschmackvoll traditionellen Ausrichtung. Das Angebot unterliegt strengen Regeln und wird amtlich überwacht – Plastikramsch findet hier keinen Platz. Glühwein wird nicht in Pappbechern, sondern in Keramiktassen serviert, Weihnachtsmusik vom Band ist ebenso tabu wie die Tannengirlande aus Plastik: So ist der Christkindlesmarkt weltweit zum Vorbild für viele Weihnachtsmärkte geworden. ■

MARKT DER KULTUREN Auf dem Rathausplatz östlich des Hauptmarktes haben seit einigen Jahren die Partnerstädte die Möglichkeit, Produkte aus ihren Regionen anzubieten. In dieser Erweiterung des Christkindlesmarkt gibt es Buden mit kunsthandwerklichen Produkten oder regionalen Speiseangeboten aus Antalya (Türkei), Atlanta (USA), Charkiv (Ukraine), Gera (Thüringen), Glasgow (Schottland), Kalkudah (Sri Lanka), Kavala (Griechenland), Krakau (Polen), Nizza (Frankreich), Prag (Tschechien), San Carlos (Nicaragua), Shenzhen (China), Skopje (Mazedonien), Venedig (Italien) und anderen Regionen. Bei einigen der Verkaufsstände kommt der Reinerlös karitativen Projekten in den jeweiligen Ländern zugute. Der Abstecher lohnt sich, zumal hier oft Produkte und kulinarische Spezialitäten angeboten werden, die man in Deutschland kaum bekommt. An jedem Stand liegt zudem Informationsmaterial aus über die jeweilige Region.

LINKS Der handtellergroße Nürnberger Lebkuchen auf Oblaten wird oft mit Zuckerguss und Mandeln garniert oder – wie hier – mit Schokolade überzogen.

MITTE Blick auf den Christkindlesmarkt vor der Frauenkirche in Nürnberg. Typisch sind die rot-weißen Stoffbezüge der Verkaufsbuden.

UNTEN RECHTS Die Auswahl ist groß an traditionellen Produkten für die Weihnachtsdekoration wie solche Rauschgoldengel.

### KARUSSELL UND PUPPENSPIEL
#### KINDERWEIHNACHT

Weihnachten ist wie kein anderes Fest ein Fest der Kinder. Östlich des Hauptmarktes auf dem Hans-Sachs-Platz gibt es seit 1999 ein speziell für Kinder bestimmtes Areal mit einem nostalgischen Karussell, einem Miniatur-Riesenrad und vielen Buden, die zum Mitmachen einladen. Hier kann man auch Briefe an das Christkind abgeben.

OBEN Mit Action, Emotionen und Effekten wird beim Festspiel die Hussitenschlacht bei Taus nacherzählt.

UNTEN Ritter Udo tötet in einem spektakulären Kampf den Drachen.

## VON FAFNER ZUM FEUERSPEIENDEN ROBOTER DER FURTHER DRACHE

1913 wurde Fafner, den Siegfried in Richard Wagners Oper auf der Bühne des Königlichen Hoftheaters in München erstochen hatte, nach Furth verbracht, ab 1947 hatten die Further ihre eigenen Drachen: Der Lindwurm wurde im Lauf der Jahre technisiert und trat als VW-Motor-getriebenes Ungetüm mit Tonbandgebrüll auf. Der neueste Superdrache, der 2010 seine Premiere feierte, ist 15,50 m lang und 4,50 m hoch, ein auf vier Beinen schreitender Laufroboter mit modernster Technologie.

# 86

## »DER DRACH' IST LOS!«
## DER FURTHER DRACHENSTICH IN DER OBERPFALZ

Ein Stich genügt: Seit mehr als 500 Jahren tötet damit in Furth im Wald der tapfere Ritter Udo alljährlich im August triumphierend einen Feuer speienden Drachen (den ›Lindwurm‹) und befreit dadurch die Menschen vom Bösen.

Mittelalterlicher Zauber und ein mythischer ›Drach'‹ prägen Deutschlands ältestes Volksfestspiel. Neben dem fantastischen Schauspiel findet in der Festwoche ein Umzug mit 250 Pferden und 1400 Laiendarstellern in mittelalterlichen Kostümen statt und auf dem Mittelaltermarkt werden Schwertkampf- und Bogenturniere ausgetragen.

SEIT »UNVORDENKLICHEN ZEITEN« wird in Furth jeden Sommer der Drache erstochen, doch das Ungeheuer ist zählebig, es überwintert in der ›Drachenhöhle‹, wird sorgsam gehütet und erwacht im nächsten August zu neuem Leben. Erstmals erwähnt wird der Drachenstich bereits 1590 im Further Ratsbuch im Zusammenhang mit der Fronleichnamsprozession, bei der ein Bürger in Rüstung mitmarschiert sei. Dieser geharnischte Bürger ist der Ritter in der Tradition des Drachentöters Sankt Georg, der den Drachen, Sinnbild des Bösen, tötet und nicht nur wie der Erzengel Michael in Schach hält. Der Further Drachenstich nimmt Gedankengut der biblischen Apokalypse auf, dort ist der Gegner »der große Drache, die alte Schlange, die Teufel oder Satan heißt und die ganze Welt verführt«.

DAS SCHAUSPIEL wurde ursprünglich am Ende der Fronleichnamsprozession aufgeführt. Da es immer mehr Schaulustige anzog und die weltliche Gaudi zunehmend den religiösen Hintergrund überdeckte, kam es zu Konflikten mit der Kirche. Die Further hielten an ihrem Drachenschauspiel fest und verwiesen auf den wirtschaftlichen Effekt dieses Großereignisses, das Gäste aus ganz Ostbayern und Böhmen anzog. Als die Further den Drachenstich 1878 trotz kirchlichen Verbots während der Fronleichnamsprozession aufführten, war eine Trennung unausweichlich: Der Drachenstich wurde vom Fronleichnamsfest abgekoppelt und auf den August verlegt.

1952 VERFASSTE der Schriftsteller Josef Martin Bauer (1901–1970), Autor des Bestsellers »So weit die Füße tragen«, das für ein halbes Jahrhundert gültige Skript. Bauer verlegte damals die Handlung in die Zeit der Hussitenkriege zu Beginn des 15. Jh.s und überlagerte die mythische Gestalt des Drachen durch Elemente aus der Zeit des Kalten Krieges. Nach dem Zusammenbruch der Ostblock-Diktaturen waren diese Zeitbezüge veraltet, der populäre Text wurde 2006 durch eine Neufassung des Regisseurs Alexander Etzel-Ragusa ersetzt. Sie besticht durch eine differenzierte Darstellung der Hussitenzeit, ist reicher an Action, Bildern und Emotionen, stellt die Frage nach dem verantwortungsvollen Umgang mit der Schöpfung und thematisiert das ewige Rätsel um die Existenz Gottes ebenso wie das immer wieder aufflammende Problem des religiösen Fanatismus. Geblieben sind die Bezüge auf Mythologie und Mittelalter, die Volksfeststimmung und der in allen Gassen erschallende Ruf: »Der Drach' ist los!« ▪

IN KÜRZE

LAGE
Furth im Wald,
Landkreis Cham in der
Oberpfalz, Bayern

TERMIN
Mitte August

INFO
Tourist-Info
Furth im Wald
Schlossplatz 1
93437 Furth im Wald
Tel. 09973 509 80
www.furth.de

An Wochentagen
beginnen die Aufführungen um 20 Uhr, an
Sonntagen gibt es
zusätzlich eine Nachmittagsvorstellung.
Karten bekommt man
auch online:
www.drachenstich.de

BADEN-
WÜRTTEMBERG

STUTTGART
■

■ Offenburg

Endin-   ■ Rottweil
gen    ■ Villingen

# 87

## NARRI, NARRO!
## DIE SCHWÄBISCH-ALEMANNISCHE FASNET

Wehe, wenn sie losgelassen: Die Fasnet ist die Zeit der Narrenzünfte, Guggen-
musiken, Lumpenkapellen, Schalmeiengruppen und der ausgelassenen Umzüge
mit grotesk Maskierten und johlendem Publikum.

D ie schwäbisch-alemannische
Fasnet ist die vielfältigste
Fastnacht Europas. Sie greift
Brauchtumstraditionen auf, die
bis ins Frühmittelalter zurückreichen,
setzt in Abgrenzung zum ›Frohsinn‹ des
rheinischen Karnevals auf archaisch-ma-
gische Elemente, die jedem Ort seine
Traditionen belassen, weshalb es Tausende unterschiedlicher ›Larven‹ (= Masken) und Kostüme gibt, auch die Figuren
tragen alle ortseigene, unverwechsel-
bare Namen. Nicht einmal der offizielle
Fastnachtskalender ist überall gültig: Die
größte Fastnacht der Schweiz beginnt
am Montag nach Aschermittwoch, wenn
andernorts schon alles vorbei ist. Auch
Staatsgrenzen ignoriert die schwäbisch-
alemannische Fasnacht: Länderüber-
greifend ist sie von Oberschwaben bis
ins Elsass, von Südbaden bis Tirol, vom
Neckartal bis ins Baselbiet verbreitet.
Dem Verband Schwäbisch-Alemanni-
scher Narrenzünfte gehören 69 Verbän-
de in acht ›Fastnachtslandschaften‹ von
der Donau bis in die Nordschweiz an.

WENN AM DREIKÖNIGSTAG – dem
6. Januar – die Mittwinterzeit endet,
beginnt im schwäbisch-alemannischen
Raum mit der Fasnet der Jahreskreislauf
der Feste. Verbutzte (verkleidete) Geister, Blätz und Hansele treiben mit dem
Knallen der Karbatschen den Winter aus,
Guggenmusiker geben mit schmettern-
dem Getöse Straßen- und Platzkonzerte,
Hexenmasken mischen sich unter die
Menge. Die Fasnet mit ihren ›Häs‹ (Kostümen) und oftmals über Generationen

hinweg vererbten Holzmasken ist wegen ihrer Dauer, Farbenpracht, Vielfalt
und Archaik das rätselhafteste Volksfest
Europas. Mummenschanz und Guggen-
musik finden vorwiegend auf Straßen
und Plätzen statt und ziehen alljährlich
mit steigender Tendenz Zehntausende
von Besuchern in die Orte am Bodensee, der Nordschweiz, am Neckar und
im Schwarzwald.

ROTTWEILER NARRENSPRUNG, But-
zenlauf in Konstanz, Schwertletanz in
Überlingen: Jeder Ort hat seine eigenen
Fasnetstraditionen, zu denen auch die
Masken gehören – ›Schnabelgiere‹ gibt
es nur in Meersburg, ›Moschtköpf‹ nur
in Lindau, die Hauptfigur der Villinger
Fasnet ist der Narro, er gilt als Aristokrat
der alemannischen Fastnacht. Bei der
Elzacher Fasnet im Schwarzwald heißt
es »Der Schuttig ist los«: Hauptfigur ist
der Schuttig, eine Gestalt mit rotem Zot-
telgewand, Schneckenhut mit Wollbol-
len und Holzlarve. Bei den Schuttig-Lar-
ven wiederum gibt es sieben Gruppen
wie Teufelslarven, Bartlarven usw. und
innerhalb dieser Gruppen gibt es unzählige Varianten dämonischer Augen, ge-
fletschter Zähne und Hakennasen.

IN ENDINGEN AM KAISERSTUHL, einer
kleinen Weinbaugemeinde, marschieren
am ›Schmutzige Dunnschtig‹ (Donnerstag vor Rosenmontag) rund 3000 weiß
gekleidete ›Hemdklunker‹ durch das
Königschaffhauser Tor in die Altstadt
und holen den Jokili aus dem Ratsbrunnen. Am ›Fasnetsunntig‹ (Sonntag vor

IN KÜRZE

LAGE
Baden-Württemberg,
die südwestlichen
Regionen zwischen
Schwäbischer Alb,
Schwarzwald und
Bodensee

TERMINE
6. Jan. bis Montag
nach Aschermittwoch

DIE LARVEN oder
›Schemmen‹ beim
schwäbisch-aleman-
nischen Faschings-
treiben sind meist
aus bunt und
zuweilen gruselig
bemaltem Holz.

Während die einen am Dienstag die Fasnacht begraben, schlagen andere die ›Funkentanne‹. Am Samstag nach Aschermittwoch schichten dann die Funkenzünfte den ›Funken‹, einen Holzstoß bzw. Strohhaufen, auf und befestigen an der Funkentanne eine große Stoffpuppe; im Bauch dieser ›Funkenhexe‹ befindet sich oft Schießpulver. Bei Dunkelheit wird der Funken entzündet: Erreichen die Flammen die Puppe, explodiert die Hex'.

Rosenmontag) ziehen rund 700 korrekt gekleidete Jokili mit der typischen, dreizipfligen roten Narrenkappe, Rüsche, Schnabelschuhen und Larve – am Endiger Jokiligewand muss alles bis zum letzten Hemdzipfel stimmen – in zwei Umzügen durch die Stadt. Am ›Fasnetzischtig‹ (Fastnachtsdienstag) wird der Jokili nach einem Trauerumzug schließlich wieder für ein Jahr im Ratsbrunnen versenkt.

DEN HÖHEPUNKT des Treibens bildet die Zeit vom Schmotzigen oder Gumpigen Donnerstag bis zur Vergrabung der Fasnet am Dienstag. Am Vorabend des Donnerstags marschiert vielerorts die Narrenzunft zum örtlichen Rathaus und setzt den Bürgermeister ab. Am Donnerstagmorgen werden die Kinder aus den Schulen ›befreit‹ und die – den Maibäumen vergleichbaren – Narrenbäume aufgestellt: Dies ist der Tag der Straßenfasnet, bei der der ganze Ort auf den Beinen ist.

AM FASNACHTSMONTAG finden die großen Maskenumzüge der Narrenzünfte statt, am Dienstagmittag folgen die Kinderumzüge. Am Dienstagabend wird unter lautem Wehklagen, bei Fackelschein und in düsterer Trauerstimmung die Fasnacht vergraben. Das ist aber noch nicht das Ende: Den Schlusspunkt

setzt nach Aschermittwoch der Funkensonntag, an dessen Vorabend die Hexen verbrannt werden.

IN DER ALEMANNISCHEN Fasnet leben an verschiedenen Orten Traditionen der mittelalterlichen Alten Fastnacht fort. Fastnacht wurde in den ersten Jahrhunderten der Christianisierung an dem Montag gefeiert, der dem heutigen Aschermittwoch folgt, also eine Woche nach dem heutigen Rosenmontag. Aus kirchlicher Sicht ist die Fastnacht die Nacht vor dem Beginn der Fastenzeit. Das Konzil von Benevent verlegte 1091 den Beginn der Fastenzeit um sechs Tage nach vorne auf den nun Aschermittwoch genannten Tag. Bis die Konzilsbeschlüsse überall durchgesetzt waren, gab es deshalb bis ins 13. Jh. zwei Fastnachten: die Fastnacht der Herren Kleriker – die Herrenfastnacht – und die Alte Fastnacht, die auch als Bauernfastnacht bezeichnet wurde. Die Konzilsbeschlüsse von 1091 dienten auch dazu, ein altes Fest aus heidnischer Zeit in den kirchlichen Festkalender zu integrieren und das heidnische Treiben zu christianisieren. Durch die Reformation gerieten die alten Bräuche in vielen Gegenden völlig in Vergessenheit, nur in einigen Gebieten des Kantons Baselland, des Markgräflerlandes und Südbadens leben sie bis heute fort. ∎

DER OFFENBURGER HEXENSPRUNG Der Hexensprung am Fastnachtsdienstag ist der Höhepunkt der Offenburger Straßenfastnacht und das archaischste Fasnetspektakel am Oberrhein. Nach einem Umzug durch die Altstadt geht es zum Neptunbrunnen, wo die Hexen von Balkonen aus ›Hexenfraß‹ in die Menge werfen: Bonbons, Würste und Wecken (Brötchen). Dann legt der ›Hexenfeuerwerker‹ vor dem Rathaus Feuer an einer meist über fünf Meter hohen Strohhexe – dem ›Hexenkind‹ –, während die Hexen ihren Hexentanz zelebrieren. Aus dem Tanz heraus setzen sie zum Hexensprung an und schwingen sich auf ihren Besen durch die Flammen, bis auch der letzte Rest des ›Hexenkindes‹ verbrannt ist. Damit ist die Straßenfastnacht vorbei, doch in den Kellergewölben der ›Hexekuchi‹ (Hexenküche) unter dem denkmalgeschützten Salzhaus der Stadt feiert man weiter, bis Schlag Mitternacht der Aschermittwoch die Fasnet beendet.

LINKS Die heute sehr beliebte Hexenmaske hielt erst 1933 Einzug in die schwäbisch-alemannische Fasnet, als der Offenburger Karl Vollmer eine Hexengestalt schuf …

UNTEN … seitdem treiben die Hexen auch beim Straßenfasching in anderen Städten wie z. B. Lindau am Bodensee ihr Unwesen.

UNTEN LINKS Fast so häufig wie Hexen sieht man bei Faschingstreiben in Baden-Württemberg kunstvoll gestaltete Teufelsmasken.

UNTEN RECHTS Ein Federhannes beim Rottweiler Narrensprung, dem Rosenmontagszug dieser Stadt im Neckartal.

BAYERN

MÜNCHEN
■

# 88

## HENDL, BIER UND RIESENGAUDI
## DAS OKTOBERFEST IN MÜNCHEN

Sechs bis sieben Millionen Besucher strömen alljährlich auf die Theresienwiese und verzehren 500 000 Brathendl und trinken sieben Millionen Maß Bier. Aus dem einstigen Volksfest der Bayern ist längst ein Weltfest geworden.

Der Münchner Dichter Eugen Roth (1895–1976) reimte in den goldenen 1920er-Jahren »Zu Münchens schönsten Paradiesen zählt ohne Zweifel seine Wiesn«. Heute ist die Wiesn das größte Volksfest der Welt. »O'zapft is!«, ruft der Münchner Oberbürgermeister, wenn er mit dem Anzapfen des ersten Bierfasses das umsatzstärkste Fest Deutschlands für eröffnet erklärt.

MIT DEM EINZUG der Wiesnwirte beginnt seit 1887 das Oktoberfest. Der farbenfrohe Pferde- und Kutschenzug durch die Innenstadt zur Theresienwiese wird angeführt vom Münchner Kindl als Botschafterin der Stadt. Dem reitenden Kindl folgt traditionsgemäß die Festkutsche des Oberbürgermeisters, dahinter fahren die Prachtgespanne der Festwirte und Brauereien, auch Prominente winken aus den Kutschen heraus, die Pferde sind mit bunten Geschirren herausgeputzt und ziehen ein kostbares Gut: geschmückte Fässer mit Oktoberfestbier. Die Familien und Freunde der Wiesnwirte genießen das Vorrecht, schon während des Festzugs vom Bier kosten zu dürfen. Ebenfalls mit dabei sind die Bierkrüge schwenkenden Kellnerinnen, für die zwei Wochen harter Arbeit beginnen, auch die Schausteller sind mit einem gemeinsamen Wagen vertreten.

BIERTRINKEN IM TAKT In den Zelten animiert die Kapelle zwischen den Musikeinlagen immer wieder zum Biertrinken: »Ein Prosit, ein Prosit der Gemütlichkeit ...«

PUNKT ZWÖLF UHR mittags sticht das Stadtoberhaupt im Schottenhamel-Festzelt das erste Fass an: Mit Spannung wird beobachtet, wie viele Schläge der Oberbürgermeister benötigt, bis das Bier fließt. Nach dem Anstich geben auf der Bavaria-Treppe zwölf Böllerschüsse das Zeichen, dass auch die anderen Wiesnwirte mit dem Ausschank beginnen dürfen. Die erste Maß erhält traditionell der Landesvater.

DAS MÜNCHNER KINDL führt auch den größten Trachten- und Brauchtumsumzug der Welt an: Am ersten Wiesnsonntag, dem Tag nach der Eröffnung des Oktoberfests, marschieren Schützen- und Trachtenvereine, Musikkapellen und Fahnenschwinger aus ganz Europa vom Maximilianeum, dem Sitz des bayerischen Landtags, sieben Kilometer bis zur Theresienwiese. Unter den 8000 Mitwirkenden befinden sich auch der Ministerpräsident sowie Honoratioren der bayerischen Politik. Der Trachten- und Schützenzug wurde 1835 zum ersten Mal abgehalten, damals zu Ehren der Silberhochzeit von König Ludwig I. und Therese von Bayern.

FÜR VIELE INTERNATIONALE Besucher ist es einfach das »beer festival«. Und so sind die Fahrgeschäfte und Buden für sie nettes Beiwerk, aber im Zentrum stehen die Festzelte, von denen jedes sein eigenes Flair und seine eigene Geschichte hat. Das größte und international bekannteste ist das Hofbräu-Festzelt mit rund 10 000 Plätzen, das traditionsreichste das Schottenhamel-Festzelt: Seit 1867 ist die Familie Schottenhamel auf der Wiesn vertreten. Während die anderen noch mit Gas beleuchteten, setzte man im Schottenhamel früh auf technische In-

### IN KÜRZE

**LAGE**
München (530 m), Landeshauptstadt des Freistaats Bayern

**TERMINE** Eröffnung am Samstag nach dem 15. Sept.; Dauer mindestens 16 und höchstens 18 Tage

**INFO**
www.oktoberfest.de

**HINWEISE** Jeden Dienstag ist Familientag (12–18 Uhr) mit Sonderpreisen für viele Fahrgeschäfte. Die Bierzelte sind am Abend oft sehr voll, sodass nur beschränkt Einlass möglich ist. Entspannter ist es meist am Vormittag und frühen Nachmittag.

Das Kindl, Münchens Wappen- und Wahrzeichen, wird dargestellt von einer jungen Frau. Die Tracht ist der des Mönchs im Stadtwappen nachempfunden, der eine schwarz-goldene Kutte und rote Schuhe trägt, in der Linken ein rotes Buch und die Rechte zum Schwur erhoben hat. Den Trachtenumzug am ersten Oktoberfestsonntag führt das Kindl zu Pferde an: Es trägt eine Franziskanerkutte und in der Rechten einen Maßkrug.

novation: 1886 schleppte der siebenjährige Schulbub Albert Einstein Kabel und drehte Glühlampen ein – auf der Wiesn erstrahlte erstmals ein Festzelt in elektrischem Licht. In der Augustiner-Festhalle vergisst auch die gestressteste Kellnerin nie ihr Lächeln. Im Inneren des Hacker-Festzelts spannt sich der aufwendig behängte ›Himmel der Bayern‹, an der Innendecke des Löwenbräu-Zelts strahlen 16 500 Glühbirnen. Das Winzerer Fähndl ist an einem Turm mit einem sich drehenden Paulaner-Bierkrug, die Bräurosl an überdimensionalen Maibäumen erkennbar, im Inneren sorgt eine Jodlerin mit bayerischem Urgesang für Stimmung. Ein überdimensionaler Ochse dreht sich über dem Eingang der Ochsenbraterei. Etwas kleiner ist das glamouröse Hippodrom, Treffpunkt der Stars und Sternchen, in dem die »Münchner Zwietracht« und andere Bands aufspielen. Die Armbrustschützen-Festhalle trägt ihren Namen nach der hier seit 1895 durchgeführten deutschen Meisterschaft im Armbrustschützenschießen. Wer keine Lust auf Hendl und Schweinshaxn hat, geht zur Fischer-Vroni, wo Makrelen als Steckerlfische in einer langen Reihe gegrillt werden. Sekt und Champagner werden im Weinzelt serviert, und in Käfers Wiesn-Schänke sind die Feinschmecker zu Hause. Alles in allem bieten die

Wiesnwirte 100 000 Sitzplätze, meist zu wenig für die vielen Besucher. Gruppen ab 10 Personen sollten deshalb langfristig vorher reservieren.

IN MÜNCHEN gilt die Sperrstunde, die meisten Zelte auf dem Oktoberfest schließen um 23.30 Uhr mit Ausnahme von Käfers Wiesn-Schänke, die bis Mitternacht, und dem Weinzelt, das bis ein Uhr geöffnet haben darf. Die Sperrstunde bildet für viele Wiesnbesucher den Auftakt zur After-Wiesn-Party in einer der vielen Locations in der Stadt.

UND DANN gibt es ja noch die Fahrgeschäfte und andere verführerische Angebote. Nervenkitzel wird genug geboten – vom Olympia-Looping der Achterbahn bis zum Fliegenden Teppich, vom Free Fall bis zum Top Spin. Wer weniger auf Adrenalinschübe aus ist, der kann im »Schichtl«, einer seit 1869 bestehenden Schaubude, der »Enthauptung einer lebendigen Person mittels Guillotine« beiwohnen, an Schießbuden – die es seit den 1870er-Jahren gibt – Kimme und Korn auf eine Linie bringen und bei einem Volltreffer ein Porträtbild schießen, bei »Hau den Lukas« mit einem Hammerschlag seine Kraft unter Beweis stellen oder die kleinsten Artisten der Welt in einem Flohzirkus bestaunen. Langeweile ist in diesen zwei Wochen sicher nicht angesagt. ■

EIN PFERDERENNEN MACHTE DEN ANFANG Das Oval der Theresienwiese zwischen Paulskirche und Bavaria erinnert daran, dass das Oktoberfest mehr als 100 Jahre lang ein Pferderennen war. Erstmals fand es am 17. Oktober 1810 statt, Schauplatz war die »Theresienwiese«, die ihren Namen anlässlich der Vermählung des bayerischen Kronprinzen Ludwig (I.) mit Therese von Sachsen-Hildburghausen erhalten hatte. Das Pferderennen von 1810 hatte eine ungeheure Resonanz. Der Kronprinz versprach den Bürgern, im Oktober des Folgejahres erneut ein Rennen ›auf der Wiesn‹ zu veranstalten. Das zweite Oktoberfestrennen 1811 war mit einem Landwirtschaftsfest verbunden. Das Fest wurde von Jahr zu Jahr größer, Kletterbäume, Kegelbahnen und Schaukeln wurden aufgestellt, 1818 drehte sich das erste Karussell. 1819 übernahm die Stadt München die Festleitung und die Organisation. Nach dem Ersten Weltkrieg hörten die Rennen auf, zur 200-Jahr-Feier 2010 gab es allerdings ein Jubiläumsrennen.

LINKS Die Bedienungen leisten Schwerstarbeit auf der Wiesn. Sechs und mehr Bierkrüge auf einmal sind die Regel.

RECHTS Adrenalinstoß pur – Steilkurve der Alpina-Achterbahn.

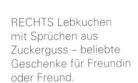

RECHTS Einzug der Brauer. Die schweren Wagen werden von Kaltblütern gezogen.

UNTEN Zur Wiesn sind die Brezn besonders groß. Sie gehören immer dazu, wenn man sich eine Maß Bier und ein Hendl bestellt.

RECHTS Lebkuchen mit Sprüchen aus Zuckerguss – beliebte Geschenke für Freundin oder Freund.

UNTEN Auf diesem rotierenden Rad kann sich kaum jemand lange halten – das verhindern die Gesetze der Physik.

## DIRNDL UND LEDERHOSEN
### DIE WIESNTRACHT

Eines der ungelösten Rätsel der Wiesn betrifft die Frage, wie es kommt, dass zahllose Städter, die sich sonst in Prada und Armani kleiden, zur Wiesn in Dirndl und Lederhosen erscheinen – und sich darin offenbar pudelwohl fühlen. Und das betrifft nicht nur die Einheimischen, sondern auch viele internationale Gäste. Der Verkauf der zünftigen Kleidung boomt, wobei modische Anpassungen auch hier zu verzeichnen sind. So haben die Kurzrockvarianten mit einem »echten Dirndl« allerdings wenig zu tun. Vielleicht beruht die Beliebtheit dieser Verkleidung auch einfach darauf, dass sich Frau wieder einmal so richtig als Frau fühlen kann – betont das Dirndl doch die weiblichen Formen, nicht zuletzt durch das eingearbeitete Mieder. Und Männer zeigen ihre strammen ›Wadeln‹.

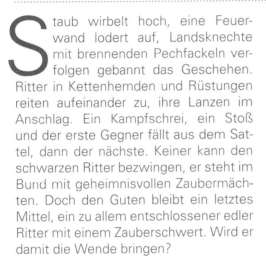

# 89

## ZEITREISE INS MITTELALTER
## DAS KALTENBERGER RITTERTURNIER IN BAYERN

Mann gegen Mann treten sie an in Geltendorf, in Rüstungen und zu Pferde im größten Ritterturnier der Welt. Es ist der ewige Kampf Gut gegen Böse, König Artus gegen den Widersacher, den furchtbaren Mordred. Wer wird gewinnen?

Staub wirbelt hoch, eine Feuerwand lodert auf, Landsknechte mit brennenden Pechfackeln verfolgen gebannt das Geschehen. Ritter in Kettenhemden und Rüstungen reiten aufeinander zu, ihre Lanzen im Anschlag. Ein Kampfschrei, ein Stoß und der erste Gegner fällt aus dem Sattel, dann der nächste. Keiner kann den schwarzen Ritter bezwingen, er steht im Bund mit geheimnisvollen Zaubermächten. Doch den Guten bleibt ein letztes Mittel, ein zu allem entschlossener edler Ritter mit einem Zauberschwert. Wird er damit die Wende bringen?

LUITPOLD PRINZ VON BAYERN, der Initator der mittelalterlichen Festspiele, begrüßt auf Schloss Kaltenberg alljährlich mehr als 100 000 Gäste zu einer Show mit den besten Haudegen und Stuntgruppen der Welt. Die Rahmenhandlung in der Arena wechselt jährlich, beispielsweise wurde schon die keltische Rockoper »Excalibur« aufgeführt, auch König Artus bestand mit den Rittern der Tafelrunde den Kampf »Gut gegen Böse« triumphal.

DIE MARKTSTÄNDE und Buden werden am späten Vormittag des ersten Tages geöffnet, Gaukler führen ihre Kunststücke vor. Gegen 13 Uhr beginnt dann die eigentliche Veranstaltung mit einem großen Festumzug. Ritter, Landsknechte, Handwerker, Künstler und Quacksalber, Marketenderinnen und Spielmannszüge präsentieren sich in ihren bunten Kostümen und entführen die zahllosen Zu-

schauer auf eine Zeitreise ins Mittelalter. Der Zug wird begleitet von Trommelwirbeln und den Klängen von Dudelsack, Flöten, Fanfaren und anderen historischen Musikinstrumenten – ein Fest für Augen und Ohren.

DIE RITTERSHOW bildet den Höhepunkt des Mittelalterspektakels. Das Turnier beginnt am Nachmittag in der Kaltenberg Arena mit waghalsiger Pferdeaction und eindrucksvollen Spezialeffekten vor farbenfrohen Kulissen. Ein richtiges Schlachtfeld wird inszeniert, Mann gegen Mann kämpfen Ritter und Landsknechte, die Schwerter klirren und wer getroffen wird, bleibt auf dem Feld liegen. Auf Streitrossen stoßen die Ritter mit ihren Lanzen ihre Gegner aus dem Sattel, die in halsbrecherischen Stunts zu Boden stürzen. Vor und nach der Präsentation mit Fahnen und Fanfaren, Lanzen und Schwertern, edlen Rössern und schimmernden Rüstungen erwartet die Gäste ein umfangreiches Programm aus Spielmannszügen, Vagantengruppen sowie Theater-, Tanz- und Musikvorführungen auf dem Schlossareal. Man kann über den Mittelaltermarkt schlendern und Handwerkern dabei zusehen, wie sie nach traditionellen Verfahren Materialien zu Kunstwerken verarbeiten. In den Werkstätten können die Besucher beispielweise einem Schmied über die Schulter schauen und miterleben, wie er das in der Esse glühend gemachte Eisen zurechthämmert. An zahlreichen Marktständen werden typische mittel-

EFFEKTVOLLES SPEKTAKEL mit einer Feuerwand im Hintergrund. Der schwarze Ritter und sein Gegner in den bayerischen Farben Blau und Weiß.

## IN KÜRZE

**LAGE**
Schloss Kaltenberg (612 m) in der Gemeinde Geltendorf im oberbayerischen Landkreis Landsberg am Lech

**TERMINE** jeweils an drei Wochenenden im Juli

**BESONDERHEITEN**
Ritterturnier mit jeweils wechselnder Rahmenhandlung, Gauklernacht und Mittelaltermarkt

**INFO** Kaltenberger Ritterturnier Schlossstr. 10 82269 Geltendorf Tel. 08193 93 31 00 www.ritterturnier.de

BAYERN

MÜNCHEN

Geltendorf-Kaltenberg

Die Veranstaltungen mit Umzug, Turnier und Gauklervorstellung finden an einigen Tagen nach 16 Uhr statt und dauern bis Mitternacht. Das Ritterturnier beginnt dann bei Einbruch der Dunkelheit, das dabei eingesetzte Feuer wirkt so noch spektakulärer. Das »Gauklerspektakulum« mit Akrobaten, Jongleuren, Feuerschluckern, Tänzern, Musikern und Zauberern bildet den Abschluss des bunten mittelalterlichen Reigens.

alterliche Waren angeboten, hergestellt aus den damals gebräuchlichen Stoffen und mit den alten Färbemethoden – das Mittelalter zum Anfassen. Über Holzkohlefeuer brutzeln Spanferkel und den Durst löscht mittelalterliches Met oder Bier aus der eigenen Brauerei. Kleine Gäste können sich auf dem Kinderturnier im Übrigen zum Ritter schlagen lassen, nachdem sie ihre Tapferkeit beim abenteuerlichen Ritterparcours unter Beweis gestellt haben.

DIE ANFÄNGE dieser gigantischen Veranstaltung waren vergleichsweise bescheiden. Anlässlich der 800-Jahr-Feier des Hauses Wittelsbach – 1180 belehnte der Staufer-Kaiser Friedrich I. Barbarossa den Wittelsbacher Otto I. mit dem Herzogtum Bayern – verwirklichte der Prinz 1980 seinen persönlichen Mittelaltertraum: Er lud 14 englische »Ritter« aus Canterbury sowie einheimische Rittersleut' zum Turnier auf der grünen Wiese vor dem Schloss. 5000 Zuschauer kamen zu diesen ersten Kaltenberger Ritterspielen. Vor und nach dem Turnier gab es als Rahmenprogramm einen Mittelalter-Flohmarkt, ein Wettschießen von Armbrustschützen und einen Blaskapellen-Wettstreit. Für das leibliche Wohl sorgte das neu eröffnete Schloss-Restaurant »Ritterschwemme«. Der Prinz war mit der Veranstaltung so zufrieden, dass er darüber nachdachte, dieses Turnier fortan alle zwei Jahre auszurichten, doch er hatte den Zuspruch unterschätzt: Zehntausende strömten bei den nächsten Ritterspielen nach Kaltenberg, 1985

wurde die Sand-Arena mit der Königsloge gebaut, heute umgibt den 2006 nochmals erweiterten Turnierplatz ein Markt mit Artisten, Gauklern, Handwerkern, Spielleuten, Quacksalbern, Narren, Raubrittern und anderen Künstlern. Aus dem Traum des Prinzen ist das größte Ritterturnier der Welt geworden, das nun als jährliches Ereignis Tausende von Besuchern von nah und fern anlockt.

SCHAUPLATZ DES SPEKTAKELS ist das Schloss Kaltenberg. Das in der sanften Hügellandschaft zwischen Ammersee und Lechtal gelegene Schloss ist der Wohnsitz der Familie von Luitpold Prinz von Bayern (geb. 1951), einem Urenkel des letzten Wittelsbacher-Königs Ludwig III. Seine heutige Gestalt erhielt das Schloss im 19. Jh. als Nachfolgebau einer 1292 von Herzog Rudolph errichteten Burg, in der die Wittelsbacher schon damals eine Brauerei unterhielten. Blickfang der vierflügeligen Anlage ist der neugotische Bergfried mit Aussicht zum Wettersteingebirge, ein mächtiger Torbau leitet von der Schlossgrabenbrücke in den Innenhof. Ein weitläufiges Park- und Waldgebiet mit alten Baumgruppen umgibt das Schloss, in dem auch zwei Restaurants und ein Teil der König Ludwig Schlossbrauerei untergebracht sind. In der Vorweihnachtszeit ist das malerische Gebäude- und Waldensemble Schauplatz des Königlich Bayerischen Adventsmarkts. Während des Ritterturniers ist auf jeden Fall dafür gesorgt, dass es den angereisten Gästen und Zuschauern an nichts fehlt. ■

DER TEUFEL MARSCHIERT IMMER MIT Im Festumzug dürfen die Fratzen und grotesken Masken nicht fehlen, sie gehören bei einer Veranstaltung, die dem Mittelalter gewidmet ist, einfach dazu. Kleinen Kindern flößt der Anblick oftmals Angst ein. Wir betrachten es heute als Aberglauben, doch die Dämonen und Teufel erzeugten bei den einfachen Menschen damals wirklich Angst und Schrecken. Man glaubte noch bis ins 19. Jh. hinein vielerorts an das Wirken böser Kräfte und schwarzer Magie. Wer als Hexe oder Zauberer galt, wurde in früheren Zeiten bekanntlich verbrannt.

## HALSBRECHERISCH
### STUNTS – WIE IM FILM

Was so spielerisch leicht aussieht und aus Filmen bekannt ist, wird in Kaltenberg live vorgeführt. Die Ritter kämpfen und stürzen dabei von ihren Pferden. Aber es sind hier professionelle Stuntmen, die das Fallen aus solchen Höhen gelernt haben, um sich dabei nicht wirklich zu verletzen. Die Stürze sind echt, doch Nachahmung ist nicht empfohlen!

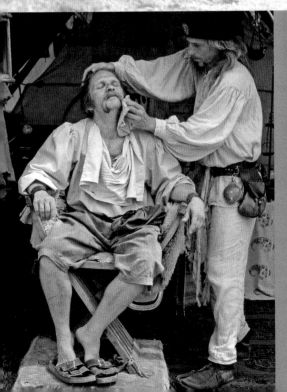

OBEN Ein Zweikampf Mann gegen Mann muss genau choreografiert werden, damit jeder Schlag zwar gefährlich aussieht, aber nicht wirklich verletzt.

LINKS Die Friseure waren damals »Barbiere«, kümmerten sich bei Männern um den Bart (frz. »barbe«) und zogen auch schon mal einen faulen Zahn.

RECHTS Ein Schmied bringt ein Werkstück über der Esse zum Glühen – ganz so, wie es im Mittelalter üblich war.

# 90

## EUROPAS GRÖSSTES FEUERWERK
### KONSTANZER SEENACHTFEST

Das Konstanzer Seenachtfest ist das größte Volksfest am Bodensee. Den Höhepunkt bildet das Seefeuerwerk über der Konstanzer Bucht, das größte Feuerwerk Europas mit einer Light- und Musik-Show, die man so schnell nicht vergisst.

Musik und Feuerwerk über dem Bodensee – Zehntausende strömen alljährlich am zweiten Augustwochenende auf das Festgelände am Hafen, um die Attraktionen und den Sommerabend zu genießen. Über Jahrzehnte bewährte sich eine Mischung aus Livemusik, Open-Air-Partys, Familien- und Kinderprogramm und Gastronomie, bis 2005 chinesische Pyrotechniker an den Bodensee reisten und ein musikuntermaltes Feuerwerk über der Konstanzer Bucht choreografierten: Die Chinesen zauberten farbenprächtige Blumen und funkelnde Wasserfälle an den Himmel und verwandelten die Konstanzer Bucht in ein glitzerndes Lichtermeer. Das chinesische Musikfeuerwerk führte dazu, dass alljährlich international renommierte Feuerwerker zum Seenachtfest eingeladen werden, die Show-Illumination der Konstanzer Bucht zu verstärken. Mit Erfolg, wie die stetig wachsenden Gästezahlen zeigen: 2011 kamen erstmals mehr als 50 000 Menschen zum Konstanzer Seenachtfest. Wenige Jahre später kam dann die Krise: Im Zuge der Nachhaltigkeitsdebatte wurde das Fest insgesamt infrage gestellt, eine Bürgerumfrage ergab jedoch 2019 ein klares Votum für die Fortführung der Veranstaltung mit traditionellem Feuerwerkszauber.

FEUERWERK hat in Konstanz eine lange Tradition. Bereits vor über 500 Jahren zündeten Konstanzer Bürger mithilfe von Schwarzpulver bunte Lichter,

um den zum Reichstag anreisenden Habsburger-König und späteren Kaiser Maximilian I., den »letzten Ritter«, zu beeindrucken. Der zu einem Reichstag angereiste Regent schien wenig Begeisterung zu zeigen, umso mehr aber die Konstanzer, die nun regelmäßig solche Feuerzauber inszenierten.

ALS DER BODENSEE im späten 19. Jh. allmählich von den Touristen entdeckt wurde, sahen sich die Verantwortlichen vor dem Problem, den Aufenthalt für die Gäste noch attraktiver zu gestalten. Und so kam es, dass in Konstanz wieder »Beleuchtungsabende« mit »bengalischem Feuer« veranstaltet wurden. Experimentiert wurde dabei wohl auch mit Raketen und ersten Feuerwerkskörpern – nachzulesen in den Zeitungen der damaligen Zeit. Der Bodensee steuerte seinen Teil zur Wirkung bei. Zweifellos spielte schon immer eine große Rolle, dass sich das farbige Lichtspiel am Himmel im See – zumal bei Windstille – spiegelte und so den Effekt noch verstärkte.

WÄHREND des Zweiten Weltkriegs bestand wenig Anlass zu feiern – und so dauerte es auch nach Kriegsende noch einige Zeit, bis endlich im Jahr 1949 in Konstanz wieder ein Seenachtfest stattfand. Seit diesem Jahr wird das Fest als gemeinsame Veranstaltung von Konstanz zusammen mit der schweizerischen Nachbarstadt Kreuzlingen ausgetragen, beide Städte liegen unmittelbar nebeneinander. Die Feuerwerke werden von beiden Seiten allerdings unabhängig

LICHTERGARBEN überziehen den Himmel und spiegeln sich im nächtlichen See während des halbstündigen Feuerwerks, das jedes Jahr unter ein anderes Motto gestellt wird.

## IN KÜRZE

**LAGE**
Konstanz (404 m), größte Stadt am Bodensee, Baden-Württemberg

**TERMIN** am zweiten Augustwochenende

**INFO**
Tourist-Information Konstanz
Bahnhofpl. 43
78462 Konstanz
Tel. 07531 13 30 30
www.konstanz-tourismus.de
www.seenachtfest.de

Die Verwendung von Feuerwerken zur Unterhaltung begann in Europa im ausgehenden Mittelalter. Von Florenz aus verbreiteten sich die sogenannten »Lustfeuerwerke« an den Höfen und erlebten eine Blüte zur Zeit des Barock. Feuerwerke wurden zu Musik choreografiert, die bekannteste barocke Feuerwerksmusik ist Georg Friedrich Händels »Music for the Royal Fireworks«, die 1749 im Londoner Lustgarten Vauxhall Gardens zur Uraufführung kam.

voneinander inszeniert (etwas nachbarschaftlicher Wettbewerb gehört schließlich dazu). Im Übrigen: Während des Seenachtfests ist die Altstadt für den ortfremden Autoverkehr gesperrt. Ab 19 Uhr dürfen nicht einmal mehr Busse in der Altstadt unterwegs sein.

ES MUSS für das Feuerwerk dunkel sein, deshalb bildet es zwischen 22.15 und 22.45 Uhr den krönenden Höhepunkt eines ohnehin schon ereignisreichen Tages. Am Nachmittag gibt es traditionell an verschiedenen Orten in der Stadt zahlreiche Veranstaltungen für Kinder, sei es, dass ein Zirkus mit einem Programm für die Kleinen aufwartet, ein Clown eine Sondervorstellung anbietet, Puppen- und Marionettentheater um die Gunst des jungen (oder auch älteren) Publikums werben. Auch können Kinder im Bereich des Festgeländes Seestraße selbst Theater spielen. Besonders beliebt bei den Kleinen ist darüber hinaus der Spielplatz »Spur der Steine« im Festgelände Hafenstraße nahe dem SeaLife Center, vor allem, wenn sie Spaß am Klettern und an Rutschen haben. Geht es den Kindern gut, dann freuen sich bekanntlich auch die Erwachsenen.

SONDERDARBIETUNGEN können auch als Wettbewerbe ausgetragen werden – wer ist wohl der beste Feuerspucker?

Warum nicht auch das Publikum einbeziehen – beispielsweise beim Wettsägen? An anderer Stelle präsentieren Artisten ihr Geschick auf Hochrädern. Sportlich kann es auf dem See zugehen, wenn Kunststücke mit Wasserskiern vorgeführt werden. Die Qual der Wahl hat, wer sich aus den zahlreichen teilweise parallel dargebotenen musikalischen Liveaufführungen etwas aussuchen möchte. Freunde der Volksmusik kommen auf ihre Kosten, aber auch Liebhaber von Rock, Blues und Pop oder Countrymusik. Für das leibliche Wohl ist natürlich auch ausreichend gesorgt. Im Festgelände Stadtgarten und an der Uferpromenade bieten reichlich vorhandene Stände unterschiedliche kalte und warme Spezialitäten an.

ENDLICH WIRD es dunkel, der Zeiger rückt vor auf 22.15 Uhr, auf allen Bühnen hört die Musik auf, alle Darbietungen werden unterbrochen für das große Spektakel. Die Zuschauer sichern sich gute Plätze, um nichts zu versäumen – wer das Glück hat, von einem Schiff aus dem Farbenspiel zusehen zu können, hat es besonders gut getroffen. Und dann verwandelt sich der Bodensee für eine halbe Stunde in ein Meer aus Licht und Farbe, sorgfältig inszeniert und von Musik begleitet – ein Erlebnis, das man so schnell sicher nicht vergessen wird.                           ■

SEE DER LICHTER Der Bodensee ist nahezu ganzjährig ein pyrotechnischer »Brennpunkt«: Das größte Spektakel ist zwar das nächtliche Feuerwerk über dem See, das im August das deutsch-schweizerische Seenachtfest in Konstanz-Kreuzlingen krönt, doch es gibt auch Seenachtfeste an den anderen Seeorten und weitere Anlässe, die mit Leuchtraketen gefeiert werden. Dazu gehören beispielsweise der Schweizer Nationalfeiertag (1. August), der natürlich im Süden, auf der Schweizer Seite gefeiert wird, das Seehasenfest in Friedrichshafen (fünf Tage, Mitte Juli) und das Uferfest in Langenargen (Ende Juli mit »Klangfeuerwerk«). Bei fast allen Festen ist der See als die Seele der Region fester Bestandteil des Programms: Die Leuchtgarben der Feuerwerke spiegeln sich im Wasser und verstärken so die Wirkung. Mit ihren Lichteffekten bezieht die Freilichtbühne der Opernfestspiele im österreichischen Bregenz den Bodensee stets mit ein ins Bühnengeschehen – auch ohne Leuchtraketen.

OBEN Livemusik während des Seenacht- fests – bekannte Bands spielen auf.

UNTEN Die monumen- tale »Imperia« des Bildhauers Peter Lenk erinnert auf satirische Weise an das Konzil von Konstanz (1414–1418).

### PÄPSTE, KETZER UND HUREN DAS KONZIL VON KONSTANZ

Das Konzil von Konstanz war Anfang des 15. Jh. sicherlich eines der wichtigsten politischen und kirchenpolitischen Großereignise in ganz Europa. Der katholischen Kirche drohte damals die Spaltung (Schisma), weil gleich drei Päpste, von unterschiedlichen weltlichen Herrschern unterstützt, ihren Führungsanspruch geltend machten. Um dieses Schisma zu beenden, veranlasste der römisch-deutsche König Sigismund den Gegenpapst Johannes XXIII. das Konzil einzuberufen. Nach zähen Verhandlungen wurden alle drei Päpste zum Rücktritt gezwungen und mit Martin V. ein neuer Papst bestimmt. Gleichzeitig beschäftigte sich das Konzil mit der Ketzerei und verurteilte die Lehren des Böhmen Jan Hus, der als Ketzer verbrannt wurde. Die 1993 aufgestellte, 9 m hohe Statue »Imperia« von Peter Lenk ironisiert das Konzil, hält die offenherzige Frauengestalt doch links einen kleinen nackten König und rechts einen nackten Papst in den Händen – im Tross sollen damals Hunderte von Prostituierten und Kurtisanen gewesen sein.

# URBANER GLANZ
## BISCHOFS-, FÜRSTEN- UND BÜRGERSTÄDTE

# 91

## VON DER DOMSTADT INS VERSAILLES DES NORDENS
## SCHWERIN UND LUDWIGSLUST

Eine kurze, hochherrschaftliche Reise führt von Schwerin nach Ludwigslust, beides ehemalige Residenzstädte der Mecklenburger Herzöge mit prächtigen Schlössern und grandiosen Gartenanlagen.

Malerisch breitet sich Schwerin an den Ufern des Schweriner Sees aus. Hauptattraktion der Landeshauptstadt ist das mit großem Aufwand restaurierte Schloss, das einst die Residenz der Herzöge von Mecklenburg gewesen ist. Aber auch die Altstadt mit dem Schweriner Dom und dem Altstädtischen Rathaus ist sehenswert.

DER DOM St. Maria und St. Johannes wurde in knapp 150-jähriger Bauzeit, zwischen 1280 und etwa 1420, als dreischiffige Backsteinbasilika nach dem Schema nordfranzösischer Kathedralen errichtet. Der 118 m hohe, schlanke Turm, eine Ergänzung aus dem späten 19. Jh., ist ein hervorragender Aussichtspunkt, um sich die Stadt von oben anzuschauen. Unerwartet hell erscheint beim Eintreten in den Dom das Innere, denn Wände, Pfeiler und Gewölbe im Querhaus liegen unter strahlend weißem Verputz.

DIE PUSCHKINSTRASSE führt ins Herz der Altstadt, zum Markt, an dessen östlicher Seite das Altstädtische Rathaus steht. Dem 1351 erstmals urkundlich genannten Bau wurde im Jahr 1835 von Georg Adolph Demmler eine Fassade im Stil der Tudorgotik vorgeblendet; dahinter verbergen sich vier Fachwerkgiebelhäuser aus dem 17. Jh. Auf dem Zinnenkranz des Hauses steht die kleine goldene Reiterstatue des Stadtgründers, Heinrichs des Löwen, die auch das Stadtwappen schmückt. Der markante Bau an der Nordseite des Marktes mit seiner mächtigen Säulenhalle wurde 1783 bis 1785 als Markthalle errichtet.

DAS SCHWERINER SCHLOSS liegt traumhaft auf einer Insel im Schweriner See. Mit seinen über 600 Räumen gehört es zu den bedeutendsten und am besten erhaltenen Monumentalbauten des Historismus in Europa. Mitte des 19. Jh.s entschied Großherzog Friedrich Franz II., die aus einer mittelalterlichen Burg entstandene Schlossanlage zu einem repräsentativen Prachtbau umgestalten zu lassen. Von 1845 bis 1857 bekam das Schloss seine bis heute bewahrte Gestalt.

HOFBAURAT Georg Adolph Demmler, der das Bild Schwerins prägte wie kein Zweiter, und sein Baukondukteur Hermann Willebrand setzten sich mit ihrem Entwurf gegen die Pläne des Berliner Hofbaumeisters Friedrich August Stüler und des Dresdner Baumeisters Gottfried Semper durch. Demmler und Willebrand orientierten sich am Stil der französischen Renaissance, vor allem das Schloss Chambord an der Loire diente ihnen als Vorbild. Durchschnittlich 400 bis 600 Arbeiter und Künstler waren 14 Jahre lang auf der Baustelle tätig. 1857 konnte mit großem Pomp Einweihung gefeiert werden. Nachdem der letzte Großherzog 1918 abgedankt hatte und das Schloss in den Besitz des Staates gelangt war, eröffnete 1921 in den schönsten historischen Räumen das Landesmuseum des Freistaates Mecklenburg. Der Großherzog hatte dem Staat 2240 Leihgaben unter der Bedingung zur Verfügung gestellt, sie museal auszustellen.

OBEN Besonders schön präsentiert sich Schwerin vom Wasser aus, der Dom beherrscht die Silhouette.

UNTEN Drei spätbarocke allegorische Sandstein-Figurengruppen zieren die Große Kaskade in Ludwigslust, mittig sind die Flussgötter Stör und Rögnitz dargestellt.

## IN KÜRZE

### LAGE
Mecklenburg-Vorpommern

### INFO
Tourist-Information Schwerin
Am Markt 14
19055 Schwerin
Tel. 0385 592 52 12
www.schwerin.com

Ludwigslust Information
Schloßstr. 36
19288 Ludwigslust
Tel. 03874 52 62 51
www.stadtludwigslust.de

SCHLOSSKIRCHE
Ein architektonisches
Kleinod ist die
1560–63 erbaute
Schweriner Schloss-
kirche mit neogoti-
schem Choranbau.

An den 1785 ver-
storbenen Bauherrn
von Ludwigslust,
Herzog Friedrich,
erinnert ein bezau-
berndes Denkmal,
das auf einer kleinen
Lichtung im Park-
wald aufgestellt
wurde und den
gefühlsbetonten
Zeitgeist zum Aus-
druck bringt. Der
Verstorbene ist hier
nur in Form seines
Porträts auf der Urne
gegenwärtig, viel
wichtiger sind die
Gefühle angesichts
seines Hinscheidens,
die durch die beiden
trauernden Gestalten
verkörpert werden.

DIE EINHEIT von Architektur und Natur macht den besonderen Reiz der Schweriner Schlossanlage aus. Gemeinsam mit dem Neubau war nach Entwürfen von Peter Joseph Lenné der Burggarten entstanden, der sich auf mehreren Ebenen erstreckt. Unzählige Blumen, Stauden und Gehölze bilden mit der Orangerie, mit Brunnen, Wasserspielen und Plastiken ein beeindruckendes Gesamtkunstwerk. Außergewöhnlich ist der Wandel vom naturnahen unteren Landschaftspark am Seeufer zur ornamental gestalteten oberen Gartenanlage mit ihren geometrischen Beeten. Die Orangerie ist kein frei stehendes Gebäude, sondern fügt sich direkt an das Schloss an und schafft so einen fließenden Übergang zwischen Gebäude und Garten.

IM LAUFE DER ZEIT war der Burggarten baufällig geworden, der weiche Boden der Insel einen halben Meter zum See hin abgerutscht. Bei der Sanierung mussten zunächst die Fundamente gesichert werden. Nicht für alle Teile des Gartens gab es historische Zeugnisse, etwa für die nach 1952 nicht mehr existierende Treppe, die jetzt wieder von der Dachterrasse in den 12 m tiefen Orangerie-Innenhof führt. Nach einem Aufruf schickten zahlreiche Schweriner alte Fotos und gaben damit wichtige Hinweise für die Wiederherstellung. Seit 2001 zeigen sich Burggarten und Orangerie wieder in alter Pracht. Über eine aus dem 19. Jh. stam-

mende Drehbrücke wird der Schlossgarten erreicht, eine der herrlichsten Parkschöpfungen im Norden Deutschlands. Die barocke Grundstruktur mit dem Kreuzkanal als zentraler Achse, die auf einen Entwurf des französischen Architekten Jean Legeay zurückgeht, ist bis heute erhalten.

SCHLOSS LUDWIGSLUST, 40 Kilometer südlich von Schwerin, wird oft auch als Versailles des Nordens bezeichnet. Als Herzog Friedrich Ludwigslust zur Residenz ausbaute, ließ er einen repräsentativen Schlossbau mit Elbsandsteinfassade errichten. Im Ostflügel waren ursprünglich die herzoglichen Gemächer untergebracht, während im Westflügel die Herzogin logierte. Am eindrucksvollsten ist der prunkvolle Goldene Saal im Mitteltrakt. Mit üppigen Goldverzierungen an Decke und Wänden macht er seinem Namen alle Ehre. Originale sind noch die Spiegel, die Grisaillebilder über den Türen und die Kamine. Die Verbindung zwischen Stadt und Residenz ist die Schlossstraße, die unter Hofbaumeister Johann Joachim Busch als repräsentative Hauptstraße angelegt wurde. Die hübsch renovierten, zweigeschossigen Backsteinhäuser stammen noch aus dieser Zeit. Vor der Hauptfassade des Schlosses liegt der weitläufige Schlossplatz. Der 20 km lange, zwischen 1751 und 1761 angelegte Ludwigsluster Kanal wird hier effektvoll über steinerne Kaskaden geführt.

FREILICHTMUSEUM MUESS Südöstlich des Schweriner Zentrums schließt sich der Stadtteil Mueß an, ein idyllisch am See gelegenes altes Fischer- und Bauerndorf, das 1936 eingemeindet wurde. Mit einem niederdeutschen Hallenhaus aus dem 17. Jh. wurde 1970 das dortige Freilichtmuseum (Alte Crivitzer Landstr. 13, www.schwerin.de/freilichtmuseum) eröffnet, das mittlerweile auf 17 Objekte angewachsen ist, darunter eine Dorfschmiede aus dem 18. Jh., eine Scheune mit landwirtschaftlichen Geräten, ein Hirtenkaten, ein Bauern- und Kräutergarten, eine Dorfschule und das Spritzenhaus von Mueß. Ein wichtiger Erwerbszweig neben der Landwirtschaft war die Binnenfischerei, über die eine Ausstellung informiert. In einer weiteren Kate wird Kunst gezeigt.

## FÜRSTLICHER GLANZ
### SCHLOSSMUSEUM

Im Schweriner Schloss können u. a. die Prunkräume in der Beletage und in der Festetage besichtigt werden. Besonders eindrucksvoll wegen der herrlichen Intarsienböden aus Edelholzfurnieren und des überreichen, zum Teil vergoldeten Stucks sind die Ahnengalerie und der Thronsaal. Das Schlossmuseum präsentiert kostbare Gemälde, Skulpturen und Kunsthandwerk vor allem des 19. Jh.s. Besondere Akzente setzt die prächtige Porzellansammlung.

OBEN Traumschloss am See – schon die Lage von Schloss Schwerin ist fürstlich zu nennen.

MITTE Thronsaal im Schloss Schwerin mit prächtiger Ausstattung, vergoldetem Stuck und schönen Intarsienböden aus Edelholz.

RECHTS Jedes Detail vermittelt in Ludwigslust Leichtigkeit und Lebenslust.

DIE HAUPTACHSE der Residenz setzt sich nach Süden bis zur ehemaligen Hofkirche, der heutigen Stadtkirche, fort. Dem Schlossplatz schließt sich der »Am Bassin« genannte Platz mit ovalem Teich in der Mitte an. Gerahmt wird der Platz in einem weiten Halbrund von hübschen zweigeschossigen Backsteingebäuden, in denen einst die Hofbediensteten wohnten. Es folgt eine Reihe von kleineren Fachwerkhäusern.

DER WEITE, rechteckige Kirchplatz, der letzte der in der Schlossachse aneinandergereihten Plätze, bringt die breit gelagerte Fassade der Stadtkirche wirkungsvoll zur Geltung. Das von Johann Joachim Busch von 1765 bis 1770 erbaute Gotteshaus besitzt eine eigenwillige Schauseite mit einem Säulenportikus, der an einen griechischen Tempel denken lässt. Auf der Attika sind die steinernen Figuren der vier Evangelisten zu entdecken. In der Mitte des beeindruckenden Innenraums mit hölzernem Tonnengewölbe steht der Steinsarkophag des 1785 verstorbenen Herzogs Friedrich. Die halbrunde Chorapsis schmückt das panoramaartige Wandgemälde »Verkündigung an die Hirten«, das im Jahr 1803 vollendet wurde. Direkt am Eingang zum alten Friedhof stehen die beiden 1792 aufgerichteten pylonenartigen Glockentürme.

DER SCHLOSSPARK nimmt schon wegen seiner Größe von 130 Hektar einen vorderen Platz unter den alten Parkanlagen Mecklenburg-Vorpommerns ein. Besonders reizvoll sind die verstreut liegenden Parkbauten und Denkmäler sowie die miteinander verbundenen Teiche mit Inseln, Brücken und Wasserspielen. Den Vorläufer der weitläufigen Grünanlage bildete ein Barockgarten beim ehemaligen Jagdhaus, der in einen Landschaftsgarten nach englischem Vorbild umgewandelt wurde. Bereits 1760 wurde für den Bau des Großen Kanals mit seinen 24 »Sprüngen« die Rögnitz umgeleitet. Erst 20 Jahre später baute man die Steinerne Brücke über den Wasserlauf, danach entstanden die künstliche Ruine, die als Kulisse für romantische Aufführungen und Hoffeste diente, das Schweizerhaus und das verspielte Lusthaus für Herzogin Luise.

AUF DER KLEINEN HALBINSEL im Park baute Johann Heinrich von Seydewitz im Jahr 1809 die katholische Kirche St. Helena, den ältesten neogotischen Sakralbau in Mecklenburg-Vorpommern. 1852 ließ der berühmte Gartenarchitekt Peter Joseph Lenné unter anderem die Teiche anlegen und verstärkte dadurch den Eindruck einer natürlichen, gewachsenen Landschaft. ∎

Täuschend echt sehen die Säulen und Stuckdekorationen im Ludwigsluster Schloss aus. Der größte Teil ist allerdings nicht etwa aus Stein oder Stuck, sondern wurde in der Ludwigsluster Kartonagefabrik gefertigt – und zwar aus Pappmaché! Die Vorteile des »Ludwigsluster Kartons«: Er ist haltbar, wetterfest und vor allem preiswert!

SCHLICHT, verträumt und dennoch prächtig – Schloss und Park in Ludwigslust.

FESTUNG DÖMITZ Das Städtchen am rechten Elbeufer, 30 Kilometer südwestlich von Ludwigslust, ist wegen der berühmten Renaissancefestung – der einzigen vollständig erhaltenen Flachlandfestung in Norddeutschland – ein außerordentlich beliebtes Ausflugsziel. Die fünfeckige Zitadelle (www.festung-doemitz.de) ist mit Bastionen und Kasematten ausgestattet. Das prächtige Eingangsportal im Stil der niederländischen Spätrenaissance stammt aus dem Jahr 1565. Die gesamte Festung ist von einem Wassergraben und von einem Gegenwall umgeben, die man früher über eine Zugbrücke überqueren konnte. Dömitz selbst besitzt noch ein recht geschlossenes Stadtbild mit Fachwerkhäusern, die nach dem Brand von 1809 gebaut wurden. Das Rathaus am Markt wurde 1820 als zweigeschossiger Fachwerkbau mit dekorativem Mansarddach errichtet, die Stadtkirche entstand 1872 als neugotischer Backsteinbau.

# 92

## STADT DES WEISSEN GOLDES
## DIE SALZMETROPOLE LÜNEBURG

Die Lüneburger Altstadt mit ihren zahlreichen Gebäuden aus Spätgotik und Renaissance vermittelt bis heute einen lebendigen Eindruck vom Wohlstand und Selbstbewusstsein der einst hier ansässigen Patrizierfamilien und Kaufleute.

Lüneburg erreichte schon früh Bedeutung durch die Salzquellen und die um 951 vom Sachsenherzog Hermann Billung auf dem Kalkberg als Schutzfeste und Verwaltungsmittelpunkt erbaute Burg. Die Ilmenaubrücke war zudem wichtiger Gerichtsort. Doch erst nach der Zerstörung der mächtigen Nachbarstadt Bardowick (1189 durch Heinrich den Löwen) und dem Beitritt zur Hanse erlangte die Stadt – 1247 wurden die Stadtrechte bestätigt – den Rang und die Selbstständigkeit einer Freien Reichsstadt. Mit der Zerstörung der Burg auf dem Kalkberg im Lüneburger Erbfolgekrieg schüttelte die Stadt 1371 die Herrschaft der Herzöge von Braunschweig-Lüneburg weitgehend ab, deren Residenz sie bisher gewesen war. Ende des 13. Jh.s erzeugten 54 Salzsiedereien in der Stadt jährlich etwa 30 000 t des weißen Golds, das vor allem als Konservierungsmittel, zum Einpökeln von Fisch und Fleisch, benötigt wurde. Bis zum 16. Jh. gehörte Lüneburg zu den reichsten Städten Norddeutschlands.

EIN GUTER AUSGANGSPUNKT für einen Rundgang ist das Lüneburger Rathaus. Es wendet dem Marktplatz seine figurengeschmückte barocke Schauseite zu; andere Teile des Gebäudekomplexes sind jedoch schon erheblich älter. Denn bereits um 1230 wurde mit dem Bau eines ersten Rathauses begonnen. Die im Rahmen von Führungen zugänglichen Innenräume künden mit ihrer kostbaren Ausstattung aus unterschiedlichen Stilepochen von Lüneburgs stolzer Vergangenheit. In der mit farbigen Glasfenstern und einer bemalten Holzdecke (um 1530) prächtig ausgestatteten Gerichtslaube versammelte sich der Rat seit dem 14. Jh.; die Große Ratsstube sowie der Fürstensaal erhielten ihr Aussehen im 15. Jh. Die Bardowicker Straße führt zur nahen Nikolaikirche, die 1409 geweiht wurde. Östlich der Kirche beginnt das Wasserviertel an der Ilmenau.

IM WASSERVIERTEL schlug schon im Mittelalter das Herz der Stadt. Hier wurden Handelsschiffe be- und entladen, stellten Böttcher Fässer her, lag Fischgeruch in der Luft, wie die Straßennamen »Stintmarkt« und »Am Fischmarkt« belegen. Zu den herausragenden Bauten des Wasserviertels gehört der bereits 1332 erstmals erwähnte, in seiner heutigen Form aber erst Ende des 18. Jh.s errichtete Alte Kran. Entlang der Ilmenau gelangt man, in südliche Richtung gehend, zum neuen Museum Lüneburg, zu dem sich 2015 drei Museen zusammenschlossen. Es zeigt in sieben Abteilungen Exponate zu Archäologie, Regionalgeschichte und Natur.

DER MITTELALTERLICHE HANDELSPLATZ »Am Sande« mit seinen Backsteinbauten aus Gotik, Renaissance und Barock bildet ein einzigartiges Architekturensemble. Das einstige Brauhaus aus dem Jahr 1548 an der Westseite ist heute Sitz der Industrie- und Handelskammer. Die fünfschiffige Johanniskirche beherrscht mit ihrem 108 m hohen Turm

DER ALTE KRAN im Wasserviertel gehört zu den Wahrzeichen Lüneburgs, das Alte Kaufhaus ist heute ein Hotel.

IN KÜRZE

LAGE
Niedersachsen,
Lüneburger Heide

INFO
Tourist-Information
Lüneburg
Rathaus/Am Markt
21335 Lüneburg
Tel. 0800 220 50 05
www.lueneburg.info

Historischer Kern Lüneburgs ist der Kalkberg, der anders als die übrigen Erhebungen in der Heide keine eiszeitliche Endmoräne ist, sondern Teil des sonst tief unter dem Gletscherschutt verborgenen ursprünglichen Bodens. Hier wurde 951 eine erste Burg gegründet, die die Furt über die Ilmenau bewachte.

den Platz. Im Innern sind insbesondere der stattliche Hochaltar, das schöne Chorgestühl, verschiedene Grabmäler und die Orgel beachtenswert. Letztere stammt ursprünglich aus dem 16. Jh. und ist damit eine der ältesten Deutschlands. Westlich vom Sande vermittelt das Brauereimuseum einen Eindruck von der 500-jährigen Geschichte der Lüneburger Braukunst. Hier steht auch das Ostpreußische Landesmuseum. 2016 wurde es, erweitert um eine deutschbaltische Abteilung, nach umfangreicher Sanierung wieder eröffnet.

ZUM DEUTSCHEN SALZMUSEUM gelangt man, wenn man der Ritterstraße in westlicher Richtung folgt. Das Museum steht auf dem Gelände der ehemaligen Saline, die mehr als 1000 Jahre, von 956 bis 1976, in Betrieb war. Die Ausstellung im hochmodernen Industriemuseum macht anhand von Objekten, Modellen und lebensecht nachgestellten Szenen die Geschichte der Salzgewinnung und des Salzhandels lebendig und bietet Einblicke in den Alltag der Arbeiter. In einem nachgebauten Stollen kann man zu einer Solequelle hinabgehen und in kleinen Pfannen selbst Salz sieden. Größtes Ausstellungsstück ist die letzte erhaltene Siedepfanne mit 8 m Breite und 20 m Länge; eindrucksvoll ist auch ein 6 t schwerer, 200 Mio. Jahre alter Steinsalzbrocken aus Helmstedt.

EIN ABSTECHER in den Norden Lüneburgs führt zum Kloster Lüne, das bereits 1172 gegründet wurde. Die bis heute erhaltenen Bauten stammen aus dem 14./15. Jh. Seit der Reformation ist das Kloster ein evangelisches Damenstift. Neben Kreuzgang, Refektorium und Klosterkirche kann man eine Zelle besichtigen, die zeigt, wie die Nonnen um 1500 lebten. Seit 1995 ist dem Kloster ein Textilmuseum angegliedert, in dem auch kostbare Stickereien präsentiert werden.

NATURFREUNDE ZIEHT es in die Lüneburger Heide. Am schönsten zeigt sich diese herrliche Landschaft mit ihren seltsam geformten Wacholderbüschen, von Birken gesäumten Sandwegen und unter Eichen versteckten ziegelroten und strohgedeckten »Heidjerhöfen« im Naturschutzpark Lüneburger Heide und im Naturpark Südheide. Die Heide wurde – unbewusst – von Menschenhand geschaffen. Einst gab es hier ausgedehnte Wälder, die zur Gewinnung von Ackerland und als Brennstoff für die Saline in Lüneburg abgeholzt wurden. Später überzog Heidekraut allmählich die trockenen, wenig fruchtbaren Hochflächen. Südwestlich von Lüneburg wurden bereits 1921 rund um das bekannte Heidedorf Wilsede 23 440 ha Heide zum ersten deutschen Naturschutzpark erklärt. Reizvolle Spazierwege führen zum 169 m hohen Wilseder Berg, der höchsten Erhebung der norddeutschen Tiefebene, von dem sich ein weiter Blick über die Heide bietet. Am Nordostrand des Naturschutzgebietes bei Hanstedt-Nindorf ist der Wildpark Lüneburger Heide beliebtes Ausflugsziel. ∎

FACHWERKJUWEL CELLE Weit über Niedersachsen hinaus bekannt ist Celle (www.celle-tourismus.de) für seinen hübschen geschlossenen Altstadtkern. Pferdenarren schätzen die alte Herzogstadt an der Aller am Südrand der Lüneburger Heide als Sitz des Niedersächsischen Landgestüts, das der hannoverschen Warmblutzucht zur Weltgeltung verhalf. Überdies besitzt die Stadt eine der größten Orchideenzuchtanlagen Europas.

## HISTORISCHER BAUFEHLER
### SCHWANGERES HAUS

In der Waagestraße steht das »Schwangere Haus«. Hintergrund der Ausbuchtungen ist ein Baufehler: Die Steine wurden mit Gipsmörtel vom Lüneburger Kalkberg verfugt. Beim Verarbeiten kam es schon einmal vor, dass der Gips »totgebrannt« wurde. Dieser zu stark gebrannte Gips hat die Eigenschaft, im Lauf der Zeit zu viel Feuchtigkeit aufzunehmen, und dehnt sich deshalb aus. Neben dem »Schwangeren Haus« steht das Geburtshaus des Komponisten Johann Abraham Peter Schulz. Er ist der Urheber von bekannten Melodien wie »Der Mond ist aufgegangen« und »Ihr Kinderlein kommet«.

OBEN LINKS Den Marktbrunnen vor dem Rathaus krönt eine Statue der Göttin Artemis.

OBEN RECHTS Das »Schwangere Haus« ist in der Waagestraße zu bewundern.

MITTE Teilweise ins Wasser gebaut: typische Giebelhäuser »Am Stinmarkt« oberhalb der Ilmenau.

LINKS Nach dem Trubel des Tages: Abendstimmung in der blühenden Lüneburger Heide.

# 93

## HISTORISCHE ORTE DES WESTFÄLISCHEN FRIEDENS
## DIE BISCHOFSSTÄDTE MÜNSTER UND OSNABRÜCK

Der Dreißigjährige Krieg verwüstete weite Landstriche Deutschlands. 1644 begannen die langwierigen Friedensverhandlungen in Münster und Osnabrück, die 1648 mit dem Westfälischen Frieden den Krieg beendeten.

Die Verträge des Westfälischen Friedens legten die konfessionelle und politische Landkarte Deutschlands fest und bereiteten, indem sie die kaiserlichen und päpstlichen Befugnisse einschränkten, den Boden für die Prachtentfaltung der barocken Fürsten.

MÜNSTERS STADTBILD ist heute geprägt von Adelshöfen und Bürgerhäusern. Doch nur eine hauchdünne Mehrheit im Rat sicherte nach dem Zweiten Weltkrieg den Aufbau der völlig zerstörten Altstadt nach historischem Muster. Keine Rekonstruktion wohlgemerkt, eher eine Reminiszenz. Aber heute, rund 70 Jahre nach dem Wiederaufbau, wirken die Fassaden am Prinzipalmarkt so ehrwürdig, als stünden sie hier schon seit Jahrhunderten. Und alle heißen die Entscheidung der damaligen Stadtväter gut.

AM DOMPLATZ erhebt sich der Dom St. Paul, 1225–1265 im romanisch-gotischen Übergangsstil erbaut, der eine der größten Kirchen Westfalens und von bestechender Raumwirkung ist. Zu den kunsthistorisch bedeutendsten Schätzen seiner Innenausstattung gehören die zehn Apostelfiguren im »Paradies«, der Vorhalle an der Südseite. Die für viele größte Attraktion aber ist die astronomische Uhr von 1540. Der weite Domplatz wird westlich von den Barockbauten des heutigen Bischofshofes und der Dompropstei begrenzt. Der Schauseite des Doms gegenüber liegt das Westfälische Landesmuseum für Kunst und Kulturgeschichte mit seinen bedeutenden Sammlungen zu Malerei und Plastik nicht nur Westfalens.

AN DEM VON LAUBENGÄNGEN und Giebelhäusern umrahmten Prinzipalmarkt steht das gotische Rathaus aus dem 14. Jh. Im Friedenssaal wurde am 16. Mai 1648 mit der Unterzeichnung des Münsterschen Friedensvertrags der Friede zwischen Kaiser und Frankreich als Teil der Verträge des Westfälischen Friedens geschlossen. Neben dem Rathaus sieht man das Stadtweinhaus, ein Giebelhaus aus der Spätrenaissance. Die Gebäude am Prinzipalmarkt haben alle Lauben, deren Bogengänge den Eindruck gediegenen Mittelalters noch einmal bekräftigen. Die Häuser bildeten damals eine engere Flucht, noch mehr als heute glich der Prinzipal- einem Straßenmarkt. Am Ende des Prinzipalmarkts erhebt sich die Stadt- und Marktpfarrkirche St. Lamberti, zweifellos das prächtigste Gotteshaus des bürgerlichen Münster. Etwa zwischen 1375 und 1450 entstand der heutige Bau, sein Turm wurde im späten 19. Jh. neu aufgerichtet, Vorbild war der Freiburger Münsterturm.

UM EINEN GROSSEN BAROCKBAUMEISTER auf der Höhe seines Könnens zu erleben, empfiehlt sich ein kleiner Abstecher in die Salzstraße. Dort hat Johann Conrad Schlaun (1695–1773) mit dem Erbdrostenhof eines der schönsten deutschen Adelspalais geschaffen. Innen ist der fulminante zweigeschossige Festsaal Höhepunkt der Raumfolge.

OBEN Blick auf die Marienkirche am Marktplatz Osnabrücks.

UNTEN Prinzipalmarkt in Münster mit charakteristischen Giebelhäusern und Bogengängen.

IN KÜRZE

LAGE
Münster: Nordrhein-Westfalen, Münsterland
Osnabrück: Niedersachsen, Osnabrücker Land

INFO
Münster Information
Heinrich-Brüning-Str. 9
48143 Münster
Tel. 0251 492 27 10
www.tourismus.muenster.de

Information im historischen Rathaus
Prinzipalmarkt 10
48143 Münster
Tel. 0251 492 27 24
www.tourismus.muenster.de

Tourist Information
Osnabrück
Bierstr. 22–23
49074 Osnabrück
Tel. 0541 323 22 02
www.osnabrueck.de

An der Südseite
des Domplatzes von
Münster zeigt das
LWL-Museum für
Kunst und Kultur u. a.
Dokumente zur
Stadt- und Landesge-
schichte sowie Kunst
aus 1000 Jahren vom
frühen Mittelalter bis
zur Gegenwart. Für
Kunstfreunde eben-
falls ein Muss ist das
Picasso-Museum am
gleichnamigen Platz,
das mit über 800
Exponaten über das
nahezu vollständige
grafische Werk des
spanischen Künstlers
verfügt.

KUPFERSTICH
des Wiedertäufers
Jan van Leiden.

Zu Schlauns grandiosen Werken gehört auch das im Westen der Altstadt
liegende, um 1770 erbaute ehemalige
fürstbischöfliche Schloss, das heute die
Westfälische Wilhelms-Universität beherbergt.

KEIMZELLE der alten Bischofs- und jungen Universitätsstadt Osnabrück war
die Domburg. Um 800 erhob Karl der
Große die Siedlung zum Bischofssitz,
1147 wurde Osnabrück erstmals als
Stadt erwähnt. Im 13. Jh. war Osnabrück Mitglied der Hanse und des Westfälischen Städtebundes. Im Zentrum
der Altstadt steht der romanische Dom
St. Peter, dessen Grundstein Ende des
8. Jh.s auf Veranlassung Karls des Großen gelegt wurde. Die heutige Gestalt –
mit dem wuchtigen Südwestturm und
dem schmaleren Nordwestturm – erhielt
der Dom im 13. Jh. Sehenswert sind das
Bronzetaufbecken, das Triumphkreuz
und die acht Apostelstatuen an den Pfeilern des Langhauses. Im angrenzenden
Diözesanmuseum wird der Domschatz
gezeigt.

DER MARKT westlich vom Dom ist von
Giebelhäusern eingefasst. Im Friedenssaal des spätgotischen, um 1500 entstandenen Rathauses wurde am 24. Oktober 1648 der Teilfriede zwischen dem
Kaiser, den protestantischen Reichs-
ständen und den Schweden geschlossen. Am Markt sind darüber hinaus die
Stadtwaage von 1531 und die Marienkirche mit ihrem im Jahr 1520 entstan-

denen Antwerpener Flügelaltar und dem
Triumphkreuz aus dem 14. Jh. sehenswert.

ZWISCHEN RATHAUS und Heger Tor
im Südwesten erstreckt sich das Heger-
Tor-Viertel. An der Krahnstraße und der
Bierstraße stehen alte Fachwerkbau-
ten, darunter das Haus Willmann und
der Gasthof Walhalla. Die Heger Straße
mit Altstadtkneipen und Antiquitäten-
geschäften führt zum Heger Tor, einem
Teil der alten Stadtbefestigung, von
der im Zuge der Wallstraße u. a. Bucks-
turm, Bürgergehorsam, Vitischanze mit
Barenturm und Pernickelturm erhalten
geblieben sind. Lohnenswert sind das
Kulturgeschichtliche Museum am Heger-
Tor-Wall und das räumlich verbundene,
von Daniel Libeskind entworfene Felix-
Nussbaum-Haus. Hier ist die Dauerausstellung zu Leben und Werk des Malers
Felix Nussbaum zu sehen, der in Osnabrück geboren wurde und in Auschwitz
ums Leben kam.

DAS EHEMALS fürstbischöfliche Schloss,
heute Sitz der Universität, steht am
Neuen Graben. Ein Meisterwerk der Renaissance ist der Ledenhof mit seinem
stattlichen Glockengiebel. Der Neue
Graben bildet die Grenze zwischen der
Alt- und der Neustadt Osnabrücks. Östlich schließt der Neumarkt an, in den
von Norden die Große Straße und von
Süden die Johannisstraße einmündet. In
der Johanniskirche ist insbesondere der
Schnitzaltar sehenswert.　■

FINSTERES MITTELALTER IN MÜNSTER Von 1534 bis 1535 regierten die radikal-
reformatorischen Wiedertäufer unter Jan van Leiden in der Stadt, Todesurteile
waren an der Tagesordnung. Ihre Schreckensherrschaft endete nach 16 Monaten
Belagerung durch Truppen des Bischofs von Münster. In den drei eisernen Käfigen
am Westturm der Lambertikirche auf dem Prinzipalmarkt wurden im Jahr 1536 die
Leichen der Wiedertäufer van Leiden, Knipperdollinck und Krechting zur Schau gestellt, nachdem sie öffentlich zu Tode gefoltert worden waren.

LINKS Der Friedenssaal im Rathaus Münsters war ab 1643 Tagungsort der Verhandlungen für den Westfälischen Frieden.

RECHTS Am Spiekerhof wurde den wandernden Händlern in Münster ein Denkmal gesetzt.

RECHTS »Willkommen im Paradies« – unter diesem Leitwort wurde 2014 das 750-jährige Jubiläum des St.-Paulus-Doms zu Münster gefeiert.

RECHTS Fachwerkhaus Walhalla von 1690 mit biblischen Schmuckmotiven in der Altstadt Osnabrücks.

UNTEN Beeindruckende Raumwirkung: Blick durch das Hauptschiff des Osnabrücker Doms St. Peter vom Triumphkreuz auf den Altar.

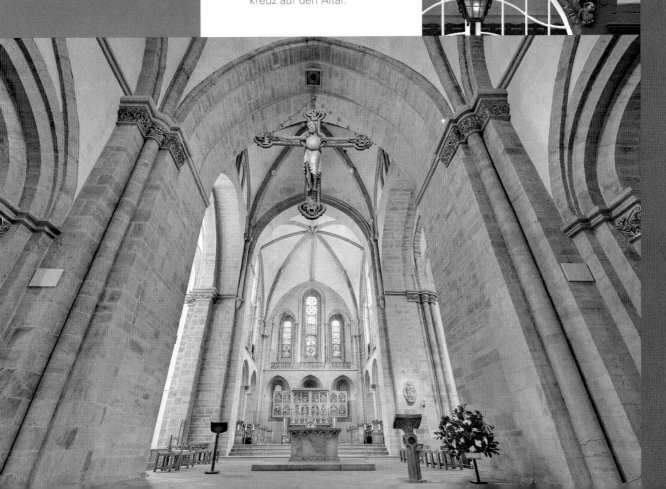

## VON JEFF KOONS KOPIERT
### KIEPENKERL-DENKMAL

Das Standbild eines reisenden Händlers aus dem Münsterland steht seit 1896 auf dem Spiekerhof. Es zeigt einen Kiepenkerl mit Tragekorb, Pfeife, Knotenstock und Leinenkittel. Im Zweiten Weltkrieg zerstört, wurde das Denkmal originalgetreu wiederhergestellt und im Jahr 1953 von Bundespräsident Theodor Heuss eingeweiht. Das volkstümliche Denkmal erinnert an die wandernden Händler des Münsterlands. Sie brachten ihre Waren in Tragekörben (Kiepen) in die Stadt auf den Markt und an die Haustüren. Eine Kopie der Kiepenkerl-Statue aus Edelstahl, geschaffen von Jeff Koons anlässlich der »Skulptur.Projekte« 1987, ist als Exponat des Hirshhorn Museum and Sculpture Garden an der National Mall in Washington, D.C. zu sehen.

LINKS Im stattlichen Knochenhaueramtshaus am Hildesheimer
Markt zeigt das Stadmuseum
seine Sammlungen, darunter das
prunkvolle Tafelsilber des Fürstbischofs Friedrich Wilhelm von
Westphalen aus dem 18. Jh. Links
daneben ist das Bäckerhaus zu
sehen.

UNTEN LINKS Den Kehrwiederturm, den letzten erhaltenen der
ursprünglich vier Stadttürme,
nutzt heute der Kunstverein
Hildesheim für seine Ausstellungen. Im 1465 erbauten Turm wird
moderne Kunst auf vier Stockwerken gezeigt.

UNTEN RECHTS Das Tempelhaus
ist eines der wenigen historischen
Gebäude Hildesheims, das den
Zweiten Weltkrieg nahezu unbeschadet überstand. Das frühgotische Patrizierhaus wurde 1350
von einer Hildesheimer Bürger-
meisterfamilie erbaut.

NIEDERSACHSEN

HANNOVER

Hildesheim

# 94

## ZEITREISE IN DIE FRÜHROMANIK
## DAS UNESCO-WELTERBE HILDESHEIM

Die Kirchenbauten des Bischofs Bernward haben Hildesheim zu einem Hauptort frühromanischer Kunst in Deutschland gemacht. Als einzigartige Zeugen dieser Epoche zählen Dom und Michaeliskirche seit 1985 zum Weltkulturerbe.

Hildesheim erwuchs aus einer Kaufmannssiedlung des 8. Jh.s, in der Kaiser Ludwig der Fromme um 815 den Dom errichten ließ. Im 11. Jh. unter den Bischöfen Bernward, Godehard und Hezilo erlebte der Ort, der nun Marktrecht erhielt, eine kulturelle Blüte. Neben den Meisterwerken kirchlicher Baukunst gaben viele Fachwerkhäuser dem Stadtbild ein fast einzigartiges Gepräge. Um 1220 entstand die Neustadt. Nach einer ersten Union von 1583 wurden Altstadt und Neustadt 1803 endgültig vereinigt. Im Zweiten Weltkrieg wurde die Innenstadt mit ihrer historischen Bausubstanz fast vollständig zerstört.

DER MARKTPLATZ wurde mit erheblichem Aufwand in seiner historischen Form wiederhergestellt. Die Westseite beherrscht das ursprünglich 1529 erbaute Knochenhaueramtshaus, das als eines der schönsten »Holzhäuser der Welt« gilt; in den oberen Geschossen hat das Stadtmuseum seinen Sitz. Das Bäcker-Amtshaus daneben präsentiert sich heute wieder so wie um 1800. Gegenüber prunkt das spätgotische Rathaus (1268–1290). Einen wunderschönen Renaissanceerker von 1591 besitzt das Tempelhaus an der Südseite. Vorbei an der Godehardikirche, einer der besterhaltenen romanischen Kirchen, gelangt man zum Mahnmal am Lappenberg, das an die Judenverfolgungen im Dritten Reich erinnert. Der nahe Kehrwiederturm (1465) ist der einzige erhaltene alte Befestigungsturm der Stadt.

BISCHOF BERNWARD, geboren um 960, in Amt und Würden zwischen 993 und seinem Sterbejahr 1022, gehört zu den wichtigsten Gestaltern der deutschen Geschichte um die erste Jahrtausendwende. Denn er war nicht nur der Bischof, der den Bau mehrerer berühmter Kirchen initiierte, sondern auch Politiker und Kunstförderer, was Hildesheim für wenige Jahrzehnte sogar zu einem Mittelpunkt europäischer Geschichte und Kultur werden ließ. Bernward wurde durch Papst Coelestin III. im 12. Jh. heiliggesprochen. Zwei Gotteshäuser von Bischof Bernward brachten Hildesheim auf die Liste der Weltkulturerbestätten. Beide Kirchen sind fast gleich lang: 75 Meter der Dom und nur 25 Zentimeter weniger St. Michael. Und dennoch sind beide sehr unterschiedlich.

DIE BERÜHMTE BERNWARDSTÜR des Hildesheimer Doms blieb für Besucher wegen der umfangreichen Arbeiten im Rahmen der Generalsanierung des Gebäudes von 2010 bis 2014 geschlossen. Umso prächtiger präsentiert sich heute wieder der Kircheninnenraum. Zu den kostbarsten Schätzen gehören neben den Bronzetüren Bischof Bernwards eine Christussäule von 1020 und der große Radleuchter aus dem 11 Jh. über dem Altar. An der Außenwand des Ostchors rankt der berühmte »Tausendjährige Rosenstock«, der nach der aufwendigen Sanierung sogar aus dem Dominneren zu sehen ist. Das benachbarte, ebenfalls neu gestaltete Dommuseum verwahrt den Domschatz.

IN KÜRZE

LAGE
Niedersachsen

INFO
Besucherzentrum
Welterbe Hildesheim
Rathausstraße 20
(Tempelhaus)
31134 Hildesheim
Tel. 05121 179 80
www.hildesheim.de

Die Hildesheimer Rosenroute ist ein Rundweg, der zu 21 sehenswerten Punkten in der Innenstadt führt. In das Straßenpflaster eingelassene Steine mit Rosenmotiv weisen den Weg. Ausgangspunkt ist der Marktplatz. An der Route liegt u. a. das sehenswerte Roemer-Pelizaeus-Museum mit seiner herausragenden altägyptologischen Sammlung. Eine Begleitbroschüre zur Rosenroute gibt es in der Tourist-Information.

BRONZENE TÜREN hatte es im Reich schon vorher gegeben, die sogenannte Wolfstür des Aachener Doms stammt sogar noch aus der Zeit Karls des Großen. Aber unter den figürlich geschmückten Eingängen hat die Bernwardstür das zeitliche Primat, wie sie überhaupt zu den frühesten großplastischen Bildzyklen hierzulande zählt. »Im Jahr der Menschwerdung des Herrn 1015 ließ Bischof Bernward göttlichen Angedenkens diese gegossenen Türflügel an der Fassade des Engeltempels zu seinem Gedächtnis aufhängen.« So lautet die lateinische, nachträglich eingefügte Inschrift auf der Mittelleiste des erstaunlichen Werks. Die Bernwardstür erreicht 5 m Höhe, beide Flügel zusammen knapp 2,30 m Breite; allein die Fläche bedeutete für die Gießerei eine gewaltige technische Herausforderung. Und die Reliefs sind keineswegs gleichmäßig flach gehöht, sondern von verschieden starkem plastischem Volumen, manche Köpfe wurden fast vollrund herausgearbeitet.

EINEN SCHÖNEN BOGEN von der Architektur zur Malerei schlägt die prächtige Hildesheimer Michaeliskirche. Die Anfänge waren aber wesentlich bescheidener: Auf einem Hügel westlich der Domanhöhe stand zunächst eine Heilig-Kreuz-Kapelle. Kaiser Otto III. hatte Bernward einen Splitter des gebenedeiten Holzes geschenkt. Der ließ um die ungewöhnlich wertvolle Reliquie eine Kapelle errichten, sie war anfangs das Gotteshaus der hierhin berufenen

Benediktiner. Dieses erste Männerkloster seiner Diözese gründete Bernward aus eigenen Mitteln, er gab sein ganzes Erbe, um es mit irdischen Gütern auszustatten.

SÜDLICH DER KAPELLE entstand ab 1010 das neue Gotteshaus. Eine Weihe von 1015 gilt wohl der Krypta, die Bernward zu seiner Grablege bestimmt hatte. Ende September 1022, als er den Tod nahen fühlte, weihte der zeitlebens kränkelnde Bischof die gesamte Kirche. Das Datum darf nicht täuschen, erst elf Jahre später, 1033, war sie im Wesentlichen vollendet. Nach zahlreichen Veränderungen im Lauf der Jahrhunderte wurde der Kirche nach 1945 das gut dokumentierte ottonische Erscheinungsbild zurückgegeben.

DIE DOPPELCHÖRIGE BASILIKA gilt bis heute als ein Schlüsselwerk der romanischen Architektur. Mit ihren harmonisch-geometrischen Formen verweist sie als Stein gewordenes Abbild göttlicher Vollkommenheit auf das »himmlische Jerusalem« und wurde zum Vorbild für viele weitere Kirchenbauten. Künstlerisch sticht besonders die bemalte Holzdecke des Mittelschiffs hervor. Der Wurzel-Jesse-Zyklus aus dem 12. Jh. misst beachtliche 27,6 mal 8,7 Meter. Bis auf das letzte Feld, das beim Einsturz des Vierungsturms 1650 zerstört wurde, ist es im Original erhalten. Beachtenswert sind auch die Engelchorschranke und der Steinsarg Bernwards in der Krypta. ■

HOCH HINAUS Hildesheim hat neben den berühmten Kirchenbauten Bernwards einen weiteren Höhepunkt sakraler Art zu bieten: den mit 114,5 m höchsten Kirchturm Niedersachsens. Er gehört zur St.-Andreas-Kirche. 364 Stufen müssen bewältigt werden, um auf die Aussichtsplattform auf 75 Meter Höhe zu gelangen. Die Mühe lohnt sich, denn von oben bietet sich ein beeindruckender Blick auf die Stadt, in die Region und bei klarer Sicht sogar bis in den Harz.

**OBEN** Im Jahr 2010 feierte die Michaeliskirche ihr 1000-jähriges Bestehen. Nach Kriegsende wurde die Kirche auf den vorromanischen Resten nach den ursprünglichen Plänen wiederaufgebaut. Am 20. August 1950 erfolgte die Wiedereinweihung des Langhauses und des westlichen Querhauses. Endgültig fertiggestellt und wiedergeweiht wurde das Gotteshaus 1960.

**LINKS** Blick in den Innenhof des Dom-Kreuzgangs. Der Kreuzgang des Hildesheimer Doms besteht in seiner heutigen Gestalt seit 1150. Er ist überwiegend romanischen Ursprungs und zweigeschossig erbaut. Angebunden an den mittelalterlichen Kreuzgang zeigt das Dommusem seit 2015 in neuen Räumen seine einmaligen Schätze.

# 95

## BRÜCKE INS MITTELALTER
## ROMANIK TRIFFT GOTIK IN ERFURT

Die wunderschön restaurierte Altstadt mit einzigartigen Baudenkmälern verhalf Erfurt zu dem Beinamen »das thüringische Rom«. Durch den Handel mit der Waidpflanze war Erfurt zu einer reichen und mächtigen Stadt geworden.

Beeindruckend ist es, aus der malerisch-verwinkelten Altstadt auf den weiten Domplatz zu treten und plötzlich der Kulisse von Mariendom und Severikirche gegenüberzustehen. Den Grundstein für solch eine kirchliche Machtentfaltung legte 742 Bonifatius, der hier in Erfurt einen Bischofssitz gründete.

DIE FURT AN DER GERA war schon zuvor attraktiv als Siedlungsplatz. Das potenzierte sich im Mittelalter dank Lage an der »via regia« zwischen Rhein und Russland. Die »Erphesfurt« stieg zu einer bedeutenden Handelsmetropole auf. Die Farbe der Könige, Blau, schuf die Grundlage für den Wohlstand im 14. und 15. Jh., war doch das teure »thüringische Waidpulver« als färbende Substanz in ganz Mitteleuropa begehrt. Als Stadt der Wissenschaft genießt Erfurt ebenfalls eine lange Tradition: 1392 wurde die Universität gegründet, an der u. a. Martin Luther bis zu seiner Mönchsweihe im Erfurter Augustinerkloster vier Jahre studierte.

NACH DEM Dreißigjährigen Krieg sank Erfurt langsam zur Provinzstadt herab. Erst als »Kaiserliche Domäne« Napoleons rückte Erfurt wieder in einen europäischen Fokus: 1808 war es Schauplatz des berühmten internationalen Fürstentreffens, auf dem Goethe Napoleon begegnete. Bis 1945 gehörte die Stadt zu Preußen. Erst 1949 mit der Gründung der DDR löste Erfurt Weimar als Landeshauptstadt ab.

VIEL BESTAUNTES ZENTRUM der Altstadt ist der Fischmarkt. Hier kreuzten sich die wichtigen Handelsrouten Königstraße und Nord-Süd-Straße. An der Nordseite sticht das Haus »Zum breiten Herd« (1584) hervor. Die Reliefs am ersten Obergeschoss zeigen fünf Frauen, die die fünf Sinne repräsentieren. Mitten auf dem Platz steht der im Volksmund »Roland« genannte hl. Martin, gewandet wie ein römischer Krieger. Prachtvoll hebt sich das reich geschmückte Renaissancehaus »Zum roten Ochsen« (1562) ab. Heute ist das Haus Sitz der Kunsthalle Erfurt. Herausragendes Gebäude ist aber das neugotische Rathaus: Sein Festsaal ist mit Bildern zur Stadtgeschichte ausgestattet, und das Treppenhaus illustriert die Thüringer Sagenwelt.

DER ANGER ist Erfurts wichtigste Einkaufsstraße. Man flaniert an Kaufhäusern, Restaurants und Cafés vorbei, an den Häusern lässt sich Architekturgeschichte studieren, sind doch fast alle Baustile von der Gotik über Barock, Renaissance, Neorenaissance und -gotik bis hin zu Jugendstil und Art déco vertreten. Im Haus Dacheröden, leicht erkennbar an seinem aufwendigen Renaissanceportal, trafen sich schon Goethe, Schiller und Wilhelm von Humboldt, Verlobter der Caroline von Dacheröden. Heute zeigt das Kulturforum hier wechselnde Ausstellungen. Im Bartholomäusturm, letzter Rest der Familienkirche der Thüringer Grafen von Gleichen, hängt ein großes Glocken-

DER ERFURTER DOM – in jeder Hinsicht herausragend.

## IN KÜRZE

**LAGE**
Thüringen

**INFO**
**Erfurt** Tourist Information
Benediktsplatz 1
99084 Erfurt
Tel. 0361 66 41 00
www.erfurt-tourismus.de

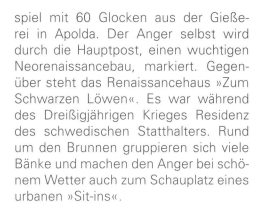

Was Gärtnerfleiß
aus Blumen alles
schaffen kann, zeigt
der wunderbare
Egapark (www.ega
park.de) am Rand von
Erfurt, der sich rund
um die Cyriaksburg
zieht. Themengärten
zeigen jede Blütensai-
son von ihrer schöns-
ten Seite. Orchideen,
Kakteen und andere
Exoten gedeihen in
den Gewächshäusern.
In der 1480 erbauten
und 1824 zur Ka-
serne umgestalteten
Cyriaksburg residiert
das Deutsche Garten-
baumuseum.

spiel mit 60 Glocken aus der Gießerei in Apolda. Der Anger selbst wird
durch die Hauptpost, einen wuchtigen
Neorenaissancebau, markiert. Gegenüber steht das Renaissancehaus »Zum
Schwarzen Löwen«. Es war während
des Dreißigjährigen Krieges Residenz
des schwedischen Statthalters. Rund
um den Brunnen gruppieren sich viele
Bänke und machen den Anger bei schönem Wetter auch zum Schauplatz eines
urbanen »Sit-ins«.

DIE STADTSILHOUETTE wird von Kirchtürmen geprägt: Drei schlanke Nadeln
schickt die Severikirche in den Himmel,
drei weitere Turmspitzen gehören zum
Mariendom. Zwischen Dom und Severikirche befindet sich eine eindrucksvolle,
ausladende, sich nach oben verjüngende
Treppe. Im Sommer finden auf ihr Theateraufführungen statt, so viel Raum und
»Bühne« bietet sie. Das Ensemble wirkt
so ungewöhnlich groß, weil der Dom
baulich die Steigung des Dombergs auf-
nimmt.

ÜBER JAHRHUNDERTE bauten die Erfurter an ihrem Dom, der Maria geweiht
ist. Begonnen wurde die romanische
Basilika, von der noch das Sanktuarium
und die unteren Geschosse des Turmes
zeugen, 1153. Doch sicher stand hier
schon 742 eine Kirche, als Bonifatius

das Bistum gründete. Eine Berühmtheit
tönt im mittleren Turm: die »Maria Glo-
riosa«, die größte frei schwingende mittelalterliche Glocke der Welt. Weil der
Dom aufgrund des engen Raums auf
dem Berg kein Westportal hat, bildet
das Portal des sogenannten Triangels
am nördlichen Seitenschiff den Haupt-
eingang. Unter den zahlreichen Kunstschätzen im Dom ragt die bronzene
Leuchterfigur des Wolfram (um 1160)
hervor, der ganz versunken schon dem
Heiland entgegenzuschauen scheint.
Es handelt sich dabei um eine der
frühesten rundplastischen Freifiguren
auf deutschem Boden. Nicht weniger
großartig ist die romanische thronende
Muttergottes mit Kind (1160) in einem
Stuckretabel.

DIE SEVERIKIRCHE, von 1278 bis 1340
erbaut, erhebt sich gleich neben dem
Dom. Auch ihr ging ein Vorgängerbau
voraus, der wohl aus der Zeit Bonifatius' datiert. Ihr mächtiges Walmdach erhielt St. Severi nach dem großen Stadt-
brand 1472/1473. In der fünfschiffigen
gotischen Hallenkirche beeindruckt vor
allem der große Barockaltar von 1670.
Aus dem Jahr 1467 stammt der filigrane
Taufstein, ein Glanzstück spätgotischer
Steinmetzarbeit. Besonders beachtenswert ist der um 1360 geschaffene Sar-
kophag des hl. Severus.             ∎

DIE KRÄMERBRÜCKE Erfurts ganzer Stolz ist die 120 Meter lange Krämerbrücke –
die längste bebaute mittelalterliche Brückenstraße Europas. Zunächst querte eine
hölzerne Brücke die Gera. Weil diese aber immer wieder abbrannte, bewilligte der
Rat der Stadt 1293 den Bau einer Steinbrücke. Diese wurde 1325 vollendet. Die
ursprünglich 62 Häuser der Krämer wurden nach und nach zu 32 größeren zusam-
mengebaut. Zunächst stand auf jeder Seite der Brücke eine Kirche, einerseits aus
religiösen Gründen, andererseits als Brückenkopf und Mautstelle für die Händler.
Im »Haus der Stiftungen« (www.kraemerbruecke.erfurt.de) gibt es neben vielen
Informationen zur Geschichte der Krämerbrücke ein Brückenmodell zu bestaunen.
Recht eng wird es beim Abstieg in den Untergrund der Originalbrücke: Einer der
Brückenpfeilerkeller ist für Besucher zugänglich.

## AUF BACHS SPUREN
### STADTPFEIFER-RUNDGANG

Ein Rundgang mit dem Stadtpfeifer durch Erfurt führt unter anderem über den Fischmarkt mit seinen reich geschmückten Renaissancehäusern »Zum roten Ochsen« und »Zum breiten Herd«. Die Stadtpfeifer, Musikanten und Türmer wurden seit dem 14. Jh. in Erfurt zu den Ratsdienern gezählt. Sie musizierten zu öffentlichen Festen und Prozessionen, aber auch von verschiedenen Kirchtürmen. Einer der bekanntesten Erfurter Stadtpfeifer war Johann Ambrosius Bach, der Vater von Johann Sebastian Bach.

OBEN Stimmungsvolles urbanes Leben in den kopfsteingepflasterten Altstadtgassen Erfurts.

MITTE Das Haus »Zum breiten Herd« am Fischmarkt gehört zu den prachtvollsten und bekanntesten Renaissancebauten der Stadt. Mit seinem allegorischen Bildschmuck wurde es zum Vorbild für viele weitere Erfurter Häuser.

RECHTS Eindrucksvoll illuminiert zeigt sich das Ensemble von Dom St. Marien und Severikirche in der Abenddämmerung.

# 96

## AUS RUINEN AUFERSTANDEN
## DRESDEN – BAROCKPERLE AN DER ELBE

Goethe erlebte Dresden als einen Ort, »der herrlich ist«, so herrlich, dass er am liebsten dort geblieben wäre. Bis 1945 weite Teile durch Bomben zerstört wurden, galt es als eine der schönsten Städte Europas. Zum Glück glänzt sie heute wieder.

Dresden begeistert mit seinen zahlreichen historischen Bauwerken und Kunstschätzen, seinen vielen Museen und Kunstsammlungen. Für Johann Gottfried Herder schufen die sächsischen Herrscher im 18. Jh. an der Elbe ein »deutsches Florenz«.

VOM ELBUFER DER NEUSTADT aus schweift der Blick über die beeindruckende Kulisse der Dresdner Altstadt auf der anderen Seite. Dicht aufeinander folgen prägnante historische Bauten aus der Renaissance, dem Barock und dem Historismus. Am besten beginnt man seinen Streifzug durch diese architektonische Perle im Westen am Ensemble um den Theaterplatz. Direkt an der Augustusbrücke liegt die Gaststätte »Italienisches Dörfchen«. Dort wohnten die Handwerker und Künstler aus Italien, die mit Gaetano Chiaveri nach Dresden kamen, dem Baumeister der katholischen Hofkirche gegenüber. Von ihrem Hüttendorf ist nichts mehr zu sehen, doch der Name blieb. Die reich geschmückte Barockkirche ließ Friedrich August II. von 1739 bis 1755 erbauen.

DAS 1838 BIS 1841 von Gottfried Semper errichtete Opernhaus auf der anderen Seite des Platzes dürfte nicht nur das bekannteste Gebäude Dresdens sein, es ist mit seiner äußeren Erscheinung auch eine Art Prototyp für ein Opernhaus geworden. So orientierte sich etwa Richard Wagner bei seinem Bayreuther Festspielhaus daran. Das Haus wurde schon zweimal zerstört, 1869 bei einem Brand und 1945 bei einem Luftangriff, und beide Male wieder

aufgebaut. Opern von Richard Wagner und Richard Strauss erlebten hier ihre Uraufführungen und das Orchester des Hauses, die Dresdner Staatskapelle, wurde als »Wunderharfe« berühmt.

DIE SÜDWESTSEITE des Platzes schließt ein weiteres Wahrzeichen Dresdens ab, der Zwinger. Dieses weitläufige Gesamtkunstwerk aus Architektur, Plastik, Malerei und Garten wurde von Friedrich August I., auch August der Starke genannt, 1709 begonnen. Es sollte der Vorhof eines Schlosses werden, das nach seinem Tod nie gebaut wurde. Seit dem 18. Jh. dient es nun als Museum und beherbergt die Gemäldegalerie Alte Meister, den Mathematisch-Physikalischen Salon mit historischen feinmechanischen Messgeräten, die Porzellansammlung und die Rüstkammer. Zwischen Zwinger und Hofkirche schiebt sich eine Ecke des Residenzschlosses, des Stammsitzes der Wettiner. Auch dort sind heute Museen untergebracht. Das Neue Grüne Gewölbe, die alte Schatzkammer der sächsischen Herrscher, zeigt zahllose Preziosen und ist mit den prachtvoll ausgestatteten Räumen des Historischen Grünen Gewölbes selbst ein wahres Schmuckstück. Dort sollte man sich auch die Sammlung der Türckischen Cammer mit Diplomatengeschenken, Kunstwerken und Beutestücken aus dem Orient nicht entgehen lassen.

ZWISCHEN HOFKIRCHE und Residenzschloss hindurch und am Sächsischen Ständehaus mit der goldenen Saxonia auf dem Turm vorbei kommt man an die

IN KÜRZE

LAGE
Sachsen

INFO
Dresden Information
Hauptbahnhof
Wiener Platz 4
01069 Dresden
Tel. 0351 50 15 01
www.dresden.travel

DIE FRAUENKIRCHE am Neumarkt dominiert mit ihren 91 m Höhe und der mächtigen Kuppel die Altstadt. Der dunkle Teil rechts ist ein Fragment des im Weltkrieg zerstörten Baus.

Der Architekt Gottfried Semper kam 1834 als Professor der Kunstakademie nach Dresden. Mit Semperoper, Sempergalerie und Maternihospital hinterließ er Meisterwerke. Während der Revolution 1849 kämpfte er auf Seiten der Aufständischen. Als letzte architektonische Tat, bevor er nach der Niederschlagung des Aufstands floh, verbesserte er den Bau der Barrikaden, sodass sie sich leichter verteidigen ließen.

Elbe. Unten am Fluss liegen die Anlegestege der Ausflugsschiffe, oben wandelt man auf der Brühlschen Terrasse, vorbei an Denkmälern und Plastiken. Auf die fast zierliche neobarocke Sekundogenitur, in der sich früher eine Bibliothek befand und die heute ein Café beherbergt, folgt der gewaltige Bau der Kunstakademie. An ihr lehrten so bekannte Künstler wie Caspar David Friedrich, Gottfried Semper, Oskar Kokoschka oder Otto Dix. Danach weitet sich die Terrasse zum Brühlschen Garten, an dessen Ende beim Denkmal für den Miterfinder des Meißner Porzellans, Johann Friedrich Böttger, am Terrassengeländer noch ein Fingerabdruck zu bewundern ist. Angeblich hat ihn August der Starke hier hinterlassen. Das Ende der Häuserzeile bildet das Albertinum im Stil der Renaissance mit einer Skulpturensammlung und der Galerie Neue Meister.

ÜBER DEN GEORG-TREU-PLATZ und die Salzgasse geht es in die Altstadt hinein zur wuchtigen Frauenkirche, die die Silhouette Dresdens beherrscht. Das Original dieses enormen protestantischen Barockkirchenbaus wurde 1726 bis 1743 errichtet und in der Nacht vom 13. Februar 1945 durch einen Luftangriff zerstört. Spenden aus aller Welt ermöglichten ab 1994 den Wiederaufbau. Am 30. Oktober 2005 wurde sie erneut geweiht. Sieht man sich die Fassade genauer an, fallen sofort die vielen dunklen Stellen in der Mauer auf. Vor dem Wiederaufbau wurde der Trümmerberg der Ruine abgetragen und jeder

Stein vermessen und katalogisiert. 8425 Steine der alten Kirche konnten so wieder verwendet werden, auch die Reste des Eckturms und des Chors wurden eingearbeitet. Die alten Steine erinnern wie Wunden an die Zerstörung. Wenn die neuen Steine nachdunkeln, werden sie langsam verheilen und sichtbar machen, dass Versöhnung möglich ist. Dafür steht auch das neue Turmkreuz, das vom Sohn eines englischen Piloten, der Dresden bombardierte, gefertigt und vom britischen Volk und dem Königshaus gestiftet wurde. Auch der Bischof von Coventry, wo deutsche Luftangriffe 1940 die Kathedrale zerstörten, setzte ein Zeichen der Versöhnung. Er schenkte der Frauenkirche das Nagelkreuz auf dem Hauptaltar.

WER NACH der vielen alten Architektur noch Muße für die Moderne aufbringt, bummelt in Richtung Hauptbahnhof und stößt dabei auf einige interessante Bauten: Hinter dem markanten Rundkino in der Prager Straße ragt in der St.-Petersburger-Straße der dekonstruktivistische Kubus des Ufa-Kristallpalasts (1998) der Wiener Architekten von Coop Himmelb(l)au schräg aus dem Boden. Am Wiener Platz vor dem Hauptbahnhof steht das sechsstöckige Glaskugelhaus. Der Bau ist eine Reminiszenz an das Kugelhaus aus Stahl von 1929, das auf dem Ausstellungsgelände stand und 1938 als »entartete Technik« abgerissen wurde. Eine Synthese aus alt und neu bildet der nach Plänen von Norman Foster umgebaute Hauptbahnhof. ∎

SCHÖNSTER MILCHLADEN DER WELT Die »Pfunds Molkerei« ist eine Dresdner Institution und zweifellos der schönste Milch- und Käseladen der Welt. Wände und Decken schmücken Jugendstilfliesen mit von Dresdner Künstlern gemalten Motiven von Milchkühen, aus der Milchverarbeitung und Käseherstellung. Als Karl Gustav Pfund den traditionsreichen Laden 1892 gründete, standen hinter dem Verkaufsraum noch Kühe und man wählte aus, von welcher man gerne die Milch hätte. Dann sah man durch ein Fenster, wie die gewünschte Kuh gemolken und die Milch anschließend aufbereitet wurde, bevor man sie überreicht bekam.

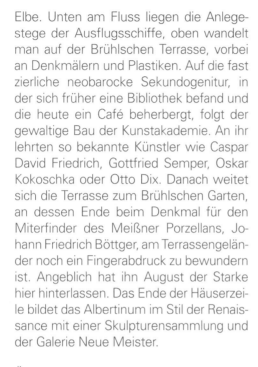

## SHOWROOM DER E-MOBILITÄT
DIE GLÄSERNE MANUFAKTUR

Seit 2001 steht die »Gläserne Manufaktur« des Volkswagen-Konzerns am Rande des Großen Gartens Dresdens. Bis Anfang 2016 konnte man hier aus nächster Nähe verfolgen, wie Monteure in weißen Overalls und mit weißen Handschuhen hinter gläsernen Mauern die Endmontage von Luxusautos vornahmen. Seit Mitte 2016 steht die Elektromobilität im Mittelpunkt des Ausstellungs- und Manufakturbetriebs. In der filigranen Fabrik wird Technik als kunstvoller Produktionsprozess zelebriert. Wer sich über die fensterlosen Straßenbahnen wundert, die die Manufaktur ansteuern: Mit der CarGoTram werden die Einzelteile angeliefert.

# 97

## DIE STADT DER BÜRGER UND BISCHÖFE
# BAMBERG IN OBERFRANKEN

»Alle Nebenstraßen sind ganz dunkel, weil Vollmond ist, man wandelt wie in tiefen Schluchten und sieht hie und da aus dem Dunkel heraus ein Giebelfenster, eine Säulenfassade übereck im hellen Mondschein wie im Tageslicht liegen.«

So schwärmte der Kunsthistoriker Alfred Lichtwark (1852–1914) nach einem Spaziergang durch das nächtliche Bamberg – dem Sehnsuchtsort der Romantiker. Auch heute noch zieht die malerische Altstadt die Menschen in ihren Bann. Die Geschlossenheit ihres Stadtbilds verdankt sie der Tatsache, dass sie den Zweiten Weltkrieg und den Modernisierungseifer der Nachkriegsgeneration vergleichsweise unbeschadet überstanden hatte. Und dem Engagement ihrer Bürger, die sich sehr für den Erhalt dieses städtischen Kulturdenkmals einsetzen. Zum UNESCO-Weltkulturerbe wurde die Stadt 1993 erhoben, da sie in »einzigartiger Weise die auf frühmittelalterlicher Grundstruktur entwickelte mitteleuropäische Stadt« repräsentiere.

DAS ALTE BAMBERG, das ist die Trilogie aus bischöflichem Domberg, bürgerlicher Inselstadt und grüner Gärtnerstadt. Großes hatte man vor 1000 Jahren mit diesem hübschen Fleckchen Erde vor. Nicht nur, dass der spätere Kaiser Heinrich II. es 997 seiner Braut Kunigunde von Luxemburg als Morgengabe schenkte. Ein zweites Rom schwebte ihm vor, als er Bamberg zu seinem Hauptsitz und zum Bistum erkor. Auf sieben Hügeln wurde es erbaut, mit Dom, Pfalz und Bischofssitz als ihrem Zentrum. Eberhard, der erste Bischof Bambergs, wurde zum Kanzler des Reiches erklärt. Heinrichs Nachfolger sahen in Bamberg nicht mehr den Mittelpunkt des Reiches. Was aber blieb, war das Hochstift Bamberg mit einer der wichtigsten Domschulen des Mittelalters.

WER HEUTE DEN DOMPLATZ betritt, steht nicht mehr vor dem Dom Heinrichs II. Nach zwei Großbränden wurde an dieser Stelle eine neue Kathedrale errichtet im Stil der Spätromanik (Ostchor) und der Frühgotik (Westchor). Rund 800 Jahre sind seitdem vergangen. Eine lange Zeit, in der das Kircheninnere immer wieder dem Zeitgeist angepasst wurde. So nach dem Dreißigjährigen Krieg im barocken Stil. In den 1830er-Jahren veranlasste Ludwig I., beflügelt von der romantischen Schwärmerei für das deutsche Mittelalter, den Rückbau und ließ alles Barocke und die weiße Bemalung komplett entfernen. Zurück blieb ein Raum in hellem fränkischem Sandstein, so wie man ihn auch heute noch vorfindet. Nur: Original mittelalterlich ist das nicht. Ursprünglich waren die Wände, Säulen und Skulpturen farbig bemalt. Wie etwa Publikumsmagnet Nummer eins: der Bamberger Reiter. Die rätselhafte Figur, über deren Identität schon viel spekuliert wurde, hatte einst dunkle Haare und trug ein rotes, mit Sternen verziertes Gewand und braune Stiefel.

FLANKIERT wird der Dom von der Alten Hofhaltung und der Neuen Residenz. Dieses imposante Ensemble macht den Domplatz zu einem der schönsten Plätze Deutschlands. Der Innenhof der Alten Hofhaltung, einst Kaiserpfalz und Bischofshof, ist heute mit seinem spätgotischen Fachwerk und seinen Laubengängen Kulisse für die Calderón-Freilichtspiele. Gegenüber prunkt die Neue Residenz. Zwischen ihren vier Flügeln, die teils der Renaissance, teils dem Barock verpflichtet sind,

DURCHGANG am Alten Rathaus, einem der bedeutendsten Bauwerke Bambergs und Wahrzeichen der Stadt.

IN KÜRZE

LAGE
Bayern, Regierungsbezirk Oberfranken

INFO
Tourist Information Bamberg
Geyerswörthstraße 5
96047 Bamberg
Tel. 0951 29 76 20 00
www.bamberg.info

Lohnenswert ist der Aufstieg zum ehemaligen Benediktinerkloster Michelsberg. Im Innern der barockisierten, in ihren Grundzügen romanischen Klosterkirche geht der Blick zunächst in die Höhe: 578 naturgetreu wiedergegebene Kräuter, Blumen und andere Pflanzen zieren das Deckengewölbe von 1617. Bei Rückenschmerzen sollte man sich zur Grabtumba des heiligen Bischofs Otto I. unter dem Ostchor begeben. Der enge Durchschlupf verspricht Heilung.

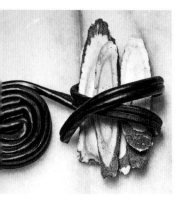

liegt der terrassenartige Rosengarten. 4500 Rosenbüsche duften hier um die Wette, ergänzt durch die Sandstein-Figuren von Adam Ferdinand Tietz und einem Café, dem Rokokopavillon Küchels.

DER ROSENGARTEN ist ein idealer Platz, um all die Eindrücke auf sich wirken zu lassen. Und um sich von oben einen Überblick über die Bürgerstadt zu verschaffen. Der älteste Teil liegt zwischen Domberg und Regnitz. Schon früh hatten sich hier Kaufleute niedergelassen. Ebenso die bischöfliche Münze, der Zolleinnehmer und das Stadtgericht – die weltlichen Aspekte fürstbischöflicher Herrschaft. Anfang des 12. Jh.s wurde es den Bürgern zu eng und sie breiteten sich auf dem Gebiet zwischen den zwei Regnitzarmen aus. Diese mittelalterliche Grundstruktur hat sich bis heute erhalten – wenn auch erst beim genauen Hinsehen erkennbar.

UNTER FÜRSTBISCHOF Lothar Franz von Schönborn (1693–1729) brach ein wahrer Bauboom aus. Sein Bamberg sollte schöner und moderner werden. Sprich: Es sollte im barocken Glanz erstrahlen und die Macht des Herrschers demonstrieren. Größtes Bauprojekt waren die beiden neuen Flügel der Neuen Residenz. Aber auch die Bürger wurden durch Steuervorteile animiert, sich an der Umgestaltung der Stadt zu beteiligen. Die mittelalterlichen

Fassaden machten einer barocken Ausgestaltung der Frontseiten Platz. Doch wer genau hinschaut, entdeckt dahinter den mittelalterlichen Kern der Häuser. Zur Hauptachse des barocken Bamberg wurde die Straße vom Domplatz über Altes Rathaus, Grüner Markt und Hauptwachstraße bis zur heutigen Kettenbrücke.

DIESER ROUTE folgen auch heute noch die meisten Bambergbesucher und ziehen spätestens am einzigartigen Inselrathaus die Kamera hervor. Mitten in der Regnitz erbaut und über eine steinerne Brücke zu erreichen, gehen die ältesten Teile auf das Jahr 1453 zurück, wurden dann aber im Zeitalter des Barock umfassend umgestaltet. 1755 schuf Johann Anwander die üppigen allegorischen Fassadenmalereien. Und damit der Künstler genügend Beachtung erfahren möge, ragt neben seiner Signatur aus der mit Malutensilien ausgestatteten Putte ein dreidimensionales Bein. Ganz schön clever – schon damals.

NUR EINEN KATZENSPRUNG entfernt lockt – direkt an der Regnitz – ›Klein-Venedig‹ mit idyllischen Fischerhäusern im Fachwerkstil und handtuchgroßen Gärten, von denen aus die Bewohner zu den am Ufer festgezurrten Kähnen gelangen. Auch Nicht-Romantiker werden bei solchen Anblicken schwach und schwören sich: Hier komme ich garantiert noch einmal her. ◼

ZU BESUCH BEI DEN ZWIEBELTRETERN Finanziert von reichen Patrizierfamilien, ließen sich östlich der Inselstadt ab dem 13. Jh. Gemüsebauern nieder. Ähnlich wie heute, wo sich urbanes Gärtnern neuer Beliebtheit erfreut, wurden sehr erfolgreich Gemüse, Gewürze und vor allem Zwiebeln angebaut – weshalb man ihre Bewohner mehr oder weniger schmeichelhaft Zwiebeltreter nannte. Was die Bamberger nicht selbst verspeisten, wurde auswärts an den Mann und die Frau gebracht. Wichtigstes Exportgut war dabei das Süßholz, das Ausgangsmaterial von Lakritz. Wer mehr über diese Agrarbürger erfahren möchte, besucht das Gärtner- und Häckermuseum. Untergebracht ist es in einem der typischen einstöckigen Gärtnerhäuser mit großem Rundtor in der Mittelstraße, durch das man in die hinter den Häusern gelegenen Gartenanlagen gelangt (www.ghm-bamberg.de).

**LINKS** Die Orgel im Bamberger Dom wurde 1976 hoch über dem Mittelschiff eingebaut.

**RECHTS** Elemente aus der Zeit der Barockisierung: eine Engelgruppe auf dem Domplatz.

**MITTE LINKS** Die Krypta mit dem Grab des deutschen Königs Konrad III., der 1152 in Bamberg starb, liegt unter dem Ostchor des Bamberger Doms.

**MITTE RECHTS** Blick auf das berühmte, über der Regnitz erbaute Alte Rathaus Bambergs.

**UNTEN LINKS** Die sogenannte Gnadenpforte des Doms am südwestlichen Turm.

## BISCHOF GEGEN BÜRGER
### DAS ALTE RATHAUS

Der Grund, warum das Rathaus (1461–1467) über der Regnitz erbaut wurde, ist der Sage nach ein Streit um Baugrund zwischen dem residierenden Bischof und den Bürgern. Der Bischof wollte offenbar nichts abgeben, weshalb die listigen Bürger das Gebäude auf einer künstlichen Insel über dem Fluss errichteten.

OBEN Der Hofgarten mit der Residenz

UNTEN Das imposante Treppenhaus der Residenz von Balthasar Neumann mit den Deckenfresken von Giovanni Battista Tiepolo

## MEISTERWERK BATHASAR NEUMANNS DIE RESIDENZ

Die spätbarocke Würzburger Residenz, erbaut 1720–1744 von Balthasar Neumann, zählt zu den bedeutendsten Schlössern Europas. Bis zur Auflösung des Fürstbistums Würzburg 1802 während der napoleonischen Kriege fungierte der Prachtbau als fürstbischöfliche Residenz, nach dem Wiener Kongress fiel er mit Franken an das Königreich Bayern. Die Residenz ist eine 167 m lange Ehrenhofanlage mit vier Innenhöfen. Architekten waren neben Neumann Maximilian von Welsch und Johann Lucas von Hildebrandt. Zu den Prunkstücken zählt das Treppenhaus (1735 ff.) von Neumann mit Deckengemälden von Giovanni Battista Tiepolo (1752/53), der hier das größte zusammenhängende Fresko der Welt schuf. Herausragend ist auch der Kaisersaal mit Fresken von Tiepolo (1751/52). Seit 1921 bildet die Residenz im Juli den Rahmen des Mozartfests.

Würzburg

BAYERN

MÜNCHEN

# 98

## BAROCKE PRACHT UND BOCKSBEUTEL
## WÜRZBURG – HAUPTSTADT MAINFRANKENS

Napoleon nannte Würzburg »das größte Pfarrhaus Deutschlands«, hatten hier doch die Fürstbischöfe seit dem frühen Mittelalter das Sagen. Sie waren mächtig und setzten Zeichen durch zahlreiche Bauwerke, die wir heute bewundern.

Die Universitätsstadt Würzburg liegt inmitten von Weinbergen am Main, überragt von ihrem Wahrzeichen, der Festung Marienberg. Die Altstadt prägen das Turmensemble von Kiliansdom, Neumünster und Marienkapelle sowie der Prunkbau der ehemaligen fürstbischöflichen Residenz, die als Weltkulturerbe unter dem Schutz der UNESCO steht.

IN WÜRZBURGS Zentrum findet sich der Besucher recht leicht zurecht, alles ist gut zu Fuß zu erreichen. Die Kaiserstraße führt vom Bahnhof im Norden aus direkt ins Zentrum zum Barbarossaplatz. Wenn man sich rechts hält, gelangt man zum Main, der die westliche Begrenzung der Innenstadt bildet. Auf dessen Westufer befindet sich unübersehbar die Festung Marienberg, das Wahrzeichen der Stadt und unser erstes Ziel. Wir schlendern den Main entlang, überqueren den Fluss über die alte Mainbrücke. Der Weg auf den Hügel ist von Weinbergen umsäumt und nach etwa 20 Minuten haben wir die Festung erreicht. Von hier aus genießen wir erst einmal den Ausblick über die Stadt.

MIT DEM BAU der Festung Marienberg wurde bereits 1201 begonnen, sie wurde mehrfach erweitert und erneuert und diente den Fürstbischöfen bis 1709 als Residenz. Heute ist sie Museum. Zu sehen sind neben den rekonstruierten Wohnräumen der Fürstbischöfe die umfangreichste Sammlung von Werken des Würzburger Holzschnitzers und Bildhauers Tilman Riemenschneider (um 1460–1531). Rie-menschneider war nicht nur Künstler, sondern auch Stadtrat. Weil er sich während der Bauernkriege auf die Seite der Bauern gestellt hatte, wurde er gefangen genommen, auf der Festung Marienberg eingesperrt und dort auch gefoltert.

WIR QUEREN DEN MAIN wieder und passieren das Alte Rathaus Grafeneckart, den einzigen erhaltenen weltlichen Bau der Stadt aus der Zeit der Romanik, dann das Renaissancegebäude der Alten Universität und gelangen schließlich in den prächtigen Hofgarten der spätbarocken, zwischen 1720 und 1744 von Balthasar Neumann erbauten Residenz. Von 1720 bis zur Auflösung des Fürstbistums 1802 residierten hier die Fürstbischöfe. Rund 40 der prachtvollen Räume können auf einer geführten Tour besichtigt werden. In dem Gebäudekomplex sind auch Teile der Universität untergebracht sowie ein Museum mit Antikensammlung und Gemäldegalerie.

ÜBER DIE HOFSTRASSE kommen wir an der Städtischen Galerie vorbei zum Kiliansplatz mit dem Dom, einer der größten romanischen Kirchen Deutschlands. Das Gotteshaus wurde im 11. Jh. errichtet und bis ins 19. Jh. hinein mehrfach umgestaltet. Wenige Schritte weiter haben wir den Marktplatz erreicht mit seinen prächtigen Stadthäusern, darunter das »Haus zum Falken«, heute Sitz des Kulturamts und der Touristen-Information, und das »Stachel«, das seit dem 15. Jh. ein Restaurant beherbergt. Hier lassen wir die vielen Eindrücke bei einem Glas Frankenwein entspannt weiter auf uns wirken. ∎

## IN KÜRZE

### LAGE
Bayern, Regierungsbezirk Unterfranken

### INFO
Tourist-Information
Falkenhaus
Marktplatz 9
97070 Marktplatz
Tel. 0931 37 23 98
www.wuerzburg.de

### BESONDERHEIT
Der Physiker Conrad Röntgen entdeckte 1895 in Würzburg in seinem Universitätslabor die nach ihm benannten Röntgenstrahlen. 1901 erhielt er dafür den Nobelpreis. Die Röntgen-Gedächtnisstätte am Röntgenring 8 zeigt u. a. die damals verwendete Apparatur (www.wilhelmconradroentgen.de).

BAYERN

Regensburg

MÜNCHEN

# 99

## DIE »IMMERWÄHRENDE« STADT
## REGENSBURG IN DER OBERPFALZ

»Bis in luftige Höhen wie steil aufragende Burgen« seien die Patrizierpaläste der Regensburger gebaut, schreibt der Humanist Kaspar Brusch 1553. Regensburg ist die einzige deutsche Stadt, in der diese mittelalterliche Pracht noch zu erleben ist.

Natürlich besitzt auch Regensburg viele sehenswerte Kirchen mit zahllosen wertvollen Kunstwerken aus dem Mittelalter und Grabstätten berühmter Persönlichkeiten. Man muss nur an den Regensburger Dom St. Peter denken, der es in seiner Monumentalität leicht mit den meisten großen Kirchen Europas aufnehmen kann. Die Arbeiten an der um 1260 begonnenen kreuzförmigen Basilika dauerten mit Unterbrechungen bis 1872. Ihre Glasmalereien sind im Umfang einzigartig und reichen bis in die Romanik zurück. Die Mehrzahl der Fenster stammt aus der Zeit zwischen 1220 und 1370. Auch die großen Kirchen und Klosteranlagen wie St. Emmeram, das von den Brüdern Asam 1731 bis 1733 im Barockstil umgebaut wurde, die Alte Kapelle, das Niedermünster und St. Jakob sind herausragende Baudenkmäler aus der Romanik und Gotik. Und die Kirchen der Minoriten und Dominikaner sind die größten Bettelordenkirchen in Deutschland. Schon allein dieser Sakralbauten wegen lohnt ein Besuch der Stadt.

DOCH DER REIZ der Regensburger Altstadt liegt woanders. Es ist die einzige Großstadt Deutschlands, deren mittelalterlicher Kern in solch einer Vollkommenheit erhalten blieb. Zum Glück für Regensburg – aus heutiger Sicht – war die Stadt nach dem Zweiten Weltkrieg zu arm, um die vom Krieg unversehrt gebliebene, aber baulich heruntergekommene Altstadt den Modernisierungsbestrebungen in den 1950er- und 1960er-Jahren zu opfern und viele der alten Häuser für auf-

wendige Verkehrsprojekte abzureißen. Mit dem steigenden Wohlstand ab Ende der 1960er-Jahre erwachte auch das Interesse für diese historischen Schätze wieder und man begann, die alte Bausubstanz zu sanieren. So führt heute ein Bummel im Zentrum Regensburgs durch schön herausgeputzte, enge mittelalterliche Gassen und es lassen sich allenthalben verträumte Plätze und romantische Ausblicke entdecken. Dass man dabei nicht den Eindruck gewinnt, durch ein Freilichtmuseum zu wandern, dafür sorgt das pulsierende Leben, das nicht zuletzt die Studenten der Universität in die Stadt bringen und die zahlreichen Läden, Gaststätten und Cafés.

VON DEN ETWA 1500 denkmalgeschützten Gebäuden Regensburgs stehen allein 984 in der Altstadt und bilden dort das Ensemble »Altstadt mit Stadtamhof«. Es besteht nicht nur aus sakralen und öffentlichen Gebäuden, sondern zum größten Teil aus Bürger- und Handwerkerhäusern. Sie gelten als Meisterwerke der Romanik und Gotik und die Stadt besitzt mit ihnen einen Bestand von aus Stein gebauten Privathäusern dieser Epoche, der in Deutschland einzigartig ist. Zudem ragen die prunkvollen Großbauten damit nicht wie Relikte vergangener Zeiten aus der heutigen Stadt hervor. Vielmehr stehen sie in der authentischen Umgebung einer mittelalterlichen Großstadt, wie sie nördlich der Alpen einmalig ist.

SEINE WIRTSCHAFTLICHE BLÜTEZEIT erlebte Regensburg im 12. und 13. Jh. Das Geflecht der Handelsbeziehungen

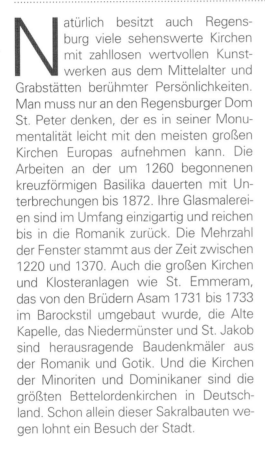

DIESE TEUFELS-DARSTELLUNG befindet sich in der Kirche St. Mang in Regensburg.

IN KÜRZE

LAGE
Bayern, Regierungs-bezirk Oberpfalz

INFO
Tourist Information
Altes Rathaus
Rathausplatz 4
93047 Regensburg
Tel. 0941 507 44 10
www.tourismus.
regensburg.de

Die historische Wurstkuchl, gleich neben der Steinernen Brücke, ist die älteste Bratwurststube der Welt. Ursprünglich diente das Häuschen beim Bau der Brücke (1135–46) als Baubüro. Nach deren Fertigstellung eröffnete darin die »Garküche auf dem Kranchen«, die den Hafen- und Bauarbeitern gesottenes Fleisch auftischte. Heute werden vom offenen Holzkohlegrill Würste mit Senf und Sauerkraut aus eigener Herstellung serviert.

REITERFIGUR
des Hl. Martin an der inneren Westwand des Doms

erstreckte sich über ganz Europa und verlieh der Stadt Weltläufigkeit. Ihren Wohlstand und politischen Einfluss zeigten die 60 bis 70 Kaufmannsfamilien, die den Fernhandel beherrschten, selbstbewusst in herrschaftlichen Wohn- und Handelshäusern, den sogenannten Patrizierburgen. Zu den Anwesen gehörten auch Geschlechtertürme als hervorstechendes Statussymbol. 20 von ihnen sind hier noch erhalten.

EIN SCHÖNES BEISPIEL dafür ist das Haus Zum Goldenen Kreuz am Haidtplatz. Es gehörte ursprünglich der Familie Weltenburger und ist seit dem 16. Jh. ein Gasthof. Der frühgotische Turm wurde zur exklusivsten Herberge der Stadt ausgebaut, in der als prominentester Gast mehrmals Kaiser Karl V. residierte. Am gleichen Platz befindet sich auch das Haus Neue Waag der Familie Altmann mit einem mächtigen Turm. Es diente ab 1441 der Stadt als Stadtwaage und 1541 fand dort auch das Streitgespräch zwischen dem Theologen Johannes Eck und dem Reformator Philipp Melanchthon statt. Einen wahrlich wehrhaften Eindruck macht das Goliathhaus von etwa 1230. Es war der Stammsitz der Thundorfer. An der Fassade der zinnengekrönten Patrizierburg prangt ein riesiges Wandgemälde, das Melchior Bocksberger 1573 malte. Es zeigt den Kampf Davids gegen Goliath und symbolisiert das Ringen des bescheidenen Kaufmanns (David) mit dem überheblichen Kaufmann (Goliath). Der

Name des Hauses leitet sich jedoch nicht vom Gemälde ab, sondern von den Goliarden, fahrenden Theologiestudenten, die der bekannteste Thundorfer, Bischof Leo Thundorfer (1262–77), in seinem Haus beherbergte.

DEN HÖCHSTEN GESCHLECHTERTURM Regensburgs besitzt das vierflügelige Haymo- oder Wallerhaus, dessen schöner Innenhof mit Renaissancearkaden frei zugänglich ist. Sein Goldener Turm (um 1260) diente früher als Wachturm der Stadt. Er ist mit 50 m Höhe und neun Stockwerken nicht nur der höchste Wohnturm nördlich der Alpen, er wird auch noch so genutzt: Im Turm wohnen heute Studenten. Der um 1270 errichtete und knapp 28 m hohe Baumburger Turm dürfte der schönste der Regensburger Geschlechtertürme sein. Seine rot getünchte Fassade zieren fein gearbeitete Spitzbogenfenster und eine Loggia im ersten Stock. Eines der am besten erhaltenen und auch eines der ältesten Häuser ist das Runtingerhaus. Sein nur 16 m hoher, gedrungener Turm, der um 1200 entstand, wurde zum Wohnhaus umgebaut und bildet heute den ältesten Teil des Hauses. Die Runtinger waren im 14. Jh. eine der reichsten Kaufmannsfamilien Regensburgs. Im Stadtarchiv, das heute im Haus untergebracht ist, ist noch ihr Handelsbuch einsehbar. Ab 1554 befand sich im Gebäude der Gasthof »Goldene Krone«, in dem Gesandte des immerwährenden Reichstags abstiegen. ■

IMMERWÄHRENDER REICHSTAG Ab dem 12. Jh. entwickelte sich aus den formlosen Ständeversammlungen am Hofe des Kaisers des Heiligen Römischen Reichs Deutscher Nation die Institution des Reichstages. In ihm waren die Fürsten und Reichsstädte vertreten. Zunächst in Abständen in verschiedene Bischofs- oder Reichsstädte berufen, tagte er als ständiger Kongress ab 1663 bis zu seiner Auflösung 1806 durchgehend im Regensburger Rathaus. Neben den Gesandten der Fürsten und Städte gab es auch etwa 70 Gesandtschaften ausländischer Staaten, die internationales Flair in das Gesellschaftsleben der Stadt brachten.

## STATUSSYMBOLE
### GESCHLECHTERTÜRME

Sie sind uns vor allem aus Italien ein Begriff, etwa aus der Stadt San Gimignano. Doch auch in Mitteleuropa prägten diese hohen Türme die Silhouette vieler mittelalterlicher Städte. Reiche Kaufleute, die oft auch Angehörige des städtischen Adels waren, errichteten sie als Zeichen ihrer herausragenden gesellschaftlichen Position. Die Türme waren an die Familiensitze gebaut und beherbergten Kapellen, Speicher sowie repräsentative und gesicherte Räume.

OBEN LINKS Das Bruckmandl – Brückenmännchen – am Scheitelpunkt der Steinernen Brücke symbolisierte einst die Freiheit der Bürger vor bischöflicher Herrschaft. Die ursprüngliche Figur von 1446 befindet sich im Historischen Museum Regensburg. Die aktuelle Brückenfigur stammt aus dem Jahr 1854.

OBEN RECHTS Die Pforte zum Regensburger Dom St. Peter.

MITTE Die zwischen 1135 und 1146 erbaute Steinerne Brücke über die Donau, im Hintergrund der Dom St. Peter. Die Brücke kann nur von Fußgängern und Fahrradfahrern benutzt werden.

LINKS Der Haidplatz von Regensburg in den Abendstunden, gegenüber das Traditionshotel Goldenes Kreuz, in dem früher Könige und Kaiser Station gemacht haben.

# 100

## BADISCHE METROPOLE MIT CHARME
## »SCHWARZWALDHAUPTSTADT« FREIBURG

In punkto Lebensqualität ist die Stadt im äußersten Südwesten Deutschlands kaum zu toppen. Das milde Klima, die herrliche Umgebung und die gemütliche Altstadt finden Einheimische und Besucher gleichermaßen attraktiv.

Auf dem Schlossberg am Ausgang des Dreisamtals ließ Bertold II. aus dem schwäbischen Adelsgeschlecht der Zähringer im 11. Jh. eine Burg bauen, von der er die Rheinebene und den Zugang in den Hochschwarzwald kontrollieren konnte. Die Burg gibt es nicht mehr, doch der Markt unterhalb der Burg blühte schnell auf, bekam 1120 die Stadtrechte verliehen und hat sich seitdem zu einer liebenswerten Stadt mit viel Flair ausgewachsen. Die Altstadt wurde im Zweiten Weltkrieg in großen Teilen zerstört. Als die Freiburger an den Wiederaufbau gingen, hielten sie sich weitgehend an die kleinteilige mittelalterliche Parzellierung und an die niedrige Traufhöhe. So bewahrte sich die Stadt ihren alten Charme mit lauschigen Winkeln, historischen Häusern, engen Gassen und schmalen Straßen. Viele von ihnen sind mit Kopfstein gepflastert und durch die meisten ziehen sich wie schon im Mittelalter die für Freiburg charakteristischen ›Bächle‹, Wasserrinnen, über die früher nicht nur das Regenwasser, sondern auch das Abwasser aus der Stadt geleitet wurde. Wer aus Versehen hineintritt und nasse Füße bekommt, heißt es, kommt immer wieder nach Freiburg – oder wird eine Freiburgerin oder einen Freiburger heiraten, lautet eine andere Version.

WIE DURCH EIN WUNDER überstanden das Münster und die Häuser auf der Südseite des Münsterplatzes das Bombardement des Krieges unversehrt. Das Münster wurde von den Bürgern der Stadt erbaut und ist neben den Bächle das Wahrzeichen der Stadt. Zu seinen zahlreichen Kunstwerken gehören der Oberriederaltar in der Universitätskapelle von Hans Holbein dem Jüngeren sowie der Hochaltar und der Schnewlin-Altar von Hans Baldung Grien. Einige der schönen Glasfenster, noch aus der Entstehungszeit des Münsters, wurden von den Handwerkerzünften gestiftet. Sie tragen die charakteristischen Symbole der einzelnen Zünfte wie Brezeln für die Bäcker oder Stiefel für die Schuhmacher. Der 116 m hohe Turm ist der einzige Turm einer Kathedrale, der schon im Mittelalter fertiggestellt wurde. Vielen späteren Kirchtürmen diente er als Vorlage, so etwa den Türmen des Regensburger Doms und denen des Ulmer Münsters. Früher lag um das Münster herum der Friedhof. Auf der Nordseite des Münsterplatzes hat man die Umrisse der ehemaligen Beinhauskapelle im Pflaster markiert. Heute findet auf der Nordseite der Bauernmarkt statt, während auf der Südseite der Händlermarkt abgehalten wird.

HIER STEHT AUCH das Historische Kaufhaus (1532) mit prächtigen Skulpturen habsburgischer Herrscher, spätgotischen Bogenfenstern und zwei zierlichen Eckerkern. Das Haus mit der blutroten Fassade diente der Zollabwicklung und dem Warenumschlag und von 1947 bis 1951 auch als Parlamentsgebäude des Staates Südbaden. Zwei Häuser weiter befindet sich im Haus »Zum schönen Eck« oder Wentzingerhaus (1761) das Museum für Stadtgeschichte. Das Haus

DAS EINGANGS-PORTAL des Münsters in der Vorhalle. Die Szenen aus der Heilsgeschichte im Tympanon waren für die Leseunkundigen eine Art Bilderbibel.

IN KÜRZE

LAGE
Baden-Württemberg

INFO
Tourist Information
Rathausplatz 2–4
79098 Freiburg
Tel. 0761 388 18 80
www.freiburg.de

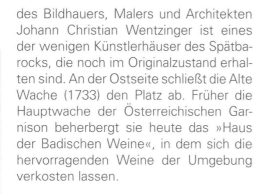

»Zum roten Bären« ist eines der ältesten Häuser Freiburgs und vermutlich der älteste Gasthof Deutschlands. Belegt ist, dass der Gasthof schon 1120 am Oberlinden stand. Der erste namentlich bekannte Wirt war Johann Bienger der Ältere. Er wird als Zeuge eines Streits 1311 genannt und ist in einem Grundbucheintrag von 1327 verzeichnet. Die Biengers führten den Gasthof bis 1406, von da ab sind alle Wirte lückenlos in Dokumenten und Urkunden nachgewiesen.

des Bildhauers, Malers und Architekten Johann Christian Wentzinger ist eines der wenigen Künstlerhäuser des Spätbarocks, die noch im Originalzustand erhalten sind. An der Ostseite schließt die Alte Wache (1733) den Platz ab. Früher die Hauptwache der Österreichischen Garnison beherbergt sie heute das »Haus der Badischen Weine«, in dem sich die hervorragenden Weine der Umgebung verkosten lassen.

SÜDLICH DES MÜNSTERS, zwischen Martinstor im Westen und Schwabentor im Osten, liegt der schönste Teil der Altstadt. Die beiden Tortürme sind die letzten Reste der alten Stadtbefestigung. Als Ende des 19. Jh.s die umgebenden Häuser die Türme überragten, erwog man, die beiden Verkehrshindernisse abzureißen. Schließlich entschied man sich anders und erhöhte sie 1901 um das Doppelte (Schwabentor) bzw. Dreifache (Martinstor) und baute sie im historisierenden Stil um. Die Durchfahrt musste für den Straßenbahnverkehr verbreitert werden. Im Mittelalter befand sich im Martinstor das Gefängnis, ein Geschoss für die Männer und das Geschoss darüber für die Frauen. Durch das Tor führte auch der letzte Gang der Delinquenten zur Hinrichtungsstätte vor der Stadt. Flaniert man heute durch die Gassen mit den kleinen Läden, Cafés und Restaurants lassen sich verträumte Ecken, alte Gemäuer, pittoreske Innenhöfe und so manches erstaunliche Detail entdecken.

Man sollte sich nicht wundern, wenn man im Gewerbebach, der durch das Viertel fließt und die Freiburger Bächle speist, ein Krokodil erspäht. Was da den Kopf aus dem Wasser streckt, ist eine Skulptur des Künstlers Ole Meinecke und inzwischen so etwas wie das Markenzeichen der oberen Altstadt.

DAS ZENTRUM der oberen Altstadt bildet der leicht abschüssige Augustinerplatz. Er ist einer der schönsten Plätze Freiburgs und insbesondere an lauen Sommerabenden ein beliebter Treffpunkt für Jung und Alt. Kleinkünstler und Theatergruppen treten auf und bei schönem Wetter bekommt man samstags oft auch ein kostenloses Klavierkonzert, wenn der Besitzer des Bettenhauses am Platz in die Tasten greift. Wenn man am Augustinermuseum mit seiner Sammlung der Kunst vom Mittelalter bis zum Barock sowie Malerei des 19. Jh.s rechts in die Salzstraße Richtung Schwabentor abbiegt, kommt man zum heimeligen Platz Oberlinden mit einer fast 300 Jahre alten Linde sowie dem Gasthaus »Zum roten Bären«. Kurz vor dem Schwabentor zweigt links die schmale, leicht gebogene Konviktstraße mit hübschen kleinen Handwerkerhäusern ab. Folgt man ihr bis zur Münzgasse, führt links ein Weg zur Brücke über den Schlossbergring und hinauf zum Schlossberg, von wo man – wie schon die alten Zähringer – Freiburg und die Rheinebene überblickt. ∎

UMKÄMPFTER BERG Der Schlossberg war seit den Zähringern ein strategisch wichtiger Punkt. Im Dreißigjährigen Krieg war er heiß umkämpft und danach stritten sich Habsburger und Franzosen um ihn. Als Letztere 1745 abzogen und die Schlossbergfestung schleiften, endete eine Epoche der Kriege, die etwa 30000 Soldaten das Leben kostete. Heute ist der bewaldete Hügel ein beliebtes Ausflugsziel und vom Schlossbergturm auf seiner Kuppe hat man einen schönen Panoramablick über Freiburg und Umgebung. Vom Stadtgarten bringt die Schlossbergbahn die Besucher bequem hinauf zum Schlossbergrestaurant. Von dort sind es noch rund 15 Min. Fußweg zum Turm.

OBEN Die Anstrengung lohnt sich: 209 Treppenstufen führen auf den Glockenturm des hinauf.

LINKS Blick vom Münster über die obere Altstadt zum Schwabentor. Im Vordergrund das Historische Kaufhaus von 1530.

OBEN Eingang des Hauses »Zum Walfisch« (1514–1516) mit Portalerker in der Franziskanergasse. Hier wohnte einst auch der Humanist Erasmus von Rotterdam.

UNTEN Satyr mit Panflöte an einem Jugendstilhaus (1908) in der Löwenstraße.

## VOM »RAUHEN MANN« UND »ROTEN KOPF«
### FREIBURGS HÄUSER UND IHRE NAMEN

Streift man durch Freiburg, fällt sofort ins Auge, dass viele Häuser einen Namen tragen. Im Mittelalter besaßen die Häuser in der Regel auch Hausmarken, auffällige Zeichen oder Gemälde an der Fassade, die mit dem Namen zusammenhingen. Namen und Marken dienten den Menschen in einer Zeit, in der die meisten Analphabeten waren, zur Orientierung in der Stadt. 1565 wurde in Freiburg eine Verordnung erlassen, nach der an jedem Haus ein Name angebracht werden musste, Hausnummern wurden erst 1806 eingeführt. So spaziert man heute an Häusern wie dem »Haus zum Walfisch«, »Zum Gauch«, »Zum roten Kopf«, »Zur Felge« oder »Zum Rauhen Mann« vorbei und kann über die Geschichten hinter den Namen rätseln.

OBEN Die angestrahlte filigrane Maßwerkspitze des Münsterturms von innen betrachtet.

RECHTS Nasenschild der Gaststätte »Zum roten Bären«, dem heute auch ein Hotelbetrieb angeschlossen ist.

DAS MARTINS-
TOR – hier von
Süden – ist das
ältere der beiden
Freiburger Stadt-
tore. Holzuntersu-
chungen datieren
es auf 1202, ur-
kundlich erwähnt
wurde es 1238.

# REGISTER

# REGISTER

# REGISTER

Bild Seite 1: Eingang von Steibs Hof in Leipzig

Bild Seite 4/5: Titisee

Bild Seite 8/9: Blick auf Kallmünz an der Naab, Bayern

Bild Seite 427: Schambachtal, ein Seitental der Altmühl in Bayern

## BILDNACHWEIS

Langrock/Zenith); 356 u. (Peter Bialobrzeski); 352 o. (Peter Hirth); 421 3.R.l. (Raach); 366 (Ralf Brunner); 300 o.l., 305 M.r., 305 M.l., 305 o., 305 u.r. (Samuel Zuder); 134 2.R.r., 141 u.l. (SZ Photo/Scherl); 321 M.l. (Theodor Barth); 367 u.r. (Thomas Ebert); 180 (Thomas Linkel); 126 (Tobias Gerber); 318 (Wegner)

Lookphotos: S. 91 u. (Ingrid Firmhofer); 332 (age fotostock); 91 o.r., 118 (Andreas Strauss); 36 (Daniel Schoenen); 372 (Florian Werner); 134 u., 154/155, 178 o.r., 219 u.l. (H. & D. Zielske); 216, 219 o., 236 (H.-D.Zielske); 23 M., 66, 178 o.l., 193 M.r., 317 o. (Heinz Wohner); 352 u.r., 355 o. (Hendrik Holler); 14 (Konrad Wothe); 239 M. (Peter von Felbert); 313 u., 313 M. (Ralf Schultheiß); 134 3.R.l., 142 (Reiner Martini); Rücktitel u., 302 (Sabine Lubenow); 20 (Terra Vista); 310 u., 313 o.r. (Tina und Horst Herzig); 91 2.R. (Ulli Seer); 52 3.R.r., 54 o. (Walter Schlesswohl)

Lüneburg Marketing GmbH: S. 391 o.r.

Mauritius Images: S. 98 (Jochen Tack); 207 3.R.l. (age); 392 u. (age/Peter Schickert); 386 (Alamy/ALLTRAVEL); 382 u. (Alamy/Maria Heyens ); 398 (Alamy7Klein); 19 2.R., 152, 200 u.r., 230 (Andreas Vitting); 371 3.R.l. (artpartner); 207 u. (Axiom Photografic); 148 (Bahnmueller); 91 o.l., 252 (Bernd Römmelt); 43 2.R. (Bernd Zoller); 49 u.l. (Berndt Römmelt); 371 3.R.r., 371 o.r. (bildagentur münchen); 169 u. (Birgit Gierth); 342 2.R., 371 o.l. (Bridge); Rücktitel o. r., 134 o.r., 138, 141 u.r., 258 o.l. (Catharina Lux); 385 o. (Chris Seba); 88, 105 u.l., 117 M., 255 o., 299 o. (Christian Bäck); 264/265 (Christian Handl); 114 o. (Danita Delimont); 371 u. (dieKleinert); 10 u., 34 r. (Dirk Funhoff); 340 (DK Images); 258 u., 299 u. (Edmund Nägele); 283 u.r. (Egon Bömsch); 368 (food-collection); 46 (Hans Peter Merten); 19 3.R., 141 o. (Harald Lange); 58, 403 o. (Harald Schön); 296 (Helmut Peters); 183 M. (ib|Tor); 395 2.R. (imagebroker/Barbara Boensch); 380 3.R.l. (imagebroker/Christian Hütter); 396 u.r. (imagebroker/David Davies); 391 o.l. (imagebroker/Ernst Wrba); 215 u. (imagebroker/H.-D. Falkenstein); 212 (imagebroker/ Hartmut Schmidt); 364 (imagebroker/Heiner Heine); 325 M., 411 M.l., 421 u.r., 421 2.R.r. (imagebroker/Helmut Meyer zur Capellen); 207 3.R.r. (imagebroker/Ingo Kuzia); 388 (imagebroker/Karl F. Schöfmann); 215 M. (imagebroker/Karsten Kramer); 258 2.R.r., 283 2.R.r. (imagebroker/Kurt Möbus); 403 M. (imagebroker/Marion Pietz); 292 (image-broker/Michael Schellinger); 374 (imagebroker/Moritz Wolf); 207 o.l., 211 u.l. (image-broker/Nico Stengert); 208 (imagebroker/Reiner Elsen); 308 (imagebroker/Sabine Lu-benow); 351 M. (imagebroker/scully); 395 3.R. (imagebroker/Thomas Robbin); 19 o.l. (Julie Woodhouse); 34 l., 35 r. (Jürgen Wackenhut); 219 M. (Karl F. Schöfmann); 151 o.r. (Karl F. Schörfmann); 145 u. (KFS); 22 (Klaus Werner Friedrich); 166 (Kurt Amthor); 218 (Lothar Schröter); 38, 43 u.l., 117 o.r. (Manfred Mehlig); 122, 219 u.r. (Markus Keller); 156 u.l. (Martin Moxter); 169 2.R.M. (Martin Siepmann); 145 M. (Movementway); 178 3.R.l., 207 o.r. (Nico Stengert); 144 (Norbert Michalke); 396 o., 396 u.l., 399 o., 399 u., 403 u. (Novarc/Hans P. Szyszka); 90 (Otto Stadler); 125 o.l., 285 o., 285 u. (P. Widmann); 421 u.l. (pepperprint); 151 M. (Peter Seyfferth); 151 u. (Photononstop); 114 u. (Profi-media); 69 u. (Rainer F. Stensloff); 52 2.R. (Rainer Waldkirch); 39 M., 43 3.R. (Robert Knöll); 145 o.r. (Robert Lehmann); 40, 44/45 (Stefan Arendt); 49 o. (Steve Vidler); 392 o., 395 u. (Travel CollectionKlaus Bossemeyer); 92 o.M., 125 M. (Udo Siebig); 380 2.R. (Urs Klüver); 283 2.R.l. (Volker Miosga); 125 o.r. (Walter G. Allgöwer); 8/9, 32 l., 299 M.,

371 2.R. M., 414 (Westend61); 391 u. (Westend61/Patrice von Collani); 380 o. l. (West-end61/Peter Schickert); 408 (Wolfgang Filser)

picture-alliance: S. 282, 206, 394 (akg-images); 134 o.l., 177 M. (akg-images/E. Her-mann); 375 o. (Andreas Gebert); 30 (Artcolor); 204 (Bildarchiv Monheim); 342 u., 344 u., 347 u.l. (Bodo Marks); 254 (C. Huetter); 19 o.r. (Eckhard Herfet); 243 u. (euroluftbild.de); 258 3.R.r., 283 o. (Frauke Scholz); 145 o.l. (Günter Bratke); 280 (Helga Lade); 309 2.R.M., 309 3.R.l. (Ingo Wagner); 342 3.R.M., 379 o. (Kiedrowski R.); 344 o., 347 o. (Maurizio Gambarini); 376 (Oliver Hanser); 375 M., 375 u.l., 375 u.r. (P. Weimann); 356 o. (Rolf Kosecki); 335 u.l. (Uli Deck)

Shutterstock.com: S. 4/5 (iceink); 54 u. (martindeja)

Stiftung Preussische Schlösser und Gärten Berlin-Brandenburg: S. 269 (Daniel Lindner); 266 (Hans Bach); 234 (Michael Lüder)

TMV: S. 92 4.R.r., 97 u. (Eisenack)

Tourismusverband FDZ: S. 97 o.r. (Uwe Engler)

Volker Janke: S. 384

www.ostsee-schleswig-holstein.de: S. 96, 97

www.rothaarsteig.de: S. 23 o.r., 23 o. (Klaus-Peter Kappest)

# IMPRESSUM

**HERAUSGEBER UND KONZEPT**
Gerhard Grubbe, Dr. Reinhard Pietsch

**AUTOREN**
Dr. Bettina Gratzki
Karl W. Koch
Dieter Löffler
Dr. Reinhard Pietsch
Bernhard Pollmann
Barbara Rusch
Dietmar Scherf
Christian Schnieders
Peter Schricker

**PROJEKTLEITUNG**
Dr. Reinhard Pietsch, medienpartner.münchen

**REDAKTION** 4. AUFLAGE
red.sign, Stuttgart

**GRAFIK**
Iris Streck, agenten.und.freunde, münchen

**COVERGESTALTUNG**
Anette Vogt, red.sign, Stuttgart

**DRUCK**
Printed in Germany

4. Auflage
© 2021 DuMont Reiseverlag, Ostfildern

ISBN 978-3-7701-8238-1

# ENTDECKE DEUTSCHLAND